哥伦比亚大学"毅荻书斋"存藏

# 张学良口述历史

(访谈实录)

## 3

张学良 / 口述
张之丙 张之宇 / 访谈
《张学良口述历史》编辑委员会 / 整理

当代中国出版社
Contemporary China Publishing House

# 本 卷 目 录

**第二十二次访谈　蒋经国接管之后　南京受审之后** …………… 657
　1. 在台北第一次见蒋之后 ………………………………… 657
　2. 赵一荻来了，于凤至走了 ……………………………… 661
　3. 我门口站着的是宪兵 …………………………………… 664
　4. 罗启也胡说八道 ………………………………………… 666
　5. 严加管束等于无期徒刑 ………………………………… 668
　6. 我不想让我儿子得到美国籍 …………………………… 672
　7. 蒋说"我不剿了" ……………………………………… 675
　8. 我去南京，是给军人做楷模 …………………………… 678

**第二十三次访谈　忆东北旧部　谈史书错讹** ………………… 681
　1. 马歇尔在天津 …………………………………………… 681
　2. 司徒雷登对蒋介石不那么恭维 ………………………… 684
　3. 来自大陆的两本书 ……………………………………… 688
　4. 麦克阿瑟这个人骄狂自大 ……………………………… 693
　5. 郑谦是我父亲的部下 …………………………………… 695
　6. 梁忠甲很有名 …………………………………………… 696
　7. 这铁甲车队建立很大的功啊 …………………………… 701
　8. 除王树翰外，没人能跟我说话 ………………………… 707
　9. 老部下没剩几个了 ……………………………………… 709
　10. 因为我没回来呀，谭海也躲起来了 ………………… 712
　11. 这书里许多事情写得都不对 ………………………… 714
　12. 你要杀谁告诉张副司令，你讲我听不懂 …………… 720
　13. 贺奎这个人很好 ……………………………………… 723

**第二十四次访谈　东北易帜　中东路事件　武装调停中原大战** … 731

1. 于学忠用人还是有两下子 …… 731
2. 郭松龄最大的短处是气量非常小 …… 735
3. 你忘了我是中国人了 …… 742
4. 东北军队改编 …… 747
5. 搜查苏联领事馆，我们做得很不好 …… 750
6. 阎锡山没想到我真出军队 …… 754
7. "铣电"有没有我不记得了 …… 757
8. 我拿我部下的命，来换你的政权吗 …… 761
9. 周恩来都不知道小刘是谁 …… 767
10. 我就给毛泽东那两个孩子拿点钱 …… 770
11. 我们那里共产党的人很多 …… 772

## 第二十五次访谈  西安事变  周蒋会面 …… 775

1. 盛世才是个特别人物 …… 775
2. 蒋先生对我是头疼得很 …… 782
3. 蒋先生也看出我的态度忽然变了 …… 788
4. 八项主张不是谁抄谁，大家都这么主张 …… 790
5. 毛泽东没说公审蒋介石 …… 791
6. 就怕他死，蒋死了内战就起来了 …… 793
7. 何应钦是个奴才 …… 796
8. 我和墨索里尼小姐 …… 797
9. 连我的部下都听周恩来的 …… 798
10. 蒋先生为啥不让我自由 …… 802
11. 南京希望我们把蒋先生处决了 …… 804
12. 周蒋会面是历史上宝贵的一刹那呀 …… 807
13. 宋子文看不起孔祥熙 …… 810
14. 齐世英死时心里很难过 …… 814
15. 他人谈张作霖 …… 818
16. 宋黎写得很好 …… 824

## 第二十六次访谈  东北空军  东北海军  西安事变 …… 829

1. 这说明日本还是一个侵略国家 …… 829
2. 除孙中山外没谁具备统一中国的威望 …… 832
3. 奉天势力［是］怎么强大起来的 …… 835

4. 东北海军原来是中央海军 ·················· 840
  5. 主要是张作相把我提拔起来的 ·················· 846
  6. 蒋先生抓住了一党一校 ·················· 853
  7. 离开东北，东北军就像草没根了 ·················· 855
  8. 别的军队都有地盘 ·················· 859
  9. 蒋先生会用手段 ·················· 865
  10. 东北军和别人不一样的地方 ·················· 868
  11. 我用自己钱帮助过红军 ·················· 873
  12. 蒋先生知道我跟共产党有联系 ·················· 878
  13. 蒋要解决东北军 ·················· 883
  14. 听亲历者谈西安事变 ·················· 887
  15. 曾扩情是蒋先生大门徒 ·················· 902

## 第二十七次访谈　张蒋分歧　国共区别　蒋宋矛盾 ·················· 907
  1. 共产党是剿不完的 ·················· 907
  2. 我是说中国非得有一个领导人 ·················· 911
  3. 不抗日谁都没有出路 ·················· 914
  4. 共产党他知道你心里想什么 ·················· 917
  5. 蒋先生不信任宋子文 ·················· 921
  6. 宋要公开什么，让蒋介石这么害怕？ ·················· 926
  7. 我岂是任何人所能指使的吗？ ·················· 928
  8. 日本投降了，我心里很安定 ·················· 931

## 第二十八次访谈　军法会审　两岸前途 ·················· 935
  1. 这些人写的东西我要看看 ·················· 935
  2. 军法审判是闹剧 ·················· 942
  3. 保证五天内少帅回到西安 ·················· 950
  4. 蒋夫人对孔二小姐很宠爱 ·················· 956
  5. 郑介民这个人很好的 ·················· 960
  6. 日本人都投降了，还把我关下去 ·················· 961
  7. 大陆航空母舰不是针对台湾的 ·················· 965
  8. 台湾和大陆之间没有战争危险 ·················· 969
  9. 陈诚肚量小 ·················· 971
  10. 林彪是共产党的叛徒 ·················· 972

# 第二十二次访谈
# 蒋经国接管之后　南京受审之后

访谈者：张之丙（简称"访者"）
被访者：张学良
同座者：赵一荻
访问日期：1992年6月27日


访　者：今天是6月27日星期六。
　　　　（访者与张学良、赵一荻谈口述历史的法律权利等问题，约25分钟）

## 1. 在台北第一次见蒋之后

（录音从此开始）
张学良：我很奇怪，没有旁的人，除了蒋经国在旁边①。
赵一荻：第二次经国跟你去的？
张学良：经国。
赵一荻：头一次伊雅格去的，第二次是经国跟你去的。
张学良：第二次啊。
赵一荻：见蒋总统，蒋介石啊，经国在旁边，第二次。

---

① 蒋介石在台湾首次召见张学良。据张学良日记所载：1958年11月23日，蒋介石在大溪行辕召见了张学良。张抵达时，蒋亲自出迎。张向蒋敬礼之后，进入蒋的小书斋，两人在书斋会面时，只有蒋经国在侧。谈话约半小时。这是张学良到台湾12年后，蒋介石第一次秘密召见张学良。

**访　者：** 就是在梅园那一次①。

**张学良：** 在什么地方，我还说不出来。

**访　者：** 希望您保重……因为国家……跟经国常联系联系。

**张学良：** 他就告诉，"你有事，你跟经国常联系联系。"就是叫经国招呼我，就是这么个意思。

**访　者：** 您瞧我这书这么多，一时真想不起来，我明天给您查出来，假如这话这样说，什么人听到……

**张学良：** 不知道。

**访　者：** 至少，话没瞎说就好。另外，然后……夫人的意思是，要您搬回台北，结果，经国先生把您安置在幽雅路招待所②。夫人说，"你怎么给他住这么糟糕的地方。"

**张学良：** 不是，夫人看看那地方，都烂了……

**访　者：** 然后您就很幽默，您说好像是离公墓很近。旁边有个公墓，北投③。

**赵一荻：** 就是北投。

**访　者：** 北投买了块地④，为什么说是许炳之地？

**赵一荻：** 许炳是当年的大地主。

**访　者：** 哦，就是这块地啊。我说谁是许炳呢。

**赵一荻：** 许炳是当年的汉奸，跟日本人［勾结］。那北投的地，这附近的地都是他的。

---

① 梅园，应为梅荷园。蒋介石经常到日月潭涵碧楼度假，梅荷园位于通往涵碧楼步道入口处，属军方宪兵队的管制要地。张学良与蒋介石在台湾究竟见面多少次，有待新史料的发掘。在士林礼拜堂的那次见面可以张氏日记为证。1960年6月5日，按照宋美龄的吩咐，张学良与董显光到士林礼拜堂做礼拜。张与董两人等前排都坐满了才被安排悄悄进入，坐在最后一排。礼拜结束，蒋介石夫妇先缓步退出，宋美龄走到张面前时，主动与张握手，此举令在场的国民党元老们将惊讶的目光投向"消失"多年的张学良。蒋、宋离去后，张群、何应钦等纷纷上前祝贺。张学良感觉到"管束"的樊篱已露出一点松动的端倪。

② 1960年4月3日，董显光到高雄见张学良，转达宋美龄让张搬回台北的信息。很快，刘乙光通知张学良，说奉蒋经国副秘书长之命，立即迁居台北，要多带东西，不再返回高雄。4月8日，搬回台北，住在北投幽雅路招待所。

③ 北投，地名。位于台北市北郊，东侧以磺溪、南侧以基隆河与士林区相望，北邻台北县三芝乡和金山乡，西接台北县淡水镇。阳明山公园即位于此区及士林区。张学良自己选地，自己出钱建的房子就位于北投复兴3路70号。1961年8月建成，这是一栋红砖砌成的两层小楼，小楼建于朴树丛中，所以张学良称其为"朴园"。

④ "朴园"建成后的第二个月，原东北大学秘书长周鲸文来访，回香港后在《时代批评》半月刊（1961年11月）上发表文章，引述张选北投建房原因时说："自从和老先生（蒋介石）会面之后，经国先生和我往来的两年时间，我们看了不少土地，这是他和我商量选定这地方，地皮是公家的，建筑费是我自己出的。我选择这个地方，它好似北京西山附近，向南望去有条河，北京城南不是有条通往卢沟桥的永定河吗？早晚眺望引起故国山河之思。"

张学良：附近的地都是他的。

访　者：那这个人［还在吗］？

张学良：早死了。

访　者：那他的后人呢？

张学良：那不知道。

访　者：然后在这儿，他说您自己拿您自己的钱买了这块地，盖了这个房子，那就一直住到这儿。我回去抄一遍，明天再过来都对一遍，然后我们有一个正规［的东西］。然后我想都有哪些人来看过您，我把这些名单，名字记下来，不太全。我有好多，到什么时候，周鲸文①先生见到您之后，是不是别的人都可以申请来拜望你。

张学良：周鲸文看我是最后了，周鲸文好像在这个地方（指北投住宅）看我的。

访　者：是。

赵一荻：她问你，你没听明白，她说，周鲸文看你以后，别人都可以随便来。那不然。

张学良：不是。

访　者：还是要经过［他们同意］。

赵一荻：都得经经国那儿批准。

访　者：他做总统的时候也是？

赵一荻：他做总统以前。

张学良：那时他做辅导会的主任。

访　者：那什么时候开始，可以完全由您自个儿决定谁来谁不来？

赵一荻：什么时候决定啊？

访　者：什么时候不需要经过……那我们没有。

赵一荻：什么时候，我们不知道。

张学良：到后来就是……

赵一荻：也不能随便啊，看什么人，家里人可以来啊。

张学良：不是，不是。

赵一荻：伊雅格可以来，别人还是不行。

访　者：伊雅格是什么时候来的？

赵一荻：伊雅格我们搬过来不久就来了。

---

① 周鲸文，奉军将领张作相的外甥。曾任东北大学代理校长。抗日战争期间，赴香港主办《时代批评》半月刊。1961年9月初，借赴台参加阳明山会议之机拜会了张学良。

张学良：伊雅格是［可以随便来的］。

访　者：那是因为跟夫人（指宋美龄）和宋子安①的关系。

张学良：主要是在蒋先生死了［以后，伊雅格才可以随便来］。

赵一荻：打罗弟他们［来的］时候开始的，1963，小罗弟②生了，一岁来的。

访　者：那是1980年啊。

赵一荻：小罗弟一岁时来的。

张学良：那不对。

赵一荻：从那以后家里人可以来，在以前……先来的。

访　者：那个间瑛③和陶鹏飞④是1961年。

张学良：那是经国把他们带来的。

访　者：哦，那又不同了。那其他的像Linda（即琳达⑤），都什么时候可以来？

赵一荻：搬到这里以后，有一年过年过节，他们来的。

访　者：那是您搬到这里以后。

赵一荻：不是以后，是马上来……

张学良：要紧说，就是这样的，经国先生也死掉了，这个老总统也死掉了，局势大变。

赵一荻：经国没死的时候还是那样。

张学良：经国先生死掉了［，情况就不一样了］。

赵一荻：经国在的时候呢，张群、王新衡、张大千，这都可以来，别人要［来是要］请示的。

张学良：经国死了，先生也死了，局势大变，变成李总统李登辉，那我们就［自由了］。

访　者：可是，那时候蒋经国先生可以带朋友来。

张学良：那当然。

赵一荻：他喜欢带谁来就谁来。

---

① 宋子安，宋美龄的弟弟。毕业于美国哈佛大学，后定居美国。与其兄姊不同，较少涉足政治，和伊雅格来往密切。

② 小罗弟，指张学良和赵一荻的长孙，张间琳的长子张居信，1962年出生。

③ 间瑛，张学良与于凤至的长女。1933年，张学良下野，她随父母游欧，张学良回国后，留在英国就学。1942年与来欧留学的东北大学学生陶鹏飞结婚。

④ 陶鹏飞，曾任美国加州圣旦克兰大学教授，中华联谊会会长。1961年9月，应邀赴台参加阳明山学术会议。经特许，得以与张学良首次见面。临别时，张学良给陶鹏飞书信一封，信中说："我概略的可以观察出来：你是一位'治学'的好材料。我以过去校长和现在的丈人身份，切切地劝诫你——回到美国，专心一意，从事于你所学的那一种学问。"

⑤ 琳达，张学良六妹的女儿。

访 者：那么，从 1940 年，您从香港回来之后，那于夫人一直养病了，一直没回来，是吧？

赵一荻：一直没回来。

访 者：可是，在这一整段时间，您都可以来来往往。

赵一荻：没有，没有，一直到这儿（指北投新宅）以后。

访 者：到 1961 年以后。

赵一荻：不止，1963 年，小罗弟来那年以后了，好像是 1960 年。

张学良：要紧就是我做完生日以后，等于我随便了。

赵一荻：那是 1960，做六十岁生日，蒋经国给你做生日以后，我才到美国去，还不行，1961 年我们在幽雅路还不能去，等到搬到这儿（北投新宅）以后，宋子安来了，才叫我到美国去的。

访 者：1967？1960。您六十整寿的时候，是经国先生给办的，还在幽雅路。

赵一荻：我是 1967 年才到美国去的。

访 者：那时候，您就可以每年去一次？

赵一荻：不是那么简单，1967，完了 1976 年才去。

访 者：9 年以后？那 1976 年以后，您是不是可以随时［去］。

赵一荻：也不是说随时［可以去］，也不能这么讲，不是随便走，可以请示。

访 者：还要请示？

赵一荻：当然要请示，也不是这样的自由，自己去买张票跟旅行社就走了？不是这样简单。

访 者：那普通别的人也如此不简单，还是只是限制于您和少帅？

赵一荻：他更不用说了，连我都不行。

访 者：那时候中国人出国还是有限制是吧？

赵一荻：那我就不知道了，她说，那时中国人出国有限制，我不知道，反正我要出国我是先请示他们，安全局、情报局，请示那边去，公事递上去给经国批。

## 2. 赵一荻来了，于凤至走了

访 者：可是，在大陆那些年，您可以……

赵一荻：哪也不能去。

访 者：1940 年之后，您就再也不能出去了？

赵一荻：哪里都没有去过，从 1940 年到贵州，哪都没去过。

访　者：1940年以前，您还可以。

赵一荻：1940年以前，我没到贵州，我在香港，香港谁也管不到我。我把宝宝（指张闾琳）送到美国念书去，我才到贵州去①，否则孩子交给谁去？

访　者：那在那以前，您和［孩子去哪儿］？

赵一荻：我在上海，然后到香港。

访　者：您可以回来，再回去吗？

赵一荻：不能到他这来，根本信都不通，还回来回去的？哪儿去都不知道，人都无影无踪。

访　者：那溪口以后，您都不知道？

赵一荻：不知道，也就是他离开溪口，我就没有跟他通信，要写信，就交给宋子文带，不知道带到哪儿去，有没有回信，我也不知道。

访　者：那时候，您一个人在香港？

赵一荻：在香港啊。

访　者：哦，是这样，后来，您知道少帅在哪儿呢？在贵阳。

赵一荻：那宋子文通知我了，说他太太要出国，叫我去。

张学良：叫她来，把我太太换走。

访　者：在溪口，您还可以［去看他，是吧］？

赵一荻：我在上海还可以去，后来就不能去，断绝来往了。

张学良：这里出了件事，当年，我在溪口的时候，她（指赵一荻）和太太（指于凤至）两个总是换班的。

访　者：唔，那是溪口。

张学良：溪口，最早的时候。外头出了一件事，他们认为那件事是我在那儿指挥的，后来不让她们两个［轮换］来②。

---

①　1937年1月13日，张学良被送到蒋介石老家浙江奉化，开始了漫长的幽禁生涯。稍后，于凤至和赵一荻，奉准轮流到溪口陪伴。11月下旬张学良离开奉化溪口，经安徽、江西，两个月后辗转至湖南，1939年年底，日军进犯湖南，移至贵州。1937年年底至1940年年初，赵一荻与张学良失去了联系，一个人在香港照顾闾琳。1940年2月，于凤至患乳癌，宋子文通知去陪伴张学良，才知道张在贵州修文。赵把10岁的闾琳托付给美国友人，只身来到贵州修文。

②　于赵"轮班"终止的原因。据特务们回忆：他们监管张学良，人人都很紧张，张是军中统帅，虽然被囚，但其麾下有数十万大军，出半点差错，脑袋就保不住了。张初到奉化时，被安排在山下的武岭学校，只住两天，即转移到位于远离村镇的四明山南麓雪窦寺。于凤至来溪口时，带来4位副官。特务们不允许副官们接近张学良。因为和赵在张学良南京被囚后都移住上海，家中都有小孩需要照料，所以于、赵两人穿梭于上海和溪口之间，于来赵去，赵来于走，这引起特务们的恐慌，唯恐她们暗中将枪支秘密带上山，终止于、赵轮班，可减少携带武器上山的机会，也有利于保密，以免张学良与东北军里应外合。

赵一荻：怕传递消息。

张学良：好像外面消息是我［这儿传］出去，好像我在那儿坐着指挥，其实不是我，这跟我毫无关系，他们弄错的，我很怀疑是我的部下干的，那不管了。

访　者：您所谓的部下是东北的老部下，西安的新部下？您部下多多，您的学生①……您的部下，您有很多部下呢，是东北的老部下②，是武昌的部下③，还是西安的部下？

张学良：不能这样讲，都是我的部下。

访　者：但您不知道是哪一派的？

张学良：怎么回事我也不知道，后来也没追究。

访　者：那就影响了夫人从上海，或者从香港到溪口来，那就影响了您了。

赵一荻：那影响就不能让我去了。

访　者：就不准夫人再回去。

张学良：不准她俩儿换班了。

访　者：不准来往，那于夫人跟着一块走，也不再跟您通信。

张学良：一直到……就我太太跟着我。

赵一荻：一直到贵州。

张学良：在路上逃难，那苦得很，一直是我太太跟着我，那她不知道。

访　者：后来，很多人都说，对过去的回忆，于夫人能出来进去，和您可以出来进去，对他们有很大很大的帮助。就是这些人在回忆上说，就是很多人写的回忆。所谓的帮助不是说辛辛苦苦，你还能带些东西来，照顾他们，这些事情。

赵一荻：照顾谁？

访　者：照顾所谓的看管人，什么买衬衫？

赵一荻：没有了，现在的人就是胡说八道，哪有那事。我们来来去去，买东

---

① 张学良重视教育，担任过多所学校的监督、董事长、校长等职。1922 年任东三省陆军军士教导队队长、东三省陆军讲武堂监督；1925 年任东北航空学校监督；1928 年 7 月任同泽中学董事长；同年 8 月任东北大学校长；1929 年，任东北交通大学校长；1931 年任东北大学委员会委员长等职，桃李满天下实不虚言。

② 1928 年 7 月，东三省联席会议一致选举张学良为东三省保安司令兼奉天保安司令。同年 12 月 29 日，通电全国宣告东三省"服从国民政府，改旗易帜"，南京国民政府任张学良为东北边防军司令长官。1930 年中原大战后，张学良节制华北的晋军、西北军，部下就更多了。

③ 1934 年 1 月，张学良旅欧归来，3 月 1 日在武昌就任豫鄂皖三省"剿匪"副总司令，代行总司令（蒋介石）职权。此时的部下主要是东北军将领。

西送给他们，我们谁也不送，没有那一套。

**张学良**：因为这样，怎么来的？是宋子文来了，来看我，看我太太有病。他说，我太太一定得走，不能在这，她的病很厉害，乳房癌。那就是叫她（指赵一荻）来，她来了，她（指于凤至）走了。

## 3. 我门口站着的是宪兵

**访　者**：一共有多少人派来？好的说来照顾您，坏的说，戴笠派来监视您。第一个人就是刘乙光对不对？

**张学良**：对。

**访　者**：刘乙光待的时间最久，好像二十五年这样①。

**张学良**：对。

**访　者**：其中有一个人叫王恺运②。

**张学良**：有，有，有，那没多大关系。

**访　者**：张严佛。

**赵一荻**：这都是来几天就走的。

**访　者**：来得长的，跟您最合得来的是段毓奇③。

**赵一荻**：没什么合得来的，客气一点就是了。他们自己换的队长。

**访　者**：现在谁是队长？蒋先生是队长啊？

**张学良**：蒋先生过去没有关系的……他是在一个旅行社里面做事情。

**赵一荻**：后来，他是他们保密局④的人。

**张学良**：后来……他跟蒋先生是一家的，后来他跟我们来，不是伺候我，是伺候刘乙光的，后来到了他们……受过训。

**赵一荻**：受过他们保密局的训，[是] 保密局的工作人员。

**张学良**：他后来离开我们这儿了，他到保密局去做了汽车队的队长，后来慢慢回来了，也是经国的意思，后来他就在我们这儿住，他跟我多少年了。

---

① 1937 年至 1962 年，刘乙光一直是监管张学良特务队的队长，一共 25 年。
② 王恺运，曾任台湾保密局副处长，1947 年 10 月刘乙光休假期间，奉派监管张学良。
③ 段毓奇，1957 年至 1980 年为监管张学良特务队成员，"随护"了 23 年。1980 年，传段曾安排同情张学良的儿媳妇陈若曦（作家）和张学良秘密见面，因触犯禁令，提前退休。
④ 保密局，1946 年 7 月，国民党军事委员会调查统计局（简称军统局）改组为国防部保密局。1949 年，保密局改组为"国防部情报局"。

访　者：他跟他们不是一个系统？

赵一荻：也还是一个系统，他受过训，还是保密局的人。

访　者：现在那个中统局，戴笠那个组织没有了吧，那个中统局？

张学良：戴笠的军统局没有了，现在是宋心濂①。

赵一荻：安全局②了。

张学良：对，安全局。

访　者：那现在安全局派人呀？门口的是安全局的人？

赵一荻：那是宪兵③。

访　者：那是宪兵。

张学良：现在我们这边驻的是宪兵，现在没有安全局的人在这儿。

赵一荻：怎么不是呢？都是安全局的，怎么没有？

张学良：不是，现在跟我们出去的那两个人，一个是蒋先生，还有另外一个人，他们两个是安全局的。

赵一荻：李组长（指李震元④），也是，还有一个，现在帮着做花园的那个也是。

张学良：哪个？

赵一荻：帮着他们做花园的那个也是。

张学良：这个我不知道，要紧的问题是这是宪兵的一个区，不光我们自己，派一连人住在这儿的。

赵一荻：这点让她们不要跟外国人讲。

张学良：现在我们安全归宪兵。

访　者：也就说，除了你们之外，也有别的……

赵一荻：不知道，我们不晓得。

张学良：没有，现在治安的问题没有什么多大问题了，完全是宪兵。

赵一荻：什么叫治安没有问题，你这话说得不清楚，什么叫治安没问题，那

---

① 宋心濂，国民党陆军二级上将。1985年至1993年任台湾"国家安全局"局长。

② 安全局，南京国民政府迁台后的最高情报指挥机关。1955年成立，隶属于"国防会议"，其主要任务是统一督导和协调台湾各大情报系统（国防部情报局、司法行政部调查局、中委会二组、中委会六组、国防部特种军事情报室等）的情报活动。蒋经国以"最高国防会议副秘书长"的身份对该局加以控制。1967年国防会议撤销，同时成立"国家安全会议"，安全局亦随之改隶。

③ 宪兵，军队中的警察。台湾宪兵司令部直属"国防部"，主要维护"总统府"及其他重要机关、军事基地的安全，其地位类似于古代的禁卫军。1914年孙中山在广州创设，1932年南京国民政府组建宪兵司令部，同年颁布《宪兵勤务令》，正式确立了宪兵制度。

④ 李震元，监护张学良的最后一任"特勤组"组长。李任组长时，特务队已改称第一特勤组，仅负责近身"随护"，外围安全由宪兵负责。

小偷不都是治安问题？

**张学良**：我出去，在门口有个年轻人站着，那是宪兵。

**访　者**：那么小的年纪。

**张学良**：那是宪兵连出来的。

## 4. 罗启也胡说八道

**访　者**：还有一个报道说，经国先生问您，说，您有没有什么需要？后来您说没有，就派几个人来。

**赵一荻**：没有，那过去的事，经国先生会问他？他问他干什么？他要怎么办［就］怎么办。

**张学良**：没有。

**访　者**：也就是说，只派这些人，不是你自个儿挑。

**张学良**：（录音不清）

**访　者**：那没关系，还有一个就是熊仲青。

**赵一荻**：那就是从前刘乙光的队副。

**访　者**：还有一个就是邱秀虎，据说，这个……邱秀虎就是上次我姐跟你讲的［那个人］。

**张学良**：邱什么？

**访　者**：邱秀虎，秀就是秀才的秀，虎就是老虎的虎。

**赵一荻**：那在贵州。

**访　者**：在贵州，后来让他给解雇了，因为他……

**赵一荻**：邱秀虎嘛，那个坏蛋，我们在贵州的时候，有个叫邱秀虎的，后来他离开了。

**访　者**：对，后来他离开了。因为他吃了人家点钱什么的，后来给……就等于犯了什么规，就把他给解雇了。

**赵一荻**：那是他们自己的事。

**张学良**：那是他们自己的事。

**访　者**：对，那看还有谁，那个段毓奇就是因为把陈若曦①介绍跟少帅见面，

---

① 陈若曦，台湾知名作家。监管张学良特务队成员段毓奇的儿媳妇。1960年参与创办《现代文学》杂志，以写实小说闻名文坛。曾在长篇小说《二胡》中表露过对张学良的同情。参观过张学良沈阳故居，并将所拍照片转交给张。

罗启……

赵一荻：罗启①是蒋经国的参谋，我们刚搬到这来，经国派来的。

张学良：这样，我们每天做礼拜去，每礼拜做礼拜陪着我们去，那么经国派他每个礼拜陪我们到教堂做礼拜，他的副官，他的参谋。

访　者：罗启那时候有个陈大什么，我现在想不起来，陈大什么，叫陈大觉，陈大什么。

张学良：陈……

访　者：耳东陈。

张学良：没有。

访　者：没有，据说有一次夫人的生日，您的生日，蒋夫人来给你贺生日，那时主持的叫陈大什么的，罗启你还记得吗？蒋夫人带了个蛋糕来给你祝贺。

赵一荻：夫人没有给我带过蛋糕。

张学良：没有。

访　者：没有，这是罗启说的。罗启说，那天经国先生也来了，先来的。后来蒋夫人也来了，带了个蛋糕，因为是您的生日。

赵一荻：那我就不记得了。

访　者：在这。

张学良：说这个陈啊，这陈大概是他，就是蒋先生家里的一个厨子。

赵一荻：不会。

张学良：可能是他。

赵一荻：是不是带蛋糕，我记不清了，夫人来了没有我不记得。

张学良：那是你过生日。

赵一荻：是我过生日。

访　者：那就是为了张夫人生日，蒋夫人带了个蛋糕来，结果罗启就问那个姓陈的，"我应该站哪儿？"后来姓陈的说，"你当然站在掌柜的后头。"就是说站在蒋经国的后头。本来，因为他不是来陪您做事的吗？他以为他应该站在您的后头，结果让他站在掌柜的后头。

张学良：这是谁说的？

访　者：罗启说的。

---

① 罗启，曾任蒋经国的副官，20世纪60年代蒋经国派给张学良作副官。

张学良：罗启也胡说八道。

赵一荻：也许有这事。

张学良：胡说八道。

赵一荻：也许有这回事，有一回，蒋太太不是到这来吃饭吗？

张学良：哪个蒋夫人？

赵一荻：经国的夫人。

访　者：哦，经国的夫人，蒋方良女士。

赵一荻：可能是，我记不清了。

张学良：我记不清。

访　者：那还有哪些人，沈醉①，我姐姐曾经向你提过。沈醉和许颖。

张学良：沈醉是谁的一个副官？

赵一荻：沈醉在重庆来过一次。

张学良：因为我们住在那儿，他来看看。

访　者：你还有位英文老师，李俊卿。

张学良：李俊卿？

访　者：他是不是董显光先生之后？董显光帮你翻译几本书，你还给我们一本，您记得吧？

张学良：是，是。

赵一荻：李俊卿跟罗启是同时的。

访　者：你看我这还落了谁？

赵一荻：没关系了，有也可以，没有也可以。

## 5. 严加管束等于无期徒刑

访　者：不，我们还是要把成品做得最完美。外国人研究中国历史啊，跟咱们不一样。在正式的这些没有跟您请教之前，我们再把日子顺理顺理。因为夫人要到美国去了。

赵一荻：你说是未来的日子还是过去的日子？

访　者：至少在您走之前，我能来几次。

赵一荻：今天是［礼拜几］？

---

① 沈醉，曾任军统局总务处少将处长。写有《张学良将军被囚禁时的情况》。

访　　者：礼拜六。

赵一荻：今天是二十七号。

访　　者：是，今天是二十七号。我是想把日子定一定，这样的话，我按时候准备，然后您走以后……

赵一荻：这么的吧，你礼拜一来我给你得了。

访　　者：好。

赵一荻：现在先决定礼拜一下午三点。

张学良：好。

赵一荻：礼拜一没车，在家。到时候再决定好不好？

张学良：好吧！

访　　者：您大概是十二号。

赵一荻：希望是，我票还没买呢，所以我要礼拜一，那护照，票啊，弄得怎么样，有结果我再告诉你。

访　　者：我就在这个 weekend（即周末）把这个做好了。现在您牌手还有吧？

赵一荻：牌手，牌手没有了，六妹昨天走了，到美国去了。

访　　者：那我们那酸菜没法要了。

赵一荻：夏天没有酸菜，夏天不能做酸菜。

张学良：我找牌手，五奶奶、梅西、文清，还有谁，高太太。

访　　者：您还能够一桌。那我们就把礼拜五给您留出来。您礼拜三还要去上班……

赵一荻：我不一定，我要排一排，我还有很多事，我礼拜一告诉你。

访　　者：我想在您没走之前，把南京以后，南京以后是……我大概提醒您一下，我想向您请教什么，你看您哪些不愿意讲的，我们首先想知道，幽禁，就是所谓的"严加管束"，有没有一个正式的了解，到底什么是"严加管束"。

赵一荻：你听听她讲，省得我再跟你讲一遍？

访　　者：我跟您慢慢说，关于幽禁，就是从南京到现在，有几个大的题目，我想跟您商量一下，还是跟您讨教一下，为了做成这个成品。一个就是说，从出发点就是，"严加管束"这四个字，"严加管束"这四个字给我们解释一下，所谓的"严加管束"在外国没有，将来人家看您的历史的时候，不太懂"严加管束"是什么一回事。

张学良：这是军事上的一个，在军事上……我的徒刑本来判为十年，徒刑免了，就是交军政部①严加管束，"严加管束"② 就是监督他，不得乱七八糟活动，军事名词。

访 者：军事名词，您现在解释，这名词都用在什么人身上？照你的经验，"严加管束"都用在什么人身上？

赵一荻：不能自由行动，就是这么一句话。

访 者：都用在什么人身上呢？就是所有军事，像你一级上将，直到一等小兵都有严加管束。

张学良：都有。

访 者：照这样的话，好像是正常的一个教育方法。可是，有没有详细的说明，严加管束包括哪些的规定。

张学良：那没有，换句话，就是有人管着你。简单说，有人看着你。

赵一荻：监视你，不能自由行动。

张学良：现在就不能算严加管束，我可以上美国，可以上哪儿去。

赵一荻：从前就不能自由行动了，监视着你。

访 者：所谓不能自由行动，您再跟我们解释解释，所谓的行动都包括哪一些？

赵一荻：叫你在哪儿你在哪儿。

张学良：那包括太大了，"严加管束"不是在我的方面，问题是在负责人方面。

访 者：你说一说什么意思？

张学良：他下了命令，"严加管束"是那些人管，我出什么问题，那负责人问题很大。那个当时那个队副跟我讲，他说，张先生，我们不能不对你保护，假如你出了问题，我们脑瓜子没了，你明白？

访 者：哦，刘乙光这些人，他们的责任。

张学良：比如说，我溜了，跑了，我叫旁人把我打死，他们就完蛋了。

访 者：比如说，你去游泳，受伤了，也是他们的责任？

张学良：啊？

访 者：比如说，你去游泳去了，打球去了，钓鱼去了，一不小心受伤了，

---

① 军政部，即南京国民政府军政部。成立于1928年1月，直隶行政院。掌理全国陆海空军行政事务。抗战爆发后，军政部实际上受军事委员会直接指挥。1946年6月，被裁撤。

② 严加管束的由来。1936年12月31日，军事委员会下达命令，组成高等军事法庭，会审张学良。判决张有期徒刑10年，褫夺公权5年。当天下午，蒋介石向国民政府递交请求特赦呈文。1937年1月4日，国民政府发布特赦令，仍交军事委员会严加管束。

这也算他们的责任？

张学良：当然，他们的责任。

赵一荻：游泳，钓鱼，摔伤了，不是他们的责任。

张学良：有人打了……你自己摔一大跟头那不能算。

张学良：有人把我们劫走了，自己玩儿的事情不能算。

访　者：假如说，有些人，他们陪着你游山玩水，逛一个地方，在路上碰到一个人，这人也许是你以前的部下，也许是从前西安的一些人，也许共产党什么人，碰到您，想跟您打个招呼什么的，这他们要负责任，对不对？

张学良：假如像你说，那人就麻烦了。麻烦什么，要盘查你是什么人。如果知道这人，不用说，他们不知道是谁……

赵一荻：他们老远就把他拦掉，拦走了，不让他接近。

张学良：不让他接近。

访　者：那当然也是因为您身份的关系。

赵一荻：不是，他们有责任。

张学良：不是他的错，是他的责任。

访　者：我是说，由于您的身份的关系，他们照顾的范围面要广。

赵一荻：不是身份的关系，重要的关系。

访　者：另外还有所谓的行动，包括不包括……包括接见人，当然不用提了，写信呢？

张学良：不能写信，信都检查。

赵一荻：信都不能写。

访　者：可以写吗？

张学良：写是可以写。

赵一荻：你随便可以到邮局寄啊？我们跟家人多少年没有通信了，在贵州的时候，不是讲现在。

访　者：不是说现在，是"严加管束"的时候，那写信也是在"严加管束"之内。

张学良：写信是我写完之后，交给他看，他发不发我不知道，来的信我接到没接到，我也不知道。

访　者：那就是说，实际上"严加管束"不只是行动，也是思想，也是言论。

张学良：这个词在军事上，这个人就是罪犯，就这么句话。

**访　者**：那我再请您解释"严加管束",在那个陆军军法,陆军军事法则一定有"严加管束"这一说。那么"严加管束"总应带上有多久。

**张学良**：那有些有限制日,有些没有限制日,到那个时候就解除了。

**赵一荻**：解除了就是。

**访　者**：你再说一次,什么叫解除了。

**赵一荻**：上头命令了,不"严加管束"就完了。

**访　者**：那么就是说没有告诉你,你犯了"严加管束"多少天,要"严加管束"多少年。

**张学良**："严加管束"不能说多少年,那是要判徒刑,你还是不明白法律上的问题,"严加管束"不一定是……他是判了我十年徒刑,十年徒刑免掉了,明白了,免掉了十年徒刑,接着一句话,免掉后,要"严加管束"。也就是不受徒刑了。不受刑,但这人活动上要看[着],要监视。

**访　者**：对,就是你住哪儿,不是说要住在监狱或者军牢。

**张学良**："严加管束"不是不许你做这个,不是那样的,就是在那我看着他,说实话,就是像个小孩一样,你要注意他,管着他,不让他乱来。

**赵一荻**：……八点二十了,让我们的车子送他们回去算了。

**访　者**：这样一来,听着好像是说,你的十年徒刑没有了,这不是经过蒋先生的一封信,特赦,所以没有这个徒刑了。可是换来的是"严加管束"。按理说,这个"严加管束"比十年徒刑好得多,可是,有很多人都很气。

**张学良**：这等于无期徒刑①。

**访　者**：对,等于无期徒刑,反而更厉害的。

**张学良**：是这样。

# 6. 我不想让我儿子得到美国籍

**访　者**：那当初他们跟您说这句话的时候,您心里有没有什么样的一种感觉?

**张学良**：那没有,我随便,我对这事毫不动心,我本来是预备枪毙的人,那到南京可以把我枪毙,实在是在军法上我可以[被处死]。

**访　者**：张先生一直抱着这个想法,军法上可以处死。

---

① 正如西安事变后曾任审判张学良的特别法庭审判长李烈钧所评述的:"蒋以怨报德,表面上特赦了张,实际上把张终生禁锢,蒋介石这人真狠毒啊!"

赵一荻：很多事情，你不必问他，过去的事情，问他很不愉快。这种无关紧要的事，我不愿意你再问他。问他跟历史上有关系的，就像军法这玩意儿，不要再提，亡者已矣，引起他非常难过。

访　者：所以我上次向您请示过，"双十二"要不要包括在里头，里头有些东西能够很刺激，后来您说没关系。

赵一荻：这个跟历史有关的，你问他我不反对，但是对这些人，乱七八糟的事情……

访　者："严加管束"在外国来讲，没有这一条。

赵一荻：在我们中国，他也是唯一的例子。

访　者：所以我想确定这一点，另外写问题，写得我心里怪堵得慌的，后来我一直想，你说过这样一句话，说，基督要忘却自己，denied oneself, denied oneself 就是说克制自己。

赵一荻：不是克制，你不再拿自己的眼光，把自己摆在第一位往外看。

张学良：你知道，我这个人是军人，我做的事情，我负责任，换句话，你不明白的，换句话，我应该可以判死刑的，"西安事变"照军法，我可以判死刑。

赵一荻：昨天你看电视没有，昨天记者问我，你这么多年感觉到委屈吗？我说我没有什么。我应该做的事就做，是不是应该做的事？

访　者：您跟夫人都信［教］？

赵一荻：不是信不信，我们的看法与你们不同，所以人说我们傻瓜，我们看得宽，我们不向小处看。你比如说，夫妇两个人同患难，还有什么话讲？很简单的事儿，应该做的事就做。

访　者：这也是我们很希望录的话，这就代表您夫妇两位［的思想境界］。

赵一荻：所以我们才能志同道合，我们看法不一样，我们也不把那个钱看得了不起，我们把国家看第一，现在国家哪去了，也可以说是爱国主义者，换句话说，你们年轻人不懂。就说我有好多的朋友，都是millionaire（即百万富翁）。抗战时，何世礼，人家在香港几千万的财产扔掉了，跟政府跑到重庆去，连买只鸡的钱都没有，把妈妈留给的金镯卖了买了鸡吃，为什么？现在的人没有这种思想。我不当汉奸，他要当汉奸，日本人要，香港侨领啊，我不能做亡国奴，我不能向日本人投降，思想不一样。现在没有这样的人，就像张知正的太太，在香港很有钱的小姐，跟同学吃苦跑到重庆，去投笔从戎啊，爱我们的国家，不能给日本人当亡国奴，现在没有这种人，所以我们说实话，人觉得我们是很傻瓜。

**访　者：** 您说是很傻瓜，还是时代不一样，现在爱国的方式是……

**赵一荻：** 没有国，现在是爱自己，现在没有受到外国的侵略和压迫，你没有爱国的心，你所想的就是你自己了。我就说你们美国人，哪人爱美国，到美国去，谋自己发展，谋利益。为什么英国人、法国人、爱尔兰人各种人都要到美国去，爱美国吗？

**张学良：** 我跟你说一个很简单的事，你听见很奇怪的。我的儿子在美国待着，他不是美国籍。他说，他不取得美国国籍就不能在美国政府机构做事。现在，就可以说，现在人取得美国国籍是很得意的事，我不想［让］我儿子得到美国籍。

**访　者：** 您知道我姐姐什么时候拿到美国籍？大概两三年前。她一直不要，后来她的儿子在美国海军军官学校毕业，然后你的母亲是中国籍，儿子不行了，为了她儿子，才加入。

**赵一荻：** 现在人求之不得。

**张学良：** 当年要是国籍没有了，很羞耻。

**访　者：** 中国是不是受到外国的压力，才激起中国爱国心。

**赵一荻：** 现在没有啊，四十年没有战争了。

**张学良：** 现在青年没受到那苦，没有当过亡国奴，不知道［当亡国奴］有多难过。

**赵一荻：** 你想，南京，日本人把你的自己的中国小孩杀到江头上，你看得过吗？

**张学良：** 冯玉祥说，什么人吃得好，唱得好，做人都没味。那真的，那叫人欺负的……

**赵一荻：** 那像我说的何世礼他们，那在香港给日本人做汉奸，日本人不给他一个很好的地位？现在不同了，人家就吃、喝、玩、乐，明天怎么，谁都不知道，美国都不知道。

**张学良：** 我给你讲啊，那时候骂亲日派汉奸，陆宗舆①你晓得不？那陆宗舆的一个小姐要嫁给我一个秘书，陪60万，我不说60万我不卖，他

---

① 陆宗舆，浙江海宁人。曾历任北洋政府印铸局长、财政部次长、参议院议员等职。1913年任驻日大使。1915年初，参与签订"二十一条"，激起举国愤慨。家乡海宁召开"万人公决大会"，将其"开除乡籍"。

不要，因为他汉奸，是卖国贼，本来那小姐很好。

赵一荻：那小姐通中英文，又长得漂亮，样样好。你爸爸是卖国贼，人家不要。

张学良：我那秘书老爷，叫朱光沐①，他说，"我朱光沐那60万块钱，我不卖。"现在人求之不得，那么漂亮小姐还给60万。

## 7. 蒋说"我不剿了"

访　者：现在很安定的情况之下，爱国应该怎样表示？

赵一荻：没法爱，爱哪个中国？你爱大陆中国，还是台湾中国，那你怎样？

访　者：我是外国籍，我爱国不是爱任何一个政府。我认为政府和政党，只是临时的Caretaker，是管家一样，管这个家，家还是我们自个儿的家，台湾一个管家，大陆一个管家。但爱国的话，现在不能爱国了吗？现在没有内战，也没有外国势力侵略的时候，我们怎样表示爱国，比如说，在东北，安稳的时候，怎样劝东北的人爱东北？

张学良：我给你说，所谓一个政党，国民党、共产党也好，我们一国人，就是一个政党，我们有自己的方法，我的政党不是为我们几个人发财，现在不行。美国有政党，没有政党不能称为真正的民主国，所以这样的原因，我们并不反对那个政党。我赞成这种思想，我赞成共产党，我就加入共产党，我赞成国民党，我就加入，我赞成民进党，我加入民进党，是这样。所以这个问题没有多大……不是我进入这个政党就给我什么官，那就完蛋了，我就给你解释这个。

访　者：那么普通人民爱国的话，不一定非要加入政党？

张学良：比如我爱国，我是中国人，那么中国需要我的命，我就送命，让我当兵，我去打仗，打仗为什么，保卫这个国家，这是所谓爱国，国家需要我。

赵一荻：像你们当教员也是一样爱国，您好好教育学生，为国家培养人才，也是爱国。

张学良：我是清道夫，也可以爱国，我把台湾的街道扫得好好的，换句话说，

---

① 朱光沐，张学良秘书。朱的妻子朱湄筠在天津中学读书时与赵一荻同班。1930年朱光沐与朱湄筠结婚，张学良是其证婚人。

尽职守。

**访　　者**：各尽其责。

**赵一荻**：尽自己的本分，我应该做的事，就像我答复记者，我应该做的事我就做。

**张学良**：有个人说得好，我非常佩服这句话，他是一个基督徒，他说，"我做什么事我都给上帝做事。"他是干什么的，他是一个纳鞋底的，做皮鞋的，他说，"我拉这个绳子，拉得紧紧地，等于给上帝做一样。"简单说，各尽职守。比如说你当一个教授，我尽量看护这些小孩，好好教他们念书，我有多大的知识我都传给你，就完了，这就是各尽职守。

**赵一荻**：爱人如己，这就是圣经上讲的，你要尽心尽力爱着上帝，要彼此相爱。

**访　　者**：弥尔顿有一首很有名的诗，他不是盲人吗？他说"They also serve who only stand and wait."，他的意思说，他已经是盲人，他怎样为上帝来服务。我小时候不懂这首诗，我现在懂了，就站在自己的岗位。现在我再说一件事，我不愿意刺激少帅的心情，可是，我感到您两位对基督教的信仰，昨天，我写我的笔记的时候，写来写去，把我自己的情感写进去了，就扔掉了，重写一下，因为不能带情感的。我写来写去就觉得，这个少帅这一辈子，先来个"易帜"，支持中央政府，后来，来个"巧电"，又是为了支持中央政府，然后到了石家庄谈话之后，孤舟难渡风波，您又下船，您又是为了中央政府，您唯一一件事为自己，可以说是为您自己，是上海戒毒，然后出去，回来也是中央招回来，然后，据我们搜集的资料，豫鄂皖剿匪的事，您并不愿意做，西安的事情，你也没有马上就愿意，您每一件事情都是为了中央政府，反过来讲，如果您不这样做的话，不知道有多少内战，不知道有多少将士受伤，人民死亡。

**张学良**：你说到这点我插嘴，要紧的是，我的中心思想是什么？

**访　　者**：就是爱国？

**张学良**：不是，爱国是爱国，我是拥护统一。

**访　　者**：你为什么拥护统一呢？

**张学良**：我并不是支持蒋［先生独裁］。我［是］拥护中央有一个集权政府，我们这个中国才能好，你四分五裂［就没有希望］。所以，我反对内战。广西出了事情，我都反对。比如说中原大战，我出名的事，所谓的"巧电"，武装调停，那我出兵，我那时候有力量，你们打吧，我出兵，当时仗也就不打了。我主要的中心思想是拥护统一。我爱这个国家，我要国家统一，四分五裂的国家不会强大起来。我们一致要对外人，我们的国家是受人家侵略，自己打什么？我父亲停止内战，我就跟我父亲说，我主要的问题是我看见一件事情，我就看见老百姓啊，我说这都是我们造的孽，我说，我们打什么？目的干什么？打完了几天又好了，合了又打，打了又合，干什么，帮助国家有什么好处，算了吧。所以我父亲也不打，退出关了。我主要的中心思想就是，咱们中国人不要自己打自己，我反对。剿共也如此，共产党也是中国人，我们可以讲和的，可以讲得通。我们就是维持自个儿的政权，把另一方消灭，就是这个意思。打仗最终的目的是干什么？我这人想，你到底要想干什么呢？我们打仗最终目的是什么？没有意思，今天打了，明天和了，后天又打了，我并不一定是为共产党……我对蒋先生说，我说，"共产党您剿不完。"他问我，"为什么剿不完？"我说，"我们的行动不受国民拥护，他们的行动倒反受国民拥护，你怎么能把他剿完。"

访　者：这句话他听不进去，还是他不能理解？

张学良：他相当听进去了，我对蒋先生是……蒋夫人说得好，［她说我］不是要钱，也不是要地盘。我认为蒋先生也没有说假话，答应了。我听着，他说"我不剿了"，那蒋先生也没说假话，他后来真是［不剿共了］。所以自个儿请罪，那么我应该受死刑，等于叛变了，劫持长官在我们军队里是最厉害的罪，那就是叛变。

访　者：不过，过去历史上，不是有将功折罪吗？

张学良：那也不能那么讲，我没有功啊，没有去打仗。

访　者：换句话说了，我本来不是要提西安的问题，西安的事情……

张学良：我自个儿做的事情，我自个儿负责任，我不往这人身上推，也不往那人身上推。

访　者：事实来说，有一个外国人说，我认为他说对了。他的书说"'西安事变'是对的，是成功的"，也就是说您所希望做到的，不管怎样做到了。现在我要回来说我刚才说的话，我说的得不得体，对不对我不知道，我要说的话其中有一部分仍然是大问号，迷糊得很。您就是为了要求全国的统一，这样国家才站得起来。为了免掉相互残杀，您从河南开始，然后到了西北，处处您都是认为，何必呢，大家互相残杀，让外国人左攻右击，然后您把事情做成了，在西安……为了众人，他自己没有考虑他自己，是不是这意思？

## 8. 我去南京，是给军人做楷模

赵一荻：是这意思，我宁可牺牲我一个人嘛。耶稣救所有的人，那更伟大了。

访　者：我没有说少帅是耶稣，我现在想不通这个。您不是说每个人都应该照着耶稣去活嘛，不见得我能代替耶稣，但耶稣做的事，我们每一个人都应在自己的责任，自己的处境上做。也就是说少帅有他自己的……他每一步每一步，你整个看起来……

赵一荻：我们要感谢上帝，你这次到台北来，上帝把"信"放到你的心里头，这是我们最感谢上帝的，她都能够体会出来，那你慢慢再[体会]。

访　者：您说我体会的是什么？

赵一荻：体会上帝的事情，耶稣的事情你能了解了。

访　者：我现在在研究这个，想办法给您编问题的时候……我写着写不下去了，后来不行，我还得写，后来我想了半天……我不知道说对不对，您有这种感觉吗？

赵一荻：之丙，你要这么样一讲你就明白了，什么叫爱？不是肉欲，不是感情，爱是牺牲。你爱你的儿女，你赴汤蹈火在所不惜，那才叫爱啊。

访　者：所以我就觉得是上帝的意思。

赵一荻：上帝他爱人，你能够把他的爱接受到你的心里头你就不同了，和普通人就不同。

访　者：我是不是接受我不知道，至少我从少帅这段感到……我这人还是后知后觉了，就是我得看到人的行为，我才能懂得……也就说您现在您在传最好的福音。

赵一荻：我们基督徒是要做见证啊，我们两个人不是基督徒以前，我们的看法跟一般人就[不一样]那是上帝的恩典。我们都是出在富有的家庭，我们也没有贫穷过，是上帝的恩典，使我们能够往大处看，不往小处看。

访　　者：所以……您刚才要说什么，对不起我给您打岔了。

张学良：我说是这样，我是一个军人，我上头有长官，有两个长官，一个是我父亲，一个是蒋先生，我下面有部下，那么，我——自己做出事情来，我是说我自己，我要给军人做楷模，我到南京请罪。我去南京，可以把我枪毙，也应该把我枪毙，我是叛徒。不管"西安事变"怎么样，那不说，我劫持长官，明白？我做这件事情不是为我自己，我要给后面军人看。假如做这件事情，我自己很得意，那后来的军人也就这么做去了，就给他们做了个榜样。这件事情，我做了，我要为什么做，那么这事情要弄个清清楚楚。是我一时发气了，或者感情用事，不是这样。我也愁思再三啊，所以我到南京受审的时候，把这个事情我要说明，我为什么这样干，我有这么高的地位[为什么还要这样干]？

访　　者：您跟谁说。

赵一荻：军事法庭上。

张学良：在法庭上，李烈钧说一句话，我非常得意。审判完了他说一句话，他说这句话我心里非常舒服。这句话包含两个人，包含我父亲和我，就是"不愧为张作霖的儿子"，对我父亲也很恭维了，所以我很感谢他这句话。我这个人做事……不是南京把我抓去的，是我自己去的，我可以坐飞机就跑了，我可以走开，我要给后人……我做事我自己负责任，军人就是这样，是我的过错，把仗打败了，我就受审。换句话，我还有军人那个脾气，我是军人，我干这玩意儿的。我当军人的时候，我父亲说一句话："你不要干，你要记着啊，干这玩意儿得把脑瓜子割下来拴裤腰带上。"就是不知道哪天死，换句话，你就把那个死字丢开。当年，我自己十八九岁的时候，阔公子，家里有钱，有地位，我为什么要出来，我自己可以享受。我的决心我现在告诉你，我想了又想，我仗着我父亲的势力，仗着我的家财，人家走两步，我一步就可以了，无论干哪件事，人家走两步，我一步就等于他两步，那我为什么不利用这个做点事情？这是我的决心。

赵一荻：张小姐该收了，明天再见吧。

张学良：我跟你说我的决心……所以人家都说我花花公子，我说我不是花花公子、花花老人，我真是没做过花花公子。

访　　者：做一个结束，忽然觉得做这个工作啊，在使命上面，忽然间加了一层。刚开始只是几个学生要求,现在觉得使命加高了,担负越来越重了,这不是我们的负担重了,而是说越来越发觉少帅的经验,并不只是记录一位将军开始到现在怎么样,您这一段的经过,连南京以后,加上您(指赵一荻)在一块的这段时间,您说是上帝安排的……

# 第二十三次访谈
# 忆东北旧部　谈史书错讹

访谈者：张之丙（简称"访者"）
被访者：张学良
同座者：赵一荻
访问日期：1992年6月29日

访　者：Today is June 29th, Mondy。It's now 3 o'clock, we are at Mr. Chang's residence, we will begin interview as soon as he comes from upstairs, now we are ready。
今天是6月29日下午三点钟，在张先生住处，我们将要开始访问，当他下楼时，我们已经准备好了。

## 1. 马歇尔在天津

赵一荻：那个你……
访　者：那天我给Peter打过去了，我是礼拜六打过去的。他今天到办公处把它打出来，他让我今天晚上十一点……
赵一荻：那你今晚得到十一点才能睡觉，两个传真要来。
访　者：没关系，我给Peter打电话。
赵一荻：Peter要给你打电话……
访　者：不，Peter要我给他打，因为他不知道这个时间怎么安排。因为他在办公处嘛，他让我打collect，就等于说用不着咱们掏钱，他那个办公处是通全世界的。
赵一荻：他那律师事务所呀？
访　者：就是我给写的那个大公司里面的，他是里面的律师顾问啊。

赵一荻：做什么事情的？

访　者：美国一个很大的 Continental Green，我就问他，有点像远东，王新衡先生那个［公司］，他做很多，很多……

赵一荻：关系企业，他这里有很多的关系企业？

访　者：对，什么油呀什么的，他们那也是到中国去做这个饲料啊，到欧洲去做法律顾问啊……

赵一荻：他是他们法律顾问啊？

访　者：他本来是专门做东欧呀，共产国家的一个主要的 Director。因为你要进去共产国家，你要懂共产国家的东西。Peter 是一个很懂事的人，而且他能马上看到这个环境，能顺着人家的社会环境来做这个事，所以除去他法律之外，有点像丞相似的，从全局看怎样做事。现在，共产的国家都变成非共产的国家啦。中国现在大家也都通了，所以都变成公司了。所有这些个法律的交往那一部分。当然，还是以前偏重到各个地方去，跟大家伙儿联络都非常好，他懂很多的语言。现在，他用不着去了，这些地方都开了嘛，就可以把正规的人送去，因为都已经变成非共产的国家了。

赵一荻：那他主要的还是商业的？那个公司。

访　者：他还是 International Trade（即国际贸易）他那个 Trade（即生意）可真大，那整个捷克、斯拉夫……

赵一荻：那他的 Trade，有的不在打仗吗，他没换吗？

访　者：对了，南斯拉夫，不过他那公司还远呢，在莫斯科那呢，苏联、乌克兰……不过，美国，西欧国家争取到这些以前的东欧国家建立一个贸易关系。我还有一个学生，他也是忠心报国的，他是常驻伦敦，是代表一个 Investment Company（即投资公司）。

赵一荻：你这个学生，他们本来会不会中文？

访　者：不会的，一点都不知道，他们都在里面学了四年，也有的念三年，有的念二年，还有的念一年。

赵一荻：不是一个 College（即学院）非得要四年？

访　者：我们大学是这样，有四个阶级，现在变成五层。从你来的时候白丁一个，一共有这么五个阶段，你可以从第一到第四顺次下来。你也可以从二、三、四层插着念也可以。那么你念了一年级，然后你出去做事，回来再念三年级也可以。因为我们这是正式学校，你可以都学，也可以只学一个，所以这些人，我都做过他们的启蒙……

（访者谈自己的国外的学生及教书情况，两个人都谈及在美国买房子的问题，约 10 分钟）

**访　　者：**哦！我还把艾森豪〔威尔〕的口述历史〔的影印件〕带来了。这是他们英文的初稿，这是艾森豪〔威尔〕自己改的。这里有一段正好是说马歇尔的见解跟张先生的见解一个样儿。马歇尔也认为剿共剿不了。那个时候好像陈诚在奉天。蒋先生认为已经把奉天都拿过来了。你说，人呐！这个张先生跟马歇尔，跟艾森豪〔威尔〕隔着十万八千里，也没有面对面交流，可观点差不多。智者所见略同呀！

**赵一荻：**我们中国人也是，得罪了马歇尔①，不应该那样对待马歇尔。

**访　　者：**怎么了？我都不知道。

**赵一荻：**我们也是看报纸，我们也没有〔其他〕消息〔来源〕，就是为国共的事吗，让人家跑了七趟。你听过这个没有？

**访　　者：**我没听见过，过去我对这个都不感兴趣。

**赵一荻：**跑了七趟啊，人不气死了。

**访　　者：**难怪马歇尔不肯再回来，结果杜鲁门还是要派他回来。所以他说他是百分之百的军人，所以杜鲁门②不管怎么样……

**赵一荻：**对了，我想起来，张先生在天津的时候……马歇尔在天津做过事情③。

**访　　者：**是吗？我不知道。

**赵一荻：**那时候美国在中国有驻军，有陆战队在中国，是不是这个马歇尔我就不知道了。

**访　　者：**我可以去查一查。

**赵一荻：**你看看马歇尔到过天津没有。那时候旁的美国的人都吃喝玩乐，马歇尔不出去玩，他总是看书，很厉害的。张先生那时候在天津，那时候美军陆战队还请他去参观过。

**访　　者：**马歇尔的年龄好像是不是跟少帅差不多？

---

①　马歇尔，美国五星上将。1945 年退役后，以美国总统杜鲁门特使身份来华，调处国共两党关系。1946 年 1 月，同国民党代表张群（后为张治中）、共产党代表周恩来组成军事三人小组，参与国共谈判。

②　杜鲁门，美国第 33 届总统（1945—1953）。

③　马歇尔第一次来中国是 1914 年。1924 年夏到 1927 年春末，第二次来华，在美军驻天津的第 15 步兵团任主任参谋。此间，张学良部常驻京津地区。

赵一荻：我不知道，反正他（指张学良）去参观过。最好玩的，他们那个办伙食的那个士官长问张先生，说，"哎呀，军队的伙食真是不好办，你们军队的伙食是怎么办的？"张先生说，"我们军队的伙食很容易办。"他说，"你们中国的怎么会容易办呢？"他说，"很简单啊，每天就吃白菜啊。"（此时张学良进来了）

访　　者：这个是艾森豪[威尔]的口述历史，其中有一段与咱们中国有关系，一个样品本来是要给您看看口述历史怎么改，我的想法是改完之后再交给他们……夫人说想起您在天津的时候认识一个马歇尔，就是这个马歇尔，是不是？

张学良：是，是，他那时是上校。

访　　者：夫人说那时人家出去玩，他看书。别的人啊，美军在天津的人呐，都喜欢出去玩，可是这个马歇尔……你见过他吗？

## 2. 司徒雷登对蒋介石不那么恭维

张学良：我们在一起吃过饭。他不出去玩。这个人他很奇怪，那时候他跟中国最有名的人，什么大学来的，当时中国最有名的①……

访　　者：南开？

张学良：不是，不是，外国人。

访　　者：啊，司徒雷登②？

张学良：对，他俩最好，他受司徒雷登影响很大。我想，他对中国的事情，他都是司徒雷登……后来，他还受他的影响。司徒雷登好像……这个我不能确定，司徒雷登好像对国民党和蒋介石不那么恭维，不那么支持。这是我想，这是我判断。这里面有个中国人，可惜我把他名字忘了。

访　　者：您说是跟马歇尔做事的？

张学良：不是，不是。

访　　者：跟司徒雷登？

---

① 应指燕京大学。燕京大学，建立于1919年，初名叫北京大学，其前身是西方教会在北京办的三所教会学校，司徒雷登任校长。

② 司徒雷登，燕京大学创始人。他在回忆录中说，张作霖、张学良父子对燕京的捐款呼吁有求必应。1923年，他第一次去东北见张作霖，张说："你办的教育事业本来是应该我们中国人自己做的。现在你做了，我十分感谢！"当场捐款五千大洋。以后，只要司徒雷登开口，张总是慷慨出手。

张学良：是，是。

赵一荻：有啊，常常在美国的，给司徒雷登做事的了，叫什么？

张学良：等于司徒雷登的秘书①，也是燕京大学的学生。这个人，大概是……我不能确定，后来人家知道他好像是共产党。

访　者：这个人就是陪着斯诺，那个美国记者，给他做翻译那个人，一块儿到〔延安〕陪他见毛泽东那个人，这个人姓王②……

张学良：不是，不是。

赵一荻：他很有名的。

张学良：相当有名的。

赵一荻：后来他帮司徒雷登做好多事情。

张学良：可惜我把他名字忘了。这个人不能说关系很大，他把很多中国的事情……不过，司徒雷登能说中国话的。可是往后中国的事情，这个人在里头……

赵一荻：影响司徒雷登很大。

张学良：不但影响很大，我的看法，他在里头还做鬼。

赵一荻：他好像是共产党嘛。

访　者：斯诺就是在司徒雷登手下做事的，他是教英国文学的，所以您在西安有一个电台，这个电台和《西京日报》③，这个人叫张兆麟④，就是斯诺的学生，一系列都是从燕大带去的。

张学良：张兆麟不是，他我知道，不是那个人，这张兆麟比那个人年轻得多。

访　者：我是错了，我的意思是说，司徒雷登、斯诺，燕京大学一系列的学生，当初对学生运动都非常地支持，同时也非常地鼓动……

张学良：这个我相当地知道。因为我的弟弟是燕京大学的学生。

访　者：您说是哪个弟弟？

张学良：三弟，张学曾⑤。

访　者：增加的增？

--------

① 傅泾波，在燕京大学读书期间，即为校长司徒雷登的私人秘书和助手，此后长期相随。
② 应指黄华。黄华又名王汝梅。在燕京大学读书期间任埃德加·斯诺的翻译，后一同去延安采访。
③ 《西京日报》，1933年3月21日创刊，创刊时为国民党陕西省委机关报。西安事变第二天，改名《解放日报》，1937年2月10日停刊。
④ 张兆麟，东北籍流亡学生，1932年考入燕京大学新闻系，与时在新闻系兼职教师的斯诺交往颇深。参加并领导了"一二·九"学生运动。后投奔张学良。
⑤ 张学曾，张作霖与许夫人所生，张学良三弟。曾在联合国总部秘书处任职。

赵一荻：不是，没有土字旁。

张学良：他那时就告诉我说，他说，"我们学校里的共产党很多，等于叫共产党渗透了。"他在那念书。

赵一荻：这很有意思，艾森豪［威尔］讲马歇尔的事，讲到蒋先生。认为他到东北去，一下子就能拿下来。他没说陈诚了，是说蒋先生。不是胜利了吗？认为他到那去，一下子就能把东北拿回来。

访　者：我给您讲，这个人是访问艾森豪［威尔］，问艾森豪［威尔］关于马歇尔和中国的事情。那么，他这里有一段，刚才我给夫人看了，有一段是关于东北的事情，他说蒋先生以为已经把东北的问题控制住了，奉天那个地方控制住了。但是他没有想到蒋先生的力量又得马上撤回，为什么呢？当地的共产党的压力太大了，蒋先生支持不住了。

赵一荻：不能去，共产党在那儿力量很大。

访　者：那会儿是陈诚在那吗？胜利以后，在东北？①

张学良：好像是陈诚，我弄不清楚了，还是张治中，不晓得了。

访　者：还有一点，我觉得对我来说呢，我看了以后，我对夫人说，马歇尔、艾森豪［威尔］远在美国，而且也不是跟您同时代的，也从来没有对过头。可是他们也说马歇尔在中国要做的，是要扩充政府的代表性，一定要包括一些共产党。我的想法就是，您那时比他们想到前头了，说你必须要联共才能抗日。另外呢，艾森豪［威尔］是非常地尊重马歇尔的。所以这个人问艾森豪［威尔］，他就告诉这个访问的人，马歇尔从来就没说他的长官给他的政策是对的还是错的，因为他是个军人，你交给我什么，我就给你做什么，而且一做到底。我就说您跟蒋先生，一直到最后兵谏，也是一直要把您的意思……还有您说过，中国的军人全是日本的方式训练，以服从为主。第三点我要看的是，我对过去的历史一点儿都不注意，刚才夫人说……

张学良：这是谁写的？

访　者：这是艾森豪［威尔］自己的，他的口述历史。他已经完全公开了，

---

① 抗日战争将要结束时，蒋介石一面令八路军原地待命，一面用美国飞机、军舰向东北运兵，到1947年兵力增至55万人。可是国民党军队在战场上一败再败，为挽回败局，蒋介石将陈诚派到东北战场，担任东北行辕主任。1948年9月，人民解放军发起辽沈战役，国民党军队损失了47万余人，国民党内的舆论一致声讨陈诚，甚至有人提出，应该"杀陈诚以谢天下"。

所以我印了一点。他说蒋先生跟马歇尔非常强硬地说，"你们美国人对我们中国的环境呐完全无知，不懂，如果你们一定要来逼我的话……"比如接受共产党呀，国共和谈的话，"因为我们没有钱，我们必须听你们的，我们也接受。你们看着吧，不久整个中国就都变成共产党的了。"他就以这个威胁美国，这是他说的话。然后呢，马歇尔就把这些话带回来了。蒋先生的意思就是说，你看，我在奉天那个区域都已经控制住了，你们应该帮助我什么呢？一个是解决军阀的问题，一个是共产党的问题，然后怎样，怎样。他到那个时候还是安内攘外。还有一点很有意思，因为马歇尔一次次见蒋先生，可蒋一次次地不肯接受共产党。马歇尔说"我还是尊重他"，他说也许呢，他要把这个军阀的势力取消，把共产党剿灭，然后，他才能够……他说，这些军阀都不听他的，几乎都是 Independent（即独立的）不听蒋先生。

赵一荻：这就说明了蒋先生要把你们这些人都给解决了，他这上说得很清楚了，把这些所有占地盘的军阀都给解决了。

访　　者：然后他又说呀，"好像是除非蒋介石能够剿灭军阀和共产党，他根本没那个实力"，所以就是蒋先生灌输他的思想。他这又提了，"我对马歇尔非常地尊敬"，因为艾森豪[威尔]也是军人呐，马歇尔一生都是在陆军里面，所以他对他的长官是百分之百的忠实。这种长官和部属的忠诚跟咱们中国一样。他从中国回来之后，杜鲁门又要他再回中国，还要继续做这个事情。艾森豪[威尔]就说了一句话，说，"你们再要马歇尔回中国，你们实在对不起他，也对他太残酷了。"因为马歇尔不想回去，他觉得他已经做了那么多的事情，所以，他不想回去。可是，杜鲁门仍然要派他回去，马歇尔后来还是一声不响地回去了。这个人就问艾森豪[威尔]，艾森豪[威尔]也到中国去了。他说，"我到中国之后，中国各地都呈现了非常的贫困。"他说美是美，香港也很美，可是全国人民都非常的清苦。他没有到中国走很多的路，1935年，艾森豪[威尔]从菲律宾到中国去了一趟，他的印象是如此的。这点他想的也跟您一样，他说中国需要一个强有力的中央政府，就是您所说的统一的政府，这样才能够推行社会的改革。经过社会改革，你才能把人民带到中产阶级。他说，"我当总统的时候，"艾森豪[威尔]做总统的时候，"中国已经是共产党的国家了。"他说中国从"奉天事件",即"九一八"事变、西安、国共和谈,不成功的地方,都是我们的教训。所以,以后对其他的国家,还有这种情形呢,必须采取非常坚决的作风,不要再模棱两可的。他说中国的经验是个很好的教训。他说,"你看,到现在,蒋介石已经被驱逐出大陆之外,这件事情是我们一个最大的教训。"

**张学良**:这是什么时候说的?

**访　者**:1949 年到台湾,从大陆出来。我只是说这个有两点做参考,天下做将领的人想法都一样。另外就是您那时也讲,中国一定要统一,政府不能只是专政啊,虽然他们不是中国人,也是这种想法。

## 3. 来自大陆的两本书

**张学良**:这两本是大陆写的啊①,送给你做礼物。

**访　者**:这是关于大帅的呀②,很少有呀,这本哥伦比亚图书馆可能有。

**张学良**:都是刚出来的③。

**访　者**:这是印上的④,这是刘培植⑤〔的题词〕,这是卢广绩⑥、宋黎⑦〔的题词〕……

**张学良**:是啊,这都是我们东北的有名的人。

**访　者**:这是宋黎 1988 年 3 月写的。宋黎我知道,这是刘培植,您知道

---

① 一本为辽宁大学陈崇桥、胡玉海、胡毓峥三位教授撰著的《从草莽英雄到大元帅——张作霖》,全书 23 万字,叙述了张作霖的一生。另一本为陆军和杜连庆著的《张学良与东北军》,全书 44 万字。两本书均由辽宁人民出版社于 1991 年出版,书前都有若干珍贵的历史照片。
② 此指陈崇桥、胡玉海、胡毓峥编著的《从草莽英雄到大元帅——张作霖》一书。
③ 上面提到的两本书都是 1991 年出版,刚出版一年,即辗转到了张学良手里。
④ 指《张学良与东北军》收录的刘培植、卢广绩、宋黎的题词是印刷上的。
⑤ 刘培植,曾任中共东北军工作委员会组织部长。西安事变后随东北军第五十一军东调,参加了台儿庄大战、保卫武汉的外围战斗。1949 年后曾任农业部副部长、全国政协委员等职。《张学良与东北军》一书中收录刘培植墨迹:"当代英豪张学良将军"。
⑥ 卢广绩,张学良秘书。曾参与起草八项主张通电稿。1956 年任沈阳市副市长、市政协副主席、辽宁省政协副主席。卢广绩在《张学良与东北军》一书中的题词是:"由于张杨两将军发动西安事变,促成国共两党第二次合作,取得抗日战争最后胜利"。
⑦ 宋黎,1935 年参加"一二·九"运动,任游行示威队伍总指挥。1936 年 1 月,应张学良邀请,以东北大学学生代表身份赴西安。任中共东北军工作委员会宣传部长,代书记等职。《张学良与东北军》一书收录宋黎题词:"民族英雄,千古功臣,张学良将军"。

[他]是谁吗?

张学良:不知道。

访　者:全国政协委员会委员,他位置很高了。这是卢广绩,现在是辽宁省的副主席,呵,辽宁省政协副主席。

张学良:他(指卢广绩)原来当过我的秘书。

访　者:这是刘鸣九[的题词]①。

张学良:这也是原来我的秘书。

访　者:这也是辽宁省的副主席。他们怎么那么多的副主席呀!呵呵这是您[的照片]1929年做东北边防军司令官的时候。

张学良:司令长官。

访　者:这也是,1931年全国陆海空军副司令。这是1936年,西安,这张相片帅,真帅!您看还穿着大氅,带着军帽,这是东北航空司令,这是您在飞机上驾驶。这是"九一八事变"后,您写给北平《军事日报》的[题词]。这是1936年"九一八"五周年纪念会,您在讲话中悲愤地表示,"将率东北健儿披甲还乡,报仇雪耻,驱除日寇,恢复东北",您这时候比较胖一点。这是您跟杨虎城将军。这是1936年10月5号,毛泽东、周恩来致张学良的信。您看,"寇深祸急,愿先生速起图之",周恩来、毛泽东。这是原来在西安的时候,西安[事变]以前[写的]。

张学良:哎呀,他们还公开,我把这信都毁掉了。

赵一荻:他们是秘书吗。有些东西都在他们手里。

访　者:是吗?这是蒋介石给邵力子②的信③,12月9号。

张学良:说什么?

访　者:"力子主席兄(勋鉴),……"这是什么,密嘱……

张学良:这是他秘书写出来的,他蒋介石不能写"勋鉴"④。

访　者:兄,然后他说,"兄可密嘱,驻陕大公报记者,发表以下之消息。"

---

① 刘鸣九,本名鹤龄,字鸣九,后以字行。曾任张学良秘书,辽宁省政协副主席。《张学良与东北军》一书中收录的刘鸣九题词为:"怀念张汉公:赤诚为国,热爱统一;光明磊落,矢志不移;东北易帜,西安变起;大义凛然,功垂青史;故国风貌,今更胜昔;亲旧翘首,伫盼归期"。

② 邵力子,时任陕西省政府主席。

③ 此信是西安事变发生前的12月9日写给邵力子的。12月12日扣蒋时在华清池五间厅被发现的,尚未发出。见《蒋介石致邵力子的一封信》,《西安事变资料选辑》第488页。

④ "勋鉴",为书奉语或提称语,缀于信首收信人的称呼之后。鉴,即古代镜子,有审察、看的意思。勋,功德,功劳。多用于政界、文界。对身居高位、有功勋业绩者,可用"勋鉴"。

这是蒋先生写的，拜托邵力子发表的，"蒋鼎文①，卫立煌②先后皆到西安，闻……"这是什么字啊，"蒋委员长已派蒋鼎文为西北剿匪军前敌总司令，卫立煌为晋、陕、绥、宁四省边区总指挥，陈诚亦来陕谒蒋，闻将以军政部次长名义指挥绥东中央军各部队云。但此消息，不必交中央社及其他记者，西安各报亦不必发表为要。中正。"他是说让他呀找《大公报》记者发表，后面这些他说不必给中央社，也不必给西安报界。这段记录我们有，我们本来想请示您[核实是否]确有其事，现在都登出来了。可是呢，他这是12月9号的信，可是他是在12月11号，他告诉您的。这份东西很奇怪，12月12号，因为大家都不知道西安的事情了，在南京发表了。底下这是1936年12月25号③，张学良送蒋返南京时，留给何柱国、王以哲、缪澂流、董英斌④等各军长、各师长的信，"弟离陕之际，万一发生事故，请诸兄听从[虎臣]、孝侯指挥。"

张学良：于学忠，他号叫孝侯⑤。

访　者：前面还有两个字，我就不知道了，什么臣呀，孝侯指挥，此致，何、王、缪、董⑥，这是谁呀？

张学良：虎臣，杨虎城呀⑦。

访　者："各军、各师长，以杨虎臣代[理]余之职。"12月25号。这是这封信。这又有一封信，张学良为解决"西安事变"善后问题，给杨

---

① 蒋鼎文，国民党陆军二级上将。1936年12月初，蒋介石召他至西安任西北"剿匪"军前敌总指挥，与红军作战。蒋鼎文尚未离开西安赴甘肃平凉前线，即发生了西安事变，蒋鼎文与其他国民党要员一同被扣押。12月17日，张学良让蒋鼎文带着蒋介石给宋美龄和何应钦的信函，从西安飞往南京，向南京国民政府传递信息，并陪同宋子文、宋美龄赴西安谈判。

② 卫立煌，国民党陆军二级上将。西安事变前，蒋介石任命卫立煌为"晋陕绥宁四省边区总指挥"，"围剿"红军。西安事变中，卫立煌与蒋鼎文、朱绍良、钱大钧等南京政府的随员被囚禁西京招待所。事变和平解决后，被释放。

③ 《张学良与东北军》一书的一面插页，上面是蒋给邵力子亲笔信影印件，下面是张学良送蒋回南京之际，即1936年12月25日下午留给何柱国、王以哲等各军长及各师长手谕的影印件，故说"底下"。原文为："弟离陕之际，万一发生事故，切请诸兄听从虎臣、孝侯指挥。此致，何、王、缪、董各军、各师长。张学良，廿五日。以杨虎臣代理余之职，即日。"

④ 董英斌，原为东北军第五十七军军长。第一〇九师被红军歼灭后，撤职，时任西北剿匪总部代理参谋长。

⑤ 于学忠，字孝侯。时任东北军第五十一军军长。

⑥ 何，即何柱国，时任东北军骑兵军军长；王，即王以哲，时任东北军第六十七军军长；缪，即缪澂流，时任东北军第五十七军军长；董，即董英斌，时任西北剿匪总部代理参谋长。

⑦ 虎臣，即杨虎城。1926年直系吴佩孚部攻打西安，当时守城司令是国民二军的李虎臣，副司令为国民三军的杨虎臣，人称"二虎守长安"。为表示守城之决心，李、杨二人同时改名为"虎城"。"二虎守长安"，长达8个月，牵制直系10余万兵力。

虎城将军的信。"虎城仁兄大鉴，柱国兄来，［悉］兄苦心支持危局，闻之十分［同］……感，现幸风波已过，……盼兄……努力，不可［抱］愤事之想，凡利于……者，呵，凡利于国者，吾辈尚有何惜乎？弟读书思过，诸事甚好，请勿念。［西］……望云天，不胜依依。"①

这是1937年6月20号，东北救亡总会在北平成立，到会一共有286人，在上面写着"打回老家去"的东北四省地图上签字。

**访　者：** 没有电脑，可是他们做得非常透彻。

**张学良：** 是啊，他这个出版呀……

**访　者：** 还有一个后记。您看这两个人，这叫作陆军，他是河北人，1946年才出生的，1970年毕业于原辽宁师范学院。现在是辽宁师范大学学报期刊社副社长、副主编，从1978年［以］来……专门做了您的论文有五十多篇。下面这个人姓杜，叫杜连庆。1944年，山东人，他也是辽宁大学毕业的，他是学习管理的，他曾经写什么企业家了，行政管理呀，最后写了关于张学良将军跟东北二十多篇。

**张学良：** 他是专门……

**访　者：** 哎呀，这个大标题是吕正操②写的，题词的，《张学良与东北军》，1991年出的。您这是什么时候接到的呀？

**张学良：** 这个我也不知道，他们最近给我寄来的。

**访　者：** 那可真是最近的，1991年，去年的。您还有一本是吧？这个更妙了，是三个更年轻的人写的。这个人是出生在1926年，大帅的前两年，他曾写过《中国近代军事史》《"九·一八事变"史》《张学良外传》《中国近代史》，还有一个给您写的外传，这人叫作陈崇桥③。

---

① 1937年2月，西安发生二二事件，王以哲被少壮派所杀。何柱国专程赶到奉化溪口面报，张学良闻之，泪流无语，悲痛地写下了这封信。信的内容是："虎城仁兄大鉴，柱国兄来，悉兄苦心支持危局，闻之十分同感，现幸风波已过，迩后盼兄为国努力，不可（抱）愤事之想，凡利于国者，吾辈尚有何惜乎？弟读书思过，诸事甚好，请勿念。西望云天，不胜依依。弟良启，二月十七日"。多数论著引用此信时，多将信中"迩后"的后字漏掉，因张的手迹为繁体字，"後"字写得较草，容易被忽视。包括新华出版社出版的《张学良文集》亦将此字脱漏。"迩后"，为"从此以后"的意思，"迩后盼"为"从此以后盼望"，绝望之意在其中，表明张学良对他能否回东北军的前途十分悲观。"后"字在这里十分重要，"迩"字的本意为"近来"，若将"后"字漏掉，变成了"迩盼"，"迩盼"可理解为"近盼"，表明张学良对未来还充满着期待。一字之差，其意大相径庭。

② 吕正操，中国人民解放军上将，中国人民政治协商会议第六届全国委员会副主席。曾在东北军任张学良秘书、参谋处长、团长。西安事变时担任张公馆的内勤工作。事变后加入中国共产党，曾任八路军第三纵队司令员兼冀中军区司令员，创建"冀中平原抗日根据地"。1991年3月10日，张学良和夫人获准从台北赴美探亲。5月23日吕正操从北京飞往旧金山，与张学良会面。

③ 陈崇桥，《从草莽英雄到大元帅——张作霖》的作者之一。

张学良：那不知道了。

访　　者：现在在辽宁，这个人（指胡玉海①）1949出生，是辽宁大学的，现在是研究历史的，他曾经和人合编过《张学良外传》，一共写了四部。这个人，1919年，叫胡毓铮，他是长春大学政治系毕业的，精通日语、俄语。编译过这本书，叫《怪杰张作霖》，这可能是日文的，还有许多日文、俄文的书。

张学良：所以我把这两本送给你。

赵一荻：你正要做大帅，你可以知道知道。

访　　者：对，这是大家都有的一张，穿着大元帅服装照的②。这个呢，是受抚后出任清军统领③，穿着大袍。这个是身着东北军军便服。这是任东三省巡阅史④，这是张作霖、张学良父子与吴佩孚及张宗昌合影。

张学良：这张很有意思！

访　　者：这是张作霖与吴佩孚，这是张作霖任陆海军大元帅着军装的照片。这个最值钱了，张作霖任陆海军大元帅就职［纪念］邮票⑤，是他们从古董店找来的。这是五子学森，六子学俊，这是您，您所有的弟弟。这是大元帅写的"慎行"，这是"天理人心"，这是"道德维新"。这个是张作霖被炸位置图，这是那个皇姑屯桥，这是爆炸后大火熊熊，这是未爆炸前的现场，这是炸车的现场⑥。

张学良：这都日本做的。

赵一荻：别人谁能炸得了。

张学良：这两本送你的。

---

① 此指张学良研究专家、张学良研究会会长胡玉海教授。胡的主要学术著作有《奉系军阀全书（六卷本）》（主编）、《奉系主要人物》、《中国国民党文史纲》（合著）、《张学良全传》（上下卷，合著）、《中国现代史若干问题研究》等。

② 1927年6月18日，张作霖在北京就任安国军政府陆海军大元帅，代表中华民国行使统治权，成为国家最高统治者。

③ 张作霖1902年被清政府收编，曾任巡防营帮带，后升为管带（即营长）、统带（即团长）。1906年，奉天旧军编成八路巡防队，张作霖任奉天巡防营前路统领。

④ 1918年张作霖任东三省巡阅史，相当于清末的东三省总督。

⑤ 陆海军大元帅就职纪念邮票，1928年3月1日发行。全套4枚，分为1分、4分、1角、1元四种面值，票面正中为张作霖肖像，背景绘有海陆军军旗，下方印有"中华民国邮政"字样，上方印有"陆海军大元帅就职纪念"字样。这套邮票发行总量为600多万枚，实际发行范围为六省三区，即直隶、山东、奉天、吉林、黑龙江、新疆和绥远、察哈尔、热河三个特别区。

⑥ 1928年6月3日，张作霖乘火车自北京返回奉天，4日清晨5点23分，当张作霖乘坐的专列进入京奉铁路和南满铁路交叉处的皇姑屯三洞桥时，火车被日本关东军预埋的炸药炸毁。张作霖被炸成重伤，抬回帅府后，不久死亡。

访　　者：谢谢您，您不给我写个字啊？吃完饭再说。
张学良：吃完饭我上我桌子上写。
访　　者：好啊。

## 4. 麦克阿瑟这个人骄狂自大

张学良：美国最后这三个很有名的将军，一个马歇尔，一个艾森豪〔威尔〕，另一个〔我记不起来〕。
访　　者：麦克阿瑟①。
张学良：他们这三个人各有不同，我对麦克阿瑟……他自己觉得了不得。
访　　者：马歇尔很拘谨的一个人。
张学良：那个谁呀当总统，马歇尔就不赞成，他完全是个军人。
访　　者：艾森豪〔威尔〕也是我们哥伦比亚大学的校长②，做过一阵。
张学良：这三个人里，我最佩服的还是马歇尔。虽然是军人，有一种学者的派头。那时天津都有各国的驻军呐，美国的驻军就是马歇尔带队。
访　　者：那是怎么说，海军陆战队？
张学良：海军陆战队③。
赵一荻：美国别的军队不能派到别的国家去，只有陆战队可以。
访　　者：那会儿，他跟您的交往勤不勤？
张学良：不是太深，他不大玩啊，除非政府请客。
访　　者：可是您在主持华北的时候，不是正好应该……
赵一荻：那个时候不是主持华北，是三四方面〔军〕的时候④。
张学良：不是，不是，那父亲手下有一个……他（指马歇尔）请我父亲去他的军营好几回。
访　　者：那您陪着去了。

---

　　①　麦克阿瑟，39岁任美国西点军校校长，1944年，晋升为五星上将。朝鲜战争爆发，出任远东美军总司令和"联合国军"总司令。
　　②　1948年，艾森豪威尔任哥伦比亚大学校长。校长任内，对历史学特别有兴趣，常和年轻的历史学教授交流。此间，《远征欧陆》回忆录问世，后被译成了22种文字。
　　③　根据美国宪法，海军陆战队是美军中唯一一支无须经国会批准，总统便可调动的部队。海军陆战队是海军中的小陆军，由海军提供运输及舰只，但并不直接隶属于海军，而是美国5种武装力量之一（陆军、海军、空军及海岸巡逻队）。除了两栖攻击外，有保护驻海外使馆等传统任务。
　　④　马歇尔1924年至1927年在天津。此时张学良任奉军精锐部队第三方面军军团长。所部曾驻扎华北地区，经常出入京津两市，和马歇尔应该有所交往。张学良主持华北军政是中原大战之后的事。因此，不是主持华北期间。

张学良：也去了。

访　者：到他那看他们的驻军是不是？

张学良：我们说叫检阅。

访　者：大帅有没有请他到东北去？也看看奉天的军队嘛。

赵一荻：马歇尔好像没到东北去过。

张学良：不对，好像是去过。我记得，他好像是去过。他带着一个上尉，好像是个副官，他到东北看一看。

访　者：这可以查出来。

张学良：那时他不过是个上校。后来马歇尔的援华计划，不光是援华⋯⋯

访　者：连欧洲也有啊，也许军人主政的时候，那就有一番作为。那郝伯村①也是军人呐⋯⋯

张学良：一下子把他提为少将了②。

访　者：中校到少将，间隔一个阶级呢？

张学良：是啊，那个罗斯福这个人好厉害③，他本来想⋯⋯那时美国三个将领，一个马歇尔，一个艾森豪〔威尔〕，还有一个⋯⋯

访　者：巴顿？

张学良：不是，他不够，艾森豪〔威尔〕，马歇尔，那个是谁来着？

赵一荻：麦克阿瑟。

张学良：麦克阿瑟。所以呀，罗斯福让艾森豪〔威尔〕当联军司令，他怕麦克阿瑟惹出事情来，本来那个事应该是麦克阿瑟，因为那时他已经是少（上）将了，所以罗斯福这个人厉害得很④。

访　者：作为一个国家的领袖，你一定要识人而用，认识这个人的天才，怎么样用这个人。

张学良：可惜后来他（指罗斯福）死了。杜鲁门好人是好人，没有他这个能耐。这个麦克阿瑟看不起杜鲁门，因为杜鲁门原先是个小兵啊，是个炮兵。那杜鲁门也算很客气呀，见他。那么在历史上，他非常地

---

① 郝伯村，国民党陆军一级上将。历任台湾当局陆军总司令、参谋总长，1990年出任"行政院"院长。

② 马歇尔于第一次世界大战中被提升为美军第一师作战处中校处长，后因工作出色，越过上校直接被提升准将。

③ 罗斯福，美国历史上唯一连任4届的总统（1933—1945），任职长达12年。

④ 麦克阿瑟于1925年晋升为少将，1941年晋升为陆军上将。艾森豪威尔于1941年才晋升少将，1942年任盟军欧洲战区总司令时晋升少将仅半年，而麦克阿瑟晋升陆军上将已经一年半了。

　　　　　傲慢无理呀，杜鲁门亲自出国见他一回啊。①
赵一荻：到日本呐。
张学良：是呀，杜鲁门回去就把他撤职了。所以麦克阿瑟这个人骄狂自大，他这个人呐，跟何世礼很好②。
访　者：香港那个？
赵一荻：麦克阿瑟在日本的时候，他（指何世礼）是中国军事代表团。
张学良：对他很好，他看不起杜鲁门。

# 5. 郑谦是我父亲的部下

访　者：关于这两本书③，您还有什么对我们要说的吗？
张学良：这本书写得很好④。这里面文字我没翻到，我就翻到后面这段，就这些。有些连我自己都记不住了。
访　者：这是附录。东北军序列极其严格，从1928到1937。
张学良：连我自己都记不住了，我不知道他从哪儿找的，他参考了很多东西，还有这些军队，我自己带过多少军队，跟张宗昌一样我都不知道了。
访　者：我记得有一个人，他说他是您的一个军长，还是师长，姓郑。
张学良：那他不是我的。
访　者：没有，是吧？
张学良：有是有，不是我直系的部队。后来做骑兵军军长，［还是］师长？是军长，大概是他。我就知道这个人姓郑，姓郑的很少。⑤
访　者：这是牛元锋，在西北牺牲那个，呵，您看这也有，东北宪兵，都分出来了，东北宪兵是谁，空军是谁，一直到这儿，第七是海军，第八呢？当然您是总司令了，沈鸿烈、凌霄⑥、这个是什么，袁方

---

①　1950年6月朝鲜战争爆发，10月，杜鲁门总统飞抵威克岛接见麦克阿瑟，让他打一场有限的战争，麦克阿瑟公开反对，派侦察飞机飞入中国领空。1951年4月，杜鲁门以"未能全力支持美国和联合国的政策"将其撤职。
②　1950年7月，台湾当局"驻日军事代表团团长"何世礼奉蒋介石之命，在东京拜会了麦克阿瑟，表达了台湾当局愿意赴朝作战的愿望。麦表示，他倾向于同意台湾出兵朝鲜。
③　指《张学良与东北军》和《从草莽英雄到大元帅——张作霖》两本书。
④　指《张学良与东北军》。
⑤　应指郑泽生，1928年11月任暂编骑兵第一师师长。
⑥　凌霄，曾任奉天葫芦岛航警学校首任校长、东北海防舰队舰队长、渤海舰队副司令。东北易帜后，任海军第三舰队副司令。

乔①，然后这个是省防军。

**张学良**：有，有，宋，宋……

**访　者**：宋长志②，噢，没有，他这里是谢刚哲③、张赫炎④、李润青⑤。

**张学良**：这都没起来。

**访　者**：这叫作省防军，第一个是辽宁省，然后主官是姜全我⑥，这边是黑龙江省、热河省，分这三个。然后是屯垦军。这是怎么回事呀？

**张学良**：屯垦军是我有一部分军队派到兴安岭去了，做屯垦。

**访　者**：有苑崇古⑦。他只写了步兵第一团，第二团，第三团……

**张学良**：旅长？

**访　者**：也没有。后面是东北边防司令长官［公署］……那是您。然后是王树常。

**张学良**：这是我组织里头的，王树常他是一个厅长。

**访　者**：王树常他是军令厅厅长，军事厅厅长，还有秘书厅厅长，呵，就这呢，这个人姓郑，叫郑谦⑧，有吧？

**张学良**：是，有。

**访　者**：他的女儿我碰到了……

**张学良**：他是江苏人。

**访　者**：她先生跟我很熟。他的女儿现在在大陆做律师。

**张学良**：这个人很厉害，可以说不是我的部下，他是我父亲的，这个人当过江苏主席。

# 6. 梁忠甲很有名

**访　者**：然后这是秘书厅厅长了，就是他。好全啊！

---

① 袁方乔，曾任东北海防舰队"海圻"号巡洋舰舰长、东北海军第二舰队舰队长。
② 宋长志，早年就读于东北军葫芦岛海军学校。后赴英国皇家海军大学学习。曾任国民政府海军"逸仙"舰舰长。1949年去台湾，后任海军总司令、参谋总长、"国防部"部长等职。
③ 谢刚哲，张学良主政东北时期，曾任东北海军江防舰队舰队长，驻防哈尔滨。
④ 张赫炎，曾任东北海军海军陆战队第一大队大队长，驻防山东青岛。
⑤ 李润青，曾任东北海军海军陆战队第二大队大队长，驻防山东烟台。
⑥ 姜全我，曾任依兰镇守使署参谋长，安东警察厅厅长，省防军团长。"九一八"事变后投敌。
⑦ 苑崇古，1928年任东北军屯垦军统带，兼第一团团长，驻索伦（今属内蒙古鄂温克族自治旗）。
⑧ 郑谦，江苏溧阳人。1921年任北京政府陆军部参事。奉军在直奉战争中战败后，张作霖将秘书长谈国桓撤职，姜登选等人替谈求情，张作霖回答："他做了八年的秘书长，没有和我抬过一回杠，岂有我八年之中都没有做错一件事？只是奉承我，这样的秘书，用来何益？"遂任命郑为东三省保安司令部秘书长。1925年2—12月，任江苏省省长。

张学良：我不晓得他在哪儿……他弄这东西，用了很多参考书。我那天看看军队的事，我自己都记不住了这军队的事。

访　者：您这军队也太大了。

张学良：不是，因为四个省啊①，有的我还知道，有的我都记不得了，还有察哈尔②。有几个大将［在］外头，不知道的。

访　者：那这上写没？

张学良：写上了。比如一般都知道的于学忠啊，王树常啊，不知道的，还有一个叫刘翼飞的③。

访　者：哦，这上有了。

张学良：这上有了，你看吧。还有何柱国呀、邹作华啊，这都是……

访　者：您刚才说这个大将叫什么？

张学良：刘翼飞。

访　者：他是哪个军呐？

张学良：他原来是我一个旅长，后来当察哈尔督统。

访　者：这上没有，有个刘翰东④。

张学良：刘翰东，知道。

访　者：这个不是，这是旅了，王以哲，啊，这里呢，（以下说的是1928年11月东北军整编后的序列）东北陆军步兵第四旅，刘翼飞，辖第五十三，（驻）兴城，五十三、八十、八十一团。您看这底下有丁喜春⑤、何柱国、刘翼飞、董英斌、李振唐⑥。大家知道王以哲、何柱国，这几个人的名字不常见。董英斌，我知道，西安的时候他也在。李振唐，没听说过。

张学良：他起来了，后来又下来了。

访　者：他没跟您一块儿？

张学良：没有。

---

① 指辽宁省、吉林省、黑龙江省和热河省。1928年9月，热河建省，省会设在承德县（现承德市）由东北军第十一师师长汤玉麟担任省主席。

② 察哈尔，即察哈尔省。1913年，察哈尔改为察哈尔特别区，1928年改为省，省会张家口。

③ 刘翼飞，原在皖系服役，后转投奉军，升至师长、察哈尔省主席。1937年1月领衔以旅居平津东北名流30人致电宋子文及宋美龄，敦促其实践诺言，保证张学良安全。1949年后，曾任天津市政协委员、民革天津市党委等职。

④ 刘翰东，1935年任第六十七军第一〇七师师长。1945年8月日本投降后，曾任辽北省政府主席。

⑤ 丁喜春，1933年任陆军第五十三军第一〇八师师长。

⑥ 李振唐，1933年后任第五十一军第一一三师师长、第五十一军副军长。

**访　者**：这是赵维祯①，东北陆军步兵第七旅。

**张学良**：这我就不知道了。第七旅原来不是赵维祯，后来我就不知道了。

**访　者**：第八旅是丁超②，然后第九旅是李杜③，这就是上海那个李杜吗？

**张学良**：李杜。

**访　者**：底下是第十旅，是张作舟④。十二旅是张廷枢⑤。

**张学良**：呵，张作舟是张作相的弟弟，张廷枢是他的儿子，是我的同学。

**访　者**：然后底下第十三旅，吉兴⑥，他是汉人吗？

**张学良**：旗人。

**访　者**：第十四旅是徐永和⑦，十五旅是梁忠甲⑧。

**张学良**：呵，很有名，在满洲里跟俄国人打仗打死了。

**访　者**：第十六旅是应振复⑨，您记得吗？

**张学良**：是，是。

**访　者**：然后底下就是韩光弟⑩。

**张学良**：打仗打死了。

**访　者**：然后是张焕相⑪，十八旅。

---

① 赵维祯，1928年底，任东北陆军步兵第七旅旅长，辖3个团驻黑龙江省五常一带。

② 丁超，1928年底后，任吉长镇守使兼东北陆军步兵第八旅旅长，滨江镇守使兼陆军独立第二十八旅旅长、东省铁路护路军长绥司令等职。1935年投靠日本，历任伪通化省省长、安东省省长等职。

③ 李杜，1928年底后，任依兰镇守使兼东北陆军步兵第九旅旅长。1931年"九一八"事变时，任依兰镇守使兼陆军独立第二十四旅旅长，1932年1月被推选为吉林自卫军总司令，同年被委任为东北边防军驻吉林副司令长官。

④ 张作舟，张作相的族弟。1928年底后，曾任东北陆军步兵第十旅旅长，陆军独立第二十五旅旅长。

⑤ 张廷枢，张作相次子。1912年进东北讲武学堂，与张学良同学。1928年底，任东北陆军步兵第十二旅旅长。1933年2月任第五十七军第一一二师师长。1935年12月，反对打内战，辞职回津。1937年10月投奔晋东南八路军总部，被任命为八路军第一游击纵队司令员。1938年秋，入延安抗大学习。1940年，赴港治病。1941年12月，回天津、北平继续养病。1949年7月去世。

⑥ 吉兴，姓爱新觉罗，满洲正白旗。日本陆军士官学校毕业。曾任东三省陆军第十三混成旅中将旅长兼延吉镇守使。1928年底后，任东北陆军步兵第十三旅旅长，陆军独立第二十七旅旅长。"九一八"事变后，投降日本。1945年8月，被苏联红军俘虏。后关押在抚顺战犯管理所。1964年被特赦，1969年病亡。

⑦ 徐永和，曾任奉军第十四师骑兵第一旅旅长。1928年底后，任东北陆军步兵第十四旅旅长。

⑧ 梁忠甲，1928年底，任东北陆军步兵第十五旅旅长兼哈满护路军司令。中东路战争中，与苏军作战被俘，后获释。

⑨ 应振复，毕业于日本陆军士官学校。曾任奉天讲武堂教官，奉军第八师炮兵团团长，东北陆军步兵第十六旅旅长，陆军第二十七师师长。"九一八"事变后，投降日本。任伪满陆军训练处步兵部长，伪满吉林宪兵训练处处长。

⑩ 韩光弟，1928年底，任东北陆军步兵第十七旅旅长，驻海拉尔。中东路战争中，率部与苏军激战于扎赉诺尔，阵亡。

⑪ 张焕相，历任黑龙江中东铁路警备司令，东北陆军步兵第十八旅旅长，东省特别区行政长官，代东北航空司令等职。1937年1月充任伪满企划部长、司法部大臣。

张学良：这个人很要紧，他弄错了，是十九旅，后来当汉奸了。

访　者：十九旅是孙德荃①呵。这张焕相后来当汉奸了，到满洲国了？不过那会有很多人不到满洲国大概也不行，是不是？

张学良：他是这样的，他是清……

访　者：他是想复清的。然后第二十旅是富占魁②，第二十一旅是赵芷香③，第二十二旅，叫富春，第二十三旅是马廷福④。

张学良：这都是于学忠的部下。

访　者：二十四旅是黄师岳⑤，二十五旅是孙旭昌⑥，二十六旅是邢占清⑦。二十七旅是刘乃昌，在山海关。然后这底下是有名的第十一师，汤玉麟。然后底下有个第七旅，没说是哪，在承德，叫张从云，在凌源的是董福亭⑧，在隆化是刘香九⑨。然后这是国防军骑兵旅，第一旅是郭希鹏⑩，第二旅是程志远⑪，第三旅是张树森⑫，第四旅是常

---

①　孙德荃，1928年底，任东北陆军步兵第十九旅旅长。1933年2月任第五十三军第一一九师师长。

②　富占魁，1928年底后，任东北陆军步兵第二十旅旅长，东北边防军司令长官公署军事参议官。抗战爆发后，隐居天津，拒绝出任伪北平市市长。

③　赵芷香，曾任奉军骑兵第十六师第十旅旅长。1928年底后，任东北陆军步兵第二十一旅旅长，吉林绥宁镇守使。"九一八"事变后，投降日本，任伪满吉林警察第四旅旅长兼绥宁警备司令。

④　马廷福，1928年底，任东北陆军步兵第二十三旅旅长（于学忠部），驻防山海关。1930年中原大战期间，受蒋介石贿买，企图投蒋，被于学忠扣押。

⑤　黄师岳，1928年底后，先后任东北陆军步兵第二十四旅旅长，独立第十七旅旅长，第六十七军一一七师师长，军事委员会中将参议。抗战期间曾任鄂豫皖边区第十三游击纵队司令。1947年任东北"剿匪"总部中将参议，第九兵团联络官。1948年11月在沈阳被解放军俘虏。

⑥　孙旭昌，曾任奉军第十二旅旅长。1928年底，任东北陆军步兵第二十五旅旅长。

⑦　邢占清，曾任奉军张作相部团长、旅长。1928年底，任东北陆军步兵第二十六旅旅长。1932年1月，被推为吉林自卫中路副总指挥。率部在哈尔滨南岗等地抗击日军。1933年7月，率部进入苏联境内，后辗转到新疆，驻扎伊犁等地。1933年冬，被溃兵杀害。

⑧　董福亭，曾任奉军团长。1928年底，任东北陆军步兵第十一师第三十八旅旅长。1931年5月，任陆军第三十六师第一〇七旅旅长。"九一八"事变后，曾联合东北义勇军与日伪军在热河丰宁县一带作战。后编归宋哲元第二十九军，病死。

⑨　刘香九，曾任奉军团长、旅长。1928年底，任东北陆军第三十六师第一〇八旅旅长。1946年授少将衔，同年退役。

⑩　郭希鹏，曾任奉军骑兵第八旅团长、旅长。1928年底，任东北骑兵第一旅旅长。1931年后任陆军独立骑兵第四旅少将旅长，骑兵第四师中将师长，骑兵军副军长等职。1943年任第三集团军副总司令，1946年任胡宗南部中将参议。不久，请长假回北平养病。

⑪　程志远，曾任东北陆军骑兵独立第二旅（后改为第八旅）旅长兼哈满护路军副司令。1931年"九一八"事变后，率部参加了江桥抗战。11月22日，被任命为骑兵总指挥，驻克山。1932年1月投敌，后任伪黑龙江省警备司令、伪黑龙江省省长。1932年8月，任伪满洲国参议。

⑫　张树森，辽宁沈阳人，字少峰。毕业于东三省讲武堂。后赴日本陆军士官学校学习。回国后入奉军。1928年底后，任东北骑兵第三旅旅长、独立骑兵第三旅旅长。抗日战争期间，任汪伪湖北省保安司令部参谋长。

尧臣。然后又变成暂编骑兵第一师，这人叫郑泽生①，他是骑兵。

**张学良**：是呀，是呀，骑兵第一师师长。

**访　者**：底下是第一旅，宝振荣②，然后是有名的第二旅，西安的，白凤翔③。白凤翔属于暂编骑兵旅的，可是他跟着您到西安去了。

**张学良**：不是，不是，他是暂编旅长。

**访　者**：第二旅，对。再往下就是炮兵团了，第一团是汲绍峰④，这人跟熙洽有关系吗？

**张学良**：我说不上来了。

**访　者**：呵，这第二团是黄永安⑤，第三团是谢绪哲。

**张学良**：这不记得了，黄永安我记得。

**访　者**：他跟您到西安去了吗？

**张学良**：不是，他后来当了炮兵旅长，起来了。

**访　者**：您说起来的意思是在中央军里头？

**张学良**：不是。

**访　者**：第四团是王和华⑥。

**张学良**：这个也起来了。

**访　者**：第五团是张福山，又一个姓汲的，汲绍岚⑦，汲绍峰好像是兄弟俩，在锦县。

**张学良**：这不知道。

---

①　郑泽生，张作相部将。曾任东北军骑兵旅长、师长、第九军中将军长、第五方面军第三十一军军长等职。

②　宝振荣，原名鲍仲仁，曾为土匪，所带队伍规模最大时有千余人。后被直隶督军褚玉璞收编，被编入郑泽生的东北骑兵第一师任第一旅长。

③　白凤翔，曾任东北军骑兵第二旅旅长、骑兵第六师师长、骑兵军第一〇六师师长。西安事变时，奉派率部捉蒋。

④　汲绍峰。访者给张学良所看之书为《张学良与东北军》，此书附录中是汲绍峰，但查无此人。根据此段采访内容连续提到10位炮兵团长之情形推断，指的应该是1928年东北炮兵整编时的那段历史，在东北军的历史上只有此次整编编成10个炮兵团。第一团团长为王绍云。1930年王率炮兵第一团随张入关，驻防山海关，1931年5月东北军再次改编，所有炮兵团编成东北边防军炮兵第六、第七、第八共三个旅，王任第七旅第十四团团长。同年8月讨伐石友三战役后，张学良为缩减军费，将炮兵第六旅第十四团裁撤。

⑤　黄永安，西安事变时，任东北炮兵第六旅旅长，驻扎洛阳，拒绝执行张学良命令。事变后，晋升为中将。

⑥　王和华，曾任东北军炮兵团长、旅长。后任炮兵学校少将教育处长、代理教育长，军委会军训部中将炮兵监，豫北师管区司令，华中"剿总"中将主任高参等职。

⑦　汲绍岚，1928年底任东北军炮兵第六团团长。1931年5月东北军再次改编，所有炮兵团编成东北边防军炮兵第六、第七、第八等三个旅，汲改任炮兵第八旅第十七团团长。

访　者：然后第七团了，刘翰东，第八团叫张思恭，下面叫朴炳珊①。

张学良：这个人是朝鲜人，我军队里朝鲜人好几个呢。

## 7. 这铁甲车队建立很大的功啊

访　者：然后第十团了，叫穆纯昌②，底下没了。就是国防军工兵、辎重兵、探照灯队、通信队、铁甲兵、战车兵，铁甲兵与战车兵有什么不同啊？

张学良：那时候铁甲车是另外的，战车是 tank（指坦克）铁甲车是在火车上装上铁甲。

访　者：那他们怎么打仗啊？

张学良：在火车里，这铁甲车队建立很大的功啊。

访　者：这底下是陆军工兵司令，柏桂林③，工兵第一营是周宝荃，第二营是许经纬，三营是徐增善、[四营] 王世隆、[五营] 张质彬……

张学良：这都记不住了。

访　者：后面第八营是刘润川④在黑，那就是黑龙江了。下面是辎重训练监部是牛元锋，就是西安那个。探照灯是金瀛。通信大队，大队长叫杜振，第一队叫王国识、[第二队] 金德福、[第三队] 崔诚如、[第四队] 安定远。[铁甲车司令] 曹曜章⑤。

张学良：那都记不得了。

访　者：战车队是李振远，这是队长，然后就是宪兵了。

张学良：陈兴亚。⑥

---

① 朴炳珊，黑龙江呼兰人，朝鲜族。1928 年后，任东北国防军炮兵第九团团长，独立炮兵旅第二十团团长，黑龙江省防军炮兵团长、旅长。"九一八"事变后，任黑龙江省警备司令，参加齐齐哈尔江桥抗战。1932 年，任黑龙江省抗日救国军补充步兵旅旅长，暂编步兵第一旅旅长，黑龙江民军总司令，率部和日伪军作战。1936 年 11 月授少将衔。1937 年 7 月任第五十七军副军长，在山东抗击日军。1940 年因参与军长缪澂流勾结日军一事，被该军爱国官兵扣押。

② 穆纯昌，东北军炮兵第十团团长。"九一八"事变时驻守在长春。

③ 柏桂林，字雪岩，满族。辽宁铁岭人。保定陆军军官学校第五期工兵科毕业。1921 年春进东北讲武堂，后加入东北军，曾任工兵司令、东北军工处处长。"九一八"事变后离开军职。1932 年应宋哲元之聘，指导修筑长城各防守工事。后赋闲在家。1949 年后，曾在北京业余干部学校任教。1969 年 10 月去世。

④ 刘润川，曾任第五十三军第一一六师师长。抗日战争中驻滇西遮放。1947 年 10 月 2 日在辽宁开原被解放军俘虏。

⑤ 曹曜章，河北人。毕业于日本陆军士官学校第十三期工科，曾任东北军工兵连长、营长，1928 年底张学良整编东北军，曹被任命为陆军铁甲车队队长，后升任司令。1937 年授少将衔。

⑥ 陈兴亚，曾任民国首任宪兵营营长、京师宪兵司令。直皖战争后，任奉天宪兵司令、京师警察总监。1927 年 4 月，指挥武装搜查苏联大使馆，逮捕了李大钊。同年升为陆军中将。

访　者：对，司令嘛，副司令是邵文凯①，宪兵还分九个队，一队是杨洪基……

张学良：这都不知道了。

访　者：这都是小一点的了。然后底下是东北空军大队②，徐世英③，然后［第一队］队长是陈洪禄、［第二队］姜兴成④、［第三队］王聚有、［第四队］雷根⑤……

张学良：他是俄国人。

访　者：然后是［第五队］聂恒裕。海军，海军总司令当然是您了，副司令是沈鸿烈。第一舰队是凌霄，这个我就不懂了，这是船的名字吧？海圻、海琛、肇和、镇海、同安⑥。

张学良：是，是啊。

访　者：您有五条船啊，很大了。第二舰队是袁方乔，他有定海、永翔、楚豫、江利、海鹤、海燕［号舰船］……

张学良：这都是小的了。

访　者：然后是江防舰队，谢刚哲，他有1、2、3、4、5、6、7、8、9、10条船。

张学良：在松花江里的。

访　者：张赫炎、李润青……

张学良：这都不知道了。

访　者：呵，省防军，第一个是辽宁省，一团团长叫姜全我，第二团是

---

①　邵文凯，字仲则，辽宁辽阳人。毕业于东三省讲武堂第五期步兵科。曾任东北军团长、代理旅长、第八军参谋长。东北易帜后，任东北边防军司令长官公署少将厅附，东北宪兵副司令兼北平戒严司令，北平宪兵司令等职。1936年10月授中将衔。抗战期间投敌，任汪伪国民政府军事委员会委员。抗战胜利后被判处无期徒刑。

②　东北空军始建于1921年初，以飞龙、飞虎等为队号。1928年改组为大队，以徐世英为大队长，下辖侦察、轰炸及驱逐三个中队，由陈洪禄、姜兴成、王聚有任中队长。此外还有两个独立中队，其中一个中队长为俄国人，另一海军航空队，初以霍英柯为队长，后以聂恒裕充任。

③　徐世英，字则朴，辽宁辽阳人。毕业于北平工学院机械科和东北军需学校，后在东北军担任军需工作。1923年被张学良选送法国里昂航空学校学习。1928年底任东北舰空大队长。1930年初，任东北空军司令部少将副司令。"九一八"后，任军事委员会北平分会第三处第九组军需组组长、冀察政务委员会第三处主任等职。

④　姜兴成，东北军空军将领，是最初东北军空军大队的分队长之一。

⑤　雷根，俄国飞行员，东北航空学校聘任的外籍教官。1923年张学良任东三省航空处总办，1925年建立东北航空学校，张兼任校长并陆续聘请外籍飞行员当教官，雷根就是此时候聘任的教官。

⑥　东北海军。1928年以后，东北海军进入全盛时期。东北海军总司令由张学良兼任（驻沈阳），沈鸿烈任副总司令（驻葫芦岛），王兆麟任参谋长。东北海军拥有大小舰只21艘，舰队官兵3300人。主力舰"海圻"号为当时中国最大的巡洋舰。东北海军编制为：海防第一舰队，舰队长凌霄，驻青岛；海防第二舰队，舰队长袁方乔，驻烟台或长山岛。此外，东北海军还设有东北航警学校、航空队、陆战队、东北航务局、海事编译局等单位，机构比较完善。

廖弼臣，三团是田得胜、[辽宁骑兵第一团]王翰臣、[骑兵第二团]徐景隆①、[骑兵第三团]傅铭勋、[骑兵第四团]鹏飞……

张学良：这都不知道了。

访　者：黑龙江省的，[黑龙江步兵第一旅]张殿九②、[步兵第二旅]苏炳文③……

张学良：那更不知道了。

访　者：然后是热河省的，还有屯垦军，屯垦军呢？[兴安步兵第一团]苑崇古、[第二团]张毓龙、[第三团]赵冠伍……

张学良：这都不知道。

访　者：（以下说的是1928年12月东北易帜后东北军的序列）您是边防司令长官，军令厅长是王树常，副厅长是陈钦若④。然后分处了，[第一处]胡颐龄⑤、[第二处]刘忠干⑥、[第三处]周亚卫⑦、[第四处]刘维勇⑧、[第五处]高荫舟……

张学良：这都不知道了。

访　者：呵呵，这有一个朱光沐⑨。军事厅厅长，荣臻，他是您的人啊，还有周濂⑩。

张学良：朱光沐是军法[处]的。

---

① 徐景隆，"九一八"事变时任东北省防军辽宁骑兵第二团团长，随汉奸张海鹏投敌，10月在进攻马占山部时被炸死。

② 张殿九，曾任奉军骑兵第十七团团长，东北陆军骑兵第二旅旅长兼兴东镇守使，东北陆军步兵第十七旅旅长兼呼伦贝尔镇守使，东省铁路护路军哈满副司令，黑龙江步兵第一旅旅长。1932年任伪满黑龙江省步兵第一旅旅长，伪满黑龙江警备司令部参议。后脱离伪满，被推为苏炳文所属东北民众抗日救国义勇军副司令。

③ 苏炳文，国民党陆军上将。曾任东北陆军第十五旅旅长兼海拉尔镇守使。"九一八"事变后，任东北民众救国军总司令，后任南京国民政府军事委员会中将委员、上将军事参议官。

④ 陈钦若，号筱秋，福建福州人。毕业于保定军校第一期炮科。曾任张作霖镇威上将军公署第三科科长。1928年12月后，任东北边防军司令长官公署军令厅副厅长，北平陆海空军副总司令行营参谋处长。1936年授少将军衔。抗战中投敌，任汪伪军事委员会第一厅厅长、伪军政部常务次长。

⑤ 胡颐龄，国民党陆军中将。1949年随傅作义率部起义。

⑥ 刘忠干，国民党陆军中将。曾任东北军第五十一军少将参谋长、中将副军长兼参谋长。

⑦ 周亚卫，国民党陆军中将。曾任东北边防司令长官公署军令厅第三处处长，国民党陆军大学教育长。

⑧ 刘维勇，国民党陆军少将。曾任东北军第五旅旅长，东三省兵工厂会办等职。

⑨ 朱光沐，张学良秘书。曾任安国军第三、四方面军团部秘书及军衡处处长。

⑩ 周濂，国民党陆军上将。曾任北平军分会第二处处长。1946年续衔为陆军上将。

访　者：军法是颜文海①，还有一个军衡处②，衡量的衡，这是干什么的？

张学良：这我忘了。

访　者：这个参谋长您记得吗？董凤祥③。

张学良：参谋长，不是董凤祥。

访　者：军事厅厅长，厅长是荣臻，底下有一个参谋处。参谋处长是董凤祥。

张学良：那都很小了。

访　者：朱光沐是［军衡处］处长，呵，［军需处］鲁穆庭④，［军法处］颜文海……

张学良：鲁穆庭知道，军需［处］……

访　者：对，颜文海是军法［处］，宋式善⑤航警［处］。然后就是秘书厅了，厅长是郑谦，机要处张志忻。电文［处］是周大文⑥，政务［处］是孔昭焱，秘书处，又是郑谦。然后底下是参议厅，首席参议是何丰林⑦。事务处是栾贵田⑧。军事工程委员会高维岳⑨，购置委员会张振鹭⑩，不

---

① 颜文海，1928年12月任东北边防司令长官公署军事厅军法处处长，参加过对杨宇霆、常荫槐的军法会审。

② 军衡处，清末陆军部始设军衡司，掌班秩、阶品、封赠、袭荫。北洋政府陆军部沿置，掌官佐任免、考绩、叙勋等事。1928年12月东北边防长官公署军事厅下设军衡处。处长朱光沐，副处长汤国祯。

③ 董凤祥，1928年任东北边防军司令长官公署军事厅参谋处处长。

④ 鲁穆庭，国民党陆军少将。曾任安国军第三、四方面军联合军团司令部军需处长，东三省保安司令部军需处长，东北边防军司令长官公署军需处长。抗战胜利后，受张学良委托主持清理张家在大陆的财产。

⑤ 宋式善，国民党海军少将。曾任东北政务委员会航政处处长，北平军分会航警处处长。

⑥ 周大文，江苏无锡人。张学良少年时的同窗好友，结盟兄弟。曾任张作霖的译电员、奉军密电处长、辽吉黑三省电政监督。1929年任东北边防司令长官公署电务处长。1932年任北平市市长。

⑦ 何丰林，北洋武备学堂毕业，曾在清军新建陆军中任管带、统领、协统。1913年后任第四师七旅旅长，浙江省台镇守使，淞沪护军使，第六混成旅旅长。1924年9月，江浙战中任沪联军第一军司令，兵败后下野。1927年任张作霖安国军政府军事总部部长，模范团总司令，军法审判长。1928年张作霖兵败出关，何亦去职。1928年12月后任东北边防军司令长官公署首席参议。1936年12月，授陆军中将。抗战中投敌，1938年任日伪华北政务委员会武官长等职。

⑧ 栾贵田，初任张作霖帅府账房管事，后提升为会计司长、军需处长、事物处长。1929年任张学良所创办新民小学董事长。"九一八"事变后任北平军分会参议。抗战爆发后，困居北平。抗战胜利后，曾参与整理张学良在沈阳的财产。1949年后居住北京。

⑨ 高维岳，国民党陆军中将。曾任安国军第九军军长，察哈尔督统，国民政府军事参议院参议。1935年4月叙阶陆军中将。

⑩ 张振鹭，字蔺若，名英荃，辽宁开原人。毕业于奉天省工业专门学校和北京陆军军需学校。"九一八"事变后，任东北驻平政务委员会财政整理委员会执行委员，河北省井陉矿务局局长，冀察政务委员会经济委员会委员。1938年6月后，任第一至四届国民参政会参政员。抗战胜利后，任东北行营经济委员会委员，东北房地产管理局局长，东北"剿匪"总司令部政务委员会委员等职。1948年11月去台湾，后侨居日本及巴西。

是啊，他们没有提您的教育基金会。

**张学良：**教育基金会①是我私人的。

**访　者：**然后是熙洽，这是参谋长。东北边防副司令长官是张作相。然后是1929年中东路战争爆发，吉林、黑龙江部分驻军参战之外，张学良又组织两军前往支援，其战斗的序列如下，第一军是王树常，第二军是胡毓坤，刘翼飞就在这，跟王树常、张廷枢、孙德荃、郑泽生，郑泽生是暂编骑兵第一师师长，然后又来个黄永安、王景元，然后底下是胡毓坤，是第二军，董英斌也是在这，呵，您要紧的将领都在这。徐永和，第十四旅。黄师岳、张树森、张福山……

**张学良：**张树森是骑兵的。

**访　者：**对，骑兵。您这个记忆真够棒的。张福山、周葆全，然后电信是王汝梅。下面是1930［年］了。蒋、冯、阎中原大战爆发。9月18号，张学良发出"巧电"，对蒋、冯、阎实行武装调停。20日派兵7万人进关，其战斗次序，第一军于学忠，参谋长陈冠群，陆军第五旅，董英斌，二十二旅于学忠，呵，他又是第一军又负责一旅，二十七旅刘乃昌，骑兵第六旅是白凤翔，炮兵是王绍云，工兵是周葆全。第二军是王树常，参谋长是刘家鸾②，然后底下第二旅是丁喜春，第四旅是刘翼飞，第二十五旅是姚东藩③，底下是郭希鹏④。

**张学良：**郭希鹏是骑兵。

---

① 教育基金会，即"汉卿捐助奉省中小学教育基金董事会"。张学良主政东北后，主持制定了庞大的教育发展计划，大幅度增加政府教育开支，并于1929年11月成立了"汉卿捐助奉省中小学教育基金董事会"。据史料记载，张学良捐资总数超过1000万银圆，居同时代私人捐资助学之首。

② 刘家鸾，国民党陆军中将。保定陆军军官学校第六期步科、北京陆军大学第六期毕业。曾任东北军第三、四方面军团参谋处长。1929年任东北边防司令长官公署黑龙江副司令长官公署参谋处长。1930年9月任东北军第二参谋长，入关调停中原大战。1931年4月任平津卫戍司令部中将参谋长。1935年秋后任天津保安司令，第二十九军第二路军副总指挥。抗战爆发后，任第三十三集团军总部副官处长、第三十三集团军副参谋长，第三十三集团军驻重庆办事处主任。抗战胜利后，任第十一战区司令长官部中将高参。1948年任华北"剿匪"总部中将高参。1949年1月随傅作义起义，后任华北行政委员会专员、北京市人民委员会专员、北京市文史馆馆员、北京市人民政府参事、民革中央常委。

③ 姚东藩，辽宁沈阳人。毕业于保定陆军军事学校第六期。1920年后，任黑龙江省军务督办公署参谋处上校科长、东北陆军第六旅第八十团团长、第十一军少将参谋长、第五十旅旅长、步兵第十五旅旅长、第五十七军第一一五师中将师长。1934年7月该师在豫鄂皖与红二十五军战斗中五个营被歼，姚因此被撤职。1949年后，曾任天津市河西区政协委员、辽宁省人民委员会参事、辽宁省民革副秘书长。

④ 郭希鹏，辽宁盖县人。毕业于东三省陆军讲武堂和日本陆军骑兵学校。1925年回国，任东北军骑兵第八旅上校团长、少将旅长并护理绥远都统。1928年后任东北军骑兵第一旅旅长，陆军独立骑兵第四旅旅长，骑兵第四师中将师长。1937年调任骑兵副军长。1943年任第三集团军副总司令，1946年任胡宗南部中将参议。不久，请长假回北平养病。1949年后，曾任辽宁省人民委员会参事室副主任、辽宁省政协常委、辽宁省民革委员。

访　者：对，还有一个骑兵叫李福和①，然后是炮兵王和华，工兵王世隆。东北军入关后，北平扩大会议②迅速瓦解。张学良因助蒋有功，被蒋委为全国陆海空军副总司令。1931年4月15日，张学良改组了东北边防司令长官公署，旋即赴平。成立了全国陆海空军副司令北平行营。5月1日，改编东北军，取国民党军队统一番号。

张学良：那时候好多底下管的事我都不知道。

访　者：大概位置高的您还记得。位置低的恐怕就记不得了。现在到了北京（平）陆海空军副司令行营，副司令是您了，参谋长是戢翼翘③。

张学良：这个人他后来在台湾组党了，什么党来着？

访　者：现在他还在吗？

张学良：死掉了，那个党很，很……

访　者：民社党？

张学良：民社党④，民社党党魁。

访　者：他是哪儿的人呢？

张学良：湖北人，他的哥哥原来是国民党里的元老⑤。

---

①　李福和，满族，热河（今河北）丰宁人。绿林出身。1925年被直隶督办褚玉璞收编，进入东北军。曾任骑兵第二旅旅长、第五师师长、第六师师长。1935年授少将衔。1937年冬任第一战区第三游击纵队司令。1938年3月率部投降日军，同年8月被坚持抗日的部下击毙。

②　北平扩大会议，即1930年8月在北平召开的"中国国民党中央党部扩大会议"。自从1928年12月29日东北易帜，国民党在形式上统一全国后，内部派系矛盾日益突出。1930年春，各反蒋派系集聚山西太原，通电要求蒋介石下野，随后中原大战爆发。同年8月，汪精卫在北平主持召开包括国民党改组派、西山会议派和阎、冯、桂系代表参加的"中国国民党中央党部扩大会议"，决定成立北平国民政府，推阎锡山为国民政府主席。阎锡山将宣誓就职时间定在9月9日9时9分，再加上当年是民国9年，凑成了五个"九"，寓意"九五之尊"。北平国民政府的成立，再次形成并立对峙的两个国民政府。9月18日，张学良"巧"电，并挥师入关，武装调停。中原大战告息，北平被和平接收。"扩大会议"迁往太原，10月27日公布《中华民国约法草案》，即所谓的"太原约法"。11月4日，阎锡山、冯玉祥通电下野。只存在了54天的北平国民政府瓦解。

③　戢翼翘，湖北房县人。早年留学日本并加入同盟会。辛亥革命中，参加上海光复之役。历任滇军旅长、滇西卫戍司令、楚雄警备司令、云南陆军讲武堂堂长等职。两次直奉战争中，分别任兴绥军参谋长、奉军第一军参谋长，后任第四十五旅旅长、第十军副军长，与张学良结为好友。1928年东北易帜后，任东北边防军司令长官公署军事参议官，陆海空军副总司令北平行营参谋长，国民政府军事参议院参议。1933年后任军委会北平分会委员，陆军军官训练团教官。1935年4月，授陆军中将衔。1947年春，被选为中国民主社会党中央常委，组织部长，后任民社党中央委员会主席，总统府咨委。1976年逝于台北。

④　中国民主社会党，简称"民社党"。1946年8月15日成立于上海，由"国家社会党"和海外"民主宪政党"合并而成。自称"以民主方法实现民主社会主义国家为宗旨"。创始人为张君劢，但张未担任主席，由徐傅霖代理。1949年迁往台湾。

⑤　戢翼翘的哥哥是戢翼翚，字符丞。早年经清政府选拔成为首批留日学生。是兴中会会员，曾被孙中山派到湖北，史称被孙中山派入长江运动革命的第一人。参加过唐才常的自立军起义，事败后回到日本。1905年毕业回国后，任外务部主事。后因被指控"交通革命党，危害朝廷"而遭革职，押解回籍，1908年在武昌逝世。在日学习期间，组织创办了翻译日文著作的译书汇编社，任社长。戢还主持创办过《国民报》。

访　者：他在东北一直跟着您？
张学良：他原来在东北是第二十九军军长，他是从云南过来的。
访　者：他在云南是和张锡銮一起过来的吗？
张学良：不是，他自己来的，不是带军队来的，他跟唐继尧①很好，他们是日本士官学校的同学。
访　者：他来的时候大帅还在是不是？
张学良：不在了，呵，不是，大帅还在。我记不清楚了。
访　者：那也是老人儿了？他跟郭松龄共过事了？
张学良：他们俩不是，他是杨宇霆那派的。
访　者：他跟常荫槐呢？
张学良：常荫槐是个文人。
访　者：他是管交通的是吧？
张学良：对，原来是管交通的，后来当黑龙江主席。

# 8. 除王树翰外，没人能跟我说话

访　者：底下就是王树翰，王树翰是参谋长。
张学良：秘书长。
访　者：呵，对，然后是参谋处⋯⋯
张学良：这个人（指王树翰）是我最要紧的一个人，没有［人］能跟我说话，就他能。
访　者：就是王冀的父亲吗？
张学良：不是，不是。
访　者：那是王树常。那么他一直跟着您吗？
张学良：不是，他可以说是我父亲时代的人，他给我父亲做过财政厅长，我忘了。他可以说是和我同辈的人，所以之后他能跟我说话。
访　者：他跟您在讲武堂一块儿吗？
张学良：不是，他是个文人，他比我岁数大。

---

① 唐继尧，滇系军阀首领。字蓂赓。云南会泽人。早年赴日留学，并加入同盟会。辛亥革命后，任云南军政府军政、参谋两部次长兼讲武堂总办，贵州都督，云南都督。1915年12月，与蔡锷等通电讨伐袁世凯，任护国军第三军总司令。1917年参加护法运动，被举为护法军政府元帅，但拒不就职。此后以护法、靖国之名，任靖国联军总司令，企图称霸西南。1921年在川滇战争中被逐，出亡香港。1922年重回云南，任云南省长。1927年初，龙云等发动"二六"政变迫使其交出政权。5月23日病死昆明。

访　者：您所谓他能跟您说话是……

张学良：他地位的关系，他给我父亲做过财政厅长。

访　者：哦，我记得，关于"杨常事件"他也跟您说过话，是不是？

张学良：是，是。

访　者：然后底下是参谋处了，陈钦若，董舜臣。副官一个是汤国祯①……

张学良：呵，汤国祯，这很有名，他是上海人。

访　者：何立中，他后来在西安……他是您的副官处副处长。

张学良：那不是，他错了。何立中一直在我军队里当团长和师长的。

访　者：那么底下是秘书处了，叶弼亮②、周从政③。总务处是朱光沐、沈祖同④……

张学良：这个他错了。

访　者：在您记忆中他不是……

张学良：他是法文翻译。

访　者：您那有法文翻译、英文、日文、俄文，呵，这还有一个经理处？

张学良：就是军需啊。

访　者：呵，就是军需处，这儿没有军需，是经理，苏全斌⑤，副处长是赖恺元⑥。底下是军医了，又是那个刘荣绂⑦，副处长是陈国瑞。军法处是颜文海、唐奎斌⑧，秘电是蒋斌⑨。哎呀，这个蒋斌不是后来跟

---

① 汤国祯，上海人。圣约翰大学毕业。曾任北平绥靖主任公署副官处处长，豫鄂皖"剿总"总务处处长等职。多次以张学良私人代表身份参与重大政治活动。

② 叶弼亮，辽宁绥中人。毕业于北京国立盐务专门学校。1926 年，任察哈尔交涉公署顾问。东北易帜后，任东北边防军司令长官公署机要秘书，北平海空军副司令行营秘书处处长，北平绥靖公署秘书处少将处长、军委会北平分会机要组组长。1935 年，任北平市电话局局长。1937 年"七七"事变后，拒绝附逆，退隐民间。1993 年，在北京逝世。

③ 周从政，字达夫，辽宁盖县人。毕业于国立北京大学。历任奉天省议会议员，奉天宽甸县知事。1927 年 8 月，任北京政府教育部参事等职。1936 年 3 月，任甘肃省政府委员兼秘书长。1944 年任国民政府考试院考选委员会委员。1948 年 7 月，任考试院院部考试委员。

④ 沈祖同，曾任辽宁省政府交涉署欧美科科长，北平军分会外交组组长。1933 年 4 月，张学良下野旅欧期间，任法文翻译。

⑤ 苏全斌，1931 年 7 月任国民政府陆海空军总司令部副司令行营（北平）经理处处长。后任直隶行政院北平政务委员会财政整理委员会常务委员。

⑥ 赖恺元，字名筹，号赞丞，赞臣。江西南康人。毕业于保定陆军军官学校第六期炮科、陆军大学第八期。入东北军后，曾任陆海空军总司令北平行营总经理处处长。1936 年 2 月授予少将军衔。

⑦ 刘荣绂，西安事变时任西北"剿总"军医处处长。

⑧ 唐奎斌，奉天锦县人，生卒年不详，曾任昌黎县县知事、彰武县县长，1930 年张学良参加中原大战，担任陆海空军副令，其改任陆海空军副司令行营军法处副处长。

⑨ 蒋斌，国民党陆军中将。1931 年后一直在张学良身边掌控电讯部门，历任秘电处处长、交通组组长、北平电报局局长、西安电信局局长和无线电台总台长等。"二二"事件中被杀。

您在西安那个吗？他掌管您的电报，后来他没发出去吗？

张学良：是，他们（东北军少壮军人）把他打死了。

访　　者：对，他在您陆海空军的时候就跟着您，是您这也很少不忠于您的一个，他管密电。

张学良：他后来不忠，所以他们把他打死了①。是管电报，不是密电，那时是无线电。

访　　者：这么说他也是老人了，老人儿里很少有跟您不忠实的……

张学良：他不是管电报，是无线电队队长。

# 9. 老部下没剩几个了

访　　者：然后是党务，这指的什么党？

张学良：国民党。

访　　者：是彭济群②，中央派来的？

张学良：我们也没党务呀。

访　　者：然后是改编后的部队。陆军独立步兵旅，这独立是什么意思？

张学良：步兵旅是归到师里面，它这是独立的。

访　　者：王以哲第七旅，底下是张士贤③、王志军、王铁汉④，他（指王铁汉）不是在这儿呢吗？

张学良：在这，原来他是团长。

---

① 据孙铭九回忆：蒋斌"在事变中有意扣发八项主张的通电和张学良发给各方的电报，以及各方来的响应电报，并迟迟不向张学良报告，反而把西安的情况秘密地向南京何应钦和俞济时报告，被发觉后，蒋斌又以通讯机械发生故障为由推托。张极为震怒，立刻命令孙铭九把蒋斌扣押"。1922年2月2日东北军第六十七军军长王以哲被杀后，蒋斌也在被关押处遭枪杀。

② 彭济群，字志云，辽宁铁岭人。法国巴黎建筑学校毕业。曾任巴黎建筑学校工程师，中央观象气象科科长，北京中法大学数学教授等职。1929年11月后，任北平研究院天算部长，辽宁省政府委员兼建设厅厅长，葫芦岛港务处处长，国民政府华北水利委员会委员长，行政院全国水利委员会委员。1945年9月任嫩江省政府主席。1947年9月后，任国民政府主席东北行辕秘书长，东北行辕政务委员会委员，东北"剿匪"总司令部政务委员会常务委员。

③ 张士贤，号子才，吉林东辽人。毕业于东北陆军讲武堂第四期步兵科，陆军大学第七期。抗日战争爆发前任东北军第五十七军第一一二师第六四三团团长。1947年7月授少将军衔，同年退役。

④ 王铁汉，奉天盘山人，又名捷三。年轻时考入北京大学预科，后因家境贫寒进入东北陆军讲武堂。"九一八"事变前任东北军陆军独立旅第七旅第六二〇团团长，驻守沈阳北大营。事变时率部抗击日军而声名远扬。1933年参加长城抗战，同年5月，任第六十七军少将参谋长。1937年11月参加淞沪会战，1938—1948年，先后任第四十九军第一〇五师师长、第四十九军中将军长、金华警备司令、沈阳防守区司令官、1948年出任辽宁省政府主席，1948年10月底去台。后历任"总统府"国策顾问、国民党中央评议会委员等职。

访　者：对，六二一团团长。他现在还在台北是不是？

张学良：是。

访　者：他年纪有六十多？

张学良：七八十了。

访　者：他现在做什么？

张学良：没什么，他是总统府那个……

访　者：资政？

张学良：那没那么高，国策顾问，老部下大概就剩他了。

访　者：还有一个姓何的呢？何世礼不是您的？

张学良：不是我的。

访　者：何世礼还在这儿？

张学良：何世礼他在香港。

访　者：还有宋长志啊？那就比他还晚了，他是您的学生。

张学良：宋长志是海军的。

访　者：然后就到第八旅了，丁喜春，第一团是夏鹤一①……

张学良：那就不知道了。

访　者：OK，第九旅是何柱国，下面是田泽民②、石世安③、李树番。然后到第十旅，独立旅，就是您的大将刘翼飞了，然后是刘朗川……然后第十一旅，董英斌。然后第十二旅，张作相的儿子张廷枢。第十三旅是李振唐。第十四旅是陈冠群，然后是张俊卿、李寿山。第十五旅是姚东藩。底下是十六旅，缪澂流……

张学良：姚什么？

访　者：姚东藩。然后是第十七旅，黄师岳。十八旅是杜继武④，吉林的，

---

① 夏鹤一，辽宁辽阳人。东北陆军讲武堂步兵科、北京陆军大学毕业。曾任东北军少校参谋、上校科长、教务处长、团长。抗战期间，曾任第一战区司令长官部少将高参，第五集团军参谋长、第三十九集团军参谋长。抗战胜利后，曾任沈阳防空司令部中将副司令等职。1948 年 11 月在沈阳投诚。1949 年后任北京市人民政府参事。

② 田泽民，号润生，河北遵化人。毕业于保定陆军军官学校第一期炮科，陆军大学特别班第六期。曾任国民革命军第四十军第三师团长、师参谋长、预备第一师副师长、鲁苏鄂皖边区司令部副参谋长，第三十五集团军参谋长，1946 年授少将衔。

③ 石世安，东北军六二六团团长，1933 年初奉命镇守山海关，与日军苦战数日，揭开了长城抗战的序幕。1935 年所部配属第一〇九师，在直罗镇被陕北红军围歼，自杀身亡。

④ 杜继武，国民党陆军少将。参加了长城抗战，后升任第一一八师师长。

　　　　驻大凌河。十九旅是孙德荃，然后第二十旅是常经武①，二十一旅是赵芷香，二十二旅是苏德臣，在双城。

张学良：这两个都记得，都在吉林来着。

访　者：这来个长春的，李桂林。

张学良：这都是吉林的。

访　者：也属于您了，李杜，第二十四旅，在依兰。底下是张作舟。

张学良：张作相的弟弟。

访　者：然后是第二十六旅是邢占清，在哈尔滨。然后是［第二十七旅］吉兴，驻在延吉，这是韩国的旁边。然后底下［第二十八旅］是丁超。二十九旅是王永盛，黑龙江的。第三十旅是于兆麟②，八面城。第三十六师，师长是汤玉麟了，这是热河了。承德、凌源、隆化。然后这又变成另外一个了，叫陆军独立骑兵旅，第三旅是张树森，徐良③在第三旅的第四十一团……

张学良：徐良很有名啊，后来他起来很快，辽宁省主席吧。他到台湾来过……他原来学医的，后来用假名字考军官学校，他是我年轻时的小朋友。

访　者：后来他到台湾您见到了吗？

张学良：没见到，死了好多年了。

访　者：底下是第四旅了，郭希鹏。第五旅叫李福和。第六旅是白凤翔。第七旅叫常尧臣。第八旅在满洲里，程志远。第一师，张诚德④。然

---

　　① 常经武，字羡韬，河北昌黎人。毕业于东北讲武堂第二期步科，日本陆军士官学校步兵科。1928 年回国后任东北军陆军步兵第一旅上校团长，独立第二十旅旅长。"九一八"事变后，参加锦州保卫战，失败后退入关内。1933 年任第五十七军第一二〇师师长，参加长城抗战。1935 年曾率部参加对陕北红军的围攻。1936 年 3 月授予少将军衔。是年 10 月被张学良免职。此后履历不详。

　　② 于兆麟，字博涛，辽宁营口人。毕业于东北讲武堂第一期步兵科。曾任东北陆军第十七旅旅长，独立第三十旅旅长，五十三军一三〇师师长。1930 年后任东北陆军第十七旅旅长，独立第三十旅旅长。1933 年热河抗战后，因"指挥无方"被撤职查办，后隐居天津。1936 年授少将衔，此后履历不详。

　　③ 徐良，国民党陆军中将。西安事变时，任东北骑兵军第四师副师长。张学良南京被扣，代表何柱国赴潼关与中央军顾祝同谈判。1947 年任辽北省政府主席兼东北"剿总"骑兵司令。

　　④ 张诚德，察哈尔康保（今河北康保）人。1931 年 5 月任东北陆军第五十一军骑兵第一师师长。1935 年 8 月，骑兵第一编入骑兵第三师，张任副师长，1937 年任骑兵第三师中将师长。1937 年 8 月初率部抵抗日军进犯山西大同时，以身殉国。

后是第九旅，崔兴武①，第十旅叫作石文华②。底下是陆军独立的炮兵旅。第六旅是王和华，第七旅是乔方③，驻山海关，第八旅是刘翰东。这是卫队统带部，什么是统带④？

**张学良**：是随便起个名，那统带有大有小，是刘多荃。

## 10. 因为我没回来呀，谭海也躲起来了

**访　者**：对，还有谭海。

**张学良**：我的一个副官。

**访　者**：一个最亲近的副官，端纳的一本书，管他叫 General（即将军）。他是 General？一直跟您到西安？

**张学良**：他是副师长。他一直跟着我来着。

**访　者**：他到什么时候离开您的？

**张学良**：后来我没有自由，他就走了。他手里有我很要紧的东西。不知道哪儿去了，大概他也躲起来了，为什么呢？我家的事情他也管，好多我的部下找他麻烦。

**访　者**：那他很可惜啊，因为他跟您一直忠心耿耿的。

**张学良**：他当过副师长。

**访　者**：他没有到中央军队里做事？

**张学良**：没有，他也是讲武堂的学生。

**访　者**：我们有办法搜集搜集他的东西吗？他的家属呢？

**张学良**：不晓得，他躲起来了。因为我没回来呀，他也不敢出来，躲在什么地方我也不知道。

---

① 崔兴武，亦名新五，满族，辽宁黑山人。早年在清廷马政大臣标下为骑师，后参加毅军。第二次直奉战争后，任奉军骑兵独立第九旅团长。1925 年任独立第九旅旅长。1928 年东北易帜后，任东北骑兵第十七旅旅长。1933 年 2 月，日军进攻热河时崔接受日军条件和金钱，率部撤退。后弃军经商。抗战胜利后，投靠国民党拉起土匪武装，1947 年被解放军击毙于黑山。

② 石文华，曾在奉军汤玉麟麾下任骑兵团团长、旅长。热河抗战爆发后，积极参加对日作战，是热河东北军中少数率部与日军血战的将领之一。1935 年前后辞职，寓居北平。"七七"事变后，拒绝与日本人合作。

③ 乔方，黑龙江呼兰人。保定军官学校及日本炮校毕业。历任东北军连长、营长、团长、旅长、参谋长等职。1937 年起任军事参议院参议。1946 年 7 月退役。

④ 统带，清末统辖一标（团）的长官，亦称标统，民国初年仍沿用。

访　者：不过共产党做了很多平反，把跟您的人都找出来了。真可惜，您有没有想起过他？

张学良：是啊，他很不错，他跟我多少年了，俗话说叫当差的。也就是马弁了。

访　者：底下了，骑兵就叫吴泰勋①……

张学良：你听我讲他的一个笑话，那时候……谭海跟米勒说，那时候我都糊了八涂的②，告诉他，"他要没有了，你也就完了啊。我可告诉你呀！"③

访　者：那时候真是忠心耿耿的人。他跟您到欧洲去了吗？

张学良：他没有。

访　者：您到欧洲去的时候他在上海？

张学良：他在我家里头，我家那时候在哪儿我都忘了。我家里我有规矩的，我母亲给我钱啊，老太太给我钱，都由他管。

访　者：那他跟 Jimmy Elder④ 很熟了？

张学良：很熟。

访　者：您从欧洲回来，谭海又回到您身边，对不对？

张学良：我做事后，他又回来跟我了。

访　者：我们在上海的米勒那儿，端纳那儿，和西安的事情，我们很注意这个人，真是很可爱，有这么一个人在您身旁边儿。呵，骑兵吴泰勋。

张学良：吴泰勋知道不？这是个宝贝。

访　者：他什么时候参加您的［军队的］？

张学良：他是吴俊陞的儿子，他的太太是朱九小姐⑤。他很有钱，比我有钱。我跟你说他有多少钱，他那个时候捐给公家的地就有两个火车站。我不应该说这个，他的太太是朱九。现在这人还活着呢……

---

① 吴泰勋，黑龙江督军吴俊陞之子。曾任张学良卫队骑兵队队长。西安事变后，结识戴笠，入军统任职。1939年被汪精卫特工部扣押。1948年，逃往香港，不久病死。
② 糊了八涂，东北方言，糊里糊涂、稀里糊涂的意思。
③ 此指发生于1933年张学良出国前在上海戒毒一事。德裔美国医生米勒给张打一种药，使张连续三天处于昏迷状态。谭海跟米勒说："他要没有了，你也就完了啊。"
④ Jimmy Elder，即吉米·伊雅格，张学良的外籍友人。
⑤ 朱九小姐，北洋政府财政总长朱启钤的第九女，故称"朱九小姐"。

访　者：然后戴联玺①步兵总队。第一队是杜长龄②、汲绍纲，然后是荣子恒③……

张学良：荣臻的儿子，这都是少爷队。

## 11. 这书里许多事情写得都不对

访　者：底下该陆军工兵团，辎重部队，就是卡车部队呀。陆军工兵第一团，杜维刚。第二个是牛元锋。下面又变成战车队、铁甲队、交通旅、探照灯［队］、屯垦军。第一战车大队是冯国勋。蒋斌，交通旅。探照灯，金忠山。然后底下是东北宪兵。宪兵司令是陈兴亚，［副司令］邵文凯。省防军，黑龙江［步兵第一旅］，张殿九，［步兵第二旅］苏炳文，［步兵第三旅］马占山，［骑兵第一旅］吴松林④。然后海军和空军是沈鸿烈、张焕相。然后底下他（指《张学良与东北军》书中）说"1931年7月，石友三发出讨张通电，向东北军发动攻击。张学良遂于21日任命万福麟为讨逆军总司令，于学忠为平汉线前敌总司令，王树常为京浦线前敌总司令，迎击石友三。国民党南京政府亦发出命令，任张学良为'讨赤'军北路集团军司令长官，于学忠为第一集团军总指挥，王树常为第二集团军总指挥，其序列是……"您当然是司令官了，然后是于学忠，参谋长是刘忠干。然后底下就是董英斌、陈冠群、李振唐、黄师岳、杜继武、白凤翔、乔方、周葆全、王树常。底下是刘家鸾、姚东藩、丁喜春、

---

① 戴联玺，回族，河北人。日本陆军士官学校第十二期步科毕业，回国后任保定军校教官。1921年6月，任东三省陆军讲武堂第四期第三中队中队长。1924年，任直隶督办公署军务处长。1927年2月授陆军少将。后任东北讲武堂黑龙江分校教育长。1929年12月，任东北边防军司令长官公署卫队第二总队少将总队长。1932年夏，任独立第七旅旅长，旋因事故死亡。

② 杜长龄，东北讲武堂第四期毕业。后派送日本步兵学校学习。1929年回国后，任东北讲武堂教务主任，东北军卫队统代部步兵第一大队大队长等职。1932年，任军委会北平分会第一处上校科员。不久辞职，组织"辽、吉、黑抗日民众后援会教导队"，参加长城抗战。后队伍被改编为六十七军技术大队（又称特务大队），杜任大队长。1933年6月，加入中国共产党。同年8月率部发动廊坊起义，失败。1934年11月到新疆，任工程处处长和孚远县长等职。1937年11月，被盛世才逮捕。1941年8月被秘密杀害。

③ 荣子恒，荣臻之子，曾任东北军第五十七军三三四旅旅长，鲁南战区一一二师副师长兼三三四旅旅长，后率部投日，任伪和平救国军第十军军长。1945年2月被八路军击毙。

④ 吴松林，回族。1931年任东北省防军黑龙江骑兵第一旅旅长。"九一八"事变后率部参加马占山将军组织的抗战，后任黑龙江省抗日救国义勇军第二军军长，失败后撤入关内，被委任为军委会北平分会少将参议及五十三军参议。抗战爆发随五十三军参加抗战，武汉会战后随部转入贵州，1942年逝世于安顺。

常经武、王永胜、郭希鹏、李福和、王和华。"日本帝国主义借东北军大部参加讨伐石友三的战争，东北军事空虚之机，发动了'九一八事变'，迅速占领了东三省。是年12月16日，张学良承担不抵抗罪名，辞去海陆空军副司令之职，就任北平绥靖公署主任。1932年8月，又辞去该职，以军事委员会委员名义执行北平军分会委员长职务。据此，北平行营先后改组为北平绥靖公署、北平军分会。"这里的行营和绥靖公署有什么不一样？

**张学良**：行营是蒋先生的，代表中央；绥靖公署是地方的。

**访　者**："其组织如下……"您是绥靖主任，您的参谋长是荣臻，秘书长是吴家象①。

**张学良**：是吴家象。

**访　者**：OK，参谋处长陈钦若，［副官长］汤国祯就是上海那个，军务处是周濂，［总务处］朱光沐。秘书处是叶弼亮，［经理处］沈振荣……军医处又是刘荣绂，军法处是颜文海。北平军分会您是委员长，底下办公厅主任是荣臻，［副主任］朱光沐。在那个时候，一个人可以兼很多很多的事啊？

**张学良**：那可以。

**访　者**：外交组沈祖同，机要组又是叶弼亮。这个人跟您到西安去了吗？

**张学良**：没有。

**访　者**：然后是密电组，张志忻。第一处处长是王以哲、［副处长］陈钦若。作战组是金元静。交通组是蒋斌，宋式善是海空组，是管海军和空军的？那么这个谍报组，情报，杨正治②。第二处是周濂和［副处长］冯秉权③。

**张学良**：这都不对。

**访　者**：不对？那军械组马兆琦④，军衡组张金相⑤。

**张学良**：这都不对。

---

①　吴家象，1919年毕业于北京大学物理系。曾任东北大学校长。1931年后历任东北边防军司令长官公署秘书厅厅长，北平绥靖公署秘书长，豫鄂皖三省"剿匪"总司令部代理秘书长。授中将衔。张学良被扣押后，隐居成都、庐山。

②　杨正治，土家族。湖南桃源人。国民党陆军中将。曾任东北讲武堂北京分校教育处长。东北易帜后，历任北平绥靖公署少将参议、第五十三军代军长、军事参议院中将参议。

③　冯秉权，国民党陆军少将。曾任东北军炮兵旅长，中央防空学校校长，后因蒋介石兼任防空学校校长，退任教育处长、代理教育长。

④　马兆琦，回族。河北清苑人。国民党陆军中将。曾任军委会北平分会军械组长，西北"剿匪"总司令部第三处处长。

⑤　张金相，国民党陆军少将。曾任军委会北平分会第二处第五组组长。

访　者：工务组曾广麟①。运输组马翰荣②。第三处处长是黄师岳，副处长汤国祯，军需组沈振荣，军医组还是那个刘大夫（刘荣绂）了，军法［组］还是那个姓颜的，副官组长是徐英。

张学良：都不对。

访　者：都不对。哦，"1933年1月1号，日军制造榆关事件，3日，向榆关进攻并攻陷该城。2月17日，日军下令向热河进犯。3月4号，热河守军汤玉麟不战自退，承德失守。9日，蒋、张于保定会晤。10日，张学良将东北军重新整编，其步、骑兵改为军师编制。"底下是"分任于学忠、万福麟、何柱国、王以哲、冯占海③为军长。翌日，通电下野，不久即由上海出洋考察。改编后的部队编组如下……"于学忠是五十一军，一一一师董英斌，一一三［师］李振唐，一一四［师］陈冠群，一一八［师］杜继武。骑兵第一师张诚德，这个名字是新的，第六师是白凤翔，第六旅是王和华。辎重教导队是牛元锋。陆军第五十三军是万福麟，底下是沈克、丁喜春、缪澂流、孙德荃、王永盛、于兆麟、黄显声④。这个名字我记得，呵，是后来在重庆被枪毙，被他们杀了那个……乔方，第五十七军是何柱国，领着一〇九师，姚东藩。

张学良：都不对，事情是这样子，都不是这样编制。

赵一荻：六十多年了。

访　者：不过您还能知道他们编得不对了。一二〇师是常经武，然后是骑兵第三师王奇峰⑤，陆军第六十七军是王以哲，一〇七师是江惟仁⑥，一一〇师是何立中，然后是张廷枢、翁照垣⑦。

---

① 曾广麟，国民党陆军中将。曾任军委会北平分会第二处工务组组长、军政部少将部附、军事委员会中将参议。

② 马翰荣，国民党陆军少将。曾任军委会北平分会运输组组长。

③ 冯占海，毕业于东北讲武堂第3期。东北沦陷后，组织吉林救国军，任总司令，下辖22个旅，号称10万人。1933年任东北军第六十三军军长。

④ 黄显声，字警钟，辽宁岫岩人。历任东北军营长、旅长，辽宁省警务处处长兼沈阳市公安局长。"九一八"事变后，组组义勇军，对日抗战。1935年，任东北骑兵军副军长。张学良被囚后，协助共产党进行抗日统战工作。1937年被捕，1949年在重庆被枪杀。

⑤ 王奇峰，辽宁康平人。毕业于保定陆军军官学校第八期骑科，担任张作霖巡阅使署中尉参谋。"九一八"事变后，任骑兵第三旅旅长，骑兵第三师师长，第四师师长。1935年9月至1936年12月参加围攻陕北红军。1935年4月授将衔。1937年8月升任中将。

⑥ 江惟仁，国民党陆军少将。1933年，任东北军第一一六师副师长，扼守山海关等关隘，身负重伤后仍指挥作战，后升任师长。1938年被日军包围，阵亡。

⑦ 翁照垣，曾任中央警卫军旅长和第十九路军第一五六旅旅长，率部参加"一·二八"淞沪抗战。次年起历任东北军第六十七军一一七师师长，国民革命军第五军副军长，桂军纵队司令等。

**张学良：**翁照垣，抗日的，和十九路军那个，后来在福建闹独立那个人，蒋、蒋什么了？

**访　者：**呵，蔡廷锴①。他们很厉害啊，打得相当出名呀。然后是冯占海，"该军由义勇军冯占海部编成，后参加抗日同盟军。失败后，缩编为第九十一师……"后面刘多荃是一〇五师，底下是谭海……底下是第四师，郭希鹏，第五师李福和，哦！这俩人儿都是骑兵。炮兵［第八旅］是黄永安，工兵［团］是杜维刚。通信［大队］唐瑞符②，铁甲［大队］曹曜章。然后他（指《张学良与东北军》书中）说，"是年底，蒋介石电召张学良回国。1934 年 2 月，张被委为豫鄂皖三省"剿匪"总部副司令，率东北军第五十七、六十七军及一〇五师，参加围剿工农红军的反革命战争。1935 年 1 月 1 日，因红军已长征北上，张被改任武昌行营主任职。同年 10 月 1 号，国民党政府在西安设立西北剿匪总司令部，任张为副总司令代行总司令职务。从此，东北军从华北、华中辗转到陕甘剿共前线。'豫鄂皖剿总'、'武昌行营'、'西北剿总'编制组成及东北军在西北的战斗序列如下……"豫鄂皖总部副总司令是您，代总司令是您，参谋长是钱大钧③，他不是蒋先生的人吗？

**张学良：**不是，给我当参谋长。

**访　者：**秘书长是杨永泰④。

**张学良：**名义上，其实是蒋先生……这个没到职。

---

① 蔡廷锴，字贤初，广东罗定人。保定陆军军官学校毕业。北伐期间任国民革命军第十一军二十四师副师长、第十师师长。1930 年任第十九路军副总指挥。1932 年"一·二八"事变，率部进行淞沪抗战。1933 年参与领导福建事变，失败后流亡海外。1935 年参加中华民族解放大同盟，为最高负责人之一。抗日战争时期曾任第六集团军副总司令、总司令等职，1940 年因受蒋介石排挤而去职。1948 年 1 月参与发起组织中国国民党革命委员会。1949 年后，任全国政协副主席，国防委员会副主席，中国国民党革命委员会副主席等职。

② 唐瑞符，1933 年东北军改编后任通讯大队队长。

③ 钱大钧，字慕尹，江苏吴县人。毕业于日军陆军士官学校炮兵科。1921 年参加粤军。1924 年后历任黄埔军校代总教官，第三十二军军长，国民革命军总司令部总参议，中央军校武汉分校教育长，豫鄂皖剿匪总司令部参谋长，武昌行营参谋长，广州行营参谋长，军政部政务次长，调查统计局局长，上海市长兼淞沪警备总司令等职，1936 年 9 月加陆军上将衔。1949 年自重庆绥靖公署副主任、西南军政长官公署副长官任上赴台湾，任国民党中央纪律委员会委员、中央评议委员，中华航空公司董事长等职。

④ 杨永泰，广东茂名人，字畅卿。北京汇文大学毕业。曾任国会参议院议员、肇庆军务院财政厅长、广东省长，创办《中华新报》。北伐战争时，任国民革命军总司令部参议。后为新政学系骨干，积极参加反共活动。1933 年 5 月任国民党南昌行营秘书处长兼机要主任。1935 年调任湖北省政府主席。1936 年 10 月在汉口被刺客暗杀。

访　者：呵，都是他的人，然后底下是秘书处吴家象，然后是第一科姓朱，朱什么呀（朱赍）？第二科是洪钫，第三科罗宗宪。然后参谋处是刘祖舜，又是蒋斌、王仲昇①、刘墨林、张大钧。政务处呢，刘寿明②、周从政，这还是蒋先生的人吗？

张学良：一部分是。

访　者：罗承维、张福宝、周伟芳。总务处是汤国祯、马兆琦。第一科是姜保华③、范先炳……

张学良：那都不知道了。

访　者：科长都不知道了，OK。机要组呢？黎天才④，副组长陈昶新⑤。然后底下又是科长了。然后是武昌行营了，您是主任，参谋长钱大钧，秘书长还是杨永泰，第一处是晏勋甫⑥，刘祖舜……我给您念一念，您听一听。

张学良：你要知道，这上头不是完全对，80%是对的，他不晓得在哪儿查的。

访　者：至少他也是全班的，可以看出来。又是杨永泰。底下是第七处（财政审核及禁烟处）也是他自己兼。然后陆军整理处是陈诚，他也在您手下啊？

张学良：不，不。说是那样说，根本管不着。

访　者：还有陈恩普、周文章。西北"剿总"，您是副司令代总司令，参谋

---

① 王仲昇，山东寿光人。1930 年毕业于北京陆军大学。1934 年后，先后任西北剿匪总司令部第一处副处长、第五十一军一一三师副师长等职，随张学良参加对陕北红军"围剿"。抗战爆发后，任鲁苏战区总司令部点编委员等职。1949 年赴台，曾任海军陆战队司令。

② 刘寿明，曾任鄂豫皖"剿总"政务处处长。

③ 姜保华，浙江黄岩人。黄埔军校第三期毕业，参加东征北伐。亲历西安事变。曾任国民政府军事委员会战时运输管理局少将委员，国防部少将部员等职。1948 年 8 月辞职，回家务农。1985 年病逝。

④ 黎天才，原名李渤海，山东蓬莱人。1920 年入北京大学。1923 年加入中国共产党。1927 年 10 月，被捕后投奉。先后任东北宪兵司令部机要秘书、鄂豫皖"剿总"机要组组长、西北"剿总"政训处少将副处长，成为张学良心腹幕僚。西安事变后，受命起草八项主张。后赴南京探视张学良，亦被扣押。抗战爆发后保外就医，留居上海，脱离政治。1955 年因潘汉年案牵连入狱。1961 年 8 月病故。1981 年 7 月，上海中级人民法院对此案复审，"鉴于黎天才在解放前做过一些有益的工作，撤销原判决，按起义投诚人员对待。"

⑤ 陈昶新，又名陈旭东。东北讲武堂第四期炮兵科毕业，后到日本的炮兵学校深造。1929 年回国，曾任东北军炮兵上校团长。

⑥ 晏勋甫，湖北汉川人。早年加入同盟会。1926 年后曾任国民革命军第八军八师师长，第四集团军参谋长兼兵站总监，讨逆军第五路总指挥部中将参谋长。1933 年后，任南昌行营第二厅厅长，武汉行营第一处中将处长，豫南清剿指挥部司令，军令部第四厅厅长，国防部测量局局长等职。1949 年 1 月代理武汉市市长，5 月在武汉起义。1949 年后任武汉市人民政府参事室主任，民革武汉市委主委。

长是晏道刚①，秘书长是吴家象，办公厅是米春霖②，他不是杨虎城将军的［人］？

张学良：不，不是。

访　者：是您的？

张学良：不是我的，孙烈臣③的。

访　者：下面是夏博泉④、江雄风⑤、李宇清⑥、徐方⑦。

张学良：徐方也被打死了。

访　者：呵，马兆琦、周从政、蒋斌、刘荣绂、张政枋⑧，副处长是韩宗琦，这儿是曾扩情⑨，然后黎天才，他们俩在一块。然后是王维新⑩、谢珂⑪、江雄风。［下面是］西北剿总时期，东北军野战部队，您能说说怎么回事吗？

张学良：就是预备打仗的。野战部队跟什么有点分别呢？比如现在部队是训练部队，野战部队就是预备去打仗去了，就是训练成功之后的部队。

访　者：第五十一军于学忠，参谋长刘忠干，副师长是常焕。步兵第五十七［军］是董英斌，驻在甘肃，［第一一一师］参谋长是王肇治⑫。一〇九［师］是牛元锋，一二〇［师］是常经武。然后是

---

① 晏道刚，亦名殿翘，字祖荣。湖北汉川人。保定军校第一期炮兵科毕业。北伐战争中任第三十三军参谋长。后任南昌行营第一厅副厅长，军委会侍从室主任。1936年1月授陆军中将衔。2月任西北"剿总"参谋长，监督张学良和杨虎城"围剿"红军。西安事变后，蒋以渎职罪将其扣押。1937年8月，经何应钦保释，任军政部武汉办事处主任，国民参政会顾问，重庆抗日战争党政委员会委员兼军务组长等职。1945年8月，被蒋勒令退职。1946年后参加民革地下组织活动。1949年后任湖北省人民委员会委员、省政协委员和省民革常委，省参事室参事。写有《西安事变记》。

② 米春霖，辽宁锦县人。国民党陆军中将。"九一八"事变后，在锦州就任辽宁省政府代理省主席，1935年任西北"剿总"办公厅中将主任。1948年，不去台湾，留居天津。

③ 孙烈臣，张作霖心腹干将之一。曾任奉军第二十七师师长，黑龙江省督军兼黑龙江省省长，吉林督军兼省长。第一次直奉战争中，任镇威军副司令。

④ 夏博泉，辽宁辽阳人。西安事变时，任西北"剿总"办公厅第一科科长。

⑤ 江雄风，浙江温岭人。国民党陆军中将。西安事变时，任军统局西北区区长。

⑥ 李宇清，国民党陆军中将。曾任鄂豫皖"剿匪"总司令部调查室主任，西北"剿匪"总司令部办公厅上校科长。1949年任总统府中将侍卫长。

⑦ 徐方，国民党陆军中将。曾任张学良武昌行营高级参谋，西北"剿匪"总部参谋处处长。"二二"事件中被杀。

⑧ 张政枋，国民党陆军少将。曾任东北军第六十七军第一〇七师师长。

⑨ 曾扩情，四川威远人。国民党陆军少将。黄埔军校第一期。曾任蒋介石随从秘书，西北"剿匪"总司令部政训处长，陆军大学政治部主任。

⑩ 王维新，字源凌，热河人。北洋政府时期曾任国会众议院议员，后曾任东北大学教授。西安事变时，任西北"剿总"下辖西北经济研究委员会主任。后担任西北北岭实业公司董事长、泰峰烟草公司总经理。1945年任国民参政会参政员，1948年任立法院立法委员。

⑪ 谢珂，曾任黑龙江省督军署参谋长，东北民众救国军总参谋长，西北"剿匪"总部军警督察处处长。临潼捉蒋后，以东北军、西北军代表身份参加与中央军代表谈判。

⑫ 王肇治，国民党陆军少将。曾任东北军第一一二师少将副师长。

六十七军是王以哲，参谋长……一一〇［师］是何立中，一二九［师］是周福成①，一〇七［师］是刘翰东，一一七［师］是吴克仁②。

**张学良**：他被打死了。

**访　者**：也是在西安那边？

**张学良**：不是，和日本人［作战时被打死的］。

**访　者**：步兵第五十三军是万福麟，他底下是黄显声、缪澂流、冯占海，然后是刘多荃了，他底下是谭海，第二旅是唐君尧③。唐君尧好像是您派飞机给接来的，在西安。

**张学良**：不是，这都是我讲武堂的学生。

**访　者**：然后底下是高翔明、张学文④……他是您弟弟吗？

**张学良**：堂弟弟。

**访　者**：他在第九团。

**张学良**：他哥哥叫我给枪毙了，叫张学成。

**访　者**：您记得怎么回事吗？

**张学良**：他跟日本人……他是日本留学生。

**访　者**：张学文也是日本留学生吗？

**张学良**：他不是。后来到美国去了，也死了。

## 12. 你要杀谁告诉张副司令，你讲我听不懂

**访　者**：然后一一二师是霍守义⑤，一一五师是熊正平⑥。

---

① 周福成，奉天辽阳人。国民党陆军中将。历任东北军团长、旅长、师长，参加长城抗战。临潼捉蒋时，任外线总指挥。"七七"事变后，任第五十三军军长。参加了武汉会战、长沙会战等。1943 年编入中国远征军，抵滇西，印度、缅甸对日作战。抗战结束后，赴越南接受日军投降。1948 年任松江省政府主席，东北"剿总"总司令。辽沈战役中被俘。

② 吴克仁，满族。吉林宁安（今属黑龙江）人。国民党陆军中将。王以哲遇害后任第六十七军中将军长。"八一三"淞沪抗战时殉国。

③ 唐君尧，奉天辽阳人。国民党陆军少将。东三省陆军讲武堂第五期毕业。西安事变捉蒋时，任内线指挥。抗日战争期间，任第五十七军第一一一师第三三一旅旅长。

④ 张学文，张学良的堂弟。1933 年任东北军团长。西安事变后，因受株连，被迫解甲经商，后旅居巴西。

⑤ 霍守义，奉天西丰人。国民党陆军中将。曾任东北军步兵团长、旅长、师长。抗日战争期间，任第一一二师师长、第九军军长、第十二军军长，辗转苏北、鲁南、皖北等地，抗击日军。

⑥ 熊正平，国民党陆军少将。1935 年任东北军步兵第五十三军直属第一一五师师长。

张学良：这都不对。

访　者：呵，不对。骑兵军是何柱国。是有这么回事吗？说您让何柱国做骑兵，何柱国说他不会，后来您说，"你要不去做骑兵的话，就等于这个得给中央了。"后来何柱国说，"好，好，我去。"

张学良：不是，他是骑兵①。

访　者：那这个笑话说的不是那么回事。然后第三师是郭希鹏，第四师是王奇峰，第六师是白凤翔。白凤翔、唐君尧、谭海，这三个人是您很信得过的？

张学良：不是，他们各人有各人的历史，白凤翔是个土匪，他不是我的直系，他是张家口的，不过后来他跟我，还有一个张诚德。

访　者：呵，这有第三师副师长，张诚德，他们俩都是从河北张家口来的。

赵一荻：绥远。

张学良：不是绥远，张家口。

访　者：热河？

张学良：也不是热河，这三省，一个张家口，一个绥远，一个热河，原来是……呵，察哈尔。张诚德也是个土匪，这儿有一个笑话，那时候蒋先生找地方上的师长跟他谈话。不知道怎么的，头一个把他点上了。他本来是一个土匪是不会说话的。我就跟他说，"蒋总统啊，他说什么你不要害怕。他跟我一样，你别看他那样。你要说什么就说什么。看见我说什么，你就说什么，别怕他。你不要装假，跟他说就可以。"后来他回来了，我就问他，"你怎么见的？"他说，"蒋总统说了半天，我急了，就说你别说了，你说的我都不懂。我是张副司令的部下，我服从他。张副司令让我杀谁我就杀谁，让我打谁我就打谁。张副司令服从你的，你要杀谁，你告诉张副司令，那我就去杀。你别跟我多讲，你讲我也听不懂。"我说，"蒋先生怎样？"他说，"总统扑哧笑了。"

访　者：这一方面也表示张之诚恳啊，一方面也是蒋先生……他讲演我都听不懂。

赵一荻：大多数人听不懂。

---

① 何柱国毕业于日本陆军士官学校第十一期骑兵科。1919年回国后，任保定陆军军官学校骑兵战术教官。1921年秋，任骑兵队少校队长。1922年任东北讲武堂战术教官兼骑兵科主任。1935年任东北骑兵军中将军长。

张学良：连他讲话我都有一半听不懂。

访　者：我真是不懂，这些人把我们这些学生找一块儿，给我们讲演，我一句都听不懂，大家都在那儿睡觉。陈诚讲话，我也不懂。白凤翔怎么样，有没有什么特殊的事？

张学良：他也是一个土匪，西安捉蒋先生，他去的。

访　者：他带着他的一个手下叫刘桂五①，您派的。您刚才说蒋先生的事，我也想起一件事，有一次您在王曲军官学校②的时候，这个刘桂五也是个粗人了，您不怎么的摆弄一个小盒。小盒里面突然冒烟，大家都跑散了，以为是炸弹。结果他就没有跑，用手抓过来就给扔出去了。您就说怎么你不跑啊？他说他宁可要解决这个问题，也不愿意让炸弹把你炸了。所以他是一心一意保护您。您不记得这回事？

张学良：没有，没有。

访　者：没这回事？

赵一荻：这传奇外面编的多得很呐。

访　者：底下是第七师了，门炳岳③。第十师檀自新④，然后是独立炮兵，王和华，然后第七［旅］是乔方、黄永安，第十一团刘佩苇，工兵是杜维刚，辎重是何士（世）礼，这个何士（世）礼和我所讲的不是一个人吧？

赵一荻：就是他，香港侨领。

访　者：他以前做您通信大队啊，我还以为是世界的世。

赵一荻：对，"世界"的"世"。

访　者：不是，他这写的"士大夫"的"士"。

赵一荻：那他写错了。

访　者："礼"是"礼节"的"礼"，那怎么后来跑到香港做侨领了呢？

赵一荻：他家是很富有的家，他父亲是英国政府特给的一个爵士。

---

① 刘桂五，辽宁朝阳人。原为绿林行伍出身，后入白凤翔部任排长、连长、团长。西安事变时任东北军骑兵军第六团团长，与白凤翔、孙铭久等人共同担负捉蒋重任。捉蒋时，击毙宪兵团长蒋孝先（蒋介石的侄儿）。后任骑兵军第六师少将师长。1938 年，率部与日军作战中殉国，被追赠陆军中将。

② 王曲军官学校，即指王曲军官训练团。

③ 门炳岳，河北东光人。国民党陆军中将。曾任东北军骑兵军第七师师长、绥西警备司令等。1944 年病逝于重庆。

④ 檀自新，辽宁锦西人。国民党陆军中将。曾任东北军骑兵军第十师师长。西安事变后，叛离东北军投蒋，任骑兵军第四军军长。1938 年，因"不服调遣"被枪决。

# 13. 贺奎这个人很好

**访　者**：然后（继续念《张学良与东北军》）"在反革命围剿中，一一〇师、一〇九师在劳山、直罗镇一带被红军消灭。军事上的不断失利和东北军内部官兵不断要求打回老家去，以及全国人民一致要求抗战的呼声，使张学良深切地感到内战是没有出路的。在中国共产党'停止内战、一致对外'政策的感召下，在红军和我党地下工作的帮助和进步人士的影响下，张学良终于选择了联合共产党。"您看他说呀，一切都是他们的功劳，所以您这口述历史要紧，为什么？因为是您觉得要联共抗日，可是他们是说呀，都是他们把您包围了，你懂吗？

**赵一荻**：国民党是说他那套，共产党说他那套。

**访　者**：您这口述历史一定要把他说真了。

**张学良**：这种事并不是共产党的能力，是我自己要这么做的。

**访　者**：是，是您自己这样想，因为您在东北的时候就有统一国家的思想。下面他说"终于[选择了]联合共产党逼蒋抗日的道路"，这也不对呀，您在肤施和周恩来谈话的时候，您给他们改正了他们的思想，他多会扭曲事实。"1936年12月12日，张学良和爱国将领杨虎城率领东北军和十七路军在西安扣押了蒋介石，提出八项救国主张，发动了震惊世界的'西安事变'。事变后，成立了抗日联军临时西北军事委员会，西北剿总即行取消。"抗日联军临时西北军事委员会委员长是您，副委员长是杨虎城，参谋团是何柱国，政治设计委员会是高崇民①，参谋长是董英斌，办公厅是洪钫②，这个吴家象呢？不在了。参谋处是邓玉琢③，[经理处]高崧山，[副官处]王

---

① 高崇民，字健国，辽宁开原人。曾任沈阳工商联总务长、东三省保安总司令部秘书。"九一八"事变后，参与组织东北民众抗日救国会、复东会。1936年参与西安事变，任设计委员会主任委员。抗日战争期间，在重庆主持东北救亡总会工作。1941年加入中国民主政团同盟，并组织东北民主政治协会。

② 洪钫，1928年至1936年在张学良身边担任机要工作。

③ 邓玉琢，辽宁丹东人。西安事变时，任东北军第六十七军第一〇七师少将参谋长。1937年淞沪战役中牺牲。

尔瞻①，［党务处］卢广绩……军医处任狄生②，［粮秣处］张政枋，［军警督察处］孙铭九。抗日联军临时西北委员会所属东北序列，五十一军于学忠，一一三［师］李振唐，底下是［第六三八团］张儒彬③，［第六三九团］李荫波④。

张学良：团长那都不知道了。

访　者：还有师长，您知道吧？［第一一四师］牟中珩⑤，然后副师长是常焕，一一八师周光烈⑥，还有一些团长，您可能不记得了。下面他又说，接着是第五十七军缪澂流，师长一个是［第一一一师］常恩多⑦，［第一一二师］霍守义，［第一一五师］刘启文⑧……六十七军王以哲，［第一〇七师］刘翰东，［第六一九团］朱惠荣⑨，［第六二〇团］朱之荣⑩，［第六二一团］刘汉玉⑪……

张学良：也不知道了。

访　者：［第一一七师］师长是吴克仁，然后［第一二九师］周福成，骑兵［军］何柱国，［骑兵第三师］郭希鹏，［副师长］张诚德，骑兵第六师是刘桂五，还有［第一〇五师］刘多荃，［副师长］谭海，［第一旅］高福源，然后［第二旅］唐君尧，［第三旅］高翔云……后

---

① 王尔瞻，辽宁辽阳人。早年入东北讲武堂。历任东北军连长、营长、团长、师参谋长、总务处处长等职。1936年授少将衔。1946年7月退役。

② 任狄生，西安事变时任西北"剿总"医务处副处长。西安事变后任抗日联军临时西北军事委员会军医处处长。

③ 张儒彬，回族，辽宁新民人。东北讲武堂第四期毕业。1938年后在第五十一军一一三师和第五十三军一一六师任团长，1944年参加滇西对日反攻战和远征军入缅抗战，1946年任第五十三军一三〇师副师长，1947年9月任第五十三军暂编三十师少将师长。1948年11月1日在沈阳投诚。后任黑龙江省人民政府参事，黑龙江省政协委员。

④ 李荫波，西安事变后任东北军一一三师六三九团团长。

⑤ 牟中珩，山东黄县人。国民党陆军中将。曾任东北陆军第一一四师师长、第五十一军副军长。抗日战争期间，先后参加了徐州会战和武汉会战。1939年任第五十一军军长，率部进入鲁南敌后。后任山东省政府主席。

⑥ 周光烈，山东蓬莱人。国民党陆军少将。曾任东北陆军第一一八师师长。

⑦ 常恩多，满族，奉天海城人。国民党陆军少将。曾任东北陆军第五十七军第一一一师少将师长，参加了台儿庄会战、徐州攻击战等，所部被誉为"常胜军"。1942年8月投八路军。

⑧ 刘启文，河南淅川人。国民党陆军少将。曾任东北陆军第五十七军第一一五师师长，第六十七军第一〇八师第三二四旅旅长，淞沪战役中阵亡。

⑨ 朱惠荣，国民党将领，曾任第一〇〇军七十五师师长。

⑩ 朱之荣，辽宁人，国民党陆军少将。曾任东北军第六十七军第一〇七师第三二一旅旅长。1937年11月在淞沪会战中牺牲。

⑪ 刘汉玉，号屿珊，辽宁辽阳人。东北讲武堂第四期毕业。曾任第四十九军一〇五师少将副师长。1942年参加浙赣会战。1944年6月任第四十九军一〇五师师长。1946年10月任东北保安司令长官部少将高参，1948年1月任东北剿匪总部少将高参，11月在沈阳被解放军俘虏。

来［第九团］张学文哪去了？

**赵一荻：**到台湾，后来到美国去了。

**访　者：**沈克，一〇六师，［第一〇八师］张文清①……第六五八［团］，这个人叫作邱立亭②。

**张学良：**不知道。

**访　者：**工兵团杜维纲，然后［辎重总队］唐述吉③，［通信大队］何世礼，［高炮大队］张伟斌④，［抗日先锋总队］孙铭九，还有抗日先锋总队⑤？［第五十三军］万福麟……然后陆军炮兵第六旅，［炮兵第六旅］王和华，［炮兵第七旅］乔方，［炮兵第八旅］黄永安……然后他说"西安事变和平解决［后］，张学良亲送蒋介石回南京。但蒋背信弃义，将张终身监禁。张被押后，东北军群龙无首，一〇六师沈克部，炮八旅黄永安部，骑十师檀自新部先后投降了国民党南京政府。东北军全面瓦解，被迫东调，接受改编。不久，抗日战争爆发，改编后的东北军走上抗日战场。抗战中，东北军消耗不得补充。抗战胜利后，又被蒋拉入反革命内战，东北军终于全军覆灭，各部改编如下……"五十一军是于学忠，［第一一三师］师长周光烈，五十七军缪澂流，三三一旅唐君尧……

**张学良：**你说说他的。

**访　者：**OK，缪澂流手下有一个韩国人［副军长］朴炳珊，底下就是［参谋长］于一凡，一一一师常恩多，底下三三一旅是唐君尧，底下是［第三三三旅］邱立亭，一一二师霍守义，手下三三四旅李德明，三三六旅是马万珍⑥，没有了。

---

① 张文清，河南新乡人。国民党陆军中将。曾任东北军第六十七军第一〇八师师长。1939年后，任第二十五军军长，第十集团军副总司令，第二十五集团军总司令，1946年初任河南省保安处处长，豫东师管区司令。1948年在解放军攻开封时被俘虏。

② 邱立亭，国民党陆军少将。1937年任东北陆军第一二〇师第六五八团团长。后任第一一一师第三三三旅旅长。

③ 唐述吉，国民党陆军少将。1937年任东北陆军辎重总队队长。

④ 张伟斌，国民党陆军少将。1932年，受张学良委托任国联调查团翻译官。后任东北陆军高炮大队队长，第五十七军第一一一师副师长。

⑤ 抗日先锋总队，西安事变后成立的东北青年武装部队。1936年12月15日，即西安事变爆发后的第三天，张学良决定以东北学兵队和直属特务团为基础，成立抗日先锋总队，下辖三个支队。张学良指定孙铭九任总队长，赵龙韬任参谋长。主要任务是在张学良直接领导下，宣传、组织抗日活动，联络、接待红军来西安人员，加强东北军与西北军下层官兵的联系等。后改编为东北军第一一〇师，东调整编时，第一一〇师番号被取消。

⑥ 马万珍，别号毓奇，辽宁凤城人。1922年保定军校毕业。曾任东北陆军第一一二师副师长兼第三三六旅旅长。曾率部参加淞沪会战、徐州会战。1940年1月任第一一二师代理师长。同年秋附汪降日，充任汪伪军事委员会参赞武官公署中将参赞武官等职。后辞职返回国民党统治区。

**张学良**：一部分叛变，投降给共产党了，常恩多他叛变了，他底下的唐君尧是我最得意的一个学生之一。

**访　者**：底下是六十七军，后来他们改编了，改编之后是［军长］吴克仁，是您的人吗？然后是贺奎①，副军长。

**张学良**：贺奎大概也是死了，这个人很好，也是陆军大学的。

**访　者**：他曾经跟您打过仗？

**张学良**：他也是我的部下，我的学生，陆军大学的。

**访　者**：第一〇七师金奎璧②。

**张学良**：金奎璧是我的一个参谋，他当过一〇七师长啊？这我不知道了。这个人很厉害了，我们东北军有"二金"③，还有一个姓金的，我也说不出来了。

**访　者**：他是韩国人吗？

**张学良**：不是，东北军里不有"二董"嘛。

**访　者**："二董"和"二金"④，董彦平⑤，还有……

**张学良**：董英斌⑥。

**访　者**：兄弟俩啊。

**张学良**：不是，董彦平本来不叫这个名字，后来他自己把名字改了，后来他当过党部的副秘书长。

**访　者**：您说在台湾呀？

**张学良**：对。不晓得后来哪去了。

**访　者**：第一〇五师高翔明，第四十九军军长刘多荃，副军长就是董彦平，他底下的一〇五师高翔明，第一〇九师是赵毅⑦。然后是第五十三

---

① 贺奎，字文宿。奉天宁远（今辽宁兴城）人。国民党陆军中将。曾任东北军第一一五师少将师长、第一〇九师师长。淞沪战役时，代理第六十七军军长，第六十七军被取消番号后，任第二十五军副军长、军长。

② 金奎璧，陆军大学毕业。"九一八"事变后，在东北坚持抗日。后任东北陆军第六十七军第一〇七师师长。

③ 东北军"二金"，指东北军将领金奎璧、金元铮。金元铮，毕业于保定陆军军官学校。曾任军事委员会北平分会参谋处作战组组长，1936年晋升陆军少将。担任过东北陆军特务旅旅长。

④ 东北军"二董"，指东北军将领董彦平、董英斌。

⑤ 董彦平，辽宁洮南人。国民党陆军中将。毕业于日本明治大学。历任东北军独立第一〇五师少将参谋长。抗日战争期间，先后任第四十九军副军长，军训部检阅主任、督训处长，第十一集团军参谋长。1949年赴台，任国民党中央政策会副秘书长。

⑥ 董英斌，辽宁人。国民党陆军中将。毕业于保定陆军军官学校。历任东北军第五十七军军长、洛阳第一战区中将参谋长、第十战区参谋长。抗战胜利后，任军事委员会委员长东北行营参谋长。

⑦ 赵毅，字希坚，辽宁辽阳人。国民党陆军中将。曾任东北陆军第一二〇师师长，第四十九军第一〇九师师长。曾奉张学良命令护送毛泽东之子毛岸英等赴苏联。

军，军长是万福麟。

张学良：我想这里面不大对。

赵一荻：人家后改编的。

张学良：是，这里边乱七八糟，我想不可能。

访　者：不可能是吧？这底下五十三军原辖一一六、一一九、一二九、一三〇师，改编后，一一九、一二九师番号被取消，军长是万福麟，他的参谋长赵锡庆①，一一六师是周福成，一三〇师是朱鸿勋②。骑兵了，改编为骑二军，军长何柱国，第三师师长徐良，第四师是王奇峰，第六师是刘桂五，下面就是团了。（念《张学良与东北军》附录二"张学良大事年表"）这是您的大事了，您听一下，你会觉得很奇怪，您生于辽宁省台安县鄂家村张家堡。

张学良：瞎说八道③。

访　者："……〔1920年〕7月，率部参加直皖战争。11月25日，晋为陆军少将。1921年曾率全旅赴吉林，将当地的为患土匪击散。1922年4月，第一次直奉战争爆发，任第二梯队司令。6月8日战争失利奉命与直军前敌总司令彭寿莘签订停战条约。7月，任第二旅旅长，兼任东三省陆军整理处参谋长。10月，兼东北讲武堂监督。1923年8月，参加东北大学成立开学典礼。9月，兼任东三省航空处总办和东三省航空学校校长。"这说得都对吧？

张学良：对。

访　者：记得比我们都详细。"1924年4月28日，升任陆军第二十七师师长，兼东三省陆军训练副监。"这个跟讲武学堂没有关系？

张学良：他这个不对，没有这个。

访　者："9月16日，第二次直奉战争爆发，任镇威军④第三军军长。11月受任京榆驻军司令，司令部设在天津。1925年3月23日，任第四

---

① 赵锡庆，辽宁沈阳人。国民党陆军少将。曾任东北军第五十三军参谋长、副军长。
② 朱鸿勋，吉林农安人。国民党陆军中将。曾任东北军第五十三军第一三〇师师长。1940年底，在湖北藕池口率部袭击日军，中弹牺牲。次年追赠陆军中将衔。
③ 关于出生地，属于一个人最基本的信息，所以张学良怒斥有些说法是"瞎说八道"。张学良出生地考辨，详见第1959页《张学良生平大事年表（1901~2001）》的注②。
④ 镇威军，奉军在直奉战争时使用过的名称。1920年直皖战争后，皖系覆灭，直奉两系共推靳云鹏组阁，继推梁士诒任国务总理。1922年1月，直军吴佩孚通电逼梁离职，直奉矛盾激化。4月第一次直奉战争爆发，4月29日奉军入关，称镇威军，张作霖自任总司令。兵败后，奉军出关，宣布东三省"联省自治"，镇威军名义取消。第二次直奉战争中奉军又使用过镇威军之名。

师师长，东三省航空处（改）组为东北航空处，仍兼任总办。4月，[擢]升陆军中将。10月，任镇威军第三军团军团长。东三省陆军整理处改为整训处，仍为[副]总监。11月12日，奉命入关，进攻国民军，抵天津。11月26日，因郭松龄倒戈，接父命至秦皇岛，同郭会谈遭拒绝。1926年4月，与韩麟春任镇威军第三、四方面军联合军团军团长[进驻北平]。12月，率部进兵河南，阻止北伐。1927年1月，结识赵一荻女士。3月22日，与韩麟春联名在郑州通电，主张'停止内战，促进和平，一致对外'。6月1日，所部在河南[遂平]上蔡①被北伐军击溃。6月18日，任安国军②第三方面军军团长。9月，阎锡山分数路向北平进兵。张奉命与阎军会战于京汉铁路③以西地区，将阎军击败。1928年1月，任第三方面军团总司令，屯兵保定。3月，收编于学忠部队。5月，北伐军北进，日军炮击济南，张返京向其父进言，坚主罢战息兵。6月4日，其父张作霖由京返奉途中，于皇姑屯附近被日本军国主义分子炸死，时张学良正在北平与阎锡山代表谈判，收束军事，当晚离京赴滦州……"那会儿您在北京，后来到滦州。

**张学良：** 他瞎说八道，我[是]在北京过生日呢。

**访　者：** 这故事哪天您跟我们录一录。

**张学良：** 我不知道我父亲……知道被炸，我不知道我父亲死了。我过生日，他们没告诉我。

**访　者：** 那天您在北京过生日呢？

**张学良：** 不但过生日，跟我女朋友在那玩。

**访　者：** 那时您在[顺]承王府④？

---

① 遂平，地名。位于河南省中南部，今属驻马店市。南距武汉市250公里，北距省会郑州市180公里。京广铁路交通大动脉由北向南穿境而过。上蔡，地名，渊源古老。今属河南省。周朝时为蔡国，周武王封其弟叔度于此。汉置县，属汝南郡，以沛都有下蔡，故称为上蔡。

② 安国军，1926年冬，为阻止国民革命军北伐，奉军首领张作霖将所属奉系及其北方势力范围内的军队统称"安国军"，自任"安国军总司令"，并推孙传芳、张宗昌等为副司令，并于1927年组成"安国军大元帅府"，与南京国民政府对抗。1928年6月皇姑屯事件后，安国军解体。

③ 京汉铁路，从北京到湖北汉口的铁路。原称卢汉铁路，北端为北平的卢沟桥，南端为湖北的汉口，全长1200余公里，1906年全线通车。民国政府时期，北京称北平，所以，1927—1949年间曾称平汉铁路。现为京广铁路北段。

④ 顺承王府，即顺承郡王府。始建于清顺治初年，位于今北京市西城区太平桥大街路西。顺承郡王的第一个主人为勒克德浑，系礼亲王代善第三子萨哈林第二子。以平定南明政权、招降李自成余部等功绩晋封为顺承郡王。顺承郡王府在北洋时期，为张作霖购买，辟为大帅府。1949年后为全国政协办公地。

张学良：不是，我住到卍字廊①。现在叫中南海②。

访　者：那您那生日一定相当隆重了？

张学良：也不是，都是朋友在那玩。我告诉你我那时候女朋友是谁，是溥仪的弟媳妇。

访　者：哦，溥杰的太太（指唐石霞）③。

访　者："……11日，在滦与张宗昌会晤。18日，秘密返抵奉天。19日，就任奉天代理军务督办。7月1日，通电全国，谓"学良爱乡爱国，不敢后人，决无妨碍统一之意"。7月4日，就任东三省保安总司令职。23日，被推为东北临时保安委员会委员长。8月3日，接见方本仁④、何家驹⑤，表示只要南京政府对东北的外交有转圜办法，东北易帜不成问题。8日，日本特使来访，威胁说："东省不宜与南京妥协之态度，否则将处以强国之行动，或将发生重大之事情……"我这两本书搁这，明天我再继续给您念。且听下回分解。

---

① 卍字廊，北京中南海内的一座游廊。因迂回曲折成卍字，故得名。

② 中南海，地名。位于北京故宫西侧。中南海的"海"是蒙古语"海子"的简称，是水域的意思。因为地处老北京中南方位，故称中南海，此名始于元代。中南海里的建筑定型始于明代，明成祖定都北京后，营建新皇宫，为扩大元代皇城园林，开挖南海，挖出的土方堆成万岁山（即景山）。清朝入关后，继续在中南海内兴建殿宇馆轩，作为避暑听政之所。清帝逊位后，成为北洋政府总统府、总理府所在地，张作霖也曾在此办公。1949年后，成为中共中央、国务院办公地和部分国家领导人居住地。

③ 此指溥杰的第一任妻子唐石霞。唐石霞，字怡莹，他他拉氏。光绪帝珍妃、瑾妃的侄女。1924年与溥杰结婚。曾写信给溥仪，坚决反对满洲国的建立，失败后与溥杰断绝关系，前往香港以画画为生。

④ 方本仁，湖北团风人。1927年，蒋介石委方本仁与何成濬为南京国民政府代表，同张作霖代表杨宇霆、阎锡山代表南桂馨在北京举行南北停战谈判。1928年与张群、吴铁城等赴奉天与张学良谈判易帜事。

⑤ 何家驹，时任国民革命军第四集团军（李宗仁部）总参议，代表李宗仁、白崇禧赴奉天与张学良谈判易帜事。

# 第二十四次访谈
# 东北易帜　中东路事件
# 武装调停中原大战

访谈者：张之丙（简称"访者"）
被访者：张学良
同座者：赵一荻
访问日期：1992 年 6 月 30 日

## 1. 于学忠用人还是有两下子

>（继续1992年6月29日访谈的内容，谈《张学良与东北军》一书附录"张学良大事年表"的内容。）

访　者：张发奎，嗯，这是 6 月 1 号[1]，后来 6 月 18 号呢，您就任安国军第三方面军军团长。然后在 9 月的时候，"阎锡山分数路向北平进兵，张奉命与阎军会战于京汉铁路以西地区，将阎军击溃。"这就是 1927 年的大事。后来就到了 1928 年，1 月的时候，您任第三方面军团总司令，他这里说是总司令，屯兵保定。后来 3 月的时候，您收编于学忠部队，那就是说吴佩孚兵被打败了。

张学良：也不是打败了，那时候吴佩孚已经没有了，没有力量了，他（指于学忠）就带着他的军队，本来他是到山东投张宗昌去了，然后在山东我把他接收了。

访　者：呵，他本来想到张宗昌那去。

张学良：他本来不认识我，跟我没有……后来我把他接收了。

---

[1] 此处指 1927 年 6 月 1 日张学良所部在河南遂平、上蔡被张发奎指挥的北伐军击溃。

访 者：我觉着挺有意思的，是您派人去找他，还是他来找您？

张学良：他是这样子，于学忠他的爸爸，和我父亲在一块做过事，他们都在原来毅军宋庆手底下做过事。

访 者：所以这是从老一代开始的了。

张学良：他们那时候都给宋庆当……现在咱们叫马弁①，当……

访 者：副官②？

张学良：那时候还没那么高，就是给人当马弁，侍卫③，不是兵，反正还有点小权。

访 者：那是在奉天？

张学良：哦，不是，不是，是在奉天，大概是在鸭绿江④一带，什么地方我记不清了。

访 者：那时候在宋庆上面的是谁呀？

张学良：比（他）高的是……那时候宋庆就是军队的首领。这个历史，我记不得了。

访 者：家里还有一段渊源，那这次您看中他是个将才，您才把他收编，是这样吗？

张学良：也是这样子，那我……他把四川的军队带出来，他本来是吴佩孚的部下，吴佩孚失败了，他把军队带到河南什么地方，后来到山东，我就把他收编了。

访 者：那么说这个人可以说真是一个很……

张学良：很有，相当的，那时候在中国，有点名望。我跟你讲，什么叫名望？他没把军队带散，那就是统治力量。他有三个师啊，一万多人啊。

访 者：一万多人？那就都归您了，是吧？

---

① 马弁，旧时称级别比较低的武官为马弁。后指当官身边带的随从，特别是骑马出行时所带的随从，称马弁。

② 副官，旧时军队中办理行政事务的军官。一般是指军事长官身边有军衔的秘书。军衔级别与主官的级别相关，有高有低。如黎天才是张学良的副官，军衔是少将。副官一般都是主官的亲信，帮助主官处理日常事务。

③ 侍卫，即指侍从护卫，跟随主官左右，负责侍奉、保卫的人员。在清代，侍卫是官名，紫禁城内接近皇帝的要害部位，全由上三旗（镶黄旗、正黄旗、正白旗）宗室子弟充任。蒋介石的近身侍卫，清一色是奉化邻里戚党，第一任侍卫长王世和是蒋的表侄。侍卫长的级别也很高，王世和军衔为上校，接替王世和的俞济时（浙江奉化人，蒋的外甥），任侍卫长前就已经是中将军长。

④ 鸭绿江，发源于长白山，向西南流入黄海，河长约790公里，是中国与朝鲜的界河。

张学良：是，是，编成第二十军①，那时在中国，我收编了好多军队呢。

访　者：除去于学忠之外，还有很多别的。

张学良：我从统帅第八军起，九军、十军、十一军、十二军、十三军、十四……一直到二十［军］②。有些不是正规军队，我也收编了。

访　者：嗯，那么这些人里，他是很杰出的，一直跟着您……

张学良：他底下……他不是一个学生，可他手下有许多军官学校的呀，还有日本士官的，都有，他用人还是有两下子。

访　者：那您认为他能把军队不带散了，他的最大一个要点是什么？

张学良：他的统御力量相当的强，他的部下对他……不过，他部下，他从四川带出来，没有掉，后来有一个人脱离他了。

访　者：只有这么一个人。

张学良：不是脱离他了，后来等于说这个人要叛变。所以他对我，他有什么不能解决的事情，找我商量，我说我帮你解决。

访　者：那个想叛变的人，是不是中央想过来分化？

张学良：就是那样，这个事情也不是中央想分化，而是中央里头有一个人想捞，好像是想建功，为这个事情，我几乎和中央翻脸。那中央派代表就是吴铁城、张群。就是吴铁城底下一个人干的事，我为这个事情，几乎把吴铁城抓起来，我几乎跟中央翻脸了。所以……张群这个人厉害，吴铁城这个人没有张群那么厉害……张群这个人……吴铁城是他底下有一个人，当然，吴铁城也会知道的，而张群这个人就不同了，他有什么事情，他会跟我说，吴铁城就不同了。为这事情，几乎我跟中央翻脸，我们毫不客气地审问这个军官、这个旅长的时候，吴铁城和张群全都到案，所以张群总记得这件事情（马廷

---

①　1926 年 10 月，吴佩孚的军队被国民革命军击溃，吴将直军残部统交于学忠指挥。1927 年 5 月，吴见大势已去，只身逃往河南邓县前，嘱咐于学忠："我的部队交给你了，你可以去投张学良，但无论如何不能去投蒋介石。"于学忠投张后，所部被编入张学良任军团长的东北陆军第三方面军团第二十军，于任军长。

②　1926 年 4 月，奉军、直鲁联军、吴佩孚指挥的直系、阎锡山指挥的晋系联合发布对国民革命军的总攻击令。奉军第三、四方面军团组成联合军团，以张学良、韩麟春为军团长，第三方面军团下辖第八军、第九军、第十军、第十一军、第二十军和炮兵军，第四方面军团下辖第十五军、第十六军、第十七军、第二十九军和预备军。其中炮兵军军长邹作华原为皖系段祺瑞部的营长，后被直军收编，最后成为张学良的部队；第十五军军长汲金纯原为民国第二十八师师长冯德麟属下旅长，张勋复辟失败后，冯德麟在北京被拘押，汲金纯任第二十八师师长，第二十八师成为张作霖主力。

福事件)。他们俩很丢脸啊,中央代表受我们法官审问啊。①

访　者:对,结果这件事算解决了。于学忠从各个方面看,的确是……现在他的后人还有吗?

张学良:有,有,在北京,具体的我也不知道②。

访　者:北京,是吧?他后来是留大陆了,是吧?

张学良:于学忠啊,他后来给中央做了,做了山东主席啊③。

访　者:山东主席还是绥靖?不是要把他们派到安徽呀……总之,他没到台湾来?

张学良:他没到台湾来,中央对他不错,很器重他,台儿庄战争,他很出力啊。

访　者:的确是个人才。

张学良:台儿庄,他归李宗仁指挥。

访　者:可惜的是,这些报道里,没有说于学忠这位将军最后到底是怎么回事。

张学良:他最后我知道,现在我说不出来了。他好像病死的,不知怎么死的。他的部下,还跟共产党……后来共产党来了,他的手底下有个叫牟中珩④的,就是接管山东。这个牟中珩,我很佩服他。跟王,王协一⑤……就是蒋先生的大学生,山东省的主席,后来叫共产党给打败了。那时候于学忠已经不在山东了。他带着军队漂流很多地方,

---

① 此指"马廷福事件"。马廷福为东北军于学忠部驻临榆的一位旅长。1930年8月,因受南京政府军事参议院参议陶敦礼贿买,密谋附蒋,被于学忠发觉后逮捕。张学良下令枪毙了马,并对陶敦礼等人进行审讯,让南京代表吴铁城和张群也亲自到案。为避免本有助蒋倾向的张学良生变,蒋介石亲自打电报向张学良解释,取得张的谅解。9月18日,张学良发出和平通电,并派遣于学忠、王树常率东北军入关武装调停,中原大战就此落幕。

② 1949年,周恩来派飞机将于学忠接到北京,任国防委员会委员。于学忠1964年病逝于北京。于学忠共有12个子女,都在大陆。

③ "七七"事变后,于学忠奉命率部守卫山东海防,参加了津浦路南段战役、台儿庄战役及武汉保卫战。1940年,任山东省政府主席、鲁南游击总指挥。1949年,拒绝赴台,隐居四川乡村。

④ 牟中珩,曾任国民党陆军中将。是于学忠的老部下,担任过于学忠的中校参谋、上校参谋处长、上校参谋长。文武全才,他曾根据中国古代兵书,结合治军实践,编写了一本《治军·作战要领》,供于学忠部官兵学习。1939年接替于学忠任第五十一军军长,率部辗转鲁南敌后。1942年接替于学忠任山东省政府主席。

⑤ 王协一,1936年任张学良卫队营连长。临潼捉蒋时,蒋腰部摔伤,由王协一背下山。1939年冬,周复把持的鲁苏战总司令部政治部接到蒋介石发来的电报,周将电报交给牟中珩。电报主要内容是:"查五十一军一一三师上校团长王协一,一一四师参谋长解如川(解方),及两师中校、少校、上尉参谋等,都是共产党分子,着就押交鲁苏战区政治部主任周复处理。"牟请示于学忠,于学忠说:"一个也不交给他。……这批军官大部分是东北人,自张副司令被扣押,他们都成了没娘的孩子。我们应当本着张副司令意旨办事。"不久,这批军官大部撤到共产党根据地。

好像青岛［还是］什么地方，那时候，我已经不自由了，外头的事情我不知道。

访　者：不过，我觉得他这么忠心地对您，军事上又是个杰出的人才，应该有一个有始有终的记载。

张学良：那没有，那时候很多人呐……跟他差不多平等的，很多。

访　者：可是，他好像很突出，大家好像都很注意他，谈起来……

张学良：因为他后来算东北军了，我手底下两个大将。一个是他，另一个是王树常。

## 2. 郭松龄最大的短处是气量非常小

访　者：我再继续给您往下念，3月的时候，于学忠被收编。5月的时候，北伐军北进，日军炮击济南，这就是"济南事件"①。然后蒋就绕过来了，张返京向其父进言，坚主罢战息兵。那么6月4号，这有一段过程了。那么，老帅由京返奉途中，于皇姑屯附近被日本军国主义分子炸死。那这段，您看，从5月到6月，您回到北京，向大帅进言……以后我们讲大帅的时候，希望您多讲一讲，您是说了一次大帅就听了，还是您也稍微考虑到大帅的地位，做人的方式，和您和大帅的关系……

张学良：就一次，因为我父亲这个人呐……所以将来有机会我愿意说出来，他非常地顾虑老百姓，因为他是个苦人出身呐。我跟他说要紧的就是这个，"我们这个仗打的是什么意思？"因为这不是我随便说，因为我看见，我走到牧马集这个地方，老百姓苦啊，一个老太婆抓我们扔到地上的馒头吃呀。我就说，"咱们这个战争是为什么？"我父亲这个人呐，他对人民是非常地爱抚，我不跟您说过一段吗？我父亲他过年，他很迷信呐，过年他一定烧香。这段事情我不知道，后来是莫德惠告诉我的。我说，"中国人民现在那个痛苦啊，都是我们这种军……我是不是一个，假如我是其中一个，您就把我收回

---

① 济南事件，也叫"五三"惨案。1928年5月1日，北伐军开进济南，日军寻衅开枪，打死中国军民多人。3日，日军又大举进攻，蒋下令撤出济南。日军在济南屠杀中国军民5000余人，尤其令人发指的是，日军强行搜查山东交涉署，特派交涉员蔡公时用日语表示抗议。日军将他捆绑，割去耳朵、鼻子。蔡怒斥日军："野兽们，中国人可杀不可辱！"日军又将他的舌头、眼睛挖去，并对其他人也百般摧残。最后，除一人侥幸逃脱外，其余17名外交人员全部被害。

去。"那么我就和他痛陈，我父亲相当听我的话。我就说，"我们这个仗打得什么意思，打了，几天又和了又好了，完了，又打。老百姓可就痛苦了，我们自己有家。"所以我对杨宇霆很不高兴就是这个。那么杨宇霆啊……当然我父亲也有他的野心了，杨宇霆就是怂恿他，我恨他就是，杨宇霆他自己也说，"这个老头子啊，你不叫他摔一下，他就不老实，他总想干。"

访　者：他直接跟您这么说？

张学良：是啊，他说，"你让他摔个跟头，他就老实了，他就没有这个野心了。"我为这个事，对杨宇霆很不高兴，我的意思是，你不应该如此，既然这样子，你应该奉劝他，为什么要用这种方法呢？所以我嘴上不说，心里头……人呐，不要嘴上失言，他忘记我是张作霖的儿子啦，因为我跟杨宇霆是我父亲底下两大将了。所以我父亲这个人，我就说这段啊……我跟我父亲说，"这何必呢？"他就退军了。

访　者：所以，我觉得……您说过，您一生中就有两个长官，一个是大帅，一个就是蒋先生。大帅对您是百分之百的信任呐。

张学良：那当然了，我是他儿子。同时是这样子，我父亲开始不是，后来他很看得起我。

访　者：哦。

张学良：他后来他把私事、家事都交给我。我不跟你说过很多小事吗？我们弟兄好多了，我们兄弟八个人呢，不光我是老大了，他也是看我是可以做事的，可以托付的。后来到了晚年的时候，不但是军事，家里私事，解决不了的，都是让我给解决。甚至高一层的，他把我第三个母亲不要了，都是我给他办的①。所以什么事他都［交给我办］。

访　者：我说这话也许不应该，如果大帅不叫日本军国主义分子谋杀的话，您父子俩能把奉天治理得更好，在行政上，在家庭上，在军事上，可能会把东北更能治理得好。

张学良：那我父亲本来已经很注意建设了，那不是说我呀。他个人呀，虽不是有那么高的能力，但是他很会用人呐，可以说用杨宇霆，那也是

---

① 指张作霖的三夫人戴氏。1906年与张作霖结婚，无子女。据传，戴氏有个胞弟在张作霖卫队里当兵，1915年冬，一天晚上，他上街闲游，以枪射击街上路灯为乐。灯厂报告张作霖后，张命令卫队长将其枪毙。不久，三夫人戴氏离开张家，削发为尼，第二年抑郁而死。

个人才啊。有一段杨宇霆离开了，不是叛变，而是两人闹得……因为跟徐树铮啊，徐树铮那时是奉军副司令，所以杨宇霆后来就离开了，因为他跟徐树铮很好了。也是因为这个事情他枪毙了一个人，在奉天司令部枪毙了，是冯国璋的一个很要紧的人。我父亲很生气，后来就把他免职了，那么他就走开了，后来又再回来了，再用他。① 可以这么说，我父亲这个人呐，非常的宽大。

访　者：这点我们很希望我姐姐回来，我们做大帅的时候，您多谈一谈，这个事情好像别人没怎么说。

张学良：他这个人呐，非常的宽大，你像那汤玉麟呐，等于叛变过，他照样用②。

访　者：是啊，他走了又回来了。

张学良：他也不想他不对的地方。所以我对我父亲对汤玉麟呐，心里很不高兴。汤玉麟这个人呐，是墙头草，这种人要我是不会用……他（指张作霖）这个人很宽厚，简单说，我就说杨宇霆后来我枪毙他，也有很多关系。这个郭松龄叛变呐，后来逃走被捕了。抓住后，我的意思叫我父亲开军法会审，让他当面说出来为什么要叛变。但是杨宇霆在里面闹鬼，为这件事我非常气。我父亲已经答应了，他把他中途枪毙了。这是杨宇霆干的，他完全是造的谣言，因为我们必须经过日本人造的铁道，他说日本人在那儿等着呢，要抢他，所以在路上把他枪毙了。这个事主要是杨宇霆不愿意他说出来好多事情，同时呢，假如郭松龄……甚至我父亲不会枪毙他……

访　者：对。

张学良：他怕出这种事情，所以杨宇霆的死啊，与这个也有关系。我心里非常的……你把他枪毙不要紧，把他太太也枪毙了。我为这个事情心里非常不舒服。

访　者：说实话这也是东北的一大损失，假如那时候他回来了，军事审判后，

---

① 杨宇霆与徐树铮杀陆建章。1918年3月，张作霖组织支持皖系段祺瑞的"援湘军"，自任总司令，原北京政府陆军次长徐树铮任副司令，杨宇霆任总参谋长。1919年6月，徐、杨将来访的冯国璋心腹陆建章杀害。杨、徐二人还私募军队，张作霖将其免职。杨被解职后，流落京津，经商谋生。1922年，张又招杨回奉，任东三省巡阅使署总参议。

② 汤玉麟与张作霖失和。1916年，张作霖任命王永江为奉省警务处长兼警察厅长，与奉军第五十三旅旅长汤玉麟发生冲突，汤要求撤掉王永江。张不允。汤联合第二十七师师长冯德麟，以武力相逼。冯、汤被免职。汤投奔张勋。后来，汤回到沈阳，张不计前嫌，任他为旅长、师长，直至热河都统。

也许老师还会对他宽大为怀的，而且郭松龄可能……

**张学良：**不过郭松龄这个人呐，他有他的短处，他最大的短处是气量非常小。但是他对我呢，不能说是百分之百的服从，但是我说话他还听，他是我的老师啊。那么我不跟你说嘛，最后的时候，我就跟他说，我说，"你怎么的？"他自己当年就跟我说过，他说，"我这个人有哲学思想。"我说，"不是哲学思想，你这人你怎么这样啊？"他说，"我是宁折不弯。"我说，"我是宁弯不折。"我就跟他说，他是我的老师了，我说，"咱俩等于是登山，你嘛，非得从这山上充好汉，我不是这样子，主要是能上山。你怎么自己跟自己……"他说，"我这个人是宁折不弯啊。"我说，"你这是给你自己找别扭。"结果他还是在这么样失败了。他这个人怎么说，他什么事，不思前想后的，来这个劲我就干。我跟你说那时候我们作战，他这个人我佩服他吃苦，我们剿匪，那兵们就说闲话了，因为把那兵累得要死，撵那土匪。他自己因为骑着马呢，后来他自己跟兵一样，背着背包，一样跟你走。晚上睡觉了，躺在床上，他哎呀，哎呀的，叫个不停。我说，"你何苦啊，你一个指挥官，你何必……"他就这么一个人，他非常能刻苦。我们吃东西，他吃几个洋芋当早点，因为军队要快走啊，要追击土匪。他这个人是刻苦、耐劳，就这几样事情，度量窄。还有那时候奉天分成派，所以他后来对我有好多地方不高兴。我们分士官派、陆大派①，他属于陆大派，像杨宇霆啊，姜登选都属士官派，后来他把姜登选枪毙了②。因为我跟他们常常来往，他非常生气，就等于女人吃醋。我说，"你这个人……"他说，"你跟他们在一块堆儿干吗？"我是在大帅手底下做事，他们也是，可他就很不高兴。他这个人就可以看出来，我要跟的人，就可以不理他。

---

① 随着奉军势力的膨胀，内部矛盾也随之突显，尤其是直奉战争之后，逐渐形成了"元老派"、"士官派"和"陆大派"。元老派多出身草莽，和张作霖一起起家，人数不多，多居要职，是奉军中的实权派，主要成员有张作相、张景惠、汤玉麟、孙烈臣、吴俊陞等。"士官派"和"陆大派"，皆军校出身。"士官派"多为日本士官学校毕业，以杨宇霆为中心，成员有姜登选、韩麟春、于珍、常荫槐、王树常、邢士廉等人，此派视杨为"智囊"。"陆大派"多毕业于中国陆军大学、保定军官学校和东北讲武堂，以郭松龄为首，多为中下级军官，经常得到张学良的赏识和拔擢。

② 郭松龄杀姜登选。1925年11月，时任安徽省军务督办的姜登选从安徽乘车返奉，途经滦州时，被郭松龄杀害。郭为何杀姜？学术界有多种说法：一说是个人恩怨所致，民国初年，二人同为黑龙江省许兰洲部下时，为争权结下宿怨；另一说法是士官派和陆大派派系纷争所致。郭临死前曾说："姜登选得了安徽督军，被人家赶了回来，……还想去当安徽督军，因之我在滦州扣留了他并把他毙了。"郭杀姜，大失人心，加速了自己的失败。

我说,"我们是在做事,不是个人的行动。"那时候我就等于我父亲参谋长一样,我说"我们是在做事情",他这个人就是这样。

**访　者**：不过也真是可惜。

**张学良**：狭窄,他这个人吃醋比女人还厉害,我跟谁在那说着话呢,他就不愿意了。

**访　者**：不过,他在您手下还能做些事情,如果永远是你们配合,可能能够充分发挥他……

**张学良**：你听我讲啊,我们俩那时都当旅长了,部下来说事情,我在那儿好好地慢慢地听,他就着急了,用刀剁两下了,"出去,出去。"我说,"你何必这样呢,让他把话说完。"他说,"你听他扯淡,让他出去。"他就这么一个人,脾气非常的急。那么他自己也很苦啊,他跟我说,"我们家啊,两个茶碗,有一个还没把儿,打坏了……是你把我提拔上来。"我总跟他说,"你既然明白这样的意思,你何必……"他说,"我这个人脾气使然。我宁可死。"他最后还是这样,他说,"我宁可死,那是小事,不屈服啊。"是这么一个人,脾气就是这么倔,有时候我能够跟他说,"算了吧,你不要这个样子好不好?"就这么样一个人。他也有他的野心,他用的一些人,我还……我用人……他这个人东西南北都跑过,到广东,给李烈钧当过部下,他对人家有猜疑。我说,"我这个人是疑人不用,用人不疑。"他说,"我不是这样。"我说,"你呢?"他说,"咱俩关系不同。"我说,"谁都是你部下,谁都关系不同。你怎么这样呢?"所以我的部下对他相当怕,对我相当爱,可以这么讲。

**访　者**：所以这里就有两点,杨宇霆也说过,您的兵啊,没有人能带。所以,他对他的兵……比如说于学忠对他的兵有些办法,但整个东北军对您,可以说是任何人都不能代替的。这一点是不是在西安的时候,您走了以后,东北军和西北军……

**张学良**：不是,那个情形不同了,等我到西安的时候,东北军已经有些变化了。

**访　者**：不过您要不在那里的话,那几个派系也维持不住。

**张学良**：他这个人真是很可惜,我们俩配合得很好,他打仗非常的厉害,他打仗凶得很。作战上,很可惜的一个人,也可以说我们两个配合得很好。后来他叛变了,我来了,他那边部下不知道他叛变了,还以为我是总司令呢，那后来才发现，对敌的是我呀，都奇怪了，这是怎么个事情？所以他下命令给旅长，他们不接他的命令呀，就说我们怎么能跟他（指张学良）打呢？我们不打。他看［事］情不对，他就走了。

**访　者：** 在您的心目中，如果他叛变的事情，他心里的事情跟您说一说，两个人商量也许有解决的办法，您说有这种可能吗？他怎么一时糊涂就……那时候您不在那儿，您回到奉天啦。

**张学良：** 我在我父亲手底下做……那时候，杨宇霆他……这个事情啊，我父亲不听我的话。我给我父亲打电话，我在天津的时候，这个情形我已经看出来了。这里头也有李景林的关系。这个地方是杨宇霆大的错误，他自己当了江苏的督军，那件事情他（指郭松龄）就已经不平了，怎么不平呢？所以我父亲骂我，说，"你这小子要抢地盘。"我说，"我不是这样了。"因为这个，郭松龄跟我讲，他说，"我倒霉，你是他儿子，他压着你，我是你的部下，那我更被压了。"本来仗打胜都是我的功劳。可是，评功受赏了，杨宇霆是江苏督军，姜登选呢，是安徽督军，李景林是河北督军，张宗昌是山东督军，韩麟春是长江那个……可他照样是我的部下，所以他心里非常……

**访　者：** 他想什么呢？

**张学良：** 当然也想当督军，也想有地盘。

**访　者：** 那他要哪儿呢？

**张学良：** 我呀，想给他一个地盘，不一定是想［要］哪儿。我就给我父亲上了几个条陈，可他都没答应。我就说呀，把李景林调成吉林督军，李景林的河北督军给我，那时吉林是张作相，把他调成巡阅使。我父亲就骂我，说，"你也想要地盘。"我说不是……

**访　者：** 老帅没看出为什么要这样做？

**张学良：** 也不是这样子。他说郭松龄既然是你的部下，他应该完全服从。他对他的那些人，我父亲不是想的……你比方说他过去的那些老部下，张作相啊，我跟你说两件事情，他骂那个话比骂我还厉害，张作相当个督军，就站那儿"是，是，是"，他对他的部下就是这样子，那不是假的，他对那个吴俊陞……吴俊陞趴在地上给他磕头，他有这个威严。为这个事情我父亲生气，我父亲开始对郭松龄很……我就对他说，"爸爸，你那些部下我带不了，我的部下你也带不了。"

我父亲说，"我不如你？"我就说郭松龄，他也很喜欢他……我说，"不是这样的情形。"后来郭松龄对我父亲很不高兴，他从很小很小的事情，处处看我父亲好像对他不好。我父亲也很奇怪，他越这样……给点钱啊，在一块儿玩啊，他有钱他给旁人他不给他（指郭松龄）。他看他不听话的，赌钱都乱来，所以郭松龄心里很……换句话，我也看出来了，郭松龄对我父亲有意见。那我自个想我还能压住他，没有关系。而且我也早看出来，郭松龄有叛变的意思。我不后来跟你讲这个事情吗，换句话，你要叛变，你也要不过我。假如我们俩一直做到底，还能做下去。也是他这个太太（指韩淑秀①）难对付，他太太野心也很大。

访　者：所以过去的时候，很多都是做将领的在外面怎么做，太太并不见得能够参加，有他的道理。

张学良：这个太太是有野心的，有政治野心，也懂得很多。

访　者：他的后人……

张学良：他没后人，没有小孩儿，他有两个弟弟，后来不知道哪儿去了……

访　者：这郭松龄可以说是一非常可惜的人，否则的话也是东北事业建起的……

张学良：这个人也只能说是一个将领，他对政治，他这种脾气不能从政。

访　者：我就想他是一个将领，可是您能运用他这方面的……

张学良：他私心也太大，他自己用的人，我都是反对的，为什么呢，都是他那个学校的老同学，他都用，我是看不起这些老的学校的……他也有私心，他要部署他自己的事，后来我也看出来了，他要准备这些事情。我早就明白，我就跟他说，"茂宸②呐，这话不能那么讲，就是你有这个事情，我也不在乎。"结果，他真叛变了。后来他给我写个条子，我赶快撕掉了，怕我父亲看见。他从来不管我叫弟弟，条上头一句："汉卿弟，我只求速死。家里的事情，我的后事，我想了想，还只能托给你。"他这人，什么事"只求速死"，也是个怪人。

---

① 韩淑秀，辽宁沈阳人，郭松龄之妻。曾在奉天女子师范学堂和北平协和女子大学学习。1911年冬，郭松龄因自剪发辫，在奉天被捕，韩冒死拦截警车，诉说郭是他未婚夫，归奉完婚，并未参加革命党，郭始得获释。随即两人完婚。郭松龄反奉时，任东北国民军总司令部机要秘书。

② 茂宸，即郭松龄，字茂宸。

访　者：后来日本还很支持您去在秦皇岛与他对峙。

张学良：这个不是日本支持。那到秦皇岛，他的部下也是我的部下，我要跟他会面，他不跟我见。我要下船，他部下说，那他（指张学良）要来怎么办？他说射杀。那时他有决心叛变了。所以后来我也说，他不理智了。

## 3. 你忘了我是中国人了

访　者：可惜啊。我再给您往下念（继续念《张学良与东北军》一书中的"张学良大事记"），大帅被暗杀后，张学良正在北平与阎锡山的代表谈判……您不是说正在过生日吗？那时候当然不知道这回事了。很多人都说大帅一时疏忽，本来大帅出来进去一直都比较秘密的。

张学良：他从来不秘密的，他这个人不像冯玉祥，冯玉祥的行动你不知道，他有时坐在汽车前头，谁也不知道是他。我父亲这个人胆子大得很，什么事他都公开。

访　者：所以那大家的报道不对了，说他机警一世，为什么就疏忽那一次呢？

张学良：不，他从来不秘密，他从北京走开的时候，他也照样到火车站，去送他，他还要跟地方上的人告别，还讲话，他从来不做秘密行动。

访　者：那么，那天晚上您去送去了吗？

张学良：我送去了。

访　者：然后您回去过生日。

张学良：很奇怪，他走那天，跟我说了一段话，他非常不高兴的话。因为我那时吸鸦片烟，还有好多女人，不止一个女人，好多女人。他说，"我将来要是没有了，你这样，这个家看你怎么样治理。"

访　者：因为您吸毒，又有朋友。他不希望您这样做。

张学良：他不高兴啊，我也很奇怪。

访　者：那您怎么做的？

张学良：我一声不吱，他骂我就不吱声。他说，"你看你这样子，不务正业，抽鸦片烟，找女人。"

访　者：可是那时候您也统帅军队呀？

张学良：那他不是说那个……

访　者：家里的事。有一个传说，那会儿咱不是讲究有"扶鸾①"吗？说有一个吴俊陞还是谁，跟您在一块来"扶鸾"，那上写着"大帅归矣"。

张学良：没这回事，胡说。

访　者：胡说。然后他说呀，您当晚离京赴滦州……您到滦州去的时候，您已经知道了吗？

张学良：我父亲的事我不知道，他们仅告诉我，我父亲回奉天路上遇到炸弹，只是炸伤。他们还天天给我打电话说人很好。他们不想告诉我这件事。

访　者：哦，就是那个姓张的……

张学良：我父亲也是临死，到家头一句话，他说，"我死的消息不要告诉他。"因为我在前线正指挥呢。

访　者：然后您到滦州去和张宗昌会晤，您还不知道老帅真的情形了？

张学良：他这话不对，各将领都来了，我们在滦州开了一个会议，他们才告诉我的。

访　者：本来是先定下来要开会议，是为了军事撤退的事情，那时候才告诉您，别人已经知道了？

张学良：他们已经知道了，那么是张作相当面告诉我的，他说，"汉卿我告诉你一件事，你别太难过啊，说大帅已经没有了。"那么就在这个会议上，我也看出杨宇霆的毛病来了。那么到底回去东北的事情怎么办呢？我的意思让他回去，因为什么呢？这有几个理由。其实我没考虑安全问题，因为我对东北的政治问题，过去我一直没什么意思。我过去开玩笑说，"你们都是蛆虫，在那拱，在那拱，我才不理你们那套呢。"我也没野心在这个地方主持呀，所以我也没有这个准备，我请他回去啊，到奉天把这个事情安排一下，以后我再回去。同时呢，这也相当危险，因为我父亲被炸死了，日本人到底干什么不知道。他呢，坚持一定要我先回去，那么……所以杨宇霆的

---

① 扶鸾，一种占卜方法。又称扶箕、扶乩，源于古代占卜问神术。古书记载，人们有了疑难，请求神灵示，"以箕插笔，使两人扶之"，扶乩者不停地晃动簸箕，笔在沙面上即划出痕迹，痕迹似字非字，龙飞凤舞，即被视为"神谕"。因传说神仙来时均驾风乘鸾，故称扶鸾。据传，1928年6月3日晚，张学良到火车站为张作霖送行，回来时，见吴泰勋（黑龙江省督军吴俊陞儿子）在灯下扶乩问事，张戏问"大元帅的行止"。过一会儿，沙面上出现"大帅归矣"四字，张学良一笑，说："谁不知大帅回去了，这还用说？"不料，翌日早晨有消息传来，张作霖在皇姑屯被炸身亡，真的"归矣"！

死啊，也有这个原因。我就意思，我说，"我回去，一切事情我也不了解，你可得早点回来，好多事情我不太干什么。你帮助我处理处理。"我没帮手了。所以他留在那儿了，前线的军队由他指挥了，结果他没有快快回来，他不简单啊，把我的军队都去看了一下，好几天，我也没多心，我就想他是要看看军队怎么样，安定不安定，这是应该的事情。

**访　　者：** 啊，19 号，您就任了奉天代理军务督办。这是在滦州安排的，还是回到……

**张学良：** 就是大家让我回奉天全权处理。

**访　　者：** 有一个传说，是说您很希望张作相出来……

**张学良：** 是，是。

**访　　者：** 大家管他叫辅帅，叫他主持，他死也不肯，后来以他母亲去世了为理由，奔母丧，很快就离开了。是这么回事吗？

**张学良：** 不是，不是。后来我回到奉天，大家开了个军政会议，很多的人呐，到底东三省最高的统帅是谁，不是奉天的事。那么照着一般的情形，应该是张作相，因为他的地位高。那么我是他的部下，应该他来做。所以这段事情一说出来，我眼泪都要掉下来了。他当着众人的面说，"汉卿，我不要……我不是客气，如果老师他是正正当当地去世了，我可以接他的手，既然是这样去世了，我决不，我服从你。我怎么样服从他，我就怎么样服从你。那么你不要怀疑，我公事上绝对服从你，但是你得好好干。在私人，如果你不好好干，我可以拉你到后院，打你耳刮子。可是，在公事上，我绝对服从你，你不要怀疑。"

**访　　者：** 所以这还是老帅交下来的一个好朋友。

**张学良：** 这种情形现在是没有了，当年是有这种思想。但是，这种情形使我以后做事十分为难。因为他是我的前辈，有重要的大事情，我不能不征求他的意见，但是他的意见有时不同。你比方说对中央好多事，他是保守派的，所谓"巧电"啊，出兵啊，他都不赞成的，他说我们东三省不要管他们别人的，保守啊。那么，我对国家的想法和他还是不一样的。

**访　　者：** 您的想法很新呐。

**张学良：** 他后来心里也很不高兴，他不高兴不是对我，他的儿子和我是同学。他的儿子在我手底下当师长，没当上军长，有军长的缺，我没给他。

他年轻啊，不是很深的那么一个人，人是好人，他没当上，就辞职不干了，他父亲为这个事情非常地气。

访　者：哦，觉得您应该照顾他。

张学良：不是，你不应该闹辞职，因此他们父子后来很不搭。就是张廷枢，他后来哪去了，怎么死的，我不知道。所以这个人在老派人之中是忠心耿耿的。

访　者：然后您7月1号通电全国，说张学良爱乡爱国，不敢后人，绝无妨碍统一之意。您发这个通电是什么意思呢？

张学良：我没发过这个通电。

访　者：我觉得您那会来什么"巧电"，怎么忽然来这么一个通电？

张学良：发通电就是我服从中央的意思。

访　者：好像有人责备过您，说您妨碍国家统一什么的。

张学良：我记不住了，好像没发过这个。

访　者：7月4号时候，您就任东三省保安总司令。23号，您被推为东北临时保安委员会委员长。然后在8月3号，接见方本仁、何家驹，表示只要中央，即国民党的政府，能够对东北的外交有转圜的办法，东北易帜不成问题。只要南京政府对东北的外交……

张学良：这个，有是有这个，他来了，我也表示了，有是有，我没说得这么清楚。

访　者：就是没有这么切实，你给我外交……

张学良：方本仁他没有什么重要的地方，这里恐怕何家驹，他好像一个小小的随从一样的。

访　者：那么到了8月8号，日本特使来访，威胁您说东北不宜与南京妥协之态度，否则将出以强国之行动，或将发生重大之事情。这个特使不是来吊孝的吗？

张学良：吊孝，林权助。

访　者：8号您才祭大帅呀？

张学良：是，是。我忘记了，反正在家停了好多日子。

访　者：为了奔丧……

张学良：他代表田中。

访　者：那就是林权助了？

张学良：林权助。

访　者：来向您威胁，然后您就说了，"你忘了我是中国人了。"然后9号，到日本驻奉天总领馆,答访林权助,说"余之思想,自以中国为本位,盖欲完成中国统一,以实现东三省一般人民所渴望。"

张学良:大概是这么回事,没说这么详细。他带了一个武官,叫佐藤少将①,他还说了好多话,这个林权助好厉害。那个佐藤还说了好些东三省与日本的关系,后来林权助拦他了。

访　者:这个武官说得很详细?

张学良:不是详细,就是强硬。后来林权助说,"你不要说了。"不让他说。所以这个林总领事呀,叫林久治郎②,也很好,都知道我的意思。所以林权助回到日本去……

访　者:然后这个……

张学良:所以这个事情,林权助来的时候,杨宇霆已经死了③。他回去的时候,就跟他的记者还是什么的,说一句话,我就不懂他这话是什么意思。他说是"德川家康"④、"丰臣秀吉"⑤,这是日本的历史,我为这个事情我……我也不能找人问这个事情,后来我查出来了,才知道他说的是日本过去历史上的一个人,夺取……就像我这种情形,他就是指杨宇霆⑥。他们日本是利用杨宇霆来夺取这个。

访　者:您记不记得我姐姐也发现了他们的官方记录,说想支持杨宇霆代替您。在这儿有一点,林权助本来是希望您不要易帜,后来呢,大家都很奇怪,后来您说,"好,我易帜停三个月。"推迟三个月,后来您易帜是在12月,不管怎么说,您是给他点面子,让他回去……

张学良:他不是,不是说不要易帜不易帜,不要立刻跟南京……因为日本在东北有权益,他把南京的势力引到东北来,日本不愿意,所以我就

---

① 佐藤安之助,日本首相田中义一的外交顾问,少将。1928年8月随林权助来沈阳吊祭张作霖。和张学良多次发生言语冲突。
② 林久治郎,1928—1932年任日本驻奉天总领事。多次以威胁、恫吓手段阻止张学良易帜。
③ 张学良枪杀杨宇霆和常荫槐,发生于1929年1月10日。林权助来沈吊祭张作霖的时间是1928年8月。张学良此处记忆有误。
④ 德川家康,日本战国时代的大名及江户幕府将军。
⑤ 丰臣秀吉,日本武将及大名。为1590—1598年期间日本的实际统治者。
⑥ 1928年8月,林权助从奉天返回日本时,在东京火车站举行记者招待会说:"今天的东北实际情况,同我们日本当年幕府时期德川家康时代很相似。"张学良看到了经人翻译的这段讲话后,为了解这段历史,特到书店购买一本《东洋史》。这段史实是:在日本幕府时期,权势赫赫的丰臣秀吉死去。其子丰臣秀赖继承了秀吉幕府的大权。他年少英敏,但贪图享乐,不甚理国政,一切政务均由其岳父德川家康来执掌。后来,德川家康突然发动政变,竟把女婿丰臣秀赖逼得自杀而死,灭了丰臣氏,建立了德川幕府。张学良看了这段历史,深恐自己成为丰臣秀赖第二。

含糊答应他（指林权助）了①。所以他说，"我来一趟，你就跟我说这，一切事情不给我一个正面答复。"根本我也没什么答复，但是我把这个事情拖后一点。

**访　者：** 就是要缓一缓，外交关系上……那延期三个月，其中也有您自己可以筹备呀，准备呀。

**张学良：** 也是看看情形。

**访　者：** 他当然不知道您这是故意延期了。他也是很感谢您给他的这个缓冲，这也是外交上的很大的一个手腕。呵，10月8号的时候，国民党中央常委通过任您为国民政府委员。10月24号，您致电蒋介石，表示东三省处境无论如何困难，指日本的干涉，决以民意为依规，而与和平障碍者奋斗，即或牺牲一切而在所不惜。② 这是您的"巧电"吗？

**张学良：** 不是，是什么，我忘了。

## 4. 东北军队改编

**访　者：** 呵，11月1号，在奉天召开了整军会议，缩编东北军队，取消军、师名称，改编为国防军和省防军③。

**张学良：** 是这样的，那时军队很多。

**访　者：** 把他收编，而且您减军，您的意思是把它整顿起来。

**张学良：** 我那时军队太多了，又没有那么些钱。

---

① 东北易帜推迟三个月。1928年8月10日，张学良致电蒋介石："日本忠告，中止对南妥协……林总领事并谓干涉中国内政之嫌，在所不辞等语，昨已将详情电达，应否由国民政府致电驻日公使提出抗议，以示对外一致之处。"当天，东北保安委员会再次开会决定：东北易帜，延期三个月。

② 1928年10月8日，国民党中常会任命张学良为国民政府委员。蒋介石为此致电张学良云："应乘此时机同时更换旗帜，宣言就职，以十七年（1928年）双十节为兄完成统一之纪念日也。"张学良复电蒋介石说："东北易帜早具决心在前，实因某方压迫，致生障碍，当时敌处与之面约以三个月为限，届期即行易帜……"12月24日，张学良密电奉天省长翟文选等人"于本月29日改悬青天白日旗，东三省同时举行。26日，奉天省长致电省城各机关以及各道尹、各县知事，通知29日易帜一事。"

③ 东北军整编。张学良就任东北保安总司令后，响应南京政府裁军建议，同时为缩减军费，对军队实行整编。撤销了以往各军团及师的番号，将所有军队改编为国防军和省防军。"国防军以养成劲旅保护国境为本旨，省防军则以剿办土匪，维持地方治安为专务。"国防军中，步兵、骑兵均以旅为单位，炮兵以团为单位，工兵以营为单位。省防军中，步兵、骑兵以旅或团为单位，归各镇守使指挥。整编后，国防军步兵为30个旅、骑兵6个旅、炮兵10个团；空军5个中队；海军3个舰队、3个陆战大队。省防军辽宁为7个团，黑龙江7个旅，热河2个旅；屯垦军3个团。总计兵力30万人。共裁减官兵2万余人。

访　者：到这个时候……

张学良：这件事情，蒋先生很注意，他说，"你怎么样能够把军队弄那么样？"那后来蒋先生要我把中央的……我说我做不到，他说，"那怎么你那做事情做到了呢？"我说，"这个情形不同，那是我的军队，我要它小就小，要它大就大。"

访　者：您当初缩编，一个是军费太大了，没有那么多的经费，第二个也是不是军队太大了，难以控制？

张学良：控制是一样地控制，我不能养这些军队。主要的原因，我养不了那些军队，东北没这些钱，作战不同了，那时候没有作战。同时，蒋先生问我，"你既然能够这样子，为什么……"我说，"这个不同。"我跟你说是这样子，我把我个人的财产拿出很多，下来的将领好多，我就把我个人的财产分给他们。

访　者：呵，将领方面。

张学良：比方说他们盖房子，我拿一部分钱，地给他们，自己盖房子。

访　者：那您当初减军，削减哪些人，当然您心里有一个全盘的计划。削减之后，他们不在军队里了，可他们也是人才啊？您怎么用他们呢？

张学良：我主要是安定他们，给他们房子，给他们地，给他们一部分钱，那么你去盖房子，有的也有些其他的位置了，有的没位置都是干这个①。

访　者：现在立法院也在就台湾军队待遇应该怎么调整，他们这两天正在……

张学良：那是中央的事情，我当时可以这么讲，当时的情形没有什么国家的思想，那就是张家的军队。

访　者：不过您想到没有，万一有需要边防的时候，您的军队够吗？

张学良：那是没法子，根本就是拼命，可以说日本拿一师人就可以……那我军事力量……我没法子。不是守备的问题，军事训练等等，那差得太多了。

---

① 编余军官处理办法。本次裁减下来的将官共47人，校官1740人，尉官10213人。原任军长多数改任军事参议官，各级编余军官中文化程度较高者送东北讲武堂受训。其余交军官教导队分别处理：愿从事警察、保甲工作者，送奉天公署安排；愿意继续留在军中服役者，送奉天差遣队听候另派；愿意退伍还乡者，发两个月薪饷作为退役金；愿屯垦者送兴安屯垦军；所余留军官教导队训练。

访　　者：关于这一点，我有几个问题，希望您把您的想法充分地说一说。因为大家对那时的军事统领有很多不同的想法，我们回去把这个事情弄完之后，您跟我们说说这个好吗？因为军队的事情大家了解得也太不清楚了。

张学良：那时中国是两个敌人嘛，一个俄国，一个日本。

访　　者：我的问题是，一个是关于地方军实力，整个的分析；一个是奉张势力在民初的那个局面里，您分析一下，然后您谈谈训练呀，装备呀；同时在1934年，局面不一样了，也请您分析一下；同时我希望您能把几个地方实力的领袖，奉张是一个，您从一开始就有统一国家的观念，别的有的是保存他自己的实力，还有的是巩固他自己的政权，这方面也请您给分析分析。然后就讲到军权实力，都包括哪些呀？是光有军队呀，还是有地盘呀，或是有了军队和地盘，是不还得有地方行政呀？我希望您把这个分析一下。

访　　者：然后到了10月，不对。这儿……然后到了12月29号，就易帜了，发表通电，宣布遵守三民主义，服从国民政府，改旗易帜，东北与南京国民政府统一①。南京政府正式任命您为东北边防军司令长官②。那是那年年底。第二年，就是1929年1月7号，东北政务委员会成立③，国民党中央发表张等15个人为委员，指令张兼任主席。你那是什么主席呀？

张学良：东北政务委员会主席。

访　　者：1月10号处决东北兵工厂督办杨宇霆和黑龙江省长常荫槐。1月12号就任边防军司令长官职。2月1号，国民党中央发表张任国民政府财政委员［会委员］。为什么把您又放到财政呢？

---

①　1928年12月29日，张学良等6人联衔正式发表易帜通电："于即日起宣布遵守三民主义，服从国民政府，改旗易帜。"同时，电令东北各公署机关、学校及驻关内各军自即日起悬挂青天白日旗。东北易帜典礼在奉天省政府礼堂举行，张学良等宣誓，国民政府代表方本仁监誓，欧美各国驻奉领事应邀参加，唯日本领事馆无一人到会。

②　1928年12月29日，南京国民政府特任张学良为东北边防军司令长官，张作相、万福麟为副司令长官。东北军列入国民革命军序列。

③　东北政务委员会，是东北的最高行政指导及监督机关，也是东北最高决策中心。1928年12月28日，南京政府批准东北政务委员会委员为张学良、张作相、万福麟、汤玉麟、翟文选、常荫槐、张景惠、刘哲、方本仁、刘尚清、袁金铠、莫德惠、王树常、王树翰、沈鸿烈等15人，张学良为主任委员。同日，南京政府公布热河省划归东北，东北的范围由原来的东三省扩大为东四省。东北政务委员会决定，从1929年3月1日起，奉天省改称辽宁省，取意为"辽河流域，永远安宁"，从4月2日起，将奉天市改名为沈阳市。"九一八"事变后，东北政务委员会解体。

**张学良：**这是宋子文的事。

**访　者：**什么意思呢？

**张学良：**他有个财政委员会，他反正是拉着我，他开会，我也说我什么也不懂。

**访　者：**他是专门管这个的，您是什么时候开始认识宋子文的？

**张学良：**在易帜前，早就认识了。

**访　者：**然后3月4号，国民党中央发表张兼任国防委员会委员。4月2号，发表"各电"，谴责桂系将领发动战争，破坏统一。召集张作相等人讨论中东路问题。

**张学良：**这个我都记不得了。

**访　者：**这桂系是李宗仁他们了？

**张学良：**李宗仁、白崇禧。

**访　者：**呵，5月16号，国民党中常会议决，派张等七人为辽宁省党务指导员①。5月23号，发表"漾电"，谴责西北军将领刘郁芬等②，谓国内统一不容破坏。这西北军还有一个刘郁芬呐，是在杨虎城之前？

**张学良：**不，不，冯玉祥的大将。那刘郁芬、张之江③，还有一个，三位呢，他们大概有什么变动④，具体我不知道。

## 5. 搜查苏联领事馆，我们做得很不好

**访　者：**反正就是桂系这个，西北这个都是您……然后27号，您接到蒋介石密电，说冯玉祥叛乱，与哈尔滨苏联领事馆有关。于是张受挑动，密斥哈尔滨当局搜索苏联领事馆。

---

① 1929年5月16日，国民党中央第十三次常务会议决议：前派辽宁、吉林、热河三省党务指导委员及黑龙江、哈尔滨两处党务特派员一律撤回，另派张学良、王培、刘不同、彭志云、马亮、张铎、赵连丰为辽宁省党务指委；张作相、张心洁等为吉林省党务指委；万福麟、吕醒夫等为黑龙江省党务特派员。

② 刘郁芬，曾任冯玉祥国民军第一军第二师师长，甘肃省主席。1929年5月15日，领衔与孙良诚、韩复榘等通电反对南京政府，推冯玉祥为"护党救国西北军总司令"。

③ 张之江，河北盐山人。东三省讲武堂毕业。1926年，冯玉祥通电下野，接任西北边防督办兼西北军总司令。

④ 西北军通电反蒋。1929年3月，日军撤出济南，当时济南防务由西北军负责，而蒋介石令中央军接收，蒋、冯发生矛盾。5月，西北军将刘郁芬、孙良诚、韩复榘等通电反蒋，推冯玉祥为"护党救国军西北路总司令"，并开始军事行动。

张学良：搜是搜了，与这个无关①。

访　者：那您是因为什么呢？中东路？

张学良：共产党。

访　者：哦，也是共产党，那就跟大帅在北京的情况……

张学良：对，一样。

访　者：您搜出什么来了吗？

张学良：也没有，这件事我们做得很不好。

访　者：怎么不好？

张学良：没什么证据，叫人搜集什么呀？

访　者：哦，后来苏联不高兴了。

张学良：那后来所谓"中东路事件"。

访　者：7月7号，您就到了北平，和蒋介石、阎锡山会晤，密商有关中东路对策。那个时候"中东路事件"发生了是吧？那么为什么阎锡山参加这个？

张学良：这个事情，反正我们见面谈了好多事，我们谈的什么事，外界谁也不知道。

访　者：不过那时阎锡山那时候也在北京啊还是特意跑到北京来？

张学良：说了，是会议呀。

访　者：然后7月10号……总之您的中东路是一个问题，其他还有别的问题。那他们有什么好的对策吗？

张学良：那不是，换句话说，阎锡山根本也没在场。

访　者："7月10号，张部占领中东路之后，苏联宣布对华断交，满洲里一带发生战争。"他这是说7月7号您在北京和蒋、阎会晤的时候，您还没有采取行动，是在与他们见面之后采取行动，那是不是大家商量可以行？

张学良：没有，没有，我只跟蒋先生谈过，没跟阎锡山谈。

---

① 搜查苏联驻哈尔滨领事馆。据1929年5月27日负责搜查行动的东省特别区行政长官张景惠密报：正午12时，第三国际在苏驻哈总领事馆地窖内秘密集会，所有中东路沿线各共产党行政管理党员干部均出席了会议。此会显然违反奉俄协定。特警处遂命第三警察署派员于当日下午1时许前往该馆搜查。当场将到会党员一律监视并获宣传文件多种。……除驻沈阳库滋涅佐夫总领事已予释放，驻哈尔滨总领事梅里可夫及领馆在职人员42人交该馆负责候讯外，其余39人概行逮捕侦讯。张学良于29日电张景惠、吕荣寰，转外交部王正廷部长27日电："为保持地方治安计，即可随时由地方酌量情形，径行办理。被拘捕俄人在交涉未得相当解决，并经中央许可以前，勿予释放。"

访　者：那蒋先生认为这件事可不可以做呢？

张学良：那就是政府支持不支持我这个事，也是模棱两可的事。因为这事，我对中央［有意见］，那时候外交部长是王正廷。

访　者：我有两三个外国人对这件事的记载，我给您念一下。"8月31号，派王树常为防俄军第一军军长，胡毓坤为第二军军长，赴满洲里与绥芬河苏军作战。10月10号，张部与苏军激战三江口失利……"就是说王树常和……

张学良：这个不对，三江口我们打胜了①。在三江口是海军，沈鸿烈在三江口把他主力舰给打沉了，他弄错了。

访　者：下面他说，"11月17号，苏军向满洲里、扎赉诺尔②、海拉尔③、穆棱④各地同时猛攻，张部败退。"这是您所说的陆军呵。然后"11月28号，在蒋介石的默许下，张复电李维诺夫⑤，承认苏方提出的交涉条件。"您是跟蒋先生商量了？

张学良：我不是，中央也答应了，不是李维诺夫，我跟加拉罕两个人是朋友⑥。加拉罕是外交部次长。怎么是朋友呢？中俄会议的时候，我是委员，他也是委员，他是委员长吧？他就看中我，每逢会议完了，他就跟我扯淡，所以我跟他相当好。后来他当了驻中国大使，我常到使馆去。

访　者：那么他也参加了这个，不是李维诺夫？

张学良：不是，给他打电报，就是我们谈和。我们打败了，直截了当谈和。

访　者：有个美国评论家说，本来您是希望东北易帜之后，这第一招中央能

---

① 三江口之战，也称同江之役。中东路战争中，中国东北海军在三江口（松花江、牡丹江会合后，在同江汇入黑龙江处，故称三江口）阻击苏联海军进攻的一次战斗，也是中日甲午海战之后中国军队首次水上对外作战。1929年10月12日，苏联出动飞机25架、坦克40余辆，配合骑兵800余名、步兵3000余人，向同江地区的中国军队发起进攻。苏联海军则从黑龙江江面为苏军提供支援，并袭击中国东北江防舰队，从而爆发了著名的三江口海战。战事一启，中国军舰猛烈炮击苏军旗舰"雪尔诺夫"号，该舰当即被击沉。此战，中国军队击落苏军飞机2架，击沉军舰3艘，击伤4艘，毙伤700余人。中方自损战舰5艘，2舰受重伤，伤亡800余人。苏军占领了同江县城，次日撤出。

② 扎赉诺尔，地名。位于满洲里东南，距满洲里市区24公里，南濒呼伦湖，北经二卡口岸与苏联（今俄罗斯）赤塔州水陆相通。

③ 海拉尔，地名。地处内蒙古自治区东北部，呼伦贝尔市中部偏南，大兴安岭西麓的低山丘陵与呼伦贝尔高平原东部边缘的接合地带。

④ 穆棱，地名，因河得名，位于黑龙江省。

⑤ 李维诺夫，苏联人。时任苏联代理外交人民委员。

⑥ 加拉罕，苏联人。1923年9月率苏联外交代表团来华，次年与北洋政府签订《中苏解决悬案大纲协定》，恢复了两国正常外交关系。随后任第一任苏联驻华大使。1926年8月回国，任副外交人民委员。

够支持，可中央什么也没支持，您是希望中央发兵，发军火，可中央是动口不动手，只发信，发通知。

张学良：这就不相干了。我那个时候啊，看不起苏联。我想我能打胜，没想到苏联有那么厉害，而且一开始，我们打胜了。可后来，苏方另外调来军队，另外还把军队换了，将领也换了，叫什么，加仑①，我们才失败了，开始我们打胜了。

访　者：您本来是想小试牛刀，看看怎么样。

张学良：我想看着苏联那些军队，我想我们能打胜，也是对日本一个表示，我敢打。

访　者：那时下面得提供一些军情资料啊，您才能做决定啊，那这些人都是谁呢？

张学良：都是我后来的……你叫我说我也说不出来了。这个问题是这样的，我希望啊，中央对我们有一个表示，可中央光用口说，只是派了一个李济深②来，他也表示中央不能派兵，所以我们也就泄了气了。换句话，中央是中央，我们是地方，不管是真爸爸后爸爸，总之你是高一等的，那么中央没有一点表示，所以我们很伤心。对这个事情后来我对中央不满中央只是应承，你得自己干。我原来是服从中央的，后来我对中央……也就如此就是。

访　者：等于说没什么用。

张学良：不过话说回来，好像中央给了一部分钱。

访　者：可是，给一笔钱也不能顶你损失的将士。一个美国评论家说，"中东路事件"的失败，是因为没有一个强有力的后盾，所谓的后盾就是中央，如果那时候有一个强有力的后盾，您不但把苏联问题解决了，也给日本一个脸色看。

张学良：我那时野心也很大，我要把中东路收回。

访　者：当然了，您是国家统一嘛。好，我们往下看。12 月 3 号，《奉天政

---

① 加仑，本名瓦西里·康斯坦丁诺维奇·布留赫尔。苏联红军元帅。1924 年，化名加仑，奉派来华，任广东革命政府军事总顾问。1929—1938 年任苏联远东特别集团军司令，亲自指挥进攻东北军的中东路战争。

② 李济深，国民党陆军二级上将。曾任黄埔军校教练部主任、副校长，北伐期间协助蒋介石在广东清党，之后又多次反蒋，1933 年福建事变时任中华共和国人民革命政府主席。1929 年 3 月蒋介石和桂系爆发蒋桂战争，李济深被蒋介石扣留在汤山，并被永远开除党籍，"九一八"事变后才被释放并恢复党籍。因此，张学良此处记忆有误。中东路事件时，蒋曾于 10 月 12 日派军政部次长陈仪赴东北劳军，11 月 14 日国民党中常会决议，推孙科、吴铁城赴东北劳军。

府与苏联政府间协定书》在双城子①签订。22号,《伯力会议协定书》也签订了,"中东路事件"平息。他们有人分析,苏联那会儿不知道为什么,把这事情息事宁人,做完了就完了,也没再怎么追究。

**张学良**:那时苏联内部也有些事情,那时候苏联要是强的话这件事情也不能那么解决。换句话,那件事情的解决,算对我们相当好,我们是打败了,苏联也没要求东西呀,他那时候自己有事情。

## 6. 阎锡山没想到我真出军队

**访　者**:不过说实话,因为他内部有事情。假如中央要给一些支持的话,可能结局会不一样。1930年1月15号,您致电阎锡山,为"中国只宜谋统一,不使再起纷争"。是不是他也要做什么事情,在那个时候?②

**张学良**:下面还有什么?

**访　者**:底下是3月了。3月1号,又发出"东电"③,呼吁和平。

**张学良**:这里很有意思,阎锡山当时就有这个意思,我也有这个提倡。说是中央啊,政治上相当的腐败,那么我们俩人有进言的地位。于是,我们俩联合对中央,希望怎么怎么改善,就是建议的意思。我也赞成了,我就说由你起草就是了,我署名。那这个事很好玩,阎锡山把这个电稿起草完,里面就说你蒋介石干不好,就下来就完了。我看见就很奇怪了,就给阎锡山打了一个电报,若蒋先生下野,是你

---

① 双城子,又称乌苏里斯克,俄罗斯滨海边疆区的一座城市。位于乌苏里江中部,是连接伯力和海参崴的枢纽。双城子原属中国领土,1860年根据《中俄北京条约》成为俄国领土。双城子之名源于明代的双城卫,以其东、西两城并存而得名。1929年12月3日,中苏双方在此签订了《辽俄和平草约》(也称《奉天政府与苏联政府间议定书》),即《双城子草约》。其主要内容为:东北当局将中东路理事长吕荣寰撤职;苏方推荐中东路正副新局长;双方遵守中俄、奉俄两协定。

② 张学良电阎之背景。1929年10月初,唐生智、石友三、李宗仁、张发奎等部以"护党救国"为名,先后发动了一系列反蒋战争,被蒋介石以各种手段各个击败,只有阎锡山的晋绥军未遭打击。1930年1月13日,阎前往郑州参加军事会议,阎锡山探知蒋已下令河南省政府主席韩复榘借机将其逮捕,连夜逃回山西太原,决定加入倒蒋行列。正是在这种背景下,新附中央的张学良于1月15日致电阎锡山:"唐〔生智〕部解决,豫乱告一段落,我公安抵并〔晋〕垣。现国家忧乱频仍,前途可惧。此刻尤宜力谋统一,不使再起纷争,此唯公是赖,良愿追随公后,晋、辽互相提携,反侧不难消弭,借以捍卫中枢。"

③ "东电",指张学良于1930年3月1日发出的劝蒋阎息争通电。内容为:"溯自统一完成,瞬逾一纪,……当此之时,若不各捐成见,共息争端,势必至国家元气亏竭,根本动摇,而外人之环伺我侧者,求全大欲,亦遂起而乘之。自亡人亡,不演成灭国灭种之惨剧不止。此次蒋、阎政见分歧,无妨磋议,切不可为意气用事之争,兵戎相见。望介、百二公,融袍泽之意见,懔兵战之凶危,一本党国付与之权能,实施领袖群伦之工作。"

754 张学良口述历史

干还是我干？你什么意思？我就不干了。①

访　者：对，本来是合起来劝中央政府……

张学良：有什么意见我们可以上意见，这个事情很有意思，后来这个电报……

访　者：就不了了之了？

张学良：还是打了，电报也送去了。

访　者：结果如何？

张学良：也是没有的事情。

访　者：您说的就是"东电"吗？

张学良：是，是。

访　者：1930年4月7号，吴铁城代表国民党中央向张等高级将领授勋②。他怎么可以代表呢？

张学良：那他可以。

访　者：同一月，在沈阳您就任了东北边防空军司令部司令。

张学良：那早了，这不对③。

访　者："6月21号，被任命为全国陆海空军副司令。8月11号，蒋介石派张群、方本仁陪同张从葫芦岛赴北戴河。"这是怎么回事呢？

张学良：我已经到了葫芦岛了，实际上他们来了，也不是陪着我。

访　者：那就是他们两个人跟着你去的，这还是中原大战之前，是不是？

张学良：是，是，我是到北戴河休息去了。

访　者："8月30号，张自北戴河回沈阳，吴铁城、方本仁与之同行。"他们没有提您过生日的事呀？

张学良：那都是小事，我也不办生日。

访　者：您三十岁生日是很大一个事情，好像很多人都来了，阎锡山也派人来……

张学良：没有，没有，那是我自己的事，是自己的家人，还有唱戏啊，都是

---

① 1930年2月10日，阎锡山发表通电，质问蒋介石："……用人不当，腐化堕落，无怪乎干戈不止，天下大乱。不但不闭门思过，反而冒天下之大不韪，一味戡乱，卒使国无宁日，民不聊生。戡乱不如止乱，不止乱而一味戡乱，国内纷乱，将无已时。……为民国和平统一计，礼让为国，请蒋下野。"第二天，蒋介石在《中央日报》上发表文章，指责阎锡山："……不学无术，靠投机转营捞取资本，奸诈成性，善变无信。如今为了独霸中国，又造谣中伤，蛊惑人心。企图兴兵作乱，祸国殃民，以图其野心得逞。"

② 1930年4月7日，吴铁城代表国民政府对东北将领21人举行授勋典礼，这是南京国民政府成立后第一次颁发勋章。授予张学良一等宝鼎勋章，授张作相等8人二等宝鼎勋章。

③ 1921年奉军设立航空处，派奉军参谋长乔庚云为处长。1923年，调整机构，乔去职，张学良兼任航空处总办。1925年秋奉军成立东北空军司令部（战时编组），张学良兼司令。

程砚秋①他们这些个唱戏。

**访　者**：哦，您给我们说说，您那几个妹妹都说，"大哥哥主持家务的时候，我们都解放了。可以穿着漂亮衣服了，出来玩呀。"以前大帅是不许的？

**张学良**：我父亲很顽固的，我的妹妹出去都不敢穿好衣服，出去都随便穿着蓝袍，好衣服用小包装着。那时她们出去玩……我很喜欢我那三妹（张怀瞳②），我说，"你玩儿没关系，我带你出去玩……"

**访　者**：大帅为什么不喜欢……

**张学良**：我父亲很顽固的，女孩子不能随便出去玩的，跳舞这些个事情他不愿意。

**访　者**：您三妹是谁呀？

**张学良**：她叫张……我还记不清了。

**访　者**：所以您那几个妹妹当然很欢迎老大哥带着玩儿，那在家里听戏，她们可以出席了？

**张学良**：那可以，听戏我爸爸不管。

**访　者**：您还记得您生日都谁来唱戏了吗？程砚秋……

**张学良**：程砚秋好像还没怎么唱，都是我那三妹夫，赵世辉③，还有我三弟（指张学曾），他唱得很好。

**访　者**：后来就到9月8号了，您就发出拥护国民党中央呼吁和平的"巧电"，"巧电"一出，北平的扩大会议立即解体。据说为这事情，汪精卫对您很不满意？

**张学良**：汪精卫对我根本就不满意。

**访　者**：本来不满意，这件事情更不满意。

**张学良**：结果他就跑了，逃走了。

**访　者**：哦，阎锡山还没有？

**张学良**：我就出兵了。

**访　者**：我想最恨您的人是汪精卫。

**张学良**：这件事情上，阎锡山以为我在那儿观望，我那时把军队都摆在山

---

① 程砚秋，程派艺术创始人。满族，北京人。与梅兰芳、尚小云、荀慧生并称"四大名旦"。
② 张怀瞳，张作霖的三女儿，四夫人许氏所生。1928年与清末显宦赵尔巽（曾任晚清户部尚书、东三省总督）之子赵世辉结婚。两人都爱好京剧，张怀瞳是余派老生的"名票"，赵世辉是程派小生的弟子。
③ 赵世辉，祖籍奉天铁岭。晚清重臣赵尔巽之子。酷爱中国国粹京剧艺术，在京剧界人脉颇丰，曾拜小生名宿程继仙为师，和程砚秋交往甚密，与程派表演艺术家赵荣琛是好朋友。

关了,他没小心我,我忽然一下把军队出了,匆匆忙忙他们就完了。
访　者:哦,您进关了。
张学良:他想我是观望,他没想到我真出军队,所以也没打……后来北方的事,蒋先生就交给我了。
访　者:21号,就派东北军12万人入关占领天津,26号东北军复占北京,晋军撤退。
张学良:阎锡山就走了。
访　者:哦,到海外,到日本去了,是您给安排的吗?
张学良:不是,他自己。
访　者:怎么那会儿很多人都到日本去啊?
张学良:日本最安全,躲在那儿,回来还照样回来。
访　者:10月9号的时候,在沈阳正式就任全国海陆空军副司令的职位。11月4号,阎锡山、冯玉祥电张,声明即日解权归田,这是真的假的?
张学良:阎锡山是走了,冯玉祥我忘了,反正表示不打了①。

# 7. "铣电"有没有我不记得了

访　者:11月12号,列席国民党三届四中全会②,这就是您第一次到南京的时候,那是于夫人陪您还是赵夫人?③
张学良:赵四小姐。
访　者:1931年1月1号,国民党政府明令荣褒张学良④,这是什么意思?
张学良:就是说好话。
访　者:在1月的上旬,派胡毓坤为点编晋军部队委员,富双英为点编西北部队委员,富占魁为点编石友三部队委员。那么17号,在天津召集

---

① 1930年10月3日,蒋介石通电,要求阎锡山、冯玉祥无条件下野。11月4日阎、冯致电张学良:"将晋察绥陕甘宁青各省政治交与各该省府,军队交于各该警备总司令,整理结束,以善其后,锡山、玉祥即日释权归田,藉遂初服。"之后,阎锡山化装乘火车经天津潜赴大连。冯玉祥由大同北上,秘密转入宋哲元防区。1931年夏宋部移防晋东南,冯转到距汾阳县城10多里远的北部山区避居。
② 国民党三届四中全会,1930年11月12日至18日在南京举行。此次会议主要讨论召开国民会议和制定约法等问题。关于制定约法问题,因胡汉民反对,会议未形成决议。会议还通过了处分北平扩大会议分子的决议案。会议推举国民政府主席蒋介石兼任行政院院长,于佑任为监察院院长。张学良列席了会议。
③ 1930年11月12日,张学良抵南京。11月18日,于凤至由天津抵南京,有当时的照片为证。
④ "荣褒",即荣显褒扬某人的地位、名誉。1931年1月,国民政府令:"张学良、何应钦、朱培德、杨树庄特赐荣褒,用彰丕绩。"

晋军、西北军将领谈话，您记得这主要目的是什么？

**张学良**：减编呐①。

**访　者**：然后"同月，国民党政府命令于北京设立海陆空军副司令行营，训示辽、吉、黑、热、察、绥及河北、山西八省军队均归张节制。2月2号，张在沈阳接见石友三②，予以优待。"这是怎么回事呀？

**张学良**：石友三是一个特别要紧的一个人。

**访　者**：那您为什么要给他优待呢？

**张学良**：实际上是安抚他。

**访　者**：然后向德国购飞机一百五十架。

**张学良**：没那么回事。

**访　者**：您那飞机不是德国的呀？

**张学良**：不是德国的。那时不是一百五十架，是五十架飞机订荷兰的。没有那个事，我不是订购，要荷兰在这开工厂。

**访　者**：哦，建这飞机，不过荷兰那会儿与我们的交往比现在要多？

**张学良**：不能说荷兰政府，就是那个工厂。

**访　者**：4月15号，改组东北司令长官公署，您为什么要改编呢③？

**张学良**：那不知道，底下人做的事。

**访　者**：4月18号，由沈阳抵北平，主持陆海空军副司令行营。25号，熊希龄④等恭宴张学良，张致答词说，凡以破坏国内和平为出路者，必致身败名裂。

**张学良**：这我记不得了。

---

① 中原大战结束后，蒋介石于1930年12月15日致电张学良："冯、阎既离晋，应乘机从速解决晋、绥问题，否则夜长梦多，恐生他变。"12月17日，张学良电召傅作义、庞炳勋、宋哲元等晋军和西北军将领抵津。经一周时间的磋商，议定整编方案为：（1）晋军原10个军缩编为4个军，由商震、徐永昌、杨爱源、傅作义分任军长；（2）西北军缩编为1个军，宋哲元为军长；（3）杂牌军全部遣散。此方案将原来的23万人遣散12万，留编11万，统归张学良指挥。这就是天津整编决议。当日，张学良即将此方案电报蒋介石，蒋回电："缩编办法，弟甚赞成，请即照办。"

② 石友三，民国历史上有名的"倒戈将军"。1930年，从拥蒋转为反蒋，重回冯玉祥麾下，张学良入关助蒋，又通电投张。1931年2月初，石友三到沈阳谒见张学良，请求军饷，张对其颇为优遇，代为电蒋请饷，经蒋介石核定，石部每月军饷60万元，由张转发。

③ 东北边防军整编。中原大战后，张学良被委为全国陆海空军副司令。1931年4月15日，张赴北平，成立陆海空军副司令北平行营，节制辽、黑、吉、热、冀、晋、察、绥各省军队。东北边防军整编，原则上与中央军序列一致，但仍保持其独立的编制，编为陆军1个师另25个独立旅、骑兵1个师另6个独立旅、炮兵3个独立旅另2个团、工兵1个团另2个营及东北宪兵、兴安屯垦军、省防军等，海军2个海防舰队、1个江防舰队，空军5个舰空队，总兵力约30万人。

④ 熊希龄，曾任东三省农工商局总办、东三省财政监理等职、国民政府全国赈济委员会委员等职。

访　者：他为什么单提这个呢？①

张学良：我记不得这个了。

访　者：5月1号……然后"5月17日，率东北各将领发出电文，表示拥护国内统一，呼吁和平。5月28日，患伤寒病。"哦，我想这都是在南京那边，您因为吃了樱桃生病嘛。"6月1日入协和医院就医。6月3日寿辰日，通令所属不举行任何仪式。6月5号，电令已来北平的各军政长官速返原防，免误要公。6月13日，国民党五中全会开幕，张因病未能出席，被通过为国民政府委员兼陆海空军副司令。7月21号，副司令行营发表于学忠为第一军团，王树常部为第二军团，讨伐石友三叛变。"您可以说一下石友三叛变到底为的什么。

张学良：就是叛变嘛，他跟韩复榘的关系②。

访　者：然后7月23日，通电声讨石友三。

张学良：他是冯玉祥的部下……

访　者：那您讨伐石友三是为中央政府……那石友三很厉害的军队吗？

张学良：他相当可以，他是东北人，吉林人。

访　者：呵，"8月16号，接蒋介石'铣电'，谓无论日军此后如何在东北寻衅，我方应不予抵抗，力避冲突，吾兄万勿逞一时之愤，置国家民族于不顾。"③ 8月16号他打这封电报是什么意思呢？

----

① 因访谈者正在给张学良读《张学良与东北军》大事记部分。访谈者不解，熊希龄是张学良的故旧，熊此时既无官职，又不参与政治，张为何在宴会答词时说"凡以破坏国内和平为出路者，必致身败名裂"。作者为何将这句话写入大事记？谁在破坏和平？张学良指的是石友三密谋倒张一事。1931年2月，石友三赴沈阳期间，张学良曾对其善意挽留，多疑的石友三竟因此而怀疑张意欲扣留他。石返防后，即秘密四处联络，准备倒戈。石自以为拥兵数万，防地雄踞平汉铁路中段，可纵横南北。其时，阎冯下野，晋军、西北军刚被缩编，被裁撤的10多万官兵，无所依归，恨张异常，石想乘机笼络败军，自做盟主。到了4月份，石部一方面在豫北、冀南各县大肆强行征兵，一面屡次向张学良要求增加军饷，故意给张制造难题，寻找发动战争的借口。张学良对此已有察觉，石部"不稳"的传闻到处传扬。因此，作者方将"以破坏和平为出路者"等语写入大事记。

② 石友三与韩复榘是结盟兄弟。中原大战前后，两人总是相互声援，统一行动。1929年5月，联合讨蒋；不久，蒋丢出1500万现大洋，二人联合叛冯投蒋；1930年4、5月间，两人又密谋联合倒张。

③ "铣电"。"铣"为16日之代电韵目，"铣电"指蒋介石1931年8月16日致张学良电。该电初见于洪钫《九一八事变当时的张学良》一文，该文发表于《文史资料选辑》第6辑。该文称：9月18夜间，张学良接通荣臻电话，据荣报告，"驻沈阳南满站的日本联队，突于本晚十时许，袭击我北大营，诬称我方炸毁其柳河沟铁路路轨，现已向省城进攻，我方已遵照蒋主席'铣电'的指示，不予抵抗。"（按：蒋介石于8月16日，曾有一"铣电"致张学良谓，"无论日本军队此后如何在东北寻衅，我方应不予抵抗，力避冲突。吾兄万勿逞一时之愤，置国家民族于不顾"。张学良曾将这个"铣电"转知东北军各军事长官一体遵守）。"九一八"事变发生时，洪钫任陆海空军副司令行营秘书处机要室主任，随同张学良在北平办公。此记载，后被各书引用。

张学良：有没有这个电报我记不得了。

访　　者：他们有一个档案，是有这个，但我不明白，为什么8月16号突然间给您这么一封电报？

张学良：那时候是"九一八"呀？

访　　者：没有啊，"九一八"以前呀？

张学良：大概，我记不住了，我想也许有这个电报，因为那时候要冲突了，知道日本要出事。

访　　者：所以就是蒋介石预先有一点察觉，知道东北［要出事］。

张学良：有人怀疑我"九一八"不抵抗，是奉中央的命令，我想是这个地方。

访　　者：那中央也的确是有这样的命令。

张学良：有这个电报没这个电报我不知道，我记不住了，那时我正有病呢。

访　　者：您记得这时美国有两个很有名的记者，其中一个叫Aden，《纽约时报》的记者，到协和医院来看您。你那时候生病还没好，后来他说事情非常紧急，非要端纳安排，端纳说您在生病。后来端纳知道他说的这个事情确实属实，这个人也是出于爱护中国，就给您安排了。您那会儿生病嘛，您的精神很不好，您知道他是怎么回事，他到东北去……正好是因为他是新闻记者嘛，他是美国人，所有的日本地区他都去了。他就感到日本在那明目张胆地准备军事，所以他说这个事情很特别了。而且他跟日本人谈，日本人也毫不掩饰，他们要采取行动。他就得快跑到北京，觉得应该把这事赶快秘密地告诉您。然后就跟您谈话，就是说如果日本要采取行动的话，您怎么样采取防守。您那时精神相当的不支，端纳就说，"您的问题和报告少帅都已经听到了，你把这些问题搁在这儿，我担保你几天以后能得到正式的答复。"这人叫Aden，是《纽约时报》很有名的一个记者，然后他就走了。跑到北京，一个美国驻北京的公使叫詹森，就跟他说，"虽然说我是一个报界的记者，但这件事相当危险，好像已经闻到了战争的气息。"这个詹森就说好，好，好，谢谢，却未置可否，把他的报告也没送回去。结果，9月17号，美国有另外一个政府派的，不是医生啊什么的，他也是到东北去，旅顺、大连、奉天都走了一遭。于9月17号回到北京，坚持即刻要见詹森，对詹森说现在的局势可是决然的非常的危险，马上就要爆炸了，说你有没有给美国国务院通知呀？这个詹森忽然想起来 Aden 跟他说的话，就把电报打回美国，第二天就出事了。所以，他们有很多人都已经了解当时的情况了。蒋先生这个是 8 月 16 号。9 月初，日本就制造了中村事件。11 号，又接到蒋介石一个密电，召张去石家庄会晤。到了石家庄在火车厢里，蒋说，"我这次跟你会面主要是要你严令东北军，凡遇日军进攻，一律不准抵抗。"①

张学良：他没说这话，没有。

访　者：啊，18 号……

张学良：我认为这件事情，这是共产党说我〔没有〕这个责任，好像是中央，大家骂我不抵抗啊，好像是奉中央命令的，这不在中央，〔中央〕没责任的。

访　者：他们说您在王曲军官学校演讲，您就拍拍胸口说，你们放心，好像让大家明白，你口袋里有证据，蒋让您不抵抗。

张学良：没有，没有。

访　者：那还有一个故事呢，说您在军法处的时候啊，您就把他拿出来了，在您口袋里一个黑皮包，您就拿出来了，正好是蒋总统给您的密电。结果中统局尽量地搜查，希望把它拿去，后来说是于凤至，于夫人把它拿到美国去了。

张学良：这都是胡说。

## 8. 我拿我部下的命，来换你的政权吗

访　者：现在到 18 号了，日本又制造了"柳条湖事件"，遂即炮轰北大营。19 号，又接蒋密电，谓"沈阳日军之行动，可作为地方事件，望力避冲突，以免事态扩大。一切对日交涉，听候中央处理可也。"

张学良：这我不知道，我正在医院呢。

---

① "不抵抗命令"的由来。何柱国在《九一八沈阳事变前后》一文（见《文史资料选辑》第 76 辑）中说："九一八事变以前，9 月 12 日蒋介石曾电约张学良到石家庄进行了一次会面。这时我驻军石家庄，铁路外围的警戒都由我负责。张蒋两人的专车到站时，两人专车并停在一处……两人谈了一个多小时，张回到自己的车上。蒋介石的专车即开走了。我上车问张学良和蒋谈了些什么。张说：'不得了，日本人要动手了！'我说：'那我们得赶快调兵做好准备。'张说：'总司令叫我们不要还手。'我说：'军人守土有责，敌人来了，怎么可以不打呢？'他说：'是呀！守土有责，应该抵抗，但总司令说如果我们还手，在国际上就讲不清了；我们不还手，让他打，在国际联盟好说话。'"这就是关于"不抵抗命令"的最早记载。

访　者：“20号，邀请平津名流二十余人，磋商东北事宜①。讨论结果认为依靠国联，听命中央为是。”这二十个学者什么的，这是在北京召开的？

张学良：是，大概有这么个事，我就记得有蒋梦麟②。

访　者：那时端纳也在？

张学良：与他没关系，他不参加我这个，我从来不叫外国人参加这个。

访　者：23号，通电宣布东北边防司令军长官公署和辽宁省政府暂移锦州办公，并且派万福麟、鲍文樾向蒋先生请示，蒋说“一切听我命令，万不可自作主张，千万要忍辱负重，顾全大局”。

张学良：这都不知道。

访　者：28号，您接见了北平市各界抗日救国大会代表，称欲抵制日本，中国必须统一。10月1号，致电国民党中央，请求撤销对阎锡山的通缉令。哦，他们一直通缉他呀？

张学良：是呀。

访　者：10月10号，委任马占山代理黑龙江省政府主席，兼东北边防军驻黑龙江副司令。10月12号，日本驻天津武官永津少佐受本庄繁派遣③，转告张，称张之私物不久即可送至北平，为张拒绝。

张学良：就是两列火车。

访　者：最后您给拒绝了。

张学良：是，后来他们又运回去了，我说你不运回去我就给烧了。

访　者：10月29号，奉蒋命赴南京。次日发表谈话，部分接受国联关于东北外交七项决议④。11月12号，出席国民党第四次全国代表大会，被选为国民党第四届中央监察委员、候补中央执行委员兼执行委员

---

① 北平名流会议。1931年9月19日上午，张学良召集东北外交委员会开会，顾维钧、汤尔和、章士钊、汪荣宝、罗文干、王荫泰、王树翰、刘哲等出席，顾维钧等人主张用国联的力量抑制日本的侵略。20日，张学良又邀请当时平津名流蒋梦麟、胡适、朱启钤、罗文干等27人磋商东北问题。会上主要意见仍是依靠国联，听命中央。

② 蒋梦麟，时任北京大学校长。

③ 永津佐比重，时任驻华使馆副武官。本庄繁，制造“九一八”事变的罪魁，时任关东军司令官。

④ 国联关于中日事件的七项决议。“九一八”事变发生后的第二天，南京政府即向国际联盟理事会报告情况，请求主持公道。随后国联多次开会讨论，1931年10月24日做出七项决议，其要点为：重申日本在满洲并无领土要求之声明；要求日本政府立即开始将军队撤至铁路区域以内，要求中国政府负责保护满洲一切日侨生命安全；建议中日两国派代表协定撤兵及接收撤退区域各事之细目；建议一俟撤兵完成，两国开始直接交涉双方之悬案等。该项决议以13票赞成，日本1票反对通过。日本对此决议公开表示拒绝接受。

会财务委员。此间，接马占山电，告黑龙江日军发动进攻。张复电，"饬死守，勿退却。"

张学良：这我记不得了。

访　者：21号，接见东北民众抗日救国会代表阎玉衡①（即阎宝航）等，表示对日方针唯中央之命是听。

张学良：你知道阎玉衡是谁吗？

访　者：[阎宝航的]另外一个名字。

张学良：阎[宝航]是他真正的名字。

访　者：据说他是在奉天[基督教]青年会②和您认识的。

张学良：是，是。他是体育干事。

访　者：22号，对外宣言，主张非日本先行撤兵，不能开议其他问题。25号，国民党政府向国联提议，划锦州为中立区③。这是听了国联的建议，是吧？

张学良：那就不知道了。

访　者：12月7号，召集北平东北籍学生代表，称学良服从中央，忍辱负重，不求见谅于人，只求无愧于心。

张学良：这事我都忘了。北京有好多东北籍的人。

访　者："12月9号，发表领导青年救国办法，编制国民自卫训练队，凡高中以上[学历]，均可报名参加。15号发出'删电'，请辞副司令之职，以谢国人。"

张学良：这我都记不住了。

访　者："12月16号，被解除海陆空军副司令一职，改任北平绥靖公署主任。29日，北平绥靖公署成立。1932年1月3日，日本又占锦州。同月，东北政务委员会改为北平政务委员会，任常务委员。2月1

---

① 阎玉衡，即阎宝航，字玉衡。
② 奉天基督教青年会，成立于1912年。它不是一个单纯的宗教活动组织，是以发展"德、智、体、群"四育为标榜的社会活动机构。青年会以俱乐部的形式开办英文夜校、科学讲演、各种体育活动，提倡"人格治国"。下设德育、智育、体育、群育部等四部。会内报纸、刊物较全，藏书丰富，因而吸引了大批进步青年。家住附近的张学良是英文夜校、德育、科学讲演的积极分子，还在这里学会了打网球、乒乓球，开汽车。1918—1928年美籍丹麦牧师普莱德任总干事长。阎宝航曾任体育部干事。
③ 锦州中立区，"九一八"事变后，日军向辽西地区进犯，南京国民政府于1931年11月25日向国际联盟提出了划锦州为中立区的方案。其主要内容为驻锦州的中国军队撤至山海关，日本向国联保证不占锦州，由国联派官员进驻中立区监督。这一方案，因默认了日军对锦州以东大片领土的占领，激起国人的强烈反对，加以美英法等国不愿参与"担保"，此案流产，锦州很快失陷。

号，电蒋，表示愿率两部一致抗日。"这两部是什么呀？①

张学良：我也不知道这句话怎么讲。

访　者："4月9日，会见并宴请国联调查团代表李顿，申明东三省历来为中国之一部分，日本诋毁中国非统一国家，乃故意混淆视听，［思］将东三省攫为己有。"这些电文的发表，我有一本书，完全是您的史料。"5月7号，日军要求在九门口驻军，张指示何柱国拒绝。"九门口②？

张学良：山海关旁边，这个事我记住了。

访　者："13号，电告蒋，'榆关事件'③ 极为严重。6月6号检阅驻平郊部队，直至13日。19号，在顺承王府宴汪精卫、宋子文。"您为什么要宴请他们呢？④

张学良：这我都不记得了。

访　者："7月14号，接见蒋介石代表张群，张群转达蒋如何应付时局的旨意。8月6号，汪精卫突然辞去行政院长职务……"

张学良：这主要是和蒋先生冲突。

访　者：那也就是说，6月19号，您在顺承王府，宴请汪精卫、宋子文的时候，汪精卫让您在山海关打仗。是不是那回事？

张学良：是这样子事。他就说，"你在山海关一定要和日本打。"我说，"中央政府有什么准备没有？""打得胜吗？"［汪精卫回答：］"打不胜。""那为什么打？"［汪精卫回答：］"你不打一仗啊，中央政府的政权就不能保存。"我说，"我拿我部下的命啊，来换你的政权吗？我不管。"那他说，"我代表中央来和你谈这个事，蒋先生的……"我说，"既然这样，你中央军事委员会可以给我下命令，那我当然服从。"他说，"蒋先生信呢？"我说，"蒋先生信是让你和我商量，并没让你给我下命令。既然商量，我当然要说出我的意见。"他说，

---

① 指东北军和中原大战后改编的原晋军、绥军两支部队。

② 九门口，指九门口长城。始建于北齐，扩建于明初。明代以前，这里是重要的军事关口。九门口长城全长1704米，是中国万里长城中唯一的一段水上长城，其跨河墙长达100多米。河水从城下的九道水门直流而过，"城在山上走，水在城下流"，现为著名旅游景点。

③ 榆关事件，指1932年5月，日伪军在榆关一带挑衅中国守军的一系列事件。包括5月1日，日本宪兵队强行提走临榆县公安局拘捕的一名义勇军战士事件；5月10日，伪满警察占领山海关铁路车站电报房、电报公寓事件等。中方向日本交涉时，日方竟扬言："长城以外皆属满洲国国境。"

④ 1932年6月18日，汪精卫、宋子文、罗文干、顾维钧等自南京飞抵北平，往访国联调查团，并与张学良协商对日交涉方针。

"我来了，我是中央的……"我说，"你是中央的行政院长，也没有带着军委会的命令，你是和我商量，我就会提出我的意见，院长，我不一定服从你的意见。"所以他的意思，"你看不起我。"我说，"院长，我不能拿我部下的生命来换取你的政治安定啊。"所以他非常气愤，回去就辞职了。我俩同时辞职的。

访　者：然后说，［8月6日］"汪精卫突辞行政院长职，致张'鱼电'，［谓］未闻张出一兵，放一矢，乃欲借抵抗之名以事［聚敛］……是日深夜，张邀集记者谈话，说得汪院长'鱼电'极为痛心。值此外侮千钧一发之际，原应共赴国难。私人之间讵容再生意见。［8日］电国民党政府军委会、行政院，请辞北平绥靖主任职。同日，招待记者，谓自'九一八'以来，余公开辞职，屡蒙不准，余未决然隐退者，总想将公案做一结束。否则，东北由我失去，我未收回，终觉余之责任未尽，良心不安，而况祖宗的均留在东北。"这个招待会，他们有一篇记录的。到10号，又招待记者，辩汪精卫"齐电"①。13号，召集各将领训话，嘱其安心供职，维持地方万不可因其个人去留，引起阋墙之争。16号，国民党政府明令："张学良呈请辞职，情词恳切，准免本职。"他这上没有说您在石家庄还是保定，一条船的事情②。

张学良：那是另外一回事了。

访　者：怎么宋子文老出现，他那会儿在政府里面是相当有权的一个人呐？

张学良：他原来是财政部长，汪精卫不做，他就做行政院长。

访　者：您比如说，您到热河他也去了，在那以前他也去了，每一次要紧关头他都出现。"20号，蒋介石致电张学良，请以军事委员会委员资格代理军分会委员长职务。22号，向北平政务委员会请辞常务委员职务，未获准。9月1号，军事委员会北平分会［正式］成立。10月6号，召集中外记者，谈对国联调查团报告书的观感，谓报告书大体尚属周到。"他们那个报告，实际上有很多可以考虑的地方。不过当然这是外交了。您有没有不同意的地方？

---

① 1932年8月9日晚，张学良在北平顺承王府对新闻记者谈汪精卫"齐"（即8日）电。
② 这里说的"一条船的事情"发生在1933年3月热河失守之后。3月9日，蒋介石和宋子文约张学良在保定车站蒋的专列上会晤。蒋对张说：现在全国舆论沸腾，攻击我们两人。我与你同舟共命，若不先下去一人，以息全国愤怒的浪潮，难免同遭灭顶。张学良表示他先跳河。

张学良：那个报告书啊，事前我就知道了。我怎么知道的？听我告诉你，他（国联调查团团长李顿）带的一个秘书是什么来的，是他的儿子。我们俩是好朋友。对，雷地阿斯（哈斯）①，他的儿子，是调查团的秘书，他把国联代表团的秘密文件都给我看了，事前我是知道的。实际上，国联也没什么办法，他自己都朝不保夕的。

访　者：然后"24号，接蒋电，受托解决韩复榘和刘珍年的冲突。12月12［号］，就中俄两国正式恢复邦交发表谈话。1933年1月3号，日本攻陷山海关。7号，派代表鲍文樾抵南京，向蒋报告榆关［事件］的经过。9号，在北平招待中外记者，驳斥日本关于'榆关事件'系中国方面调动军队所致的谬论。16号，派代表慰劳由吉林退入热河开鲁的抗日义勇军冯占海。2月12号，与宋子文会晤。2月13号，招待记者，称热河地势重要，为华北门户，日军如来侵，我决全力应付。17号，与宋子文、张作相共抵热河，敦促汤玉麟坚守热河，决不退让。18号，与张作相、汤玉麟、冯占海等二十余名将领自承德发出抗日通电。19号，任保卫热河第一集团军总司令。3月4号，承德失陷，汤玉麟弃职潜逃。3月5号，何应钦抵平晤张。张电前方将士继续抗战，并电请国民党中央将热河不战而退的将领予以处分，并下令通缉汤玉麟。3月8号，致电国府，引咎予以处分。3月9号，于保定专车上，与蒋介石、宋子文会谈。10号，将东北军改编为五个军，分由于学忠、万福麟、何柱国、王以哲、冯占海为军长。11号，发出下野'真电'。内称，余［与余父，历］以保持中国在东北之主权为己任。此次蒋公北来，会商之下益觉余今日之引咎辞职，即所以效忠党国，巩固中央之最善办法，故毅然下野，以谢国人。但得为收复东北之效命，遂其志愿，免于漂泊，余愿斯是。同日晚，召集所属，于顺承王府训话。12号，国民党政府免去张学良北平军分会委员长职务，以何应钦代之。张乘飞机到沪，小住一月，戒绝毒瘾。14号，招待记者谈话，称'东北军乃国家军

---

① 雷地阿斯，在国联调查团成员和秘书中与"雷地阿斯"音相近的共有两人。一个是国联调查团团长李顿（A·G·Robert Lytton）的机要秘书阿士德（Hon Willian Waldaef Astor），他和李顿同为英国人（在国联调查团成员和秘书中只有两个英国人），阿士德当年25岁，于1930年到过北平。另一个是哈斯（Robert Haas）（又译为赫士），国联调查团秘书长，法国人，当时41岁，曾任国联交通股股长，1931年曾应中国政府之请到中国作过考察。此二人都在此前来过中国，都与张学良有过接触。此应指阿士德。

队，鄙人身为军人，既已解除职务，将所率部队还诸中央。无复再有意见可以申述。今后，深愿社会人士暨我诸友，均以平民相看待，幸何如之。'4月11号，偕眷自沪乘船赴意大利，顾问端纳等十人随行。"Jimmy Elder 去了吗？

张学良：都去了。

访　者："5月12号，在罗马会见意大利首相墨索里尼。此后数月，与墨索里尼的女儿、女婿过从甚密。对德意法西斯政治发生兴趣。7月22日，为考察各国军事组织，由意大利抵法国巴黎。30号，由巴黎飞赴英国伦敦。12月15号，接蒋电召，由意大利威尼斯乘船回国。行前，墨索里尼赠以皇冠大十字勋章。1934年1月8号，由欧归国抵上海。"他没有提您经过马尼拉的事。

张学良：我没经过马尼拉。

## 9. 周恩来都不知道小刘是谁

访　者："2月7号，被南京政府明令委为'豫鄂皖剿匪'总司令部副司令，代行总司令职务。"据说对这事，您本来不大愿意接？您曾经到峨眉去找蒋先生？①

张学良：那是蒋先生请我。

访　者：请您到那边去，要把这事给您，您说宁可出国……虽然您不想干，但还是……最后有一个姓王的被派来劝说您②。"3月1号，在武汉正式就职。调东北军陆续南下，参加'剿共'。1935年3月1号，豫、鄂、皖剿总撤销，蒋改任张为委员长武昌行营主任。4月2号，晋升为陆军一级上将。5月1号，偕顾问端纳由汉口飞抵贵阳，向蒋报告在开封、西安检阅豫、陕驻军情况。"

张学良：不太记得了，这可能都是端纳说的……

访　者：蒋先生有一篇东西里也提到，蒋先生、蒋夫人、您、端纳四个人一

---

① 峨眉山，中国四大佛教名山之一，位于四川中南部。1935年蒋介石在峨眉山报国寺开办"峨眉军官训练团"，蒋亲任团长，轮训川滇黔诸省上校以上军官、文官县长以上人员。轮训期间，蒋介石和夫人宋美龄居住峨眉山，并接见过许多军政要员。

② 张蒋澄庐会晤。1934年2月，国民党四中全会之后，张学良、蒋介石、宋美龄同在杭州。张学良在澄庐曾向蒋表示，愿任蒋侍从室主任一职。蒋不同意，提出剿讨土匪刘桂堂或剿三省边区共产党军队，两者任其选择。

　　　　　块走了很多的地方……

张学良：那是早时候的事。

访　者：是您从欧洲回来的事？不是这个时间？

张学良：是。

访　者：到了9月21号，您飞到西安，和阎锡山代表张维清①商讨围攻陕北红军。

张学良：这没有这么回事。

访　者："9月24号，偕杨虎城、邓宝珊②飞兰州与朱绍良③会商[防共]。10月1号，国民党政府正式任命张为西北剿匪总司令部副司令，代行总司令职务。同日，飞成都面蒋。"他那会儿怎么在成都啊？④

张学良：在四川呢，什么事我忘了。

访　者："10月5号，由成都飞返西安。10月7号，飞太原访问阎锡山。下旬，去南京参加国民党四届六中全会⑤和全国第五次代表大会。因军事上的失利受到冷落。"就在这时，您跟阎锡山说了当前在西安、陕西这段的……

张学良：那时阎锡山和中央的关系很不好。

访　者：这时候您就见到了李杜、杜重远和宋庆龄。

张学良：宋庆龄我没见到。

访　者：他们有一段记录，您在那时还尽量劝说大家了解抗日的，呵，先攘外后安内。然后到了12月的上旬，"国民党第五次大会结束后，张借故到上海，秘密会晤杜重远。期间，尚拜访了宋庆龄、沈钧儒、李杜。"

张学良：没有宋庆龄，这两个我见了。这谁写的？

---

①　张维清，山西人。曾任第三集团军军械处处长、山西兵工厂厂长。1931年1月任山西省政府委员。1936年8月26日授中将衔。

②　邓宝珊，曾任国民党陆军上将。时任新编第一军军长，该军于1935年9月编入西北"剿匪"军第一路第四纵队，参加围剿红军的作战。1936年西安事变，支持张学良与杨虎城的八项主张。1948年平津战役时，代表傅作义同人民解放军代表谈判，达成和平解放北平协议。

③　朱绍良，时任甘肃省政府主席兼驻甘绥靖主任。1935年兼任西北"剿匪"军第一路总指挥。

④　1935年蒋介石在四川峨眉山开办"峨眉军官训练团"，曾居峨眉山。

⑤　中国国民党四届六中全会。1935年11月初在南京召开，审查、修正了《中华民国宪法草案案》，通过了由冯玉祥、李烈钧等人提出的《救亡大计案》。因汪精卫在会议开幕当天和全体中央委员拍照时遭枪击，由蒋介石代其行政院长职。中国国民党第五次全国代表大会。1935年11月12日至23日在南京举行。会议通过了《确定救党救国原则案》。蒋介石在会上提出了"和平牺牲"原则，即所谓"和平未到完全绝望时刻，决不放弃和平，牺牲未到最后关头，决不轻言牺牲"。

访　者：这是张先生所有的年表，就是昨天没念完那个。

张学良：这是大陆出的。

访　者：后来12月9号，"一二·九"运动爆发后，派赵鸿〔翥〕①……这个字念什么呀？"携其私款赴北京慰问受伤被捕的学生"。1936年1月初旬，您到洛川，会见了被红军俘虏经教育释放自愿为联共抗日效命的高福源。旋即命高回陕北，请红军派高级代表会谈。2月下旬，您因事去南京，命王以哲同中共代表李克农②谈具体问题。3月3号，由南京回西安，次日驾机抵洛川与李克农会面③。当时，您不知道李克农是谁。谈完之后，3月下旬会见由李杜介绍从上海来的中共党员刘鼎④，即那个所谓的小刘。4月6号，毛泽东、彭德怀致电张学良、王以哲，中共派周恩来、李克农与张会商救国大计。那么9号，他们由洛川飞到了肤施⑤。在城内的天主堂与中共代表周恩来会谈，双方在联合抗日问题上达成一致。这个时候，李克农和小刘都在。可您自己没带任何人。

张学良：小刘啊，他是我的秘书。

访　者：就〔是〕这刘鼎，可他实际上是给周恩来做事，是不是？

张学良：他是共产党啊。

访　者：我记得您说，见了面之后，刘鼎就说，"我是小刘"，然后您说周恩来面部有什么表情，我不大懂。

张学良：周恩来都不知道他是谁，他就告诉"我是小刘"，大概在共产党他就叫小刘，周恩来就点点头，就〔表示〕知道了。他们共产党我看着很奇怪，很有意思。他给周恩来一个报告，里头写什么我不知道，都用线缝着，周恩来当我的面把它扔到一边，他没看。

访　者：据说周恩来开始就跟您说他是奉天长大的。

张学良：那都不是，他是南开大学的学生。

---

① 赵鸿翥，辽宁大洼人。北京大学法律系毕业，曾任东北大学法学院教授、系主任。时任武昌行营军法处副处长。

② 李克农，中国人民解放军上将。时任中共中央联络局（又称西北联络局）局长。此局主要从事对国民党、特别是东北军和西北军的统一战线工作。西安事变后，任中共代表团秘书长。

③ 洛川会谈，1936年3月4日，张学良飞抵洛川（位于中国陕西省中部，延安市南部），秘密与李克农面谈。谈判主要内容是东北军与红军停战、共同抗日问题。

④ 刘鼎，原名阚尊民。四川南溪人。1924年在德国勤工俭学期间加入中国共产党。1936年3月，被地下党组织派往西安，化名刘鼎，任张学良随从副官。

⑤ 肤施，古地名。从宋朝起，一直为延安府首县。民国废延安府，将肤施县改为延安县，但民间仍习称肤施县。

访　者：他（指周恩来）跟您说他是在东北长大的。我把他说的话都抄下来了，我怕他说错了。

张学良：这我记不得了，周恩来是官僚家庭，他爸爸①当过……

访　者：他先说啊，您很钦佩周的挚诚，而［周恩来］他很钦佩您，同时，万一您对他有些……可以把他留做人质。您说，那这大可不必。后来两方面就都谈到了抗日的真情。周马上就说，"我幼年时是奉天人，但我在天津念书。"周恩来很会做人了，首先让您觉得有一种乡情的关系。

赵一荻：这是哪儿的资料？

访　者：就是您自述上头的。

赵一荻：就你自个儿写那篇东西上的。

访　者：就是您把它叫作《忏悔录》那个。

张学良：我没说过这个。

赵一荻：他们添上去的吧？

张学良：我没说见周恩来啊，没有。

访　者：而且说，他说国仇家恨，本来说是反蒋抗日，然后您说……如果不要蒋介石，那怎么谁领导？

张学良：不是我说，他也是说，蒋介石我们虽然对他不是十分赞成，但是，他也承认，领导全国抗日的还得是他。明白？是这样的。

访　者：后来他听了您这话之后，他说，所谓拥蒋抗日，这件事情他要带回给共产党的中央，商量之后才行。因为到那为止，他们的政策还是反蒋抗日。然后在他们共产党内部，有过非常激烈的争论，到最后，他们还是接受了您的看法，应该拥蒋抗日的政策。所以在1936年5月，他们就发表宣言，就改口了，为联蒋抗日了。咱们到此结束。

## 10. 我就给毛泽东那两个孩子拿点钱

访　者：这就到1936年了，4月6号……哦，不对，咱们念到天主教，天主

---

① 周恩来的父亲周贻能曾在山阳县（1914年改名为淮安县）县衙当过差，后来又在武汉等地教书。周恩来的祖父周殿奎，曾任师爷，晚年任山阳县知县。到了周贻能辈，家道已经衰落。

堂了①。这是您自述上挑下来的，他还强调一下，说周恩来很尊重您，说，"如果您需要的话，我要他们回去，我来给你做人质。"然后您呢跟周恩来说，"您放心！我张某人誓不悔言。"这是互相之间的尊敬。

张学良：没，没说这个，大概我现在忘了，可是没说人质不人质。

访　者：他自己说的，表示让您充分信任。我们在想，本来您跟李克农见了面以后啊，您就说，"如果你们真是有诚意，可不可以派一两位高级一点的……"

张学良：我没有，没说。你要那么说，你好像看不起他了吗？

访　者：不过后来呢，李克农回去就把这事说了，他们研究后，就派周恩来来了。

张学良：没有，没说。

访　者：他们派周恩来，您有没有觉得惊奇？

张学良：没有，他们已经说明了，周恩来要来见我。

访　者：李克农告诉您了？

张学良：我答应了。

访　者：哦，是这么回事，外头不知道，外头是说您曾经说……

张学良：没有，本来李克农在他们那边很有地位的，比周恩来低一点，但很有地位。

访　者：天主堂见面之后，您对中国共产党联蒋抗日这个主张相当有影响，您以前不知道吧？

张学良：那就是见面谈一谈，并没有什么。

访　者：然后叶剑英就到西北来，到西安主持政工工作，负责训练如何抗日这方面的［思想教育工作］。

张学良：没有，他也不露面。

访　者：等于说也是经过您同意，到那去的。我们有一个问题，您跟周恩来在天主堂见面的时候，这个事情当然是极端秘密的了。那个时候，他们其中有个高崇民您记得吧？他写了一篇很长的报道。他就说，

---

① 这里说的天主教堂，是指位于肤施（今延安）清凉山下面的天主教堂。1936年4月9日，张学良、王以哲同周恩来、李克农等在此教堂秘密举行了一次具有历史意义的会谈。会谈中张学良提出"联蒋抗日"主张。不久，中共中央接受了张的建议，将"反蒋抗日"改为"逼蒋抗日"，后来发展为"联蒋抗日"。

那个时候，杨虎城先生也与共产党有关系。同时，中央蒋先生也派了人去。那时候，大家都心照不宣，是不是？

**张学良：** 互相都知道。

**访　者：** 您晓得那个陈立夫？您都知道？

**张学良：** 跟共产党接洽的就是陈立夫。怎么知道的呢？他派代表必须得经过我们的防线。你干什么去？你不告诉我你走不了。不但陈立夫，孔祥熙财政部也派人①。他说我到那儿。"我说你跑［到］共产党那个区调查什么财政？你扯淡，你扯淡你走不过去，你不告诉我真相，我不让你过去啊。你个人行动那可不行啊。"

**访　者：** 后来，宋庆龄派斯诺也是经过您那儿。还有一个，毛泽东有两个孩子送到苏联也是经过您那儿，您派了飞机是不是？

**张学良：** 不是，不是，他是这样的，李杜到苏联要那么走。他的两个孩子是让李杜带去的②。我后来就给他拿点钱。

**访　者：** 这是李杜的关系还是宋庆龄的？

**张学良：** 李杜的关系。他托李杜，李杜必得跟他们共产党有联络。所以我跟共产党的关系，是从李杜那来的。刘鼎是李杜的代表，他要去做游击队必得跟共产党联络，不联络不行，我当年是搁他那儿来的。

## 11. 我们那里共产党的人很多

**访　者：** 我想说，那时除了蒋先生就是您了。您那时候见到周恩来的时候，我想大概周恩来心里很感激，因为您等于说是蒋的代表嘛。

---

① 1936年1月初，宋庆龄、宋子文委托董健吾（化名周继吾，中共秘密党员，也是宋子文的同学，在上海做牧师多年，与蒋介石、杜月笙都打过交道）持密信经西安前往陕北瓦窑堡，面呈毛泽东、周恩来。宋庆龄对董说："此行成功，益国匪浅。"为途中安全，宋庆龄、宋子文还给董准备了一张由孔祥熙（时任行政院副院长、财政部长）签名的董为"西北经济专员"的委任状。当向张学良说明真实情况后，在致电南京核此事后，知南京政府已派人和陕北为中共中央联系，便更加放心地同中共中央加强往来，并派机送董等至肤施（今延安），再派一骑兵连送他至苏区。

② 张学良资助毛泽东的儿子赴苏。杨开慧牺牲后，毛泽东的3个儿子到上海避难，不久，小儿子毛岸龙因病去世，毛岸英、毛岸青被中共地下党员董健吾牧师收养。1936年，董健吾认识了张学良。董请求张协助送"三个学生"（毛泽东的两个儿子和董的儿子）赴苏联读书。张学良为此特意赴上海，将此事委托给东北军将领李杜。1936年7月初，李杜通过各种关系办妥了出国手续，"三个学生"，登上了法国邮轮，先经香港、孟买到达法国马赛。在法国，毛岸英和毛岸青被送往苏联驻法领事馆，于1937年初，辗转到莫斯科。当年毛岸英14岁，毛岸青12岁。

**张学良：**也不能那样说。人家共产党把中国的情形知道的比我们知道的详细得很，内部谁跟谁他们都知道。

**访　者：**那他们两万五千里长征逃命还逃不过来呢，怎么对这个事情研究得这么透彻？

**张学良：**共产党万里长征。当年我们那里共产党的人很多很多。我们那里早就被他们渗透了。

**访　者：**听说胡宗南的一个参谋长是共产党，后来被封为一等功臣。

**张学良：**我不晓得。我跟你讲，蒋先生的侍从室主任，他叫贺……贺耀祖①，他太太是共产党的大干部，谁都不知道。贺耀祖虽然不是共产党，但是他是左倾的，因为受他太太（指倪斐君②）影响。所以当年呢，我们当中有好多人是共产党，没人知道。那我的秘书沈祖同③，我的法文秘书，他的太太也是共产党的干部，跟我太太于凤至是好朋友，她就是共产党。

**访　者：**也是后来发现的？

**张学良：**后来才知道。她不但是共产党，还是共产党的干部。

**访　者：**听说在台湾还有一个被枪毙的，叫吴石④。我们那会儿刚刚逃难回来。

**张学良：**我不知道。

**访　者：**您不知道？在台湾呐，不是您的，是蒋先生的作战参谋。在台湾枪毙的，我们那会儿刚刚回来。蒋先生手下也［有］很多共产党。像胡宗南所有西北作战的计划，被他这个机要秘书泄露，他姓熊名向晖⑤，结果［是处处打败仗］。

**张学良：**中国有一句古话，叫尽信书则不如无书。

---

① 贺耀祖，湖南宁乡人。曾为国民党陆军中将加上将衔。历任国民革命军第四十军军长、蒋介石侍从室主任、重庆市市长等职。

② 倪斐君，贺耀祖夫人。浙江镇海人。在中共领导人谢觉哉的帮助下，在甘肃组织成立中国妇女慰劳前方将士会甘肃分会，任会长。1940 年，任国统区妇女统一战线组织——中苏文化协会妇女委员会委员。贺耀祖任重庆市市长时，做争取贺的工作，使贺一直坚持国共合作主张。1958 年加入中国共产党。

③ 沈祖同，曾任辽宁省政府交涉署欧美科科长，北平军分会外交组组长。1933 年 4 月，张学良下野旅欧期间，任法文翻译。

④ 吴石，原名萃文，字虞薰。福建闽侯（今福州市）人。国民党陆军中将。历任第四战区中将参谋长、军政部主任参谋兼部长办公室主任等职。吴石抵台后，就任国民党"国防部参谋次长"。1950 年 3 月，被台湾特务机关秘密逮捕，罪名是"为中共从事间谍活动"。后被处死。

⑤ 熊向晖，安徽凤阳人。早年在清华大学读书期间秘密加入中国共产党。1937 年到国民党胡宗南部队，任胡宗南侍从副官、机要秘书。

**访　者**：就是呀。

**张学良**：现在这些玩意儿都还有，人还都在呢，常常这些玩意儿……所以尽信书则不如无书。

**赵一荻**：1938年我也没来，根本不是那么回事。

**张学良**：这都端纳自己写的。

**访　者**：如果都是端纳……

**张学良**：1938是不是……你这后头写的也不是汉臣啊，也不是汉卿啊？

**访　者**：是这样，他把张先生这个汉卿呀，永远拼成CHEN，他把generalissimo（总司令）永远拼成……他把夫人……

**赵一荻**：1938年4月7日来的时候。

**张学良**：这我就不知道了。

**赵一荻**：所以说这有好多，请吃饭了，什么人，什么人，这都浪费时间了，这都没有关系。

**访　者**：不过那个事情，所有的记录里都有。

**赵一荻**：没有关系，你请的什么人吃饭也没有关系。

**访　者**：不是，不是，他是说那天……

**赵一荻**：根本没有那么回事。

**访　者**：对，没这么回事倒对了，因为所有的记录里头，共产党的、国民党的、美国的都有那件事情。

**张学良**：你这个说法不对的，有一个出来这么一个消息……

**访　者**：哦，对了，道听途说吗。

**张学良**：一个人说这样，大家都跟着说这样，根本没有这么回事。

**访　者**：现在好了，一了百了，都让他们知道了。

# 第二十五次访谈
# 西安事变　周蒋会面

访谈者：张之丙（简称"访者"）
被访者：张学良
同座者：赵一荻
访问日期：1992 年 7 月 1 日


访　者：今天是 7 月 1 日，星期三，开始录音。

## 1. 盛世才是个特别人物

访　者：我带了《张作霖历史》目录。《张作霖历史》从第一章，一直到……民国十四年段张合作，裕民出的，1967 年 3 月出版。
张学良：大陆出的。
访　者：香港宇宙出版社。
张学良：知道这个出版社。
访　者：很可惜，我们只有中间的这一本，有第一本，第二本，还有第三本没有找着。另外我再给您看这个，这是我说的，你的小妹 May batry（音）她的先生的，就是我们大家都有的大帅的相片，我不是跟您说过一个外国人，只有这么一个外国人写，Geren M. Colman（音）。
张学良：这是谁？
访　者：这是 San Fran（三藩市）大学的一个学者，他写张作霖 in Northeast of China，就是中国的东北，1911—1928。①

---

① 此书英文名为：Chang Tso‐lin in Northeast of China，即《张作霖在东北》，作者为英籍澳大利亚人加文·麦柯马克，1977 年美国斯坦福大学出版社出版。全书分为 6 章：从土匪到省长；三省、六省，还是全中国；战后的整顿（1922—1924）；第二次直奉战争；郭松龄事件；张的最后岁月。叙述了张作霖的一生。吉林社会科学院毕万闻先生将此书翻译成中文，于 1988 年由吉林文史出版社出版。

张学良：就这段时间。

访　者：还包括中国、日本和东北。因为他的太太是日本人，参考资料里[有]很多日本的东西……我觉得也是值得……冯玉祥、段祺瑞还有个卢永祥……缪澂流他写的"我所知道的张大元帅的事迹"，王铁汉先生写"张作霖先生与孙蒋两公关系及他人的评论"……郭德权"略谈张雨帅生平及其为人治事"。陆云山……"孙中山先生致张作霖及有关函电选录"。待会儿我把齐世英这个给您说说，我所有的东西就在这儿了。

张学良：这本书我都有，但是我没看过，我没有往下看。

访　者：待会大概齐给您说一说①。我姐姐还在找另外一个关于老帅的，但是一直也找不着。咱们说到（以下仍谈《张学良与东北军》一书中"张学良大事年表"的内容），1931年，不对了，"中村事件"说完了，1932年东北的事件，从您到上海回来以后说吧！1934年您从欧洲回来，到了上海。当时政府委派您为豫鄂皖"剿匪"副总司令，代行总司令职务，然后在武汉就职，调动东北军，继续南下参加"剿共"。这点我们说过了。1935年3月1日豫鄂皖撤销了，把您改任为武昌行营主任，这个对吧？然后，4月2日晋升为陆军一级上将。1935年5月1日，您偕顾问端纳由汉口飞抵贵阳，向蒋报告在开封、西安检阅豫、陕驻军的情况。

张学良：这个没有端纳，根本那时候端纳不是总跟着我。

访　者：9月21日您就飞到西安，与阎锡山代表张维清商讨围攻陕北红军。这个您说也没有这回事。

张学良：没有。

访　者：24日偕杨虎城、邓宝珊飞兰州，与朱绍良会商"防共"。

张学良：这个我不知道，我对西北的事儿不大知道。

访　者：有的您大概记不得了。

张学良：那时候我是豫鄂皖边区，与西北没多大关系。

访　者：豫鄂皖，大概蒋先生要把您派到西北。

张学良：那还没去呢，我跟他们差不多没有联络，连联络都没有。这不晓得谁记载的。

---

① 大概齐，北方方言。亦作"大概其"。犹言大致、大体、大概。

访　者：那会儿有这么一回事，当蒋先生发表请您到西安去，做西北"剿匪"［总司令部副司令］，要设二十个署。后来隔几天他就把二十个署减成八个署。我们就觉得宋子文先生跟您一定是好朋友。宋子文说："汉卿啊，你怎么还不走啊？你要再不走，蒋先生就把八个署减到零了。你还不快走了！"

张学良：没这回事。

访　者：另外一个传说，就是您很照顾到地区将官个人的地方。因为不管怎样，杨虎城先生在那很久了，您总是照顾人家的心情，有点像老帅一样。所以使杨虎城先生不会觉得您去了一下子罩在他头上，预先有一点所谓的缓冲啊！后来杨虎城先生给您一封信，表示非常欢迎您去。他先给您的信啊，电报啊，向您表示……

张学良：没有，那没有。

访　者：您怎么知道他欢迎您去？他一定是派人来……

张学良：不是，我们当时见过好几回面，常常见面。

访　者：现在我们就说 In People，现在合于时代潮流的。然后您就在［1935年］10月1日的时候，国民党南京政府正式任命您为西北剿匪总司令部副司令，代行总司令职务，同日飞成都谒蒋。那天您就到成都跟蒋见面。10月5日您就从成都飞到西安去了。7日您就又飞到太原去看阎锡山。10月底就到南京去参加第四届六中全会和全国第五次代表大会。因军事上的失利，受到冷落。这就是10月底了。这大概是何立中将军故世之后。在那个时候，您有没有跟大家分析一下。

张学良：我没有跟他们说，毫不关心这件事情。

访　者：那会儿军政部是谁？

张学良：何应钦。

访　者：那要是表示关心，除蒋先生自己外，他也应该表示关心。后来您也证实了，您看到杨永泰的东西，您也证实了。所以然后您就在国民党"五会"，"五会"是什么意思？

张学良：五中全会①。

访　者：大会结束之后，您就借故到上海。那个时候您就秘密跟杜重远先生见面的。杜重远先生好像在一间医院里，好像您去见他，还不能直

---

① 五中全会，指国民党五届一中全会。该会于1935年12月2日至7日在南京召开。

接了当的，是吧？

张学良：他被监视。

访　者：好像您自己开着车，让他到汽车上见面。

张学良：不是。

访　者：倒也不需要那么避讳。那么您见杜重远先生，他跟您说了些什么？

张学良：他是学瓷器的，在江西开一个工厂……他很帮盛世才的忙，后来被盛世才杀了……我很奇怪，盛世才这个人是一个非常［奸诈］……他很想让杜重远到那儿。我很奇怪他却把杜重远枪毙了。盛世才枪毙了好多人。这个人什么道理枪毙人，我不明白。一个东北人是他同学去找他，也给枪毙了，这个人大概疑心很大，对于杀人不在乎。所以我说我后来不做事，他要犯在我手里，我非把他枪毙了。他原来是我手下的，后来到新疆了。这个人诡诈得很，不说真话。他最后到了东洋，他本来［是］日本陆军大学的。他后来到了中央，给蒋先生司令［部］里的参谋长拉去，当参谋处处长①。他一次去见我，跟我讲，这个人诡诈。他说，"我在中央当参谋处长，在那有很多消息我告诉你。"后来他说，"我要走。"我说，"你到哪儿去？"他说，"云南请我，我到云南去。"后来他就表示没有路费，我给他五万块钱。结果不是那么回事情。他回到中央去，他没到云南去，跑到新疆去了。新疆找他去，新疆这个姓杨（指杨增新）的找他去②，那时东北李杜的部下在俄国游击队回来，到了新疆，他就把这伙人大多收容了，他就利用这伙人把新疆的主席③……他就叛变了。他趁这个机会……那时新疆有个姓马的回回，叛变，不能说叛变，就是反对政府的。他借这个名义，他也带着军队去讨伐这个姓马的④，把姓

---

① 盛世才，1923 年被张作霖送往日本陆军大学学习，1927 年回国。先在国民革命军将领贺耀祖部下任参谋，后调到蒋介石司令部任上校参谋，第二年任代理行营参谋处科长，1929 年调参谋本部第一厅第三科任科长。同年秋，经朋友介绍与新疆省秘书长鲁效祖相识，1930 年秋盛随鲁入新疆。

② 此指新疆省主席兼保安总司令杨增新。张学良记忆有误，应为新疆省秘书长鲁效祖。因此时杨已经被杀。

③ 盛世才到新疆后，先任军官学校战术教官，后升任东路剿匪总指挥。1933 年与马仲英第三十六师作战失利。恰在这时，退到苏联的东北抗日义勇军两个旅，经新疆转赴内地，盛以曾同为东北军名义，同两位旅长商量借兵助战，并答应战事一结束，即让义勇军赴内地。盛得到东北义勇军援助，遂把马仲英所部赶出新疆，控制了新疆军政大权。盛夺取政权后，违背诺言，扣押了两位旅长，其余官兵编入他的旗下。

④ 指马仲英。马仲英，原名马步英，甘肃临夏人，回族。其父马宝与马步芳、马步青的父亲青海省主席马麒为堂兄弟。后因和马步芳交恶改名马仲英。1931 年，任中央陆军新编第三十六师师长。两次攻打新疆失利，1937 年新三十六师彻底瓦解，被盛世才收编。

马的给打败了。回来他就把政府［夺了］。这个人可是不能碰的一个人。那时他就跟俄国勾上了，联俄，他见过斯大林①。这个人鬼得很，他还是第三国际共产党，后来又反共。反正乱七八糟的，来回好几回。

**访　者：**反正对他有利的他都做。

**张学良：**今天这样，明天那样。蒋夫人到新疆去见他。后来也又投回中央。他把他跟俄国签的玩意儿都给政府看了，等于卖国了，跟俄国签了好多东西②。他又到政府，政府给了他一个部长③。

**访　者：**真是不得了，左摇右摆。

**张学良：**这个人鬼得很。所以他到了台湾我不见他，也不是不见他，他也没求见我。我躲开他。他自己开一个起士林。

**访　者：**起士林不是做蛋糕的吗？

**张学良：**是啊！我看过他两回。我不吱声，我也不理他，那时候他不大认识我，我看他在那坐着，我不愿意理他。他是这样子，郭松龄倒戈，他是大将之一，鼓动者之一，他跟郭松龄关系很深。他朋友告诉我他家有太太，郭松龄有个干姑娘，是我的一个团长的姑娘，这个团长是郭松龄最好的朋友，他就娶她当太太④。

**访　者：**他家里已经有个太太。

**张学良：**有太太没太太不知道。不过他的朋友说他家里有太太，就证明这个人没有……

**访　者：**没有原则。

**张学良：**听说他晚上睡觉都不在一个地方睡，他常常搬家，他怕人打死［他］。

**访　者：**他这么疑心人？

**张学良：**不是，他杀的人太多，他怕了。后来他从新疆退出来，走到什么地

---

①　1938年8月，盛世才秘访莫斯科，受到斯大林接见。盛在莫斯科秘密加入苏联共产党。苏德战争爆发后，德军兵临莫斯科，盛要求苏联政府从新疆撤走除外交人员以外的全部人员。1943年盛世才加入国民党。

②　1940年11月26日，盛世才和苏联政府代表巴库林、卡尔波夫签订了为期50年的《新苏租界条约》，条约规定苏联可以在新疆驻军，苏联各类人员可以自由在全新疆活动。

③　1944年9月11日，盛世才被调离新疆，到重庆任农林部长，朱绍良代新疆省主席。

④　盛世才在广东韶关讲武堂学习期间，结识时在该校任教官的郭松龄，毕业后赴东北，在郭松龄旅任排长，后升任连长。该团团长邱宗浚很赏识盛世才，将女儿邱毓芳（郭松龄义女）许配于盛，旅长郭松龄为其主持婚礼，不久又向张作霖举荐其赴日本陆军大学深造。1925年郭松龄倒戈反奉，盛应命回国，在郭部任营长。郭松龄兵败身亡，盛逃亡日本，张作霖拒绝再为他支付学费，后得孙传芳、冯玉祥资助，才完成日本陆军大学学业。

方，我忘了，在甘肃吧。这个人姓邱，他的小舅子，好几个人，都给人打死了，被什么人杀的不知道。

**访　者：**是在兰州吧！因为我姐姐跟我说过一段事，是个姓邱的，在兰州被杀，当时好像轰动兰州。都说谁干的，这么没有仁义道德。

**张学良：**谁干的，我大概知道一点，是东北人。杀他（指邱宗浚）就是等于杀他（指盛世才）①。他（指盛世才）小舅子，这个姓邱的在新疆做过一个地方的道尹②，新疆南部的一个……姓邱的在他手底下是一个很大的势力。所以他（指盛世才）这个人我……他起来［的原因］一半是［由于］我……那时东北我收拢人才，他到我那里当一个上尉副官。他已经是在李根源③手底下做过中校，他学问很好，他在南洋公学毕业。张季鸾④你晓得吧，《大公报》的，他在张季鸾手底下也做过事情，他学问很好。他是南洋大学（后来的交通大学）毕业，他文武都行，后来到日本陆军大学，他学问很好。但是这个人……我当年很想提拔他，为什么想提拔他，因为那时东北人对外头的知识不大行。他在广东待过，在各处都待过……当时我父亲比我厉害，我领他见我父亲。他做我父亲的代表到南方去见孙传芳，就是去联络一下，他是一个上尉副官，他自己就打了一封电报回来，他说，"我地位太小，我自己升为上校，因为地位太小，我见人不方便。"我父亲因为这事情很不高兴，他说。"这个人怎么这样，他要这样他应该早说，他怎么自己就这样。"后来郭松龄很得意他，他也很欣赏郭松龄，郭松龄倒戈他在里面……齐世英，他俩

---

① 即邱氏灭门案。盛世才的岳父是邱宗浚，曾任新疆建设厅长、民政厅长，伊犁河专区最高行政长官，伊犁警备区司令。1946年晋升陆军中将。1949年5月17日，在兰州郊外家中被杀，一起被杀的包括独子邱毓熊等共11人。被杀现场墙上用鲜血写有"二十年冤仇一夜报之"九个大字。此案后来被破获，血案制造者为原东北军数名军人。其中一位叫蒋德裕的留下一封遗书，遗书中写道："有130多名无辜者遭到盛世才、邱宗浚杀害。我要为那惨死的130多名无辜人士雪恨……恰好这时，传来邱氏父子想逃到台湾的消息，于是，我决定把当年盛世才和邱家父子在新疆欠下的宿仇大恨，来个总清算……"

② 邱毓熊，盛世才妻子邱毓芳的弟弟。曾留学苏联。回到新疆后，历任新疆女子师范学院院长，新疆军官学校政治教官，新疆边防督办，新疆公署政训处处长。

③ 李根源，云南腾冲人。日本留学时加入同盟会。曾任云南讲武堂监督、总办。武昌起义后，任大汉军政府军政总长兼参议院院长，后退出政坛隐居。

④ 张季鸾，曾任孙中山秘书、《民信日报》总编辑、《中华新报》总编辑。1926年任天津《大会报》总编辑。《大公报》创刊于1902年6月17日天津法租界，创办人是英敛之。《〈大公报〉序》说明"大公"："忘己之为大，无私之为公。"1926年9月吴鼎昌、张季鸾、胡政之合组新记公司，接办《大公报》，此报以"四不主义"（不党、不卖、不私、不盲）出名，成为当时中国新闻界的翘楚。

很好，齐世英等于是郭松龄的秘书长。盛世才是个特别人物。

访　者：我们把这说完，我就给您说齐世英的事。盛世才可以说是个特别人物，不过蒋夫人为什么要到新疆去呢？

张学良：那时候到新疆为的安慰新疆的事情。蒋夫人有政策，［能起到］安抚作用，他（指盛世才）打新疆退出也是因为蒋夫人，他把新疆交出来。他和俄国有协约，等于把新疆出卖了。中央给他一个什么农业部长，他就把新疆政权交给中央了。

访　者：我们不应该岔话题了。蒋夫人相当有一套政治上的手腕。

张学良：她很聪明，她会安抚人……政治上好多活动。

访　者：蒋先生和蒋夫人之间的关系，对整个中国的作用要比宋庆龄大得多。

张学良：也不能那样说。蒋先生跟她结婚，蒋先生给陈洁如①一封信，这件事对外头都不当秘密，蒋先生跟陈洁如就等于离婚了。这封信在陈洁如手里，他说，"我跟宋结婚是因为政治上的关系。"后来陈洁如就拿着这封信敲蒋先生竹杠。她要十万块钱……因为这个事情她要公布这封信。后来我……后来蒋先生说，"汉卿，你怎么什么事都管，你怎么管她这个，你理她干什么。"

访　者：您本来想息事宁人，要她不要说话就算了。不过说实话，过去咱们中国有几个皇太后也是如此。虽然说妇女在中国政治上本来没有正式权利，可实际的权利很多。

张学良：这个事我跟你讲，所以中国叫兴于那拉亡于那拉。头一个皇太后就是那拉氏②，就是顺治的妈妈，这个家伙可是厉害。嫂嫂下嫁多尔衮就是她。她为什么要下嫁多尔衮，就是她要保护她的儿子。那时权力都在多尔衮手里，多尔衮要当皇帝，就是多尔衮了。不但这样……洪承畴③啊……那时候顺治的爸爸，叫什么？老罕王，那也很厉害，那时满洲人汉人的这种知识很少。洪承畴被俘。她想劝

---

①　陈洁如，原名陈凤，1922年与蒋介石结婚，婚后改名为洁如。1927年8月，蒋介石第一次下野前夕，亲赴上海，劝说陈氏出国，并发出重誓："自今日起5年之内，必定恢复与洁如的婚姻关系。"1927年9月陈离沪赴美。

②　那拉氏，又称纳喇氏、纳兰氏，为满族人的姓氏之一，依其部族还分有叶赫那拉氏、哈达那拉氏及乌喇那拉氏等。其中叶赫那拉氏为满族八大姓之一。清朝帝王的后宫中，有许多后妃都出自那拉氏一族。

③　洪承畴，明朝重臣，1641年与清军在松山（今辽宁锦州南）会战，被俘至沈阳，"绝食数日"，拒不肯降，传为皇太极的妃子小博尔济吉特氏（顺治皇帝的母亲，后世称为孝庄文皇后）劝服。

洪承畴投降，洪承畴不降，不但不降，洪承畴还不吃饭，绝食要死。后来就是那拉氏把洪承畴给劝降了。洪承畴给关的地方叫景佑宫①，奉天还在。

访　者：我们以后得专门跑一趟奉天去看看。

张学良：后来把景佑宫拆了，做了青年会的不怎么的，我忘了。

## 2. 蒋先生对我是头疼得很

访　者：还有关于齐世英，待会儿我们再说说。现在您在太原，后来您就到上海见了杜重远，同时也看了宋庆龄、沈钧儒和李杜。

张学良：宋庆龄没看见，沈钧儒看见了，李杜也没看见，我跟李杜没见面。

访　者：然后就是12月9日学生运动，派赵鸿翥带着您自己私人的钱，去到北京慰问被捕的学生。

张学良：没有这事，我不知道这个人，不知道在哪出来的。

访　者：1936年1月初，您就到了洛川，您见到高福源。后来您就让高福源回到陕北，继续请红军派高级代表来跟您会谈。

张学良：也没有这回事。

访　者：2月下旬，您有事回南京去了，就让王以哲跟中共的代表李克农谈。后来3月3日，您从南京回来了，您就坐飞机到洛川，跟李克农见了面。见面之后，3月下旬，李杜将军就给您介绍了刘鼎。刘鼎来了。4月6日，毛泽东和彭德怀，给您和王以哲写了一封电报，希望派周恩来带着李克农来跟您见面，会商救国大计。9号的时候，周恩来就到了肤施城内一个天主堂，就来跟您见面，双方在联合抗日问题上达成一致。

张学良：所谓的肤施就是延安，一个地方两个名字当时叫延安府肤施县，你可以叫延安，也可以叫肤施。比如说北京有两个县。

访　者：宛平县②，大兴县③。

---

①　景佑宫，位于沈阳故宫大清门东侧，文德坊内。原为明代一座道教观宇，内供天官、地官、水官，故名为三官庙。康熙东巡时赐名"景佑宫"。

②　宛平县，原北京市属县，1952年撤销县的建置。《今县释名》解释为：北方沙漠平广，此地在逐鹿山南，宛宛然以为国都也。故宛平即"宛然而平"之意。

③　大兴县，今属北京市，为大兴区，位于市境南部。自秦汉至隋唐为蓟县地，金代改大兴，取"疆域广阔、兴旺发达"之义。1958年由河北省划归北京市。

张学良：对，就这样。

访　者：噢，是这个意思，双方达成一致。5月29日，您就到太原去，跟阎锡山谈联共抗日的问题，是您自己去还是派您那个栗又文①代表去。

张学良：栗又文，没有。这好像是蒋先生过生日，在洛阳。

访　者：那是以前，是去年。这是1936年，您好像派了一个人。后来又从北京调来一位年纪大一点的，跟阎锡山关系非常密切的，您派他们到阎锡山那儿去。

张学良：那不太清楚了。

访　者：据说，他们第一次回来跟您报告，阎先生也非常有抗日的［想法］，而且也感到自己是地方实力派，中央对他的态度跟您所体会到的一样。所以您想继续联系，就又从北京请了一位老先生，我大概有记录，我慢慢再给您查。后来就到了6月了，6月15日，您就跟杨虎城一起办了"长安军官训练"。昨天我们证明了名字不对，应该是您自个儿的王曲。我找到了您这篇东西"抗日是中华民族的唯一出路"，然后又派栗又文、董延平、刘启文②到西北、西南各地去联络关于抗日的事情。

张学良：这个也没有。

访　者：7月6日到南京去参加国民党［五届］二中全会。7月下旬，在东北军中组织抗日同志会③。8月在上海法租界公馆见到了苏联大使鲍格莫洛夫。8月29日就是"艳晚事件"④，就是查抄国民党党部。9月1日，您成立了卫队第二营学兵队，并且接受叶剑英为红军驻东北军正式代表。您资助了红军一百万（应是10万元）的"中交币"。10月5日，您接到毛泽东和周恩来的信，就是咱们那本书上

---

① 栗又文，时任张学良机要秘书。1936年加入中国共产党。1937年参加组织东北救亡总会，任常委兼秘书长。1952年后，任中共吉林省委书记、吉林省省长、吉林省政协副主席、吉林省人大常委会主任等职。

② 刘启文，时任东北军一一五师师长。参与西安事变。事变后东北军整编，任陆军第六十七军第三二二旅旅长，于11月初参加淞沪会战，与日军激战时不幸中弹身亡。

③ 抗日同志会，1936年9月在东北军中建立起的秘密组织。张学良亲任会长，入会誓词为："停止内战，一致抗日，复土雪耻，披甲还乡。"西安事变前夕，抗日同志会在东北军中发展会员70多人。

④ 艳晚事件，1936年8月29日晚（按韵目代日，29日为"艳"），西安的国民党特务，逮捕了在东北军和西北军军部工作的秘书、东北大学学生代表宋黎、马绍周、关沛苍等人，宋黎被押往陕西省党部途中，被杨虎城的十七路军阻截，并告知张学良。张学良极为震怒，命卫队营包围陕西省党部，将马、关两人救出，并查抄特务电台、密码、档案等。

有的那个。10月19日，您就到洛阳去了，到洛阳是向蒋祝寿，借这个机会您劝蒋停止内战，一致抗战。我给您查出来了，他是这么说的，您昨天说那是10月的时候，他说，"凡是在共匪没有肃清之前，高谈与日本作战的人都是国家的叛徒。"

**张学良**：大概是这样的意思，我非常难过，他就是骂我。

**访 者**：这是邵力子回忆录写下来的。后来27日，您给他写了一封"请缨抗敌书"①，要求率军队奔赴抗日前线。这个"请缨抗敌书"我也给您找着了。12月1日您接到一个从武昌来的"华密"电，获悉蒋介石在洛阳避寿的时候已经做出了一个将东北军调出陕甘的计划。这个密电是谁给您打来的不知道，反正就是说，消息透露给您了，所以您从12月1日就知道他有这个计划了。3日，好像那会儿是胡宗南剿匪也被击败，所以您说趁这个机会再去劝他一次，您就飞到洛阳，恳求蒋介石释放沈钧儒等七君子，同时也领导全国人民共同抗日。

**张学良**：我忘记了。他也不听这一套。

**访 一**：您说得对。他说"蛮横斥责"。

**张学良**：有没有这个事我不知道，他说这个话是这样的，我和他辩论到底怎么办，国家的事儿怎么办，还是抗日啊，还是"剿共"，还是联共，还是怎么办？我们两个谈了一个多钟头。他有一个秘书说，"张学良，我从来没有看见一个人在他面前，敢跟他这样讲话。"

**访 者**：您的位置和您所负的责任，看到这儿我在想，您记得杨宇霆跟您说的一句话，您希望劝老帅息兵回关不要再打仗了，杨宇霆说，"唉，

---

① 请缨抗敌书，是西安事变前张学良签发的一份重要历史文献。全文如下：委员长钧鉴：叩别以来，瞬将一月。比闻钧座亲赴晋鲁指示一切，伏想贤劳，极为钦佩。绥东局势，日趋严重，日军由东北大批开入察境，除以伪匪先驱并用飞机助战外，已将揭开真面，直接攻取归绥。半载以来，良屡以抗日救亡之理论与策划，上渎钧听，荷蒙晓以钧旨，并加逾勉，感奋之念，与日俱深。今绥东事既起，正良执戈前驱，为国效死之时矣。日夕磨砺，唯望大命朝临，三军即可夕发。盖深信钧座对于抗日事件，必有整个计划与统一步骤，故唯有静以待命，无烦喋陈，乃彼大军调赴前方者，或已成行，或已达到；而宠命迄未下达于良，绕室彷徨，至深焦悚！每念家仇国难，丛集一身，已早拼此一腔热血，洒向疆场，为个人尽一份之前愆，为国家尽一份之天职。昔以个人理智所驱，与部属情绪所迫，迭经不避嫌忌，直言陈请，业蒙开诚指海，令体时机，故近月以来，对于个人及部属，均以强制功夫，力为隐忍，使之内愈热烈，外愈冷静，以期最后的钧座领导下，为抗日之先驱，成败利钝，固所不计。今者前锋既接，大战将临，就战略言，自应厚集兵力，一鼓而挫敌气，而调遣良部北上，似已其时；就驭下言，若非及时调用，则良昔日之以时机未全慰抑众情者，今亦疑为曲解，万一因不谅于良，进而有不明钧意之处，则此后之统率驱使，必增困难。盖用众贵有诚信，应战在不失时机。凡此种种，想均在洞鉴之中，伏恳迅颁宠命，调派东北军全部或一部，克日北上助战，则不独私愿得偿，而自良以下十余万人，拥护钧座之热诚，更当加增百倍，凤被知遇优隆，所言未敢有一字之虚饰，乞示方略，俾有遵循，无任企祷之至。（见《解放日报》1936年12月15日。）

你非得摔他一下子,把他摔得……"

张学良:那早了……

访 者:所以那个时候,杨宇霆就是坏。他是大将军了,应该把事情摊开来,来尽忠心的。所以您对老帅也是把当时的情况着实对老帅分析,您对蒋先生也是如此。

张学良:也是,我这人向来是这样。

访 者:他大概没有尝过这个,别人都不敢说。他跟您吵架,用浙江话?

张学良:是啊!我们两个谈得很凶。

访 者:在这个场合您提过袁世凯的事吗?

张学良:没提,那个时候到底儿中国应该怎么办。他的主意,我们两个不同,他的主意也并不是反对抗日。他就是说,头一个,你非把共产党消灭〔不可〕。他说的是对的,他在政治上看得很远。他说如果我们现在抗日啊!那你是给共产党造成机会,他们一定起来。我们两个不同之点,这点有点不同。他是把政权看得很要紧,我呢你当政权也好,共产党当政也好,只要中国强。

访 者:您想的是整个国家。

张学良:是,是。

访 者:我现在想,几次啊,大家都知道,您实在是委曲求全的,一次又一次把这个事情跟他讲,对他有争谏,就跟您对老帅一样,得把事情摊开了,咱们为了国家。

张学良:是。

访 者:您刚才这个分析也对,他呢,就是为了要保护国民党政权,您的想法是整个的国家,在您争谏的时候,您有没有把理由啊,多分析一下。

张学良:说了,大概的我现在也记不清了,他说就你这种思想太天真了,你是幼稚、天真。他可以说是老谋深算的政客,我是很年轻的。那说实在的蒋先生对我也很不错,但是蒋先生对我是头疼得很。

访 者:忠言逆耳啊。

张学良:也不是忠言逆耳。在他死的时候,我自己暗中有个对联,"关怀之殷犹如骨肉;政见之争宛若仇雠",就是政见的争议。

访 者:您这对联写下来没有。

张学良:我也没写,也没对外。你也不要给人看,换句话说,蒋先生要对我干点什么,他就把我枪毙了,他枪毙了好多人。他对我……蒋夫人也有关系,宋子文也有关系,也是他也对我头疼得很。他们那时,连端纳在一块儿,不叫我名字,也不叫汉卿,对外头他们管我叫那个年轻的家伙,讨厌,大家都讨厌我。

**访　　者**：实际上他也很爱惜您这个人才。

**张学良**：蒋先生这个人也不能说太没有情感的人。蒋先生我一两次帮他,他相当危险,我是帮的中国统一,但是我是帮他忙很大,比如说"巧电",那时中原大战,我一说,阎锡山、冯玉祥就完了。

**访　　者**：从易帜开始。昨天您给我们讲的那个故事,阎锡山本来跟您联名,那也是您救……把这个节骨眼给弄过去了,不然的话,假如阎锡山……你要搞不好,你下台吧!

**张学良**：那时大家对中央的事情那是因为政治上的关系,他就打算让我们俩联络,我们两个有进言的机会,咱们劝政府政治上应该怎么样,就等于上意见。那我很赞成,后来他起草,他的文字有意思让他(指蒋介石)下野。后来我回电报,我说,"你的意思跟我……他要下野,是你干是我干?你的意思怎么办呢?他真下野怎么办?"他就看我的态度,不是不支持,他的意思是想让我支持,后来就跟汪精卫开扩大会议①。

**访　　者**：所以我说中国民国初的历史一直是权势斗争。每一个人都是照顾自己,除去您瞧见全国了。

**张学良**：扩大会议,我没参加,那谁来谁就任这个部长,就任那个部长,所以跟我那底下跑的一些政客也在活动。所以傅作义这个人很厉害,那时阎锡山派来,冯玉祥也派来代表,阎锡山派傅作义和他的秘书长,讲这个条件,那个条件,后来傅作义这个人在旁边很聪明……他就说,不要谈了,好不好!不要谈了。他明白我的意思,换句话,你们反对中央我不干的,我不加入,他很明白。所以我觉得傅作义这个人很聪明……傅作义这个人对我很了解。他们就扩大会议了,我也没参与,我也没吱声……人哪,利令智昏,他们就开扩大会议了,等于我发出个"巧电"……

---

① 扩大会议,指 1930 年 8 月在北平召开的"中国国民党中央党部扩大会议"。汪精卫主持,国民党改组派、西山会议派和阎、冯、桂系代表参加,决定成立北平国民政府,推阎锡山为国民政府主席。

访　　者：可以说整个的局面您这一拍板就完全变了。

张学良：不能那么说,那是事实,我那时的力量可以翻手做云,覆手做雨,北方的力量我有大部分。换句话,我一下子就可以出几万军队,就是在关内不是我的军队,比如像石友三、冯玉祥有些军队,我也能够跟他们联络,他们也能够……虽然不是直接听我指挥,我也可以运用他们。就是阎锡山下面的部队,像商震啊,那我都可以运用,阎锡山就这一手也没看见,他很厉害的,他没想到,他想我……

访　　者：这一段话没包括在里边。

赵一荻：狄娜儿说得很清楚。

（录音中断）

访　　者：您本来说您不做生日,虽说您不做生日,这些人都挤在这儿向你说说,希望您……

张学良：本来我不在奉天,我在北戴河。我这个人向来是这样,贝太太骂我。我当年到上海去,我是跟那些左倾的人联络。那时候老戴①也非常侦察。我和贝太太玩,贝太太就骂我说,"你拿我当政治掩护。"实在我是跟他们接头,我特别租了一个房子,那个房子并不是为贝太太租的房子,而是我去接头,拿贝太太做掩护。

访　　者：那些左倾分子是不是七君子②？

张学良：是。

访　　者：所以我说政治上的事情,每一阶段是很好的教训,这些经验我们到哪儿去得去啊！然后12月4日,随蒋乘专车到西安。3日,您不是在洛阳劝他吗？然后他又把您斥责,他秘书说,从来没听见过这么吵的。然后4日你和他坐一个车回西安,您在车上跟他说什么了吗？

张学良：不记得了。

访　　者：坐专车回来,蒋继续逼您剿共,您就向他"哭谏",这是很痛心的争谏。

张学良：我要辞职,我要走,我要出国,我不干了。

访　　者：您要上哪儿去？

---

① 老戴,即国民党军统局局长戴笠。
② 指全国各界救国联合会的领导人,沈钧儒、王造时、李公朴、沙千里、章乃器、邹韬奋、史良等7人。1936年11月,南京国民政府以"危害民国"罪,在上海逮捕呼吁停止内战、组成抗日民族统一战线的以上7人,引起全国各界的抗议和谴责,被称为"七君子事件"。

张学良：出国。

访　者：不"剿共"了。

张学良：不是不"剿共"，我不做了，我不干了。

访　者：他当然没答应啰！又骂您啦？他对您辞职怎么反应啊？

张学良：他不答应就是了。

## 3. 蒋先生也看出我的态度忽然变了

访　者：然后就是12月8日了，7日他没什么表现，8日您和杨虎城交换意见，您很失望啦，商讨对策。杨先生说，挟天子以令诸侯，您感到非常惊讶，您看杨先生有点……您说，"你放心，我不会出卖朋友。"正好第二天就是学生运动。

张学良：这个问题就因为这事引起的，蒋先生一句话，把我说火了。学生要见蒋介石，我把学生挡住了。我对学生讲了，"我也可以代表你们去见蒋先生，另一方面，我也可以代表蒋先生跟你们讲。"蒋介石骂我，"你这个人是两面的人，你又代表学生，又代表……你到底是谁？你到底站在哪方面？"第二句话把我说火了。他说，"你让他们来，我会开机关枪打他们。"我心想你机关枪不敢打日本人，你敢打学生。我心里火了。当时我心里想，你能开机关枪打学生，我也能开机关枪打你。

访　者：是，您已经那么多次跟他进言了。他就斩钉截铁地说开枪打学生？

张学良：这一句话他把我说[火了]。他也看出我的态度忽然变了，他也[许]知道我要[搞什么名堂]。

访　者：您也真能压得住。

张学良：是，是，我不但压得住，在华清池的时候，我怕他看出我要……我觉得他要干什么，我特别没走，我跟他吵完后特别没走，我到华清池洗个澡，我就知道他一定还打算我干什么去，我听见了底下告诉他说，张副司令在那儿洗澡呢。他就知道我没那么火，还去洗澡。那时他看出我的态度很不好，我脸上带出来了。

访　者：您洗了澡后您再……您那时心里预备怎么做呀？

张学良：我洗澡的意思有两个意思。我不怕他对我怎么样，他扣留就扣留吧！

访　者：还是照以前一样，同时他也知道您在洗澡，并不是马上要采取行动。

这是 9 日的事，您什么时候才决定实行兵谏？

张学良：看看底下怎么说？

访　者：底下是到 11 日，11 日就召集高级将领会议，布置捉蒋军事行动。可是这有个 10 日空过去了，10 日就是蒋在华清池召集将领，没有召集您和杨虎城，您记得吧？

张学良：没召集我们两个，这是蒋先生一个大错误。

访　者：后来我又查了一下东西，您说的是对了，您那天本来是 10 日的时候，10 日他召集了一个会，但是他召集了不止一次。在 10 日他召集军事会议，决定要在 12 日的时候，发布第六次"围剿"红军的命令。他说如张，杨两部不愿参加的话，就要令张迁调福建，杨迁调安徽，这是说 10 日他开会。

张学良：这我不知道。

访　者：这是他内部的消息。您知道他开会，没有您和杨将军是不是？

张学良：是。

访　者：可是到了 11 日您就跟……11 日晚上，噢，您 11 日在新城设宴，大家一起吃饭，您的意思就是要大家觉得没什么事。在这天下午忽然华清池打电话找您，蒋先生叫您到华清池去。后来杨虎城先生的一篇记载说他急得要死，因为什么？蒋先生把您调到华清池去了。昨天您说杨先生很害怕，他不知道出了什么事。所以一直到晚上八点钟，您才从华清池回来。那个时候，11 日下午您到华清池去跟蒋先生……是不是那时候他告诉您……我就在想，您怎么定了 11 日这一天召集会，要在 12 日早晨采取行动呢？您挑这日子与什么有关系，是不是蒋告诉您他在 12 日要走。

张学良：是要走，他早就说要走。

访　者：他把车弄好，预备 12 号要走了。

张学良：不是说 12 号，反正那几天说要走。

访　者：有人就推测他要 12 日宣布……就是他那封信①，正式宣布。所以您就想这正式宣布，事情就不好办了，所以在 12 日早晨……

张学良：那我忘了，现在记不住了。

访　者：选这 12 日的日子您不太清楚，不过 12 日他要走是吧？

---

① 指蒋介石写给陕西省政府主席邵力子的密信，嘱其在《大公报》发表解除张学良、杨虎城"剿共"兵权的报道。

张学良：他要走。

## 4. 八项主张不是谁抄谁，大家都这么主张

访　者：然后您12日与杨虎城将军发动了震惊中外的"西安事变"，压押了蒋介石及其所有随从的军政大员，提出了八项救国主张，电请中共中央代表来西安。可是您12日那天，您不只请了中共中央。您也请了孔庸之①，孔庸之也有电报，请他们来，是吧？

张学良：是，孔庸之要来，于右任也要来。

访　者：于右任也要来，不过没来。

张学良：我们没让他来。

访　者：11日晚上您开会的时候，您就宣布"兵谏"的事情，您说完了以后，您就问大家，有没有什么要说的话。只是于学忠和何柱国跟您说，"咱们把他捉了，下一步怎么办？"您说，"先把他请来再说。"有一个人说，"兵谏、兵谏、兵谏。"说了三个兵谏。他们问的是什么意思？

张学良：谁都没说话，我这个人你不知道，我要说的话，我的部下不敢吱声。

访　者：是不是将领都应如此？

张学良：不但那样，我是非常的凶，他们知道我很厉害的。假使他们要提出反对意见，他们怕我把他拉出去就枪毙了。他们知道我，假如我不吱声了，他们都害怕。

访　者：据说，王以哲说，"既然副司令已经决定了，我们就干。"

张学良：我就把意思告诉他们。

访　者：当时您分配工作的时候，当然有一部分人请蒋先生进城，那就是刘多荃、白凤翔、唐君尧、孙铭九、刘桂五。

张学良：不是，不是，我现在记不住了。

访　者：然后您派了黎天才去草拟宣言，一部分人去草拟宣言，做八点计划。

张学良：没有黎天才的事，怎么会出了黎天才呢？是吴家象，他是我的秘书长，就是他。

访　者：还有一个，您说他文笔很好，后来帮助您写东西，那是谁来着？反

---

① 孔庸之，即孔祥熙，字庸之。当时孔祥熙以行政院副院长的资格代行蒋介石的行政院长职权。

正吴家象负责。
张学良：那个宣言是吴家象写的，并不好。八项计划是我们早就拟好的①。
访　者：他们有人说，那八项计划是跟共产党以前的一个八项计划很相像，是共产党抄您的呢？还是智者所见略同？②
张学良：不是谁抄谁的，大家都是这个主张。
访　者：都是这个主张，正好巧合了。所以外面就说您受了共产党的……实际大家看局势，也就这么点办法。
张学良：那时大家的意见差不多都是那样子。
访　者：您是不是事先跟杨将军都商量好的？
张学良：正好被他看见了。

## 5. 毛泽东没说公审蒋介石

访　者：现在做一件事情的话，都讲究有对外的联系，对外的公共关系，怎么通知什么人啊，跟报界啊，那个时候，Jimmy Elder 帮您吗，英文方面？
张学良：没有，跟外头没有联络。
访　者：您内部有没有什么人帮您计划，比如，我要办什么事，你去计划，有没有这样的人？
张学良：没有，我也不能告诉他们。
访　者：都在您身上，您这是里边外边〔都负责〕。
张学良：我那时累得了不得，我还得安抚好多人，那个吵啊！
访　者：分了好多好多派，不过您这是一家之长了，他们总得〔听您的〕。
张学良：那时各党各派都集于西安啊！

---

① 八项计划，即张学良与杨虎城在西安事变当天发表的通电中提出的八项主张："西北军民一致主张如下：（1）改组南京政府，容纳各派共同负责救国；（2）停止一切内战；（3）立即释放上海被捕之爱国领袖；（4）释放全国一切政治犯；（5）开放民众爱国运动；（6）保障人民集会结社一切政治自由；（7）确实遵行总理遗嘱；（8）立即召开救国会议。"

② 12月17日周恩来到达西安，当夜致电毛泽东并中共中央："我们商定条件：（1）停止内战，中央军全部开出潼关。（2）下令全国援绥抗日。（3）宋子文负责成立南京过渡政府，肃清一切亲日派。（4）成立抗日联军。（5）释放政治犯，实现民主，武装群众，开救国会议，先在西安开筹备会。" 1937年2月9日《中共中央给中国国民党三中全会电》中提出了五项要求："（一）停止一切内战，集中国力，一致对外；（二）言论、集会、结社之自由，释放一切政治犯；（三）召集各党、各派、各界、各军的代表会议，集中全国人才，共同救国；（四）迅速完成对日抗战之一切准备工作；（五）改善人民的生活。"

访　者：您昨天说了一个托派①叫张慕陶②。

张学良：是。

访　者：您说他捣乱，怎么个捣乱法呀？

张学良：托派，他们的主张不同，他们是又一派，又一套主张。不是说捣乱，那时各党各派的都来了。

访　者：共产党那边也有很多派，有主战，托派，还有缓和派，就是周恩来。叶剑英呢？

张学良：叶剑英是激烈派，他主张是把蒋介石枪毙了。

访　者：毛泽东本来的意思是要把蒋先生提出公审。

张学良：毛泽东并没有提出这个话。那时跟我在那里的就是叶剑英跟周恩来。

访　者：博古也在。

张学良：博古是写文章的，与他没关系，写那个宣言的是博古③。

访　者：噢，有博古，博古和吴家象，是博古写的。杨虎城那派也分派吗？

张学良：杨虎城啊，要紧的是王炳南④，杨虎城手底下的一定比我手底下厉害，被共产党早就浸透了。不但是文人，另外还有他新成立的一个师，那个师差不多都是共产党。他（指杨虎城）自己是……实实在在的，他的太太（指谢葆真）是共产党⑤。

访　者：就是后来死山洞里的那个吗？

张学良：实在他的行动受他太太的影响很大，我判断也许他的太太就是带着

---

① 托派，托洛茨基派的简称。原为俄国工人运动中以托洛茨基为首的政治派别。1927年10月，托洛茨基被开除出苏联共产党后，这一政治派别受到镇压。当时世界各地的共产党也将不同意党路线的人标签为托派或法西斯分子。在中国，1927年革命失败后，以陈独秀为代表的一部分人也被认为采取了托洛茨基主义立场。

② 张慕陶，曾任中共顺直省委书记，中共中央长江局军委总兵委书记。1931年因参与罗章龙分裂党的活动而被开除党籍。1932年9月恢复党籍。同年冬委派任中共张家口特委书记，后任抗日同盟军军事委员会常委兼政治部主任。不久，其因"联日反蒋"的右倾主张，再次被开除党籍。1934年秋担任阎锡山的高级参议。抗日战争爆发后，张反对联蒋抗日。1938年2月，被以"托派汉奸"的罪名逮捕，后经友人营救出狱。不久被国民党陕西当局逮捕。1941年1月被枪杀。

③ 博古，即秦邦宪。1931年9月后任中共临时中央党委、总书记。1935年在遵义会议上被解除中共最高领导职务。1935年11月任中华苏维埃共和国中央政府西北办事处主席。1936年12月与周恩来、叶剑英等作为中共中央代表，参加和平解决西安事变的谈判。

④ 王炳南，1925年加入中国共产主义青年团，1926年加入中国共产党。先后赴日本、德国留学，1935年任中共旅德支部负责人。1936年春，被派回国内，到西安做争取杨虎城和第十七路军联合抗日的统战工作，任杨虎城秘书。中华人民共和国成立后，曾任外交部副部长、中国人民对外友好协会会长。

⑤ 谢葆真，1927年加入中国共产主义青年团，后转为中共党员。1928年，与杨虎城结婚。1938年携幼子拯中入狱陪伴杨虎城。1947年殁于重庆杨家山中美合作所狱中。

任务来的。他太太……他本来有太太①，他这个太太（指谢葆真），就是当年他的政治部主任，做政工的。我现在了解她恐怕就是带着任务来的。他太太影响很大。因为他太太的问题，我几乎枪毙一个人。我手底下有个人，当年在政工里做［事］，和他太太有关系，他们俩是好朋友，后来我就对这个人说，"你不许……你不能再跟她联络，你再跟她联络我就把你枪毙了。"后来他就不敢［再联络了］。……他这个太太当年是很活动的分子。

访　者：那个时候女孩子活动的很少啊。

张学良：不，外头看不出来，那时共产党浸透的几个人差不多都是女的。那蒋先生的侍从室主任贺耀祖，他的太太也是共产党。贺耀祖有病时，她是护士。后来，贺耀祖就是共产党了，不能说共产党，跟共产党［有联系］。那时他们浸透的大多数都是女人，外头一点看不出来。

访　者：真厉害，都是谁是谁的夫人，谁是谁的太太。

张学良：带着任务去的。甚至于老戴枪毙了好几个，老戴招的学生那里就有共产党，后来老戴知道了，就给枪毙了。老戴那时招待美国人，他让这个女人陪美国兵，这个女人不去，他就把她枪毙了。

访　者：他那也是军事管理，那王炳南那时候在西安吗？

张学良：我不敢说，王炳南实实在在的公开的名义就是杨虎城的秘书。

访　者：好像跟他还有亲戚关系，好像跟杨虎城，好像还是父侄辈②，外边这么说。

张学良：他在那儿做，杨虎城很听他的话。

# 6. 就怕他死，蒋死了内战就起来了

访　者：这还有一段，11日还有什么。您一道一道地进言，劝蒋先生应该对中国的事情有一个另外的看法。在那时候，您心里有没有想到，如果您对他的进言，他都没有接受，除去兵谏以外，还有别的办法吗？

张学良：我就走开，我不干了，就这两个，没法子。蒋先生这个人啊！老端

---

① 杨虎城第一任妻子叫罗佩兰，四川广汉人，1916年同杨虎城结婚，1926年病逝。第二任妻子张蕙兰，陕西蒲城人，1919年与时任陕西陆军第三混成团第一营长的杨虎城结婚。

② 王炳南父亲王宝珊，早年加入同盟会。后在杨虎城部任职，与杨虎城过从甚密，并结拜为兄弟。辛亥革命后一直在杨虎城军中任高级参议。

纳说他是个骡子,很难跟他讲,很难把他说服了,决定了很难说服。

**访　者：** 所以您也相当耐心了,一连四次。后来您曾说,夫人来了,后来您说,"你要是在这儿的话,事情不会演变成这样。"您的分析是怎样的?

**张学良：** 是,是,是,因为夫人在这儿,我就跟夫人讲,她就会跟他去讲,有时他能改变[态度]。

**访　者：** 怎么这次她没来,她经常跟他走吗?

**张学良：** 是,是,她这次没来有点原因。她也不是经常跟他,她有自己的事,她有妇女会①,我太太的那个还是她扔下的事情②。

**访　者：** 那个妇联?

**张学良：** 妇联会,妇联会我太太没参加,她是妇女祈祷会。

**访　者：** 说实话,这话又是说咱们中国之命运,那时如果夫人在,说不定您用不着"兵谏",而且倒反而把中国又是一个起死回生。

**张学良：** 说不定,也许可能,不一定,也许,那就不知道。

**访　者：** 也就是说,您过去跟他共事有这样的经验,如果夫人在,事情总是有缓和,成功的希望大。

**张学良：** 她可以缓冲,夫人这个人是很能干。

**访　者：** 而且她的思想是比较新一点的,看得国际性的,有一点和您的相像。

**张学良：** 那当然,因为她对国际问题,尤其是美国方面的情形都清楚。蒋先生这个人他固执得很,思想非常顽固。

**访　者：** 那的确是,也是中国命运不佳。这是11日晚上,那您就不能睡觉了?

**张学良：** 我那时累的不得了,也不管了。

**访　者：** 您能回家?夫人在家里,也不知道您怎么回事,急死了。

**张学良：** 她向来不知道我政治的事,我也不跟她提。

**访　者：** 您在这儿这么严重,这么紧张,这么乱。

**张学良：** 她知道我有事情,我干什么她不知道,我走开的时候我就指定一个

---

① 宋美龄热心妇女儿童工作。1910年去美国,后在威斯理女子大学就读。回国后,任上海基督教女青年会英语教师,并出任由该会主办的上海儿童劳工工作委员会的执行秘书。1925年任上海儿童劳工委员会副委员长,上海美英华妇女联席会委员。1927年12月同蒋介石结婚后,广泛参加社交活动,并担任一些妇女团体、儿童福利团体的领导职务。

② 宋美龄和张学良夫人于凤至是交换过兰谱的姐妹。1946年,宋美龄曾亲自前往美国加州探望于凤至。从美国回到台湾,还把于凤至给张学良带来的药品食品,派人送给张学良。

人，把我的家事交给他。现在在这儿，我的一个军长，我说，"我家人的事交给你。"就不知道我死活了那个时候。

访　者：那您送蒋先生回来，夫人也不知道？

张学良：我根本什么事都不跟她说。我上哪儿去她也不知道，我这人是这样，我也不许女人参加我的事，我顶多告诉她"我走了"，就这么句话。

访　者：事实上也证明了，跟您访问这个过程，很多人都是因为妇女参加里头，把事情弄乱了。

张学良：不是这样子，因为女人呢，把事看得小，没有那么大眼光，她把利害看得太深，做政治的事情，不能在利害上着眼，着眼在大的事情上，哪件事能成功，不能成功。换句话，简单说，因为做那件事情，也许可能就牺牲了，那你要为自己的利害想……所以蒋先生这一点就不行，这点不高，他就没有我父亲高。所以我就批评他们两个，一个是有大略，一个是有雄才，他们两个要是配合在一块堆儿，那就不得了。

访　者：您要问我的私心，这与政治没关系，我是北方人，我还是欣赏大帅的那种作风，好像是过去的帝王都像大帅的作风，开国元勋……

张学良：历史上，从中国历史上你看，皇帝、首领，大多数是北方人，宰相是南方人，南方人比较窄小，这是地域的关系。蒋先生这个人就是比较窄小，你看他用人，他自己的亲戚和他自己有关系的人就特别好，不是跟别人平等待遇。就拿我说，我父亲也跟我一样，不管你是谁，我看中你了，我就把这个事情交给你，我平等待你，没有说这是我的亲近部下，那是我的……换句话说，我自己的亲堂弟我都把他枪毙了，我这家里，我好几天都不在家待，我的伯母跟我吵呀闹的。我父亲和我差不多，没有什么私心，只是看这件事情，不是看人。

访　者：您说得对，好像开创一个朝代的多一半都是心胸……是北方的，这有关系。到了12月12日，开始的时候蒋先生找不着了，当时您很……大家都很着急。

张学良：我们怕他死了。

访　者：他要是死了的话……

张学良：那就麻烦了，内战就起来了。

访　者：他要逃出去也麻烦了？

张学良：逃是逃不出去的，没法逃，就怕他死。

## 7. 何应钦是个奴才

访　者：可是那时您还不知道南京内部怎么样。

张学良：知道。南京的情况虽然不能了如指掌。南京何应钦有很大的野心，早估计到了。我们对南京一点不怕，因为我对何应钦这个人我看不起他。我们怕是怕蒋先生的学生，所谓十三太保①，胡宗南是蒋的学生。

访　者：都是谁呀？有胡宗南、卫立煌。

张学良：不，不，不，卫立煌不是黄埔学生，有胡宗南、桂永清……一下想不起，我们叫十三太保，都是第一期黄埔的学生，绰号黄马褂②，还有关东征，他最好了，这个人最和平。

访　者：那这十三太保您倒怕，因为他们有军力。

张学良：是，我一下子说不出来了。后来都起来了，当督军的，当主席的，好几个。

访　者：那时您不怕何应钦，可是看出何应钦是亲日派。

张学良：何应钦这个人，换句话说，我要是何应钦，我不能在蒋先生手下干。蒋先生骂何应钦说，"你把军衣脱下来。"蒋先生他要是这样说我，我真把军衣脱下来就走了。所以我看不起何应钦。王新衡说过一句话，说，"蒋先生这个人啊！他失败的原因，他不用人才，他用奴才，何应钦就是奴才。"蒋先生这个人呐，我批评他，他要有机会，他真能当皇帝。他的脑筋非常旧，旧的思想，不是近代的思想，蒋经国就不同。所以我可以说到台湾以后要不是蒋经国，蒋家势力就没有了。现在也是没有了。

访　者：现在蒋纬国③怎么样啊？他真的受过军事训练吗？

---

① 十三太保，1932年，蒋介石授意其心腹、黄埔军校毕业生成立特务组织"中华民族复兴社"（仿照法西斯特务组织意大利黑衫党、德国褐衫党，又称"蓝衣社"），蒋介石核定13人为该组织骨干，被称为"十三太保"。人员包括：刘健群、贺衷寒、邓文仪、康泽、桂永清、郑悌、郑介民、曾扩情、梁干乔、肖赞育、腾杰、戴笠、胡宗南。

② 黄马褂，清代的一种官服。巡行扈从大臣，如御前大臣、内大臣、内廷王大臣、侍卫长等，皆例准穿黄马褂。有功大臣也特赐穿着。此意为蒋介石的亲信。

③ 蒋纬国，蒋介石次子。幼名建镐，号念堂。早年赴德学习军事，曾任台湾装甲兵司令，战争学院院长。1975年晋升陆军二级上将。后任台湾三军联大校长，"国家安全会议"秘书长。

张学良：他受过，他在德国念过书，他当过陆军大学校长呢！他野心也很大，他有一会儿要竞选副总统呢！

访　者：12月12日，正在酝酿"兵谏"时，您已经大概齐知道南京何应钦会怎样做了，可是他找汪精卫回来，这件事您没有想到。

张学良：那当然，那是他们内部的事。

访　者：后来这件事，端纳给您说了，夫人让他告诉您。夫人有一封信，说"戏中有戏"。夫人她有信给蒋先生，那里就说南京"戏中有戏"，那也就是说，南京里边的事情很复杂。

张学良："戏中有戏"不是指的汪精卫回来不回来，那时南京是不愿意他回去的，她的这句话是何应钦说的。

访　者：所以"西安事变"后何应钦就不被重视了吧？

张学良：他从来就没被重视，从来没有实权。他没带过兵，假如我是何应钦，我早就不做了。他跟着李宗仁叛变啊……你怎么摆弄怎么是，奴才！

访　者：假如真要打起来的话，您的军队和中央他们十三太保的军队至少是势均力敌吧？

张学良：不势均力敌，我肯定打不过，我的军队没他们多，火药也没他们好。

访　者：那加上杨虎城将军的也不够？

张学良：杨虎城的军队简直没用，我很伤心的就是这个。我搭了这么一个伙计，西北军没有用，第十七军，后来我很伤心。他的军队，自己跟自己干起来。

## 8. 我和墨索里尼小姐

访　者：后来齐亚诺①也要，说要把少帅接到外国去。

张学良：我跟齐亚诺的太太，墨索里尼小姐非常好②。
　　　　……

访　者：的确，以端纳的介绍，你是非常［有派］又风趣，又帅，而且跟国际间高层的人正好吻合，所以您的思想也前进，您做事情也是比较……

---

①　齐亚诺，意大利总理墨索里尼女婿。1930年曾任意大利驻上海领事馆总领事，驻中国公使馆公使。与张学良关系密切，张在意大利期间，曾得到齐亚诺的多方关照。

②　墨索里尼小姐，即埃达·墨索里尼，意大利总理贝尼托·墨索里尼的长女。生于1910年，20岁时与意大利外交官加莱佐·齐亚诺在中国结婚。

张学良：我也不管那个,我年轻的时候……我跟她们没有关系。我临走那天啊,她(指埃达·墨索里尼)自己安排,那天也很奇怪,我就知道她安排什么事。她跟我讲,她说,"我今天请你吃饭,在一个山里一个小饭馆。"我明白她的意思了。我们走到半途的时候,法西斯党的一个宪兵把她的车拦住了,告诉她什么话,她也没告诉我。她就说,"咱们回去吧。"那么她就回去了。后来我知道,她父亲被炸了,有个人扔个炸弹,所以她回来为这个事情回来的。我再跟你说,我临走那天呢,我到现在还念她这件事情,我临走我到她家看她,我说我要走了,我要回国。她把她自己身上带的链子拿下来给我,她让我赶快走。我心里想,她丈夫要回来或是怎么的,我后来回头一看,她哭了。她不让我看她哭。从那以后就不见她了。她最近才死的,跳楼死的,自杀了,大概她想想过去的事情……她后来到南美去,跟南美哪一国的一个人,是一个军人,跟她同居了。

访　者：这要在我们美国啊,就该问您了,少帅,您把多少个女孩子的心都给弄碎了?数不过来了。不过这事情只能在外国发生,在中国大概很少,您说外国人都快给您吃了。不过外国女孩子是比较解放。

## 9. 连我的部下都听周恩来的

访　者：我们刚才说在西安的时候,这些人都在龙争虎斗,在那儿拘着您,而且您看到杨先生的兵又是如此令您失望。还有就是其他令您失望的是什么?

张学良：没旁的,搭上这个伙计这可怎么办。背这么个包袱,我不能不照顾他。

访　者：除去杨将军的军队如此拿不起来,不能和您共事,另外您本来还希望阎锡山能跟您……

张学良：那没有。

访　者：没有。那他那几个电文,不知您怎么想,外边都觉得阎锡山怎么能够这样回电报呢。

张学良：回什么电报?

访　者：本来说"西安事变",请他来共商,商量这事,他没来。

张学良：我没请他。

访　者：他回了一个电报。他是说要问四个问题①，阎锡山说，"这样吧，我来在中间调停，你把蒋先生送到太原……"

张学良：没有，这是外头传的。

访　者：他那电报可有。

张学良：电报？那我不知道。

访　者：我回去查好了，再和你说，也许您能想得起来是怎么回事。另外呢，本来这个事情，"兵谏"嘛，蒋先生在这里，大家一块儿来商讨救国的事情。所以您就发了宣言，通电。首先第一关，就是蒋斌，把电报截住了，也不是完全截住了，他截住一个时期。本来您让他一点钟发，他没有一点发。他先发给南京的是，把西安的情形告诉南京，然后才发的您的传真。

张学良：这个我不知道。

访　者：您的那个电报他们整个知道是12月20日。那个通电不是很长吗？一个宣言和八点计划。那个东西是12月20日他们才知道。

张学良：这个事我就很怀疑了，这个外头大概又说蒋斌，我们当时不光发个电报，我有一个讲话，那个讲话旁人挡不住的。

访　者：没有，他们给截了。

张学良：怎么能截呢？

访　者：能，电波。您那是无线电讲话。他们用另外的很强的电波干扰，所以他们在那儿听啊听啊，都听不出来所说的话是什么，很多外国记者比中国记者要灵，他们去钻，钻了半天，零七八碎的弄了一点，一直都不是完整的。到了12月20日，他们才把整个的完整的……所以，好多外国记者就说，哎呀，因为他们急着要报告，报告以前都是您那个无线电波让别的干扰，是不是中央我不知道，干扰得都听不全。后来他们蒋斌，让您手下人查出来是他做鬼。

张学良：不能说蒋斌，也不能操纵电报。他只是我的一个处长。那是中央的电台，他没有电台在他手里。

---

① 阎锡山的"四乎"电报。西安事变发生后，张学良致电阎锡山："西安十二日之变，数电报告，谅已均悉。我公有何见教，盼赐复。"阎锡山回电质问张学良、杨虎城："第一，兄等将何以善其后乎？第二，兄等此举，增加抗战力量乎？抑减少抗战力量乎？第三，移内战为对外战争乎？抑移对外战争为内战乎？第四，兄等能保不演成国内之极端残杀乎？"史称"四乎"电报。

访　者：对，好像您打给南京的电报也是没有顺顺当当地过去。这是蒋夫人自己说的，说为什么有些电报迟了那么久才接到。您给蒋夫人打的一个电报，给孔庸之孔祥熙打一个电报，结果……其中我就不大记得，我还有蒋夫人的那本书，我查查，有两个电报不是按时到的。

张学良：那不是那样，我也知道，那是南京扣留了。

访　者：南京扣留了？何应钦？

张学良：是谁不管，反正南京扣留了。

访　者：他们就可以做这种事？这也是对双十二［事变］有影响的地方。还有呢！就是在那时候，我可以体会到那么多人都在那儿，思想又乱，又加上……真是您一个头脑清楚在那儿控制。您底下这些人，就没有一个人能帮得上您忙吗？

张学良：也不是，向来我的部下很少能够跟我讲话的，除了一两个人。到后来在那儿主事的都是，周恩来共产党。

访　者：等于说那会儿，您跟他还是可以谈得来的一个人。

张学良：那我们所谓三位一体①吗！他们共产党周恩来这人好厉害，他们都［被］控制住了，连我的部下，杨虎城的人都听他的。他说出的话很有理。这个人好厉害，不但会讲，也能处置事情，是我佩服的一个人。

访　者：有一个苏联的政论家事后，他说……好像是什么时候，他们把这一套好像是国史馆似的拿出来看了。我不知道我有没有，这是我姐姐找的资料，我不见得有这个资料。这个资料对您来说可能有参考价值，当然事情都过去了。什么时候我说不上了，您给我一分钟我查一查。说的是，噢，这儿呢，这是一个俄国的政论家，他叫季托夫。他在一本书（杂志）里，这本书（杂志）俄国出版的叫《外国社会科学动态》。在这本书（杂志）里1983年第六期，很近了，以前他们也不敢说。他说，当时在西安的时候，关于外边和苏联对"西安事变"的批评，您和杨将军是从收音机里听到的苏联对"西安事变"不清楚，就随便说张将军和杨将军是两位冒险的军事人员。这篇文章里又说周恩来一到西安，大概十六、十七号到的。到的时候，您曾问他，苏联对"西安事变"的态度怎样？当时周恩来很难解释这件事。季托夫说，由于您提到这个问题，就知道您对苏联的反映的态度是很注重的，周

---

① 三位一体，即中国共产党倡导的红军、东北军、第十七路军联合抗日的民族统一战线。

很会说话，没有说出大概这个态度，只是说苏联那个时候的态度不是很支持，他只是解释，但是怎么解释他没说。后来就说，苏联大概不会支持我们"西安"这种事情。您记得这件事？

张学良：那不是问苏联，是那时所谓的第三国际态度是什么，他说了第三国际不支持。那时候第三国际在斯大林手里，不支持，不积极。

访　者：然后这个政论家说，您当时好像很愤慨，政论家的意见是这件事情可能刺激了您。

张学良：是，是。我们想，他可能会支持，但是他说明白不支持。不但这样，他说我们这件事情好像是日本在里头［搞的］。

访　者：日本在这儿搞的，所以他不能够支持，所以他完全错误了。他不支持我觉得很奇怪，因为你对这个红军［是同情、是支持的］。

张学良：他当时的态度是认为我们共产党也好，没有领导中国的能力，有领导中国能力的还是蒋介石。

访　者：苏联也这样想，斯大林也这样想。

张学良：是，要想抗日要想干什么，你们领导不起来，也只有蒋介石，你们不能领导全国，你们领导一部分，要想抗日，你也只能在他手底下来活动。共产党的这个做事情不像我们，他是讲策略的。

访　者：而且他还想到他自己的利益。

张学良：他们说的话也是有道理的，你们领导的结果是反而使反日的那些人都不反日，亲日的那些人势力更大。

访　者：不过他们也没有了解您的初衷，如果了解您的初衷是［联共抗日，也许就会理解您在西安的行动］。

张学良：我也承认他们是对的，那时我们是领导不了。

访　者：对。可是他们不知道您西安初衷不是要把蒋介石打垮，而是要让他能够承认［红军］大家都拥护他，您也说拥护他，周恩来也说拥护他，杨虎城也拥护他，所以这件事情我就觉得苏联在这一点上没有了解。

张学良：他了解，他赞成我们拥护他。不是赞成，他促成，要共产党你不要单独行动，你要一定拥护他。不但那样，他在里头也有主动的力量。第三国际的意思，我问过周恩来。怎么说，就是你不要毁掉蒋介石，那时候像叶剑英都主张把他打死，你不要毁掉，他领导中国，还是他。

访　者：您也是如此看？

张学良：你要这么一来，中国要大乱，结果到了那个更坏的人手里，像何应钦这样的手里会更坏。

访　者：我不是学政治的，更没有您的百分之一的经验。如果您的想法跟斯大林的想法，跟周恩来的想法都是要让蒋先生去领导，那么他至少应该表示他支持您，要向他劝说，让他联共抗日。

（张不让继续录音，录音中断。）

## 10. 蒋先生为啥不让我自由

访　者：咱们中国，虽然说是咱们国里自己的政治啦，可是有的时候国际上的支持还是需要的。

张学良：我的判断，蒋先生讨厌我极了。怎么讨厌？所以后来蒋先生不能让我自由的原因，因为我是主张抗日，假如我要自由，那抗日的功劳都是我的，所以他对我讨厌得很。换句话说，我是他的一个大敌手，在政治上的大敌手。他把旁人枪毙了，他也〔因为〕种种原因，蒋夫人在里头也很〔有关系〕，据说，我不知道，我想是宋子文，我想宋子文也没有这么大胆，他说，"你如果要把他枪毙了，我把你所有的事都抖搂出来。"

访　者：这个记录我有。

张学良：有人，反正我不知是谁说的。

访　者：现在问题就是说，是宋子文说的，还是宋美龄说的？

张学良：这是美国公使詹森①说的。

访　者：另外，詹森还说，他（她）要公布所有的〔事〕，宋在奉化对蒋介石说，是宋庆龄还是宋子文不知道了，宋说，"你已经违背了你的诺言。"那个诺言可能不是这个停止剿匪，那个诺言是您一定可以回西安。在您送蒋先生回来的时候，蒋夫人和宋子文都在，都说您回去之后什么事情都解决了，会回来，是不是？所以他们认为，他们两人的担保，说了半天没有成功。那后来……您说得对，宋子文说"我要把这都公开"，您说他要公开什么呀？

张学良：我忘记了，一下子我说不出来。

访　者：宋子文心里可能有很多很多关于蒋先生的事。

张学良：那个时候，我脑筋差不多都昏了，我还得安慰我的部下，因为我的

---

① 詹森，即纳尔逊·詹森（Nelson Trusler Johnson），1928年至1934年任美国驻中国公使，1935年改为美国驻中国大使，1941年5月美国向日本宣战后改任美国驻澳大利亚大使。在中国任期长达12年。

部下他们不让我走。

访　　者：就是，假如大家要知道的话，一定围住，拽住您不让走。您两度，第一度是您在北京下野出国，大家已经觉得心都跳到嗓子眼儿来了，这次又是一次。

张学良：我到南京我是请罪，我到南京可能把我枪毙，我到南京，我真是预备死的，不是说一定就死啊！把死也摆在那儿。

访　　者：对，您反正一贯都是，我反正是为国，自己无所谓。

张学良：我知道南京，蒋先生不至于怎么样，但南京那部分人要把我枪毙了。

访　　者：飞机驾驶员伦纳德①就说嘛，到后来是他开［飞机载着］您去的。下了飞机您穿着长袍戴着瓜帽，还是英姿翩翩的少帅。走下去的时候，飞机下边两排都是军人在那儿等着。他说这两排过去可能是欢迎您的仪仗队。他（指伦纳德）说他跟您握手，他说，"您也许不重视您自己的生命，因为您是为了国家，您自己可以牺牲，可是您有没有想到我们。"您记得吗？然后您就跟他握手，握手之后回头就走了。走了几步您又回来，又跟他握手一次，他说，他也哭了，您也哭了。

张学良：那都忘了。

访　　者：这个苏联的态度，也非常影响了毛泽东、周恩来他们内部。

张学良：那当然。

访　　者：他们有没有跟您说博古什么的。

张学良：那时他们内部也很［高兴］。

访　　者：就为这事情，大家很兴奋，一开始非常兴奋。

张学良：不知怎么决定，对蒋先生到底是什么态度。

访　　者：不过后来博古说，他后来发表演说的时候说，我是希望要放蒋，但是不希望把蒋放得这么早，希望您能留到1月1日。

张学良：这是博古说的？

访　　者：不过您怎么选的25号，圣诞节那天？

张学良：那是蒋夫人选的。

访　　者：蒋夫人为什么选25号。

张学良：圣诞节嘛！蒋夫人说这是一个好的礼物。

访　　者：算您给她的一个礼物，那会儿您不信教啊？

---

① 伦纳德（Royal Leonard）美国人。时任张学良私人飞机驾驶员。

张学良：信教，我早就信教，不过没当基督徒。

访　者：她也知道这个。到底是有手腕，所以您这个圣诞礼物做得蛮大的。

## 11. 南京希望我们把蒋先生处决了

张学良：老端纳很好玩，弄的破袜子，送礼，送礼。

访　一：真的？哈哈，还真挂上袜子啊？您是圣诞节那天走的，头天晚上他们都住在……端纳跟他们在一块儿，黄仁霖①也去了，后来您把他圈起来了，戴笠也去了。

张学良：我们不是圈他（指戴笠），我们把他保护起来。我们那边的人要把他打死。

访　者：是，他不是所谓的特务头儿嘛。还有谁去了？郭增恺②也去了，跟着宋子文去的。

张学良：那个人瞎闹，他没关系，他是西北什么公司那里的。这个人出风头，与他毫无关系。他跟宋子文完全就跟小林③跟我们一样。自个儿出风头，这个人我最看不起。

访　者：您12月12日给孔祥熙发了一个电报，发了一个通电，还单独发了一个电报给他。这封电报直接就到了，没有耽误。然后孔祥熙自己有个回忆录，他不叫回忆录，叫《孔庸之演讲集》。他自己记下来了，他说您特别有一封电报给他，所以他心里很感动的，而且他一下子就觉得您的目的是要和平解决，不是要像外边所传的。然后他就很希望借着您那电报，把事情和平地解决，但是不知道……那时候有欧美派、亲日派，两派。

张学良：亲日派就是何应钦。

---

① 黄仁霖，时任励志社总干事，后曾任国民党军联勤总部司令。早年赴美留学，1926年回国，1929年经孔祥熙介绍，任励志社总干事，从此负责照料蒋介石夫妇出行，深受蒋家的信赖，有"特勤总管"的雅号。西安事变第三天（12月14日），受宋美龄之托与蒋氏顾问端纳飞赴西安探蒋，也被张学良扣留。张学良被扣南京时，奉派"照料"张学良。著有《我做蒋介石"特勤总管"四十年》。

② 郭增恺，曾任冯玉祥秘书、杨虎城参议、张学良顾问。1936年，因为《活路》事件被秘密逮捕。关押在南京。西安事变后，12月19日，宋子文带着从军统监狱"借"出来的郭增恺乘飞机赶往西安。郭后任宋子文秘书、胡宗南顾问、国民政府行政院秘书、广东省政府顾问。1980年到北京，1986年加入中国共产党。

③ 小林，即林渊泉，台湾人。1948年被派到张学良身边，当时18岁，故张学良称他为小林。林随侍张学良近半个世纪，一直被称为小林。

访　　者：欧美派就是孔祥熙，宋子文，您，蒋夫人。可惜，欧美派那时在南京的人特别少，势力不够。于是在12月13日那天，他们开了一个会。孔祥熙代理行政院长，因为那会儿行政院长是蒋先生自己。

张学良：不是，不是，汪精卫，宋子文？不知道了。

访　　者：不管怎样，孔祥熙是代理，何应钦，还有一个戴季陶，就在12月13日，国民党中常委员会和政治会议上，就对"西安事变"应该采取的对策和孔祥熙主张的和平解决方式与何应钦、戴季陶展开了非常激烈的争执，那事后您知道吗？

张学良：知道，知道，我判断也如此，戴季陶这个人也是……

访　　者：后来他们就起了激烈的争论，孔祥熙代表所谓欧美派，何应钦、戴季陶也代表激烈派、亲日派，这件事是您后来知道的？

张学良：我大概知道。

访　　者：您12月12日让刘鼎，那个小刘跟中共联络，这个电报是12月12日下午接到的，您请他们来共商救国大计。然后，可是结果中共中央预备派一个人坐您的飞机来，但是南京没有人来。后来宋子文……他们争执了半天，蒋夫人强调非要派端纳去，因为您和他的私人关系，端纳就来了，大家很佩服端纳冒着这么大的风险来。来了之后，下了飞机，Jimmy Elder去接他。Jimmy就把这事跟他（指端纳）说了一下，然后您就跟他一块儿去见蒋先生。

张学良：端纳见蒋先生，蒋夫人不在。蒋夫人为什么不在？

访　　者：蒋夫人，不让来么。

张学良：端纳不会说中国话，蒋先生不会说英文，我还得给他们当翻译。蒋先生骂我，我还得给他翻译。

访　　者：哈哈，后来您翻译到一个地方，您不肯翻了。

张学良：还是得翻，我一直给翻。

访　　者：大概是第二次了，端纳要说一些话，您说，"这些话我不能翻，我要翻了蒋先生以为我瞎说。"后来您说"我不管了"。后来端纳说有什么关系，怕蒋先生疑心了，后来把Jimmy Elder找来了……

张学良：没有这么着。

访　　者：端纳当时他说，我认为少帅是对的。而且说您的几点，政府应该考虑，因为他有时对蒋先生的想法也很不满意，他是跟蒋夫人思想很合得来。他有很多地方对蒋先生批评很多。

张学良：他就骂蒋先生，他说蒋先生是一个骡子，是个驴。

访　者：所以他可能也是在西安事变中借这事把您心里所想做的［都说了］。

张学良：他早知道。端纳这个人啊！他是个中国通，他最早是跟孙中山先生，所以他很知道，蒋夫人很小的时候就认识他。

访　者：所以他也借着那个机会，我看他也是跟……倒不一定是为您说说。他也把他心里的话说出来，也正好跟您所想的差不多。

张学良：他对中国情况很熟，袁世凯时代他就在［中国做事］。

访　者：在他这本书里的口气，很多地方他是非常希望能够在您背后帮助您把事情做成功，他一直认为您是将来……因为您的思想和您的作风比较跟西方吻合，我想他也有这个意思……蒋先生没有问题。第二，您在保蒋先生身体的安全，所以说夫人可以来，后来蒋夫人让他回去，然后又跟着她一块儿来。

张学良：这我都不记得了。

访　者：后来，是蒋夫人后来的。那您看蒋夫人，是因为蒋夫人的关系，宋子文来您知道也是跟何应钦争了半天。他不让来，后来宋子文说，"好了，我以私人的身份来。"结果他到这儿来，等于是他个人跟您的朋友关系。端纳也等于是没有政府的……那您这样一分析的话，中央就等于是没有一个正式代表，中共倒是正式有代表。

张学良：中共代表那是站在我们这方面的，那是跟中央对着的。

访　者：对呀！实际上他们要是眼光看得远一点，真是有大政治家作风的话，中央应该有一个正式的人来，是不是？

张学良：不是这样，在我的看法，中央愿意我们把蒋先生处决，借刀杀人。你知道？明白这个道理？蒋先生自己也知道，虽然嘴上不说，他也明白，他说他领导这个政府，何应钦在里边闹鬼。

访　者：不过他这一次，您等于帮他看清楚了，他南京政府的那一套人到底是怎么回事。

张学良：那他也知道，那也没办法了。不过何应钦呢……那王新衡说的一点不错，"要是我，绝对不能这样做。"蒋先生认为何应钦是奴才，我要怎么办，就怎么办。那么何应钦跟李宗仁两个要反叛……所以他有他的意思，他也知道在用人方面也不好用。我就不明白，为什么蒋先生还是同意？叫我，我是不会同意的。他有他的道理，也许何应钦对他的学生……那时黄埔何应钦是教务长，也许何应钦在黄埔学生的里边有点名望。

访　　者：这个，周恩来在他自己的史料中说，"我本来想在博古 12 月 24 日从保安来的时候，我再劝劝张少帅。"我姐姐觉得……因为她学历史的，这个"再"字很奇怪。为什么说"再"劝劝？

张学良：也许他前头说过。

访　　者：他前头说过吗？

张学良：这我不记得了。

## 12. 周蒋会面是历史上宝贵的一刹那呀

访　　者：这就是 12 月 13 日以后的事了，我们先看他这 12 月 13 日说什么。他说您 13 日向总部全体职员讲话，说明了事变的原委。14 日您在西安发表广播讲话，强调"'西安事变'完全为了为民请命，绝非制造内乱，决诸公论。只要合乎救国主张，个人生命在所不计。" 15 日您就派人到陕西耀县①、富平县②慰问红军。16 日您和杨虎城将军联名发出了《告全体将士书》，"同日张、杨共同参加了西安各群众团体在革命公园召开的庆祝捉蒋胜利大会。张讲话表示，要竭尽智虑，要求实现救国主张，不达到打倒日本帝国主义和整个民族解放的目的，誓不休止！"晚间您设宴招待刚刚到达的中共代表团一行，并与周恩来等举行了会谈。18 日同中共代表周恩来会谈。23 日张、杨同中共代表团周恩来与蒋介石代表宋子文谈判，达成六项协议③。这六项协议是您八项协议里的六项？

---

① 耀县，地名。位于关中平原向陕北黄土高原的过渡地带。今为陕西省铜川市耀州区。
② 富平县，地名。位于陕西省中部。唐代置富平道，宋代设富平县。取"富庶太平"之意。
③ 六项协议，即中共及多方的努力，1936 年 12 月 24 日，蒋介石被迫接受的六项协议。内容为：（一）改组国民党与国民政府，驱逐亲日派，容纳抗日分子；（二）释放上海爱国领袖，释放一切政治犯，保证人民的自由权利；（三）停止"剿共"政策，联合红军抗日；（四）召集各党各派各界各军的救国会议，决定抗日救亡方针；（五）与同情中国抗日的国家建立合作关系；（六）其他救国的具体办法。但蒋介石对谈判达成的六项协议没有采取签字的形式予以承认，而是以个人的人格作担保。

张学良：这记不得了。

访　者：您记不得了，记不得哪六项。24日晚经过您再三劝说，也加上夫人协助您，蒋先生才同意见周恩来，以前他说不见是吧？

张学良：这也记不得了，我没劝，大概蒋夫人劝的。我领周恩来去的。

访　者：晚上十点钟，周恩来去见蒋先生，您也这样说，夫人也这样说，端纳当然也帮助您和夫人说，说你不见周恩来的话，恐怕很难离开西安。

张学良：没说离开西安，只说这个事情不容易解决。

访　者：您的理由是什么？

张学良：就是因为共产党是大主角。

访　者：然后他们见了面之后，谈话非常客气。据报道，周恩来见到蒋先生的时候，叫他校长，因为他们过去黄埔的关系。

张学良：周恩来原来是黄埔的教官①。

访　者：蒋对他也很客气，蒋就说我从此不再剿共，这就刚才您所说的。

张学良：好像没谈这些事，只是客气了一下。

访　者：他们两个只见过一次面？

张学良：只见过一次。

访　者：听说蒋先生在没见他之前有点怕？

张学良：不是害怕，[是蒋介石]他不愿见他。

访　者：有一个笑话，说周恩来到西安的时候带着大胡子。周恩来去的时候不叫"美髯公"嘛，后来把胡子剃掉了。

张学良：他根本就没胡子，我就没注意，我没看见他有大胡子。

访　者：大家一直说他是美髯公，周恩来相当漂亮是吧？您的私人驾驶说，去接他，围了一群人，大家说来了，大家都躲开来。头一个有一脸漂亮的大胡子，结果到了西安，说谁有刮胡刀啊。第一件事情就把胡子刮掉了，所以您的印象中大概没有，据说是这么个小插曲。我们觉得您经过的与国家民族生存有关的事情太多了，可是您有没有觉得那一次的见面，就是您把周恩来带去见蒋介石，那是中国历史上很宝贵的一刹那。

张学良：我也不在乎这个。

访　者：然后14日，在13日您主办的《西京日报》改名为《解放日报》，第二天就改了。后来周恩来就亲自审查所有的文件，第二天就把西

---

① 周恩来于1924年8月从巴黎回国，曾任黄埔军校政治部主任。政治部和教练部、教育部并称为黄埔"三大支柱"。周恩来并担任国民革命军第一军副党代表兼政治部主任。

安的报纸就接管了。当初您还主办《活路》① 的一个小册子。

张学良：这不是我写的，是另外一个东北人写的。

访　　者：高崇民？

张学良：高崇民。高崇民是原来的东北商会的会长。

访　　者：25 日您就决定要走了，据说要走的时候，飞机场正在欢迎傅作义，是真的欢迎还是您让他们做出来的？

张学良：不是，是傅作义代表阎锡山来调停这件事情，阎的代表。

访　　者：机场都在欢迎他……然后 25 日您就回到南京，南京之后，他们的意思是说，抵南京后即被蒋扣留，好像不是吧？

张学良：不是，我到南京后，送军法会审。

访　　者：不是，您到南京，到宋子文家里住，还蛮自由嘛。

张学良：那是当时那天，后来到孔祥熙家住。

访　　者：那是 30 日。

张学良：我就忘了哪天了，我向来对日子的观念很小。

访　　者：伦纳德说，从西安上飞机后，您坐在他旁边，您就指着让他看后边。蒋先生就睡觉了，宋子文又在那儿看公文。回头一看，这么漂亮的一个中国妇女。伦纳德一下子就让蒋夫人的美给吸引住了，他说他没想到有这么美的一个……她就坐在那儿看窗户外头，然后就到了洛阳。到了洛阳您就坐他的飞机，别人就坐别的飞机走了。完了，在飞机上他跟您说了一句话。他说，"少帅，你一定要到南京去吗？"您懂他的意思吗？

张学良：不懂，他问我到哪儿去，我告诉他上南京。

访　　者：后来他说"一定要去南京吗"，那意思是说，您上哪儿我都可以去，一定要到南京吗？您说一定要到南京，他还是对您……到今天为止，他的意思是说，他写的这本书，让他永远都要记住，他跟您还有一个约会还没做，要去打猎还是去做什么，他说您跟他有一个约会，说是去打鸟还是什么，他说到现在他还等着。我想到美国找一找，看伦纳德是否还活着，他年纪比您大吗？

---

① 《活路》，高崇民联合共产党人孙达生等人编辑印刷的一本宣传抗日的小册子。延安会谈后，张学良、杨虎城的合作虽然有一定进展，但尚未坦诚相见。1936 年春天，高崇民、孙达生、栗又文写成《活路》小册子，宣传东北军与西北军只有联共抗日才有活路，下发到东北军、西北军各军、师部队，起到了很大的宣传鼓动作用。

张学良：我不晓得，我想他没有了。

访　者：中共派了12个代表①，周恩来、叶剑英、博古、李克农、罗瑞卿②、许建国③，还有三个我找不出来，您记得吗？

张学良：没有那么多，没有十二个，来了几个人我也不知道，我接触的就是周恩来、叶剑英、博古。

访　者：他们住在哪儿？

张学良：住在我家里，我家有三个楼房。

## 13. 宋子文看不起孔祥熙

访　者：伦纳德，您的驾驶去接他们时很奇怪，"这都是共产党，是向我开枪的人，糟糕了。"他跟蒋先生的驾驶员说，"他们都是共产党，你看以前就是他们拿枪射我飞机的人，咱们待会儿别熄火了。"后来飞机就一直没熄火，是刘鼎一起去的。他说，"咱们见到小刘来，上来咱们就飞。"这些人都比较土一点，没看过飞机。就过来。这些人就越来越胆子大，走过来围着这飞机。他说，"你知道，我这飞机上还有一千五百磅的子弹呢！这还得了！"后来这是他所知道的，您送去的见面礼。您经常要贴补他们衣服、食品了。后来他说，以后他经常飞去那儿接他们，每次都带一些见面礼。不过说实话，红军也接受您不少东西了。伦纳德写的飞机场那一段很有意思，可惜没人注意他，我回去之后，我要把那本书拿来，我仔仔细细地给您研究。

张学良：他现在还在不在，我不知道。

访　者：我想找一找他，这个人跟Jimmy Elder一样，他跟Jimmy不同，跟端纳也不同，他的字里行间是非常……

张学良：要想问他，到巴尔飞机公司就能问到。

---

① 中共代表团成员有：周恩来、博古、叶剑英、罗瑞卿、张子华、吴德峰、曾三、童小鹏、龙飞虎、陈有才、杨加保、邱南章、许建国等及警卫战士共18人。

② 罗瑞卿，曾任中国人民解放军总参谋长、中华人民共和国公安部长、国防部副部长、国务院副总理等职。1928年加入中国共产党。历任红军第四纵队、师、军政委，第一军团政治保卫局长。长征到达陕北后，任第一方面军政治保卫局长等职。1936年6月，任中国人民抗日红军大学教育长。西安事变后，赴西安协助周恩来进行统一战线工作。

③ 许建国，原名杜理卿，又名杜智文。曾任中华人民共和国公安部副部长、上海市副市长兼公安局长、中国驻罗马尼亚和阿尔巴尼亚大使等职。1923年加入中国共产党，1936年任红一军团保卫局局长。西安事变后，12月17日随周恩来等抵达西安，负责中共代表的安全工作。曾任张学良警卫团秘书长兼第三科科长，保卫周恩来安全并协同东北军清理特务、维持治安等工作。

访　者：对，一个是巴尔，一个是伦纳德，我都要回去……

张学良：我的正驾驶员摔死了，是巴尔①，当时他（指伦纳德）还是副驾驶员。

访　者：后来他说，从来没有人这样重用过他，对他这样有信心的。他说"我只是个驾驶员"，还是副驾驶员。在西安时，您把他叫到您个人办公处，告诉他，让他来负责跟这些在西安的外国人联系，随时告诉他们情况，而且让他安抚他们说，如果有事情的话，您负责派专车给他们运到城外。所以他对这非常感激。

张学良：那我都忘了，那都是临时安排的事情。

访　者：然后看后面，他这点好多事情他都没说。比如，您在宋子文家里的时候，那时候有很多的事情发生。您到的时候，戴笠已经派了刘乙光什么的这些人，但是这些人都由励志社负责招待。因为是黄仁霖的关系，夫人派黄仁霖来招呼您。所以当时的饮食都相当豪华，至少都100元以上的西餐。那时宋子文时常陪着您？

张学良：我不记得，后来我就躲开，我就离开宋子文，住到孔家。

访　者：您到孔家……他们为什么老是选在私人的住宅呢？您住到孔家的时候，他们的人也住在里边吗？宋庆龄您见到了吗？宋霭龄②？

张学良：宋霭龄没见到，宋霭龄是坏蛋，她在里闹鬼。

访　者：为这件事啊？

张学良：不是，宋霭龄这个人闹鬼。

访　者：闹什么鬼？

张学良：她对我态度并不好，她主张对我应惩罚。

访　者：宋霭龄啊！难道她不知道，她妹妹跟您很合作吗？

张学良：那不是，我知道这个事，她这个人思想不一样。她跟蒋夫人不一样，跟宋庆龄也不一样，更不一样。宋庆龄是完全左倾了。她能指挥蒋夫人，蒋夫人听她的。

访　者：那这件事上，蒋夫人听她的了吗？

张学良：那我就不知道了，反正她就主张对我不能放松，她说，"这小家伙

---

① 朱力亚·巴尔，曾先后任张学良、蒋介石座机驾驶员。1945年，在波音公司307型超高空飞机首次试飞时不幸遇难。

② 宋霭龄，宋氏三姐妹之大姐，孔祥熙夫人。1912—1914年任孙中山秘书。1914年与孔祥熙结婚，婚前介绍妹妹宋庆龄接替自己的工作。

搞乱得很，你要不整他一下，他总是搞乱，你不能放松他。"她是这样的。

**访　者**：孔祥熙可能也受她影响。

**张学良**：那当然，孔祥熙对我，他的主张是，这个人可不是一个好惹的[家伙]。

**访　者**：的确他也看出你不是好惹的，您不是说，您和他有亲家关系么？

**张学良**：那不是亲家，那是原来我们想做亲[家]，他要我的儿子娶他的孔大小姐，要娶的话，你要保证不娶姨太太。我说我儿子的事，我怎能保证。后来他儿子想娶我的大姑娘，我说我也不能反对，也不能赞成，最好让他们两个在一起愿意不愿意，咱也不是那种守旧的。后来他们俩在一块堆儿玩了一个月半个月就完了，我的姑娘说，"我不赞成，我看不起这个人。"我的姑娘也很厉害。

**访　者**：这个人现在在纽约呢？

**张学良**：他（指孔令侃）现在很有钱①。

**访　者**：上次您去[纽约]，他来看您了？

**张学良**：他这个人很奇怪的，他跟我也不错，送我一条领带，我没见他面。他和贝太太关系很好，年轻时好像跟他同居过。我很奇怪，我想他们会结婚……他很有钱，捐天主教的学校辅仁大学②，捐一千万。

**访　者**：他的钱是做什么生意来的，银行？

**张学良**：孔家银行大概。孔夫人过去很不名誉的，那个时候……我就知道一件事，她垄断上海的……什么粮食，一下子赚很多钱。用公家的势力把这个怎么控制了。详细我不知道，反正一下子赚了几百万，利用国家政府的势力。所以孔祥熙名望不太好，就为这事，那时他当实业部长。

**访　者**：孔祥熙和宋子文之间的关系怎样？

**张学良**：也不合适。宋子文看不起孔先生，他跟他姐姐……

**访　者**：那宋子良③和宋子安呢？

**张学良**：那不同。宋子良这人没多大光彩的。宋子良他有病，海南岛人都有

---

① 指孔令侃，孔祥熙与宋霭龄的长子。抗战结束后，在上海创办扬子公司。1948年，蒋经国到上海查封了扬子公司，由于宋美龄的干预、搁置。孔遂将资金转移到海外，本人亦定居美国。

② 指台湾辅仁大学，简称辅大。其前身为清代皇族英敛之于1913年创办的辅仁社，1925年成立北京公教大学，1929年改称私立北平辅仁大学。1949年，划入北京数所高校。1960年，台湾成立辅仁大学，校址位于台北县。

③ 宋子良，宋庆龄的弟弟。1899年生于上海，1917年毕业于上海圣约翰大学后即赴美范德堡大学留学，归国后于1929年8月任民国外交部秘书，1930年4月任外交部总务司长。1931年—1949年期间为中国国货银行总经理。1983年逝世于纽约。

好像遗传的麻风病，皮肤病。宋子安这个人很好，死得很可惜，他脑浆迸裂。

访　者：脑出血。

张学良：不是脑出血，脑子忽然迸开了，立刻就死了。

访　者：那倒也好，宋子文是怎么死的？

张学良：宋子文卡死的。吃东西吃到一块骨头，卡在嗓子里卡死的。

访　者：这可是太不幸了，那他死时也年轻吗？

张学良：也不年轻了，宋子文的岁数比我大两三岁。

访　者：您在井上温泉，他去看过您吗？

张学良：他到这儿来过。井上温泉没有去，哪一年不记得了。

访　者：宋子文陪您到军事委员会去，有别人找他说，你说姓宋的永不撒谎，怎么现在到了这地步？

张学良：他很难过。

访　者：他跟人说，放心，放心，这只是一个……那他对您表示什么？

张学良：他也没表示什么，我也知道他很难过。我这个人很明白。

访　者：不过，说实话，在那个时候您能说话的……不管是有没有西安这件事，宋子文跟您也是可以谈得来的，从西安回到南京，站在朋友的立场上也会安慰安慰，替您分解分解。

张学良：那当然，他和我是很好的朋友。我知道他是没有力量的，他在蒋先生那里是没有力量的。

访　者：对，有一次他想见蒋先生，两次蒋先生都不见他。在奉化嘛，他都跑到奉化了，结果［还是没见上］。

张学良：所以王新衡说蒋先生喜欢奴才，不喜人才，他不是那么听他话的。

访　者：他对孔祥熙怎么样？

张学良：孔祥熙因为蒋夫人关系，我们叫孔庸之，就是庸之这两个字。可是宋子文不是那么……蒋先生用钱，他是财政部长，规规矩矩的答应你，乱七八糟的，我是不会答应的。

访　者：财政的这些事情，在豫鄂皖剿匪的时候关于用钱的事，他和蒋先生吵架。

张学良：他这个人，蒋先生并不喜欢。

访　者：后来您从军事法庭到孔家，孔祥熙和宋霭龄来看过您一次，客客气气地跟您寒暄一次。

张学良：我不记得。

访　者：1937年1月4日，就把10年徒刑改成"严加管束"。事后，后来就被蒋软禁。开始在浙江省奉化溪口雪窦寺，后来迁到黄山什么什么的①。后边1941年5月您得盲肠炎②。1942年您到刘育乡③。然后一直到46年转到台湾④，63年跟于夫人解除婚约，64年和赵夫人正式结婚。后来就没了，记载到这儿。这后边就非常简单了。上次我们和夫人弄的要比这样细得多。

张学良：这不晓得是什么人记的。

访　者：参考的东西方便得很，他们参考的东西很多，这两个人做的，年纪都很轻。

张学良：是大陆的。

访　者：有两个其他的小问题，先念齐世英的，再研究大帅的这个。

## 14. 齐世英死时心里很难过

张学良：齐世英写什么？回忆录吗？

访　者：不是，我给您看这个⑤。他说［的题目是］，我对张雨亭⑥……应当是"张作霖先生的看法和有关日本的两件事"，［第］一个［小标题］是对张雨亭的作风不一定满意。

张学良：不满意。

访　者：不一定满意。第二个是蓝天蔚在东北起义失败；第三个是王永江和汤玉麟的故事；第四［个是］取得东北政权的经过；下面入关失败后，整军经武，用人不分畛域；再下面，故意制造隔阂，还是没有驾驭能力，不知道哪个是原因了；郭松龄、王永江反对入关参加内战；日本军部处心积虑去之而后快，就是日本的军队处心积虑，想

---

① 1937年冬，张学良被迁移安徽黄山"听涛居"。十天后迁移江西萍乡"绛园"。1938年1月，迁移湖南郴州苏仙岭，3月，迁移湘西沅陵凤凰山。1939年11月下旬，日军进犯湖南，张又迁移贵州修文县阳明洞。
② 1941年5月，张学良因患盲肠炎到贵州中央医院做手术，出院后移住贵阳黔灵山麒麟洞。
③ 1942年2月，张学良被迁移贵州开阳县刘育乡。1944年春，移居息烽县的阳朗坝。同年初冬，日军进犯湘南，贵阳告急，张迁移黔北桐梓县天门洞。
④ 1946年11月2日，张学良被迁移重庆戴笠公馆。不久被迁移台湾新竹井上温泉（也称清泉）。
⑤ 访者给张学良看和念的是台北《传记文学》第三十一卷第四期所刊载的齐世英在该刊开设的"每月人物专题座谈会"上的讲话，题为《我对张雨亭先生的看法及有关日本的两件事》。
⑥ 张雨亭，即张作霖，字雨亭。

把大帅取消了，他们才高兴；后边是参与倒田中内阁的经过，完了。
张学良：我要看这段，蓝天蔚怎么回事？
访　者：我念吧！"刚才恺园①兄提到蓝天蔚的第二混成协的事情，当时我正在沈阳奉天中学堂，当时一般叫北关中学念书。记不得在宣统末年，还是民国元年，忽然一天晚上，北关中学旁边的一条大路，即北大营到城里去的大路，有时续时断的枪声，以后传说是兵变。我们学生听到枪声，不知道是怎么回事，就从炕上下来，坐在地上躲避流弹。枪声过去了，大家愣住了，不知怎么一回事。第二天，大家出去，往城里去，但是沿途烧得很厉害，到了大北门，城门还关着。知道第二混成协已经失败了，要攻城未能攻下。那时候我是中学一二年级小孩子，还不清楚怎么回事，只知道张雨亭先生在城内防卫省城，保护东三省总督赵尔巽的安全，此后张雨亭先生就得到赵尔巽总督的信任和倚重。以后我想起来，可见张雨亭先生的性格非常机警，刚才恺园兄说，他从洮南府以骑兵三天三夜就冲到沈阳来，防卫省城，应付了这次兵变。从这件事看来，他的个性与机智，有过人之处。他的前程也从此奠定。但是，蓝天蔚是革命党，如果从革命的眼光来看，对张雨亭先生当然是另外的看法了。这是东北鼎革之际一个关键性时刻。革命党也在东北起义，但是人数很少，有些人被抓了，被杀了，摆在那里。我虽是小孩子，也去看过。因人数不多，损失很少，所以就保卫地方的立场来看，张雨亭先生也还是有贡献的。"
张学良：……蓝天蔚的军队很大，不知怎么的就吓跑了……
访　者：您还想听哪段？王永江？汤玉麟？
张学良：看他说什么。
访　者：OK，他（指齐世英）这说，"其次要讲一讲他的政治手腕……"老帅的。谁是恺园啊，算了，等会再查吧。"刚才恺园兄讲到王永江办警察这件事。那时我已经离开东北，到关内读书去了。王永江做警务处处长，好像汤玉麟的部下常和警察冲突，汤的部队是一些老粗，常被警察看不起，因此他们打警察。王永江则出来给警察做主，就和汤玉麟起了冲突。张作霖先生也觉得是汤玉麟不对，就维护王永江，汤玉麟不服气。他那时候好像是了个旅长，就把他那一旅拉

---

① 恺园，即缪澂流，字恺园。

出去，跑了。不久经过别人的斡旋、撮合，他们都是老兄弟嘛，事情就不了了之。汤玉麟虽然暂时离开了一下，不久又再回来了，张雨亭先生仍然用他，而且以后还重用他。而王永江由此就更获得了信任，后来又要他做财政厅长，又做奉天省长，非常重用。从这件事情看来，他一方面是很讲义气，汤玉麟是他的老搭档，虽然犯过错误，亦不深究。另一方面也很发挥他政治的手腕，能够放手重用人才，使东北的行政进步很多。我们不客气地讲，他读书有限，甚至未尝读书，能有这种过人之处，也是很不容易的事。"我慢慢念，他还有好多段。

**访　　者：** 我现在给您说齐世英，这是老帅的。

**赵一荻：** 我昨天想了一个办法节省时间，您提出来的问题，问他有没有。如果他说没有，详细的事情就不必问了，如果说有再详细讲，省得把有用的时间都浪费掉。否则，到了八点钟急得要命。

**访　　者：** 对，我觉得夫人的建议不错。齐世英，刚才讲了王永江和蓝天蔚，现在您要听哪段？我再给你念念，您听听都有谁，一个是张雨亭的作风，入关失败和……又一个郭松龄和王永江。

**张学良：** 我听郭松龄这段。

**访　　者：** 他说"刚才讲到政治关系。政治关系当然跟时代最要紧。袁世凯死后，中国各地都是军阀当政，我们东北也不能够避免。但是东北土地辽阔，资源丰富，人民可说是很强悍，至少是身体好。尤其是东北的战略地位突出，十分重要，界于日俄两强之间，而且离首都很近。就政略来说，可以随时控制北京。照道理说，负东北责任的人，应该有一个坚定的政策，这政策是什么呢？即如何开发东北，使东北不至于受日俄之侵略，而且不要介入关内之纠纷，一再地参与关内的内战。但是第一次直奉战争之后，不能汲取教训，又再入关，而有民国十三年的第二次直奉战争。实在说。东北整军经武那么久，不应当再把力量投入内战，但终于避免不了。这个决策，恐怕张雨亭先生本人要负这个责任。我可以说，第二次直奉战争之后，郭松龄先生在沈阳跟我一再谈及，他对于一再入关参与内战，甚不以为然。后来他所以有民国十四年的那一次反张举动。我敢说，他反对张再入关的原因要占百分之六七十。这有若干事实可以举证，旁人知道的也很多，今天不必列举。他把百分率搁在入关上了。我感觉到当时东北当局不但要有坚定的政策,而且应更进一步,要有积极的政策。在东北从事建设如果人力不够,可以从关内招聘、吸收,不单是接受关内的移民,而且要广收知识分子和技术工人,鼓励劳工往东北去。使东北人口的增加,第一步至少要有五千万人。若干年后,如果人口能够增加到一万万人,那东北就绝对安全,谁也不敢对东北打主意了。然而东北当局坚持再度入关,可以说是张雨亭先生的决策。这当然跟他个人的性格有关,而且他也为他的知识所限,对整个国家的形势和东北的未来,没有清楚认识。为什么说是他要负责呢?因为这个决策是他决定的。这有一个很明显的证据,虽然那时我不在沈阳,就是王永江在民国十五年坚决求去,不肯再做下去了,而返回故乡金县。我们知道王永江是不主张进关的,他还有没有别的主张我不知道,但我知道,也是极力反对再进关的。我想主张进关而又能影响到张雨亭先生的,我不知道还有什么人,因为再度入关这件事或许就是张先生个人的决策。我对张雨亭先生知道的太少,大致就只能贡献这么点意见。另外,有两件事虽然算是小事,倒是与他有点关系,而且与我也有点关系。"这段就到这儿为止。两件事情第一个是日本军部处心积虑,去之而后快。第一件事情是张雨亭先生……我把这关掉,咱们念这个就不用录了。

**张学良:** 他叔叔,他父亲我忘了。我跟郭松龄用钱把他们弟兄两个送去德国念书,但是他回来是帮助郭松龄的,郭松龄叛变他是大将。

**访　者:** 他是带兵的还是参谋长之类?

**张学良:** 文人,他是文人,是秘书,这个人死了,这个人反对我很厉害。他是国民党,他是 CC 派①底下的。这个人很不守规矩,野心很大。那个时候,东北的党务都在他手里,他专门在东北对我捣乱,不是捣乱,什么东北大学尽力破坏。不过后来他临死我还见过他,后来他也就……

**访　者:** 我听我姐姐说,您还去医院看他。

**张学良:** 我是去看过他,这个人是一个很有能力的人……他反对我们的,是帮助郭松龄的。他后来也感觉相当失败,我想,他对中央也很失望,

---

① CC 派,也称 CC 系、CC 团,国民党内以陈果夫和陈立夫为首的派系。1928 年,蒋介石下野又上台后,授意陈果夫和陈立夫在南京组织"中央俱乐部",团聚亲蒋的力量。CC 派并非正式名称,人们俗称的"CC",有说是"中央俱乐部"英译 Central Club 的简称。陈果夫和陈立夫兄弟的英译字头也是"CC",故也有指陈氏兄弟帮派之说。

　　　　　他死的时候，我看他时他很难过。这个人是个很有能力的人，但是思想摇动。

**访　者：**也许是他想自己爬得快一点，爬得高一点，有点投机。

**张学良：**他想控制东北，他野心很大，他后来也看出来了，他也自己了解了。病死的时候，我去看他，他心里很难过，知道中央靠不住，东北的党务就是这样。

**访　者：**他要是有心真的建设东北的话，他首先就不应该破坏东北大学。

**张学良：**他不是建设东北，他是要把东北权力拿到手。

## 15. 他人谈张作霖

**访　者：**后边还有沈云龙①的，郭德权②［的］"略谈张雨帅生平［及为人治事］"。您要听吗？我给您念③。

**张学良：**他（指郭德权）做领事，俄国通。

**访　者：**他首先说张公的出身，"世人有称张公为土匪出身，来自绿林者，但是在当时的东北有集数人或数十人抢夺劫道、杀人放火之土匪；有集数百人，自辖小区，自组乡团，独占一方者。张公于日俄战之期，地方慌乱之际，领导张作相、汤玉麟等扩充实力，携有步枪约八百支，驻法库门④一带。因见土匪群起，申请接受收编，平定地方。乃被编为新民⑤［巡］防营⑥管带。那时候，该地区使用枪支，需经俄军烫火印，方可通行，每枝印费交白

---

① 沈云龙，曾任台湾东吴大学法学院教授，"中央研究院"近代史研究所"口述历史"主持人，文海出版社总主编。长期从事中国近代史研究，著有《台湾开拓史》及各种人物评传等。

② 郭德权，国民党陆军少将。日本陆军大学毕业。抗日战争时期曾任驻俄武官、驻美大使。1941年冬，珍珠港事件发生前，军统局破译了日本将对美国采取行动的情报，时任驻华盛顿武官的郭德权奉命转达给美国军方。

③ 访者在此念的仍是台北《传记文学》第三十一卷第四期所载的沈云龙、郭德权在该刊开设的"每月人物专题座谈会"上的讲话。沈的发言题为《从历史观点看张作霖的成败得失》，郭的发言题为《略谈张雨帅生平及为人治事》。

④ 法库门，地名。位于辽宁省沈阳市北，即今辽宁省法库县。"法库"，满语音译，意为"鱼梁"，即捕鱼的矮堰。清初盛京北境"十二边口门"之一。清末在法库边口门设直隶厅治，1913年改厅为法库县。

⑤ 新民，地名。位于辽宁省沈阳市西部。名称源于新民屯。清末，汉民被称为"民人"，大批汉族灾民从关内来此垦荒，居住地称"民屯"，新来者居住地，故称"新民屯"。

⑥ 巡防营，清末的地方武装，以保卫地方安全为务。进入民国，巡防营被改为师旅或警备队、保安队。唯一例外的是新疆，直到1932年仍有巡防营存在。

银一两。适家严①郭公福②增任辽西外交特派员，见张公勇毅爱民，忠诚可风，乃向俄军交涉，减免枪印费白银八百两。张公对此深为感激。"这有点像外国人写的，您记得拉铁摩尔，就是说不是大家所谓的土匪，是美国所想到的土匪，实际上是保护地区的，实际应该叫民兵。

"第二，张公为人忠厚，可称节义廉明。张公自奉节俭，衣着朴素，饮食简单，每餐必进东北粗食，高粱米饭少许，示不忘本。他唯一的嗜好是吸鸦片烟，但是有限制，未到伤身，误公之程度。张公素重道义，不忘老友，对张作相、张景惠、汤玉麟、冯麟阁③、吴俊陞、孙烈臣等特别倚重。对所属汲金纯④、万福麟、张焕相等莫不信赖，而其用人除对旧部及乡谊外，特重人才，不分地域。我能列举者有戢翼翘、沈鸿烈、荣臻、周培炳⑤、张继周、郑谦、李景林、张宗昌、褚玉璞、于学忠、黄师岳、周亚卫、何柱国、江杓⑥、朱光沐、蔡元等均非东北人，都量才重用。张公胸襟宽宏，处事果断，向不杀人，对郭松龄倒戈事只罪其一人，不究从者，余员仍照常任职，张公此举颇具古风。"

"第三，张公用人不分畛域，有谓满清宫廷有旨，不准内地人出关。此种解释含有误会，因为东北地广人稀，满族为少数民族。亟待人力开发，首重直鲁豫向关外移民，同时吸引内地人才，加入八旗，服务军旅。并特别规定本省人不得出任本地文武大员，全国各省将军都统都由满人担任。那时东北三省以吉林文风最盛，黑龙江省武

---

① 家严，谦辞。源于《易·家人》："家人有严君焉，父母之谓也。"严君本兼指父母，后世常言严父慈母，故人称自己的父亲为家严，母亲为家慈。此指自己的父亲。

② 郭公福，郭德权的父亲。抗日战争期间，曾任山东抗日游击队司令部电台台长。1941年，为保护电台牺牲。

③ 冯麟阁，即冯德麟，字麟阁。奉天海城人。曾任民国第二十八师师长，驻防北镇。1917年因参与张勋复辟活动，被监禁北京。经张作霖保释回沈阳后，失去兵权，任"三陵"（东陵、北陵、永陵）都统。1926年，病死北镇。

④ 汲金纯，奉天府海城县人，曾任民国第二十八师第五十六旅旅长。1917年冯德麟举兵反张作霖败北，汲投靠张作霖，被任命为第二十八师师长。1921年后历任热河都统，奉天第四军副军长兼第九师师长，安国军第十五军军长，绥远都统，山海关警备司令等职。1928年后调任东北边防司令长官公署参议。1948年去世。

⑤ 周培炳，曾任东北航空处机械处长、东三省航空监督、安国军空军司令。1927年6月授陆军少将衔。

⑥ 江杓，上海人。早年留学德国。回国后在冯庸大学任职。1931年"九一八"事变后，任汉阳兵工厂上校主任。抗日战争时期，任兵工署美国代表。1946年任国民政府行政院物资供应局局长。1949年赴台湾，历任台湾"国防部"常务次长、"经济部"部长、"行政院"政务委员等。1981年2月在台北病逝。

功最高,出了十几位将军,但是无一在东北任职,清末的盛京上将军赵尔巽虽然是汉军旗人,也是外省调来。届至民国改元,张公掌政时,东北的文武官员才由地方人士出任,然中原各省之贤能被任用者,为数甚多。"

"第四,张公从未丧权辱国。当时张公居关外之王,专心以乡土国家为重,一生未出国门,不贪吝,不爱钱,遇有涉外事件,深思熟虑,善于应付。未签任何丧权辱国条约,这是他一生足以自豪的,他处理外交强硬,而且有技巧。某次有一日本军曹,因斗殴被杀,交涉结果,日方强索赔偿日币三万元,张公〔饬〕照付。而后每有同一事件发生,不待日方提出要求,乃援前例即时送去日币三万元,致使日方无可责难。"

"张公深知日人意图诱胁中国分裂,以种种手段对张公要挟、压迫、引诱,并允协助对中原用兵。然张公以国家为重,决不妨害统一,并虔诚敬重国父,创导革命,对其声援资助,决不媚外。民国十七年四月二十日,日本出兵济南,造成'五三惨案',张公鉴于内外形势严重,乃于六月二日通电全国,请息兵自救,免为外患所乘,彼以呼吁全国统一合作,至此日本知其不为所用,乃于六月四日,由北平乘京奉铁路专车回沈阳。晨五时十分,专车通过皇姑屯之京奉、南满铁路交叉点桥下时,为日本关东军阴谋悬挂之炸弹炸伤。当时张公切齿辱骂日贼,稍顷即逝去,最后一语可证其效忠国家,为国而牺牲。"临死的时候还在骂日本人啊。

"第五,张公拒用外人技术。张公深知东北物产丰富,日俄朝夕垂涎,交通运输受南满铁路及大连商港之控制,在经济、政治、军事及与中央联系方面,莫不受其威胁与影响。按经济政策主管,有人建议在中东铁路收回国有之后,开发黑龙江省内兴安岭金银煤铁矿产和天然木材富源,再协助发展北满粮仓、大豆、小麦出口。而张公不肯接受,仍以保守观念,不用外人技术,他说,'不要忙,埋在地下的财宝早晚都是我们的,何必着急?今日的要务应建南回、北回铁路,不与南满铁路平行,避免南满之控制,以期直接连接京奉铁路和营口海港,若此我们才能达到自由出口。'乃派高任瞻①督

---

① 高任瞻即高纪毅,又字仁旆。

办负责建设铁路，这也是日本忌恨张公的主要原因之一。"

"第六，日本人炸张公早有阴谋。日本图张公不得逞，致张公为国捐躯。回忆民国十七年春，本人在陆军大学肄业时，经日本兵学教官桥一次郎、田中久、河田大野等商得日本关东军司令官及南满铁路株式会社①总裁之同意，首次邀请吾等中国军官参观旅顺要塞②阵地及大连港。到大连时，晚间由满铁路株式会社社长③盛宴款待，美酒佳肴，丰富备至，稀所罕见，同往参加者有郗恩绥④先生（彼由美国参谋指挥学院回来，曾任联勤副总司令）、范玉书⑤先生（彼由意大利军事学院毕业回国后，曾任步兵师长），及其他学友数人现仍在台。那次会中宾主正在杯酒言欢，日本本庄繁大将军莅临致辞，彼称，'今者旅大两埠及南满铁路区内治安良好，生活优越，经济繁荣，交通发达，这是牺牲血肉头颅所换来的，若希收复，必须偿还血债。'用此数语对吾等将校示威。仅数月后张公即被炸。这可证实，其阴谋早有定案矣。"

张学良：这是什么时候？谁写的？喔，郭德权，这段说得不大对。

访　　者：后面是张式纶⑥，也是[说]大帅⑦。他说，"东三省在清季甲午、庚子战后，散兵游勇，为患地方。雨亭先生为保卫乡里，起而举办团练而改编为巡防营，再编为陆军，当时皆为地方自卫武力。经逐渐扩充发展，[遂]成为国家东北重镇。积功荐升，封疆方面之任，而至主持北京政府，统帅各方面，一生保国为民，不顾及身家，不为强敌日寇所乘，以身殉国。世人称之为民族英雄。"

---

① 南满洲铁道株式会社，简称满铁。日俄战争后，日本在中国东北设立的代行日本国策的殖民机构。

② 旅顺要塞，位于辽东半岛最南端的旅顺（亦称旅顺口，今属辽宁省大连市辖区）。旅顺要塞先后经过清朝北洋舰队和沙俄海军的修筑，大小堡垒、炮台星罗棋布。

③ 时任南满洲铁道株式会社社长为山本条太郎，也是南满洲铁道株式会社第十任社长（总裁）。1927年，他作为"首相的代表"直接同张作霖交涉铁路等问题。

④ 郗恩绥，北京宛平人。毕业于保定军校。1927年后任东北陆军第八师骑兵四十六团团长，东北骑兵第三旅旅长。1935年留学美国入参谋大学。抗战时期，任第四集团军参谋处长、第十五集团军参谋长、第一战区副参谋长、后方勤务总司令部参谋长等。1945年后，任联合后方勤务总司令部运输署署长、联勤总司令部副总司令。1949年去台湾。

⑤ 范玉书，辽宁沈阳人。国民党陆军少将。意大利军事学院毕业。回国后曾任国民党军的师长、第八十六军副军长等职。1949年去台。

⑥ 张式纶，字雪涵。辽宁辽阳人。东北大学政治经济系毕业。曾两次随奉军入关，临民行政。1936年冬，转赴陕西，历任扶风、华阴、宝鸡等县县长。抗战胜利后，奉职还乡，出任辽宁、辽北两省民政厅长，代理辽宁省主席。去台湾后任"中央财物委员会"副主任委员。

⑦ 张式纶讲的题为《论张大元帅雨亭先生》，载台北《传记文学》第三十一卷第四期。

"雨亭先生因为始终抗日，始终抗俄，始终反共之强人。以言抗日，则以东北一隅之地对抗日本侵华政策，而首当其冲，拒绝日本制造满蒙分离运动而不遗余力。十七年六月二日即出关前夕，尚严词拒斥日本实力援助，与国民革命军分治长江南北之提议，实即日本假张氏以分裂中国窃据东北之阴谋。以言抗俄，则维护东北边防，督理东省特区行政，以及收回中东铁路交涉者等，经过困难甚多。以言反共，则对共产党及其阴谋深恶痛绝，搜查天津、哈尔滨苏联领事馆、中东铁路以及北京苏俄大使馆，皆为震惊国际之事件。秉持国族大义，保持国家主权大体，未曾屈从强敌无理要求，而签订任何丧权辱国条约。威逼而不能夺，利诱而不能堕，此其所挟持甚大，而其报复甚远也。'强哉矫，强哉矫'①。"

"雨亭先生尤深明大义，热心赞助国民革命大业，曾大力支持过国父北伐，密约会师武汉，以消灭北方曹吴势力及贿选政府而统一中国。国父亦曾以时局及国事意见相咨商，信使往还，互为声援，也曾倡组孙段张三角同盟，请国父北上，共商救国之道。于此可见，当年谋求南北合作之局势及其对革命大业之贡献。"

张学良：他前头说的人名不对，他说的跟实际情况不大像。

访　者：这还有一个王奉瑞②先生。

张学良：王奉瑞他说什么，他是铁路［上的］人？

访　者：他把名字写错了，小标题是"抗俄保家的乡团领袖"，"强硬外交使日本侵略终未得逞"，"不受日本人的威胁，不签屈辱协定毅然出关"，"被炸之后遗言一致对外"。这是陆云山，他说"简述张雨帅之事迹"。③

张学良：不知是谁。

访　者：几个小标题，"知人善任，不分畛域"，"几件重要的史实"，"第一，张雨帅自民国五年夏初，继段芝贵为奉天督军，在当时奉天不仅政治落后，钱法紊乱，所辖各县镇凡属商号，均可自发钱帖，通用市

---

① "强哉矫，强哉矫"，源自《中庸》："国有道，不变塞焉，强哉矫！国无道，至死不变，强哉矫！"政治清明，为官不改操守；国家政治不清明，仍保持气节，这才算顶天立地大丈夫。

② 王奉瑞，辽宁黑山人。曾任正太路代理局长。抗战胜利后，出任沈阳区铁路局局长，东北九省运输总局副局长。1950年去台。王讲的题为《张作霖的对日外交与被炸实况》，载台北《传记文学》第三十一卷第四期。

③ 陆云山讲的亦载台北《传记文学》第三十一卷第四期。

面。商号一经倒闭,则不仅市场受其影响,而更遭损害者为持有钱帖之农、工、商、民。于是张雨帅为整顿钱法,擢用王永江为财政厅长,代理奉天省长,大刀阔斧严加整饬。所有全省商号均不得自出钱帖,而由东三省官银号发行钞票通行全省。一年之间,财政即上轨道,民皆称颂。王永江初被任用,汤玉麟依其与张雨帅生死患难之交,拼命阻挠,但王永江之被信任被重用,并不因汤而受影响。自民国五年至十五年,东北之政清民和,社会安定,王永江之功也。但有张雨帅才有王永江,否则王永江再有奇才、再有抱负,无雨帅信任之专,亦不能主持省政十年之久也。"

"第二,常荫槐本为军警执法处长兼奉榆铁路局局长,职位仅跻于中上级之间,并不过于冲要,但常不仅有担当而且有胆识,执法至严,不畏权贵。雨帅之五太太,世称寿夫人。母家王氏,住奉天小南关上头,门首牌示山左王寓,以明与普通百姓不同,当时东北之权要,多赴其门下,有求进而不得者。一日王家男佣人在奉榆铁路客车上,无票而强据一包厢,即头等包厢也。既不肯购票,亦无人敢令其下车。适常荫槐处长兼局长乘同列车出差。车站人员向其报告,常荫槐亲往查之,并令执法人员将王家佣人拉之下车,乃该佣人仍恃势骄蛮无礼。常乃令其执法处之。部下即在站台之上,予以杖责,重至不能行动。数日后,事经张五太太委婉告之雨帅,以希代王家出气。讵雨帅不仅对常荫槐未予责询,反赞赏不已,说常荫槐能办事,敢打王家佣人,真是有种等语。于是五太太亦噤若寒蝉,不敢再往下说。而常荫槐由此扶摇直上,直至位居跻部长。如非雨帅识人善任,气势宽宏,不听细言,常荫槐再有胆识担当,亦无能有所为也。打通铁路,打虎山至通辽线,是与日人之南满铁路并行之线,在约定上日人对此铁路有权干涉。常荫槐主持北京交通部时,民国十六年冬,日人提出交涉之时,已在此铁路通车之后矣。由此使人知道,唐史房玄龄、杜如晦、魏徵之所以能成贞观之治者,幸有李世民为其上也。东北在民国十六年之前,造成一时康泰局面,论交通,有沈海铁路、打通铁路;论教育,创立东北大学;论国防,有大规模之兵工厂;论军事,几度入关,绥靖京津之变;论政治经济,则民安物阜,政清民和,此皆张雨帅知人善任有以成之也,亦雨帅无负于东北地方与百姓也。"

"第三,在雨帅秉政之时,凡国内有才智之士,均聘用之。初时文人谭铁璜、谢荫昌、史厅长、郑谦均国内杰出之士,雨帅皆予高位器用之。武人何柱国、姜登选、李景林、戢翼翘、许兰洲①、朱子桥②、徐源泉③均武人之智勇有为者,雨帅皆任用而礼遇之,以上所举皆非东北地方人士。姜登选其忠于雨帅而以命殉之,凡为雨帅之部下者,多感戴历久而不忘,此岂偶然哉!"

# 16. 宋黎写得很好

**赵一荻:** 还有二十分钟了。

**访　者:** 他底下说几件重要的史实,还有记忆中张雨帅时代的几件事情。这是丁沛涛、沈云龙……那个事完了,咱们已把最后一个事念完了。到1964年,就是《联合报》还登了"红粉知己,白首缔盟",您结婚的那个,他们的贺词。军事的也念了。前头他们给您写的,序是宋黎写的,他是1987年写的,这本书不是第一次出版,他是87年出版又再版。您看,他说关于军事调查,跟刚才看的齐世英,他不是说,日本把东北的军事调查得特别详细,他们可能是参考了他们的,是吧?我看这里都有什么事,我给您念念大标题,看您愿意听什么,好不好?

第一个"中华民族的千古功臣——张学良将军",宋黎④写的。"《张

---

① 许兰洲,河北南宫人。毕业于湖南陆军学堂。1916年5月署黑龙江省督军,1917年任督军兼省长。1920年任东三省巡阅使署参谋长。1922年任东北骑兵第一师师长。1923年任东北陆军整理处顾问。1927年任安国军大元帅府侍从武官长。1928年后落职闲居,一度任河北省国术馆馆长。抗战时期曾一度出任伪职。

② 朱子桥,名庆澜,字子桥。浙江山阴人,生于山东省长清县。清末在奉天服官,为当时东三省总督赵尔巽所赏识。后来随赵氏奉调四川,任四川巡警道,十七镇统制官。1911年黑龙江都督宋小濂征他为督署参谋长,后改任署理黑龙江巡按使。1916年,任广东省长。1917年7月,改任广西省长,未就,退居上海。1922年应张作霖之邀,出任中东铁路护路总司令,兼哈尔滨特别区行政长官。1925年脱离军政生涯,献身于社会救济事业。

③ 徐源泉,字克诚,湖北黄冈人。曾任张昌宗部师、旅长。1928年所部为蒋介石收编,历任第六军团总指挥、第四十八师师长、第十军军长等职。1932年起任湖北省清乡督办、川鄂湘黔边区绥靖主任。抗战爆发后任第二军团军团长、第二十六集团军总司令、第八战区副司令长官。曾参加南京、徐州、武汉战役。1939年调任军事参议院参议,1946年因病退役,1960年病逝于台北。

④ 宋黎,曾任中共中央顾问委员会委员、辽宁省政协主席,西安事变时在东北军做党的地下工作,参与和平解决西安事变工作。

学良与东北军》一书的编著出版是一件很有意义的事情，因为他可以使人重新回忆起那战火纷飞的时代，回忆起曾有大功于抗战事业的张学良将军和在这场神圣的民族解放战争中做出重大贡献和牺牲的东北将士，这对于培养广大青年的爱国主义思想，激发他们民族自尊心和自信心无疑会有重大意义。在纪念'西安事变'20周年的座谈会中，周恩来同志曾热情地称赞张学良将军是中华民国的千古功臣。我作为'西安事变'的亲身经历者和在东北军中从事党的秘密工作的老战士，在与张学良的接触中深深感到张学良将军是当之无愧的。"

"提起张学良将军，人们会自然联想到'西安事变'。'九一八事变'后，日本帝国主义加紧了侵略中国的步伐，妄图灭亡全中国。空前严重的民族危机改变了国内的阶级关系。当时不仅广大工人、农民、小资产阶级强烈要求停止内战，一致抗日，就连民族资产阶级、农村的富农、小地主的政治态度也有所变化。国民党营垒中的爱国将领也纷纷请缨抗战。然而蒋介石坚持'攘外必先安内'的误国政策，对日寇的侵略步步妥协退让，对内则加紧剿共内战，镇压人民的反日爱国运动。在此民族存亡的紧急关头，张学良将军在中国共产党抗日民族统一战线政策的感召下，在全国人民抗日救亡运动的推动下，坚决走上了联共抗日的道路。他多次面陈蒋介石要求停战，停止剿共内战，实行举国抗战，可是蒋介石非但拒绝这一正义的要求，反而亲自来西安逼迫张学良继续进行剿共内战。张学良几次哭谏无效，忍无可忍，被迫同杨虎城将军一起，实行'兵谏'，扣留蒋介石，发动了震惊中外的'西安事变'。"

"'西安事变'是中国现代历史上惊天动地的重大事件。'西安事变'的发动和和平解决迫使蒋介石改变了反共立场，选择了联共抗日的道路，不但解除了来自国民党方面对红军的威胁，使中国共产党及其军队取得了合法地位，而且使原处于敌对状态的国共两党停止了内战，在同一目标下，逐步联合起来，推动了全国抗日民族统一战线的建立，奠定了抗日战争胜利的根基。对此毛泽东同志曾给予高度评价。他指出，'西安事变'的和平解决，成了时局转换的枢纽，在新的形势下的国共合作形成了，全国的抗日战争发动了，这在中国革命史上开辟了一个新纪元，这将给予中国革命以巨大深刻的影响,将对打倒日本帝国主义发生决定性的作用。张学良将军有功于民族,有功于国家,在中国现代史上写下了光辉灿烂的一章。遗憾的是他在送蒋回南京后却被蒋监禁,成了终身的囚徒。但张学良将军用他那烈火般的赤子之心,为中华民族的解放事业做出了历史的贡献,将永远为中华炎黄子孙所尊敬和怀念。"

"当然张学良将军由于他所处的时代和社会地位的局限,也曾误入过历史歧途。1931年9月18日,日本帝国主义为了摆脱其所面临的严重政治经济危机,实现其长期梦寐以求的霸占我国东北的侵略计划,趁东北军入关调停蒋、冯、阎中原大战和平定石友三叛乱,关外兵力空虚之机,悍然发动了事变。在此以后的四个多月里,张学良将军忠实地执行了蒋介石的不抵抗密令,致使我东北一百三十万平方公里的大好河山和三千万骨肉同胞沦于日寇的铁蹄之下,作为守土有责的张学良将军因此而同蒋介石一起受到了国人的责难。1934年初,张学良旅欧回国后,又先后被蒋介石委任为鄂豫皖剿总和西北剿总副司令,率东北军参加了剿共,但张学良将军能够审时度势,最终选择了一条联共抗日的光明道路,而正是这条道路使他的爱国主义思想得到升华,从而为中华民族的解放做出了划时代的贡献。"

"东北军亦同他的统帅张学良一样,'西安事变'前曾走过一条极为曲折的道路。1937年'七七事变'后,东北军各部本着张学良将军发动'西安事变'的初衷,义无反顾地开赴抗日战场。其中四十九军、五十七军、六十七军在淞沪战役和南京保卫战中浴血战斗,牺牲惨重。五十一军参加淮河保卫战、徐州突围战、台儿庄战后与五十七军一起挺进鲁南。五十三军转战冀、豫、鄂、湘后入缅甸、越南,对日抗战。在激战中东北军的高级将领如吴克仁、朱鸿勋、吴桐岗①、刘桂五、方叔洪②、黄德兴③、刘启文、扈先梅④及无数官

---

① 吴桐岗,辽宁人,国民党陆军少将,第六十七军参谋长。1937年率部参加淞沪会战,11月9日在与日军战斗中阵亡。

② 方叔洪,山东历城人。毕业于日本陆军士官学校。1929年回国后入东北军,"九一八"事变后,转投十九路军,参加"一·二八"淞沪抗战。1937年任第五十一军一一四师中将师长,率部参加台儿庄会战。后率部转进鲁南山区,开展游击战争。1939年6月初,在与日军的战斗中阵亡。

③ 黄德兴,河南永城人。东北陆军讲武堂毕业。曾参加保卫淮河及徐州大会战(包括台儿庄战役)。1943年10月与敌激战时阵亡。时任第五十一军一一四师师长,国民政府追赠陆军少将。

④ 扈先梅,河南省安阳县人。东北陆军讲武堂毕业,历任东北军连长、营长、团长等职。1937年6月,任第五十一军第一一四师第三十一旅少将旅长。1938年4月,参加徐州会战,率部坚守台儿庄,阻止日军向徐州逼近。在激战中阵亡。

兵，其中包括许多共产党员壮烈牺牲，为国捐躯。他们用自己的鲜血和生命为抗日战争胜利做出了贡献。"

"本书作者在掌握大量史料的基础上，经深入研究写成此书，因而全书史料翔实，论述亦不乏新颖之处，可以说是近年来张学良与东北军专题研究的可喜收获。应本书作者之邀，我怀着十分欣慰的心情写了以上这些话，借以表达对中华民族的千古功臣张学良将军及在抗日战争中牺牲的东北军广大将士的敬意和怀念，并且期待着，盼望着在祖国统一的那一天，张学良将军能健康归来。"这是您的学生宋黎写的。

张学良：宋黎，写得很好。

访　者：写得不错呀！当然是为共产党说话。不过说得也很真。

张学良：他现在在共产党里做事。

访　者：当教授，在东北大学。录像带里有他很多镜头。

张学良：西安事变与他有关系。

访　者：还有［搜查］党部也与他有关系。

张学良：党部把他抓去了，跟党部翻了就是，把他抓去了。

赵一荻：还有5分钟8点了。看看对过儿还有没有车。

访　者：您还不给我们写个字儿呀？在这儿写吧。

张学良：今天7月1日？7月1日。

赵一荻：再给之宇写一本。省得打架。

张学良：不是之丁吗？呵呵。叫车没叫来？

赵一荻：李组长在叫，还没有叫来。

# 第二十六次访谈
# 东北空军　东北海军　西安事变

访谈者：张之丙（简称"访者"）
被访者：张学良
同座者：赵一荻
访问日期：1992年7月2日

## 1. 这说明日本还是一个侵略国家

张学良：败了之后，处死十个战争罪犯，你知道这件事吗？
访　者：您说是……
张学良：土肥原贤二。
访　者：土肥原？
张学良：我现在忘记那十个名字都是谁了。
访　者：OK（没问题）。
张学良：那能查着吗？
访　者：可以，你再说一遍，我记一下，记一下。
张学良：不是很要紧的，我忽然想起来他们都是谁。
访　者：您刚才所讲的这都查得着，好，一定查得着。您刚才是说土肥原吧？
张学良：土肥原贤二。他们十个人，我还能记得一两个。我知道他们，头一个有他的名字。我就那几个，不知道还有谁了，一下子想不出来。
访　者：您告诉一下大概齐是什么时候？
张学良：就是战争，日本投降的时候。
访　者：第二次世界大战之后，是不是？
张学良：就几年前，日本战败时，十个战争罪犯，他们都被处死了。我就想看都有谁呢？有他们，我知道，一下子叫不出名字来。
访　者：你这个，这个，日本人的中文名字啊，跟日本原文的名字不一样，我有时对不上头。

**张学良**：可是啊，他们用的是英文名字。

**访　者**：就是啊，我可以查。如果您知道中文的，可以一查，查出日本人，我就可以想得起来，因为他那个在英文里头，完全是他那个片假名①，是什么拼的。

**张学良**：是日本文。

**访　者**：日本名字，所以不太一样。如果是翻成中文的话，[可能好记]。

**张学良**：根本不一样，你比方说，土肥原，咱们讲土肥原，日本语念成什么，我就不知道。

**访　者**：对，对。

**张学良**：有的我知道，比方说"本庄"。

**访　者**：本庄是什么？

**张学良**：他叫 Kong Jiu。

**访　者**：他叫 Kong Jiu。

**张学良**：Kong Jiu，本庄，本，他那个本，Kong，大概叫本的意思。他，日本这个本呢，有好几个念法，这个我知道。这个本字，日本有时念 hong。

**访　者**：对，念 hong（音"宏"）。

**张学良**：ni hong（音"泥宏"）。

**访　者**：叫 ni hong，对啊，ni hong。

**张学良**：也念 dong（音"董"），ning dong（音"泥董"）也叫 hai（音"害"）。

**访　者**：hai？

**张学良**：害，害怕的害。

**张学良**：他也叫 Peng（呼），还念 Kao wo mao dou 念两个音出来。

**访　者**：哦，那，那得，我这个没研究。

**张学良**：他这个日本字，我不太……比如我这个名字，张吧，他念 qiao（音"乔"）。

**访　者**：对，qiao。

**张学良**：他念 liao（音"瞭"）。他学字就不同了，就念 Ka dou（音"卡

---

① 片假名，日语中表音符号（音节文字）的一种。与平假名、万叶假名一起合称假名。片假名的起因，是为了训读汉文。主要用于外国人名、地名等外来语。

都"），念两个字，他叫 Ka dou。

访　者：他这个大概叫……

张学良：我们叫 Ka gu，英文 ka gu，是个小孩啊。他学字念出两个音来，他们日文复杂，很深，就是绕。

访　者：对，他为什么呢？有的念两个发音，还有的是不是他们用这个，中国中文的古文的发音也有。

张学良：不知道，这个我不知道。这个我不太了解。所以就连日本人他自己，他有的人他都不知道他为什么这样。

访　者：就是啊。

张学良：土肥原日本话怎么说不知道，我就不会念，本庄我知道。

访　者：没关系。我记得我那个图书馆里有字典，这个图书馆里有好多个字典。不过，哦，我这儿就可以查看。

张学良：那，那这没关系。

访　者：我到图书馆去。

张学良：他这十个战争罪犯都是谁，我忘了。有几个我知道。好像有松井石根，什么的。

访　者：在您的记忆中，里面有几个人大概您认识，是不是在这里跟东北的有关系。

张学良：我想你到图书馆去查就知道。

访　者：这得上图书馆去查。

张学良：现在日本把他们十个人都入到那个靖国神社，日本的靖国神社是他们的……

访　者：神社啊。

张学良：很高啊，他们十个人……日本的事情都是他们几个惹的。

访　者：吞炸弹就都是他们。

张学良：他们这十个人入靖国神社，可以看得出来，日本还是一个侵略国家。

访　者：您说，他现在还不是，就是换着样的，现在就是经济侵略。

张学良：不对，军事侵略也还［经济侵略］。我前几天看见电视，他们军队那很好。

访　者：啊，他们开始……

张学良：要出兵啊。

访　者：对，对。

张学良：国外，他的军队出来。唉呀，那很好，我看那日本训练得真好。

访　者：我就说啊，有的时候，有人说生活好了，社会安定，人都不想打仗。现在日本社会可以说是经济繁荣的大的国家，可是他们仍然有他的武士道精神。

赵一荻：这是民族性的问题。

张学良：他这个……这个日本啊，和俄国一样，认为战死为荣啊！

访　者：对，他这个阿拉伯人都有一个［以死为荣的精神］。

张学良：都以战死为荣啊。

访　者：那的确是民族性，蛮横得很。

张学良：他那个民族性是这样的……哪一个国家我不晓得，就是战死的人，血就变成宝石。

访　者：这灌输人们一种思想。

张学良：对。

## 2. 除孙中山外没谁具备统一中国的威望

访　者：您说今天我们……您想谈点什么，我那有几个大的问题，也有几个小的问题。

张学良：那你问吧。

访　者：所以我就想，今天夫人在，所以把大帅的事情先搁一搁，趁着夫人在，夫人她喜欢谈的事情……我们……你哪天要是想看看录像带的话，就是上次我们带的录像带，您哪天有空，我给您弄一弄……Hello，Testing（喂！试一试录音）。今天是7月2号，现在是下午3点钟，我们在张府上继续访问张将军，开始。我就给您搁在这儿吧，现在是在张府继续访问。我是想，不知道在您的想象之中，在那个时期的这些人里头除去……

张学良：有那个意识，他也没有那个力量。那么中国统一的时候，没有那个力量。我跟你说，一般人呐，在这个事情也许一般的人没有看出。北方、南方……我说，我先说。咱们往大了说，云南，那是一个单独的地区了，那云南一直是唐继尧的力量。那么比方说新疆更远去了，那新疆有个姓杨（指杨增新）的，那是他的力量。比方说，往边疆上说，很大啦。比方说东北，再就是广东、广西啦，那都不同，中国太辽阔了。那么再往内地说呢，就是江浙、安徽，这又是一个势力范围了，可以说是割据一方了。湖南、湖北又是一个割据。

访　者：所以满清推翻以后，就是中国呈现了一个各自地方强有力的地方实力。

张学良：满清刚倒的时候，那个时候就是乱，割据一方啊。那就是一个省，甚至还有好几个呢，那省统一都不容易啊。

访　者：对，不过在那个局势下，就是说，大家可能都有希望……这些人，当然老帅都有接触了。您的记忆中，哪些人的确有［统一中国的能力］虽然不见得能够真正统一中国，可是有相当的实力，可以做出点什么，像老帅在东北呀……

张学良：我年轻的时候，我记忆有，除非孙中山先生有这个名望，不是有这个力量。那么真正有力量统一［中国］的，那个时候，没有谁。那袁世凯已经没有了，没有谁了。

访　者：不过他们每个人的力量，都是在他们自己的地区之内。

张学良：那地区慢慢地扩大。

访　者：那么这些个人……比方说对自己地区之内管理治理最好的是谁？

张学良：那可以说是阎锡山算一个。

访　者：阎锡山，老帅在东北，阎锡山［在山西］。

张学良：云南的唐继尧，你知道这都是地主，他本地人，有的是外省人来统治的，那就又不同。

访　者：谁是外省的人统治呢？

张学良：你比方说，这个谁呀，孙传芳啊。他这个统治西南，这就不同了，他是外省人。这大多数是本省起来的，还有倪嗣冲①等。

访　者：倪嗣冲。

张学良：安徽的。

访　者：安徽，他也是当地人？

张学良：他是安徽的，他相当的硬，那时候，他和张勋俩儿是同学。都是清朝遗留下来的，都在清朝做过官。那都是各地域的人不同的，各地的人都割据一方啊。

访　者：割据一方，是。刚才照您的分析，有的是把他自己的地区，因为是

---

① 倪嗣冲，皖系军阀，北洋陆军上将，曾任安徽都督、长江巡阅使兼安徽督军等职。

本地的人，像孙传芳，外省的人，但是总有一个区域。那些人呢，您分析一下，是不是都是先有军权呢？

张学良：当然，都是有军权，军人。

访　者：由军变成主治地方的治理。

张学良：可以说是各霸一方。

访　者：但是，您要是从中国的历史观点来看，每一个朝代，在结束的时候，另外一个朝代开始，都是有一个好像战国时期。

张学良：除非有一个大有力量的人。

访　者：然后这些个，就是您所分析的这些地区性的人。有的就能把势力扩张一些，那其中最明显的就是老帅了。

张学良：他［开始］只有小的势力范围，慢慢地［发展起来］。

访　者：那么这些人里除去老帅之外，还有别人也做到了从他的基本据点往外扩张了一些，有哪些人呢？

张学良：一下子我还说不出来。

访　者：北方？

张学良：北方，旁人也没有。那后来就是冯玉祥了。冯玉祥他本来是个旅长，他起来得很特殊，他本来没有地盘，他自己是个旅长，后来他起事了。

访　者：他是哪儿人呢？

张学良：冯玉祥是安徽人吧，他是这样的，他是一个旅长。他的舅舅，叫陈宧①，是原来袁世凯的几个大将，他是跟他起来的。

访　者：哦，这样的。

赵一荻：那还有阎锡山啊。

张学良：阎锡山是他的大将，完全没往外走，后来他往外走。阎锡山就是保守他山西，后来他就到了河北了，占了河北一个地方。

访　者：我本来是想，您给分一下，就是说实际上，如果要说某几个关键，都能如愿的话，可能老帅就是从东北到华北，那可能是整个半边天了。

张学良：后来他就半边天了。

访　者：是呀，那么只有老帅做到半边天了，别人还做到了吗？冯玉祥没有

---

① 陈宧，湖北安陆人。北洋军将领。曾任四川巡按使，督理四川军务。冯玉祥曾在其手下任旅长，但陈不是冯的舅舅，张学良记忆有误。与冯有姻亲关系的是陆建章（1914—1916 年任陕西都督），冯的原配夫人刘德贞系陆建章的内侄女。

做到，因为他跑来跑去。

张学良：后来冯玉祥是把西北整顿了。在我分析啊，他没能站的太住。他不是地主，不是本地人，不过他把西北给占了，他没能站得太稳，他不是西北人，明白？阎锡山他始终能在山西站得稳，他就是起于山西，他是山西人。那么，比如说我父亲也是一样，他起于东北，他是东北人。云南唐继尧，那他始终站得住，后来，西南他那部下叛变，把他推翻了。

访　者：哦，那我想拿这个作为引子，咱们退回来，就是您认为这里头哪一个是统一国家的人选，您不用说他后来做得到做不到，这个带军和地方行政，跟其他各个地方交往上，哪一个您认为是一个扎扎实实统帅国家的人？

张学良：比方说，阎锡山这个人啊，不能说阎锡山这个人，可以说山西人是保守一点，这个人是很厉害的。他后来慢慢地也扩充一下子，也想统一中国，也起来一下子，他是一个。这里，我很佩服的是唐继尧。

访　者：唐继尧？

张学良：阎锡山、唐继尧，他们都是日本士官学校的学生，都是留学日本。不过，阎锡山是最早的，早一期的。这唐继尧野心不小啊，你知道中国有个叫"七总裁"①，就有唐继尧在里面，最大的力量是他。

访　者：哦，是吗？

张学良：后来唐继尧叫他部下叛变，把他推翻了。后来起来的，崛起的就是冯玉祥了。

访　者：嗯，就是说阎锡山是一直在山西，冯玉祥走来走去，虽然在西北站住了，最稳的还是老帅，对不对？

## 3. 奉天势力［是］怎么强大起来的

张学良：他是东北人嘛，自个儿家乡啊。还有东北呀，唐继尧也是有点跟东北学。中国在那内地里头，很难吃遍……东北是靠俄国、日本，

---

① 七总裁，1917年，孙中山在广州宣言"护法"（即护《临时约法》），反对北洋皖系军阀段祺瑞的统治。非常国会选举孙中山为海陆军大元帅，广西军阀陆荣廷、云南军阀唐继尧为元帅，组成军政府。次年，陆荣廷和一部分议员，改元帅一长制为总裁合议制。以孙中山、伍廷芳、唐绍仪、陆荣廷、林葆怿、唐继尧、岑春煊7人为总裁，以岑为主席。孙中山被迫离粤。1919年，陆荣廷与北洋直系军阀妥协，护法军政府撤销，"七总裁"解职。

明白？

访　　者：还有海岸线。

张学良：是呀，没有后顾之忧，明白这个意思？唐继尧他后边靠的是法国。所以他云南也是占着这个便宜。

访　　者：嗯，对了。

张学良：你在内地就不同了。你比方说，你在江浙啊，在安徽，那你四面都是……

访　　者：对，不过要这样说起来的话，有人分析啊，东北比其他地方占优势的是，不单有后面的屏障，碧绿的屏障，有这个宝藏，像老帅说的，这宝藏都在地下埋着。还有那个海岸线，也能够通一通，而且像葫芦岛，从天津那边出来。

张学良：东北还是占了很大便宜。东北人不能说个个这样，东北人大多数很野。

访　　者：很野？怎么野啊？

张学良：当军人啊，杀人啊，干什么啊，很凶。你比方说，山西人就没有东北人这么厉害。这山西人，做生意或是什么的，不能说都是这样，是这种人，是强悍啊。

访　　者：而且是勇敢。

张学良：东北的军队出来很容易，军队哪儿来的兵呢？他都是地方大多数穷人，外面也招兵了，这些个人，他愿意干这行，多数他愿意。你比方，我有一个老部下当差的，他家里很不错。他就说，"我家里要出来一个当兵的，给家里头长长力量。"

访　　者：以此为争光。

张学良：对，我家里有一个军人，有这样一个意思在里头。

访　　者：所以昨天您分析了一下，您说历代开创一个王朝的人、做皇帝的人多一半是北方人，可是做首相的，多一半是南方人，这是地区和民族性的问题。奉张在民国初年的时候，就是您所说割据局面的时候，您能不能够分析一下，当时就刚才咱们所说的这些人，据您所知道的，就军队的训练、装备、领导方式和军队的财力，这四点您分析，拿东北为分析的中心，跟冯玉祥、跟阎锡山、跟唐继尧分析分析。

张学良：这东北的势力怎么会大起来的？这也是时势所在。东北原来并没那么大的力量，没有那些军队，没有武器啊。这个事情是段祺瑞和冯国璋，冯国璋当总统，北方的势力不理会，这在中国历史是很大的事情，劫械之难。冯国璋要练三师兵，买了日本军火。军火来了，到了秦皇岛。那时候段祺瑞当陆军部长，由他发护照（指取货证明）的，陆军部知道这个消息，那段祺瑞派他的次长徐树铮到奉天，告诉派军队截留。奉天派军队，到了秦皇岛，就给抢了，拿这个军火扩充很多的军队，所以，奉天这个势力大起来了。①

**访　者：**您刚才说，他从日本买了多少军火？那相当大的一批了。

**张学良：**可以编三个师啊。

**访　者：**编三个师，那整个都劫过来了吗？

**张学良：**这个钱是怎么来的，我还是记不清了，这个钱是一种借款吧。

**访　者：**对，对，是借款，那从这儿起……那又是老帅的机智，把它劫过来。

**张学良：**我，已经［开始走上社会了］。

**访　者：**您十一岁。

**张学良：**我十八九岁，我还没进讲武堂呢。

**访　者：**所以，那么这就是军火。您的想法就是配备，就是军事的配备也要强。

**张学良：**奉天就扩充了……我忘记了，我就记得那个时候，当小兵差不多都当连长了，扩充了那么多的军队，官儿都毛了。

**访　者：**那士卒，兵从哪里找的？当地找的？

**张学良：**那兵，招兵。

**访　者：**马上就招兵，有了武器就招兵。

**张学良：**招兵，那个时候是山东人，是哪儿的人就招啊，就招兵。那时候招兵很容易呀，那个人都很苦的，到处［都有想当兵的人］。

**访　者：**那么，您认为这装备是一件事，那么其他的像冯玉祥的装备怎么样？从哪里来的？

**张学良：**冯玉祥的装备大概……后来怎么来的，我都不知道，也许是买的。

**访　者：**那这样一来，就是说……

**张学良：**那个时候，外国军火很多，日本卖军火，意大利卖军火，很多很多。

---

① 即劫械之难。冯国璋任总统后，与国务总理段祺瑞发生矛盾，段愤辞总理。段的心腹干将徐树铮北走奉天，密谋倒冯。徐得知日本泰平公司装有军火的商轮正在秦皇岛卸货（据说此货系冯国璋等购于日本），便建议张作霖武装劫取。张遂派兵将这批军火运到奉天。劫取这批军械后，张作霖立即招兵扩军，增编7个混成旅和1个暂编师，军事实力急剧膨胀。

访　者：都卖给中国，让你们自相残杀。

张学良：吴佩孚装备的军火就是意大利的。

访　者：那您大概知道唐继尧的装备跟东北军的装备［相比怎么样］？

张学良：那唐继尧的装备大概是法国的。

访　者：那四川的呢？

张学良：所以四川的军队不厉害。因为他没法装备，没有来源。不过，当时咱中国有兵工厂，地方都能做，自己造枪了，那不就汉阳兵工厂①啊，那后来，奉天自己兵工厂②做枪。

访　者：啊，除去装备之外呢？比如说，东北的势力能够发扬光大起来，不但是加强，加实，而且是发扬光大。一方面是军火问题，这个是您刚才说这个劫械，这是个起点，完了之后就是您自己建兵工厂？

张学良：后来自己有了兵工厂了。

访　者：这也是老帅看中的事，应该去做的。

张学良：那兵工厂主要的，还不是别的，做子弹啊，子弹已经能做了，就不用买了。

访　者：东北有名的是迫击炮啊，东北的迫击炮不是比较有名吗？

张学良：那迫击炮很容易做。

访　者：别的军队有吗？

张学良：那时候没有迫击炮这一说，他们都不懂。迫击炮由奉天出来的。外国已经用了，可是头一个是奉天出的③。那就是那个人叫沙顿，是他。

访　者：啊，是沙顿。另外，还有就是空军。

张学良：有空军。

---

①　汉阳兵工厂，1890 年由湖广总督张之洞在汉阳建立。原名湖北枪炮厂，1893 年投产，主要生产德国 88 式步枪和小型陆路快跑。常年用工约 1200 人，是洋务运动后期最有成效的军工企业。1904 年枪炮厂规模扩大，改名为湖北兵工厂。1908 年，改称汉阳兵工厂。

②　指东三省兵工厂，1919 年由张作霖在奉天军械厂基础上创办。初名奉天机器局。1923 年，改名为东三省兵工厂（通称奉天兵工厂），下辖枪弹、枪、炮弹、炮、药、铸造、火具、兵器等 8 个工厂。聘请德、奥、日、俄等外籍顾问技术人员数十人。到 1929 年，每年能生产大炮 150 门，炮弹 20 余万发，步枪 6 万支，枪弹 18000 万粒，轻重机枪 1000 挺以上，常在工人 20000 余。1931 年，试制成功 10 发自动步枪。沈阳被日军占领后，更名为关东军野战兵器厂。

③　1922 年，张作霖扩建兵工厂，重金聘请英国人沙顿（号称"独臂将军"）为迫击炮厂总监（外国人称总制炮师）。奉天生产迫击炮和迫击炮弹，比上海和汉阳兵工厂早一二年。沙顿主持制造的炮为英国斯托克斯式，1922 年生产的称为 11 年式，1924 年生产的称 13 年式。每门炮随带炮车 1 辆，弹药车 1 辆。正常情况下，每月可制造迫击炮 80 门，炮弹 4 万发。1963 年英国伦敦出版了《幸运的将军——独臂沙顿的故事》。

访　　者：空军也是你们东北先有的，是不是？

张学良：先有的，不过旁的也有了。不过力量没有那么强大，没有东北的空军大。

访　　者：您的空军大，在那个时候，能够跟他们……从这个军事实力来比较，您的军事实力很庞大，庞大到什么程度？不是您开始的吗？

张学良：是呀，空军在中国是第一。

访　　者：第一，您有多少飞机？战斗机吗？

张学良：那个时候，东北军有三个队，空军编成三个队。也不能说是太多，二十多架飞机，一时说不出来了，后来买了飞机。不过，那个时候，东北军飞机油不是太多，有几架是很优秀的飞机。

访　　者：嗯，那优秀的飞机是哪国的？

张学良：头一个是意大利的，那是意大利来演习，他把这飞机扔到奉天，后来就买下来。后来，奉天也买了几架这个飞机，那么意大利很愿意。那个时候军火都不许卖给中国，意大利偷着卖给我们的，那就是那么回事。那时候我们说买下零件我们自己造啊，其实就是［买了飞机］。

访　　者：那么后来……昨天您说过跟荷兰有过一个协议。

张学良：本来，如果不是"九一八"事变，我跟荷兰一定交易。本来到奉天去找他，合作以后做飞机厂，我们造了以后用不了，我们自个儿再卖，没成功。

访　　者：那么这空军的构想是您的？

张学良：这不一定是，那时候都有，各势力都有飞机。那个时候，我思想进步，稍微新，对外国的事情认识一点。我认为这空军有力量啊，那时有的人还不想［让］空军有那么大的力量。不过，直隶空军也相当厉害。

访　　者：直隶空军，他们的势力有多大？

张学良：他空军是这样的，我们那个时候空军力量没他大，因为他有几架大飞机。

访　　者：可是后来……您刚才说还是全国第一，这就是说，您飞机的数量比较多，而且也优秀。

张学良：不是。训练得好一点。还有那个时候开飞机的，可以说就是操作手，把飞机飞走的。后来我们这个有点军事训练的架势。

访　　者：那这些军事训练，您是从哪里找来的教官？

张学良：我们里头是有几个俄国人，有一个法国人，后来奉天空军就［由］日本训练了，也买了日本飞机。

访　者：那后来教官都是日本人吗？

张学良：日本的。

访　者：那这些日本人，您信得过吗？

张学良：那这训练没关系。后来，他训练，这个高志航①，你知道这个人吗？

访　者：不知道。没听说过。

张学良：就是现在空军的这个英雄啊。他跟日本人打仗的时候，他在跟他的先生打，他看见了。

访　者：他的老师？

张学良：对，当年奉天的，日本训练的老师。

访　者：教官？

张学良：教官。

访　者：由这一点啊，您的意思是说，一个军队的实力强不强，要看他的装备，要看他的训练，还有呢？

张学良：那装备还是第二。

访　者：装备第二。

张学良：要看他的人，看他的训练。

访　者：训练第一。

## 4. 东北海军原来是中央海军

张学良：那时候，奉天不管是空军，海军也来了。

访　者：对，海军您不是找的那个沈鸿烈吗？

张学良：沈鸿烈。

访　者：您是从哪里找到他，为什么您找他？

张学良：不用找他，沈鸿烈这个人很有意思的，他是政府派的海军。

访　者：您所谓的政府是南京吗？

---

①　高志航，原名高铭久。曾任东北航空处飞鹰队少校队长兼教官。1937 年，击落日机 2 架，开中国空军击落日机之先例。1937 年 11 月 21 日，被日机炮弹炸中殉国，时年 30 岁。国民政府特追授其少将军衔。蒋介石亲自主持追悼会，并献花圈致哀，上书"高志航英雄殉国，死之伟大，生之有威，永垂千古"。今台湾台东县空军基地仍称"志航基地"。张学良为其题词："东北飞鹰，空军战魂"。

张学良：北京，那时候，南京政府还没有呢。北京政府派的海军，到海参崴去，参加共同出兵，那时候对付白俄①的。他带着，不是他带着，他有个海军司令，姓王，他是参谋长②。那个时候，带着海军几条船，到一个地方，就赶上日本和俄国冲突了，他暗中开炮打日本人。那就不管了，后来这个海军，所谓中央啊，没有钱，连饷都发不出来。那时候北京穷得很，你不晓得，北京几个月……

访　者：哦，我记得夫人说过，连薪水都拖欠。

张学良：一两年不发饷啊，那么发不出来，那后来奉天给钱，就把这海军接手了。那接手就变成奉天的海军了。不过，这海军是在江上，不是能到海上去的，他们都是小船，船并不大。

访　者：您刚才说共同出兵，北京政府和奉天政府……

张学良：不，不是。

访　者：共同出兵是跟谁？

张学良：连美国都有，共同几国出兵对付白俄的。

访　者：啊，那么这样开始了奉天的海军，而且海军沈鸿烈也相当有能力，在整个国家海军历史上也有所作为。那么海军之所以能够开始，就是因为这个小插曲。虽然是说这个有办法，但是没有钱，那么奉天接济。

张学良：这个海军，不叫海军，叫江防舰队。

访　者：江防就是因为都是在松花江？

张学良：松花江。

访　者：那什么时候您才给他扩充海军呢？您记得吗？

张学良：后来了，到后来中央的海军有一部分投到奉天，那就接收，那就后来了。

访　者：中央就是南京了？

张学良：那个时候是北京，没有南京。

---

① 此处有误，应为对付苏俄——苏维埃俄国。下同。
② 东北海防舰队的创建。1918 年 4 月，北洋政府接受协约国邀请，派军舰进驻海参崴，与美英日法意等国军队共同组成对付俄国革命的干涉军。次年，北京海军部设立吉黑江防筹备处，任命王崇文为处长，并任海军司令，沈鸿烈为参谋长。1922 年 5 月，由于北京海军部财政困难，欠饷严重，令吉黑江防舰队脱离北京海军部，划归东三省保安司令部。1923 年春，张作霖以军费报销不实撤了王崇文司令职务。张采纳海军参谋长沈鸿烈建议，于葫芦岛创立航警学校，并从江防舰队抽调技术人员，改造 2 艘海船为军舰，组成东北海防舰队。

访　　者：还是北京，投到奉天，也是因为，大概可能是说，北京的军饷也发不出来。

张学良：根本也没有军饷，那个时候，那［北京政府困难的很］。

访　　者：那怎么打仗啊？

赵一荻：那就那么回事，那我姐夫不在空军嘛。

访　　者：您姐夫在空军里头？那也没钱？

赵一荻：没有钱。

访　　者：那日子怎么过啊？

赵一荻：靠他媳妇过。

张学良：那一年两年都不发饷啊。

赵一荻：靠叔父的钱。

访　　者：靠家里接济。

张学良：那个时候的事，你大概不知道，很有意思，没有钱，不发饷。

访　　者：所以这种情况，咱们怎么能维持军队啊？

赵一荻：所以北方能成功也就是这样。因为北京政府实在没钱，他筹不到钱，他哪里筹钱去？北京政府啊，各人都占着地方，他哪里筹钱去。

张学良：没有钱，他没钱，北京政府有钱的，都是哪一个部，哪一部有钱。

访　　者：交通部？

张学良：交通部还没有多少钱，就是司法部。

访　　者：司法部有钱，为什么司法部有钱呢？它又不做生意？

张学良：那法官可以［搞到钱］。

赵一荻：打官司受贿，那不就［有钱了］。

张学良：法官审案要钱哪。

访　　者：这样啊。

张学良：大概，我那个时候就是有钱。

访　　者：那么这样一说起来，您看，海军、空军和陆军这个装备，这都是因为奉天有钱，可以供得起。

张学良：有钱供得起，还有一样，奉天也可以跟日本方面买个材料或者这方面的……

访　　者：所以还得"向钱看"，没钱这军队也……这个经济来源。就是说维持一个军队，你的经济应当充沛，所以你才能训练，你才能装备，你才能抚恤。那么这些钱，我们说东北阔了，但是大家都知道东北阔了，东北怎么阔的？

张学良：有钱啊，东北银行里存着几千万呢。

访　者：那么，钱从哪里来呢？

张学良：我父亲第一次参加内战的原因呢，这就说历史了，就是那个时候叫交通系①，就是谁呢？梁士诒跟叶誉虎②，那么交通银行啊，是挤兑呀怎么的，我还弄不清楚，奉天借给交通银行［钱］，借给中央政府的钱，奉天拿出来的。我父亲这个人也很有意思，借给他们钱，交通银行［要］倒闭呀，挤兑没倒闭呀，就是奉天给接济的，借给他们的。我现在记不清了。③

访　者：数额一定相当大啦？

张学良：600万吧，借给他们啦。你就知道奉天有多少钱吧。我记得好像……所以自打内战，王永江气得要死，就是因为钱。那时候，奉天政府大概存有2000多万，奉天政府自个儿的钱。那时候，王永江这个人很厉害的，王永江因为这个气走了。我父亲其实很器重王，王永江说，"你要钱，我给你。"所以就相当的节制。后来，杨宇霆当了参谋长，他就给我父亲出了个道儿，他说你自个儿去提，这一下我父亲就随便提钱，所以王永江就非常气了。有2000万，所以打内战有的是钱，后来，结果把这2000多万都给花了。所以，那时候奉天富裕得很哪，你这地方给政府借钱……

访　者：所以那也就是说，我们再回过头来说得简单一点，奉天有钱，但这个钱，不是说你印多少钞票，就行了，你得真有财富跟资源。

张学良：政府收入大呀。

访　者：对，政府收入是以什么［办法弄来的］。

张学良：地方税收什么的都是。

访　者：地方税收，那就整个东北的，那就不是指奉天了。

---

①　交通系，北洋时期的一个政客集团。其首领为梁士诒。清末民初，梁曾任邮传部铁路局局长，袁世凯政府交通、财政总长，逐渐形成把持交通和金融财政领导权的利益集团。袁死后，梁遭通缉，曹汝霖继承其势力，任交通总长和交通银行总理，称"新交通系"，直至1928年北洋政府解体。

②　叶誉虎，即叶恭绰，字裕甫、誉虎。

③　张作霖助交通系倒阁。1921年起，北洋政府军费积欠严重，日本在华盛顿会议期间又散布五国共管中国财政谣言，因此，各地发生银行挤兑风潮，靳云鹏内阁遭遇前所未有的财政危机。旧交通系中坚叶恭绰密潜奉天，拉拢张作霖，借机倒阁。在叶的劝说下，张提用东三省公款400万借予交通银行，用投资的方式控制了中央财政。在奉系、旧交通系夹击下，靳内阁总辞。根据张作霖建议，交通系首领梁士诒当上了内阁总理，叶恭绰任交通总长。

张学良：这王永江这个人哪，我那时候还年轻。他办理这个税收啊，他是很能干的。由他管理的，差不多这奉天的税收增加了三倍，他有些怎么这改良，那改良的，增加了三倍。

访　者：所以他很会理财。

张学良：不光理财，在政治上也很有能力。

访　者：也就是说他这个［人搞经济很有办法］。

张学良：他很有脑筋，会用人，他也用了几个人。

访　者：那么也就是说，他知道怎样来发展这个东北天然资源。

张学良：那还不能说发展天然资源这个事，他很会知道在政治上这种理财，税收啊，他本来是从小官儿起来的，一个小官慢慢起来的。

访　者：但是，奉天有钱，借给地方政府钱，如果，当然这钱都是奉天区域的了。也就是说，我就说这整个儿是个圆圈。你有军队的实力，你才能维系一个地区，维系一个地区，你才能有经济的来源，有了经济来源，您充实一切。

张学良：奉天他很安定的，没有什么别的问题。

访　者：但是奉天安定，也多一半是［因为有钱］。

张学良：没什么问题。

访　者：没有什么问题，也是因为有了一个强有力的军队。

张学良：也不能那么讲，奉天它向来没有什么不安定的问题，他没有什么军阀，也没有小的，你明白吗？

访　者：那会儿听说有土匪，您不也去劫匪了吗？也有苏联的人？

张学良：那是上吉林去剿匪，奉天没有。

访　者：哦，那我说的不是奉天，是整个东北。

张学良：东北是，那吉林有土匪那也是因为吉林的政治腐败，吉林过去政治腐败才有的。吉林，我跟你说，我杀了一个人，这个土匪有两千多啊，那我杀他的时候，这个人就跟我讲，"少帅，我不是土匪……"他是个大地主啊，我说，你不用说了，我知道，我到这儿，我一定知道你……但是事情到了这个时候了，你一定得……那我，他说，我不求我现在，我并没说饶我不死啊，我愿意你知道我是怎么回事儿。我说我一定知道。那就换句话说，地方的政治腐败，才出土匪。这简单说，那说起来，这可长啦。

访　者：对。

张学良：那政治不开明，所以才有土匪。

赵一荻：不过，他要知道了，奉天是富庶了。

张学良：什么？

赵一荻：富庶。

张学良：富庶，那是。

张学良：这里面什么都有。

访　者：我记得您曾经说过。

张学良：我跟你说，我简单地说，杉树，懂不？这么粗的杉树，三块钱。呵，错了，一块钱一棵，你可得自己拿出去，交通没有。那我跟你说，那地方现在［仍有很多树］。

访　者：您不是说那个跟日本借款也是以那个借款吗？

张学良：就是那个地方。我们进去那个树林子，晚上睡觉，还在那个树林子里头。

访　者：走一天都走不出去。

张学良：走不完哪，你说是富庶。

赵一荻：出产多啊，天然资源。

张学良：我还跟你说，我连自己都很惊讶，我们晚上睡觉，东北烧炕啊，热炕头儿，懂吗？啊，你这炕烧的什么？怎么……他说，黄豆啊，我说你怎么拿黄豆烧炕？他说，我黄豆有这么多，我干什么用啊？他说黄豆烧炕有好几个好处。他那个地啊，就是脚踩，上头那个肥呀，我黄豆除去自个儿用之外，我放把火烧了。我说这怎么，他说往哪儿拿呀？没有交通，我说烧了就肥我这地呀。

赵一荻：那也好啊。

张学良：你就知道这个情况，我跟你说这个叫……那个红的，这么粗的。

赵一荻：红菜头。①

访　者：因为他土肥啊。

赵一荻：资源，还有资源嘛。

张学良：那胡萝卜也是这么粗这么大的。

赵一荻：黄豆、煤矿。

访　者：黄豆、煤矿、金矿，您刚才说还有森林。

---

① 此处应该是甜菜头。甜菜，二年生草本植物。分多种，其中糖甜菜可以制糖。

张学良：那金矿……我奉天家里还有。我跟你简单地说，那个开金矿的人，把他自己个人的钱没有了，用完了。他出去募捐，募股啊，他认识一个朋友，这个朋友跟我讲呢，1股100块钱。那我跟那个朋友两个人入了一股，我们每人50块。过了一年，分红了，我现在一下子说不出来了，反正分了几十两金子。

访　者：哎哟，你那会儿应当多入几股。

张学良：不是那个化好的金子。就是那个，他们叫作虎头金的。金矿出来的。他那个金矿跟旁的玩意儿不一样，他是一条一条的，你找着了，它就［在］跟前呢，可没找着。那现在是行了，现在有那个设备啊。

访　者：现在有测量仪了，那会儿找起来不容易。

张学良：有的人简直赔死了，就在旁边呢，不知道。

访　者：那会儿没有这种机器，就是凭运气。

张学良：那个金子都是这么大，一块一块的，不是整个金子，就是这个石头。

## 5. 主要是张作相把我提拔起来的

访　者：那我就现在想啊，奉天这个军队的实力，就是说地方实力，除去装备，我们提到了，除去训练，当然您有什么用他们外国人啦，还有日本人，当然你得有钱来供给这个，我认为这是最基本的。还有一点我就想，特别我想跟您请教，是不是你训练也罢，你装备也罢，如果你这个将领的，做头的，你的思想上边，你的主义方面，对人方面不行……是不是，您说一说？

访　者：今天我跟您请教的，听着像是太空阔了。我想做一个陪衬，然后我们可以说您和老帅的事。那么我们刚才说到这个训练，说到装备，说到必须有经济的资源，我们提到最主要的，是谁来做这个领袖。

张学良：什么？

访　者：就是谁来做这个领袖，所以，你比如说老帅为什么可以能从东北到华北，等于半边天。那您说这个孙中山先生怎么样有声望，为什么这个阎锡山先生，您认为是一个……外面的人都说他是个模范省主席。啊，冯玉祥大家都说他是倒戈将军。这个外面这些别号，也就是说，大致地把他的特性说出来了。那么，到现在没有人能够把老帅说出来，只是说怪杰。所以，也就是说，昨天咱们念的几段，您认为老帅跟您作风上有很多相似的地方。因为当然是,您等于说是在老帅这个政治生涯中培养出来的。

张学良:你问这个话,我可以直截了当地说,我的关系很大。

访　者:您的关系很大?

张学良:我的关系大,是怎的关系大?第一样,我们父子的关系,他把这个全权交给我。那么还有啊,我就是敢于独断专行,旁人不能那么做的事,我就做了,他也就承认了。比方说,他的部下,我就给枪毙一个两个的,那就枪毙了,那旁的人敢这样做吗?不敢。还有,这个事情,我就要特别声明,我这个带军队的成功,最要紧的还是郭松龄。

访　者:您再说一遍,您带人最什么?

张学良:最要紧,我的军队能够成功主要的是郭松龄,那可以说我的军队大多数是他的力量。那么训练啊,干什么事情,都是他。换句话说,大事在我手里,小的这种事情我连问都不问,都给他。那么这是很大的问题。那么因为这样呢……不但是他一个人,我也用了好多个人,比方说骑兵的何柱国啊,炮兵的这个邹作华啊,我所以用了好多个学生,你明白?那个时候,军队都是老粗了,可以说是军队的改良,这个原因很大。

访　者:军队的改良,整军经武,就是郭松龄的贡献很大。

张学良:大部分是他的贡献。

访　者:可是在跟您合作之下,他的贡献。

张学良:是啊,是啊。

访　者:那么,您说您的影响很大,一方面就是您自己能够了解郭松龄这样的人,您能够用他。同时,您对老帅也有相当影响。当然,这老帅这些老一辈的呢?

张学良:那老一辈地对我很不愿意啊,所以我们那时分析呀,老一辈人啊,像汤玉麟啊都不大……不过张作相他是对我很好,我是他提拔起来的,他看得起我。我接的事情都是他的事儿,他把旅长交给我了,他把师长交给我了,就这样。我受提拔,当然我父亲关系很大啦,可是主要是他把我提拔起来的。

访　者:可是啊,在我们分析呀,就是郭松龄是有相当的贡献,因为在您的领导下,他做的一番整军经武的工作。但是,主要您还要跟老一派的接触，跟老帅接触。跟老一派和老帅接触又不一样，而且您对老帅在行政方面、政治方面的接触，所以，这一方面，我们不能抹杀郭松龄的贡献，但是，另外您对老帅的影响也有很多。

**张学良**：不但这样。比方说张宗昌、李景林，这些个接触有很大关系，当然有很大关系。那么比方说，这个事情我就可以不能完全做主的，有时候，我就做主把这个事情办了。

**访　者**：您昨个儿说，从老早老帅就把事交给您，家里的事儿。我们先不说家里的事儿，当然，把家里交给您那是应该的，您是长子，另外，整个儿的军权哪，对外的交接什么的，要紧的事儿，像郭松龄的事情啊，像天津开会什么的，有很多地方，您从小就……

**张学良**：我上回跟你说的，也不光是这样子。因为第一次奉直战争完了，我当时不知道，那么后来我才知道……原来我父亲手下的大将是张作相，我父亲的事情都在张作相手里头，张作相等于是我父亲的代理。

**访　者**：主干。

**张学良**：主干。那么后来他们就要求啊，换句话说，张作相的地位是我代替的，这是他们大家上的一个条陈，这我后来才知道。那办奉天整理处，我当参谋长什么的，那就是从这儿来的，慢慢地军权就到了我手了，原来我是没有那么大的军权。

**访　者**：那么另外也就是说，老帅和辅帅两个人，不管是商量好的，没商量好的，希望能把您培养出来，就是取而代之，老一辈走了，退休了，就由您了，所以在各方面来讲［对您都是培养、支持的］。

**张学良**：我可以说，这个张作相当辅帅，他相当培养我。

**访　者**：在这个过程中，当然要说的事情很多了，我们先……

**张学良**：我对张作相这个人哪，在这个地方我要特别说，那他要培养我啊，在旁人很难做这个事情。他培养起来就是我代替他，把他的权拿过来。

**访　者**：所以谁肯啊，现在没有愿肯这样的。

**张学良**：他肯，他这样。

**访　者**：这当然我们在谈老帅的时候，我们会再分析一下，那个老帅的把兄弟里头，张作相是其中的一个，还有其他的人。那么，我现在要说的是，最早最早老帅或辅帅，比如说是一件让您小试牛刀的，军权也罢，政治也罢，您还记得是哪一件吗？

张学良：也不是小试牛刀，要紧的我刚才不和你说了嘛，第一次奉直战争。

访　者：在那以前呢？

张学良：在那以前没旁的事情了，没有旁的了，那剿匪……就那一仗，我才［开始有点名气］。

访　者：对，大家就说，等于说您的这个政治生涯开始。

张学良：整个西路军都失败了，就我这一部分没失败，不但是没失败，还打胜了①。我父亲的老部下差不多都是这样看的，这个小家伙很厉害，那时我才21岁，所以军权就慢慢在我手里头了。

访　者：那么在这个第一次奉直战争以前，您去剿匪还做过别的吗？

张学良：没有旁的。

访　者：剿匪是您记忆当中算是比较［早的军事生涯］。

张学良：那很小，到吉林剿匪去了。

访　者：从我们的眼光来看啊，也许外国人不大懂了，我们认为那剿匪的事在您眼中是个很小的事情。

张学良：不但是小事情，这个军队剿匪啊，很容易把军队弄坏了。

访　者：是呀，可是您把匪剿了，您的军队没有坏啊？

张学良：很不好。我跟你说，剿匪把军队怎么会弄坏？我跟你说个理由，他匪不跟你打仗，他不给你对敌，他要跑啊，你明白？很少的土匪敢跟军队来……那军队来，他打不过军队呀，你明白？以后的军队弄成习惯了，所以呀，有的老军队就出了这个毛病，他认为打仗，敌人就像那土匪一样一打就跑，你明白吗？

访　者：所以他这个经验，是跟土匪打。

张学良：是呀，剿匪惯的这个军队是不能打仗的。所以对敌的时候，啊，人家还敢打我？所以要是剿匪的军队要是剿惯了，他是不能打仗的。这就好像我们去打猎，打个兔子，跑了……打老虎不能，老虎回来咬你啊，你明白？

访　者：所以啊，在您整个奉天的军队的势力里面，有多少人都是剿匪？

张学良：都是剿匪的，都是这种军队多。

---

① 1922年4月，爆发第一次直奉战争。奉军战斗序列分两路，西路以张景惠为总司令，下辖3个梯队。张景惠西路军交战不久即全线崩溃。张学良任东路第二梯队司令，驻扎信安镇，直接威胁吴佩孚直军总部所在地保定。奉军西路溃败后，直军全部兵力压向东路奉军，吴佩孚亲自督战，进攻信安镇。双方反复纠集绞杀，张学良大败直军第二十三师。这是第一次直奉战争中奉军少有的一次局部胜利。

**访　者：**所以您整军经武。

**张学良：**所以整军经武就是，这不是匪啊，敌人不是那样啊。

**访　者：**要有作战。

**张学良：**我跟你说，汤玉麟也被我指挥过。哎呀，他们回来啦，他说敌人有炮。因为那会儿匪哪会有炮啊。打仗嘛，别人哪有没炮的。所以，可以拿这个证明，这种旧式军队不能打仗的原因，就是没有打仗的经历。

**访　者：**我不愿意岔开话题，可是忽然间刺激我一个想法。您到西安的时候去剿匪，您也是正式的军队，可是他们不跟您打是不是？红军不跟您打？游击战是不是？

**张学良：**那不能不打啊。

**访　者：**是啊，我们的军队打，可是红军就是不跟你打，是不是？

**张学良：**打，把我两个师整个全灭了。

**访　者：**他那个歼灭战。

**张学良：**他那个打法，我们打不过他。

**访　者：**他不是正式打。

**张学良：**他有他那个法子，相当怕他，你到那个山谷里，他在山上埋伏着呢。

**访　者：**他老是游击战术，所以说跟咱们正式军队的战术又不一样，是不是？

**张学良：**他不打，那他不打，硬仗他不打。共产党啊！他有把握的仗他打，没把握的仗他不打。

**访　者：**他也打过硬仗吗？

**张学良：**他也打，他相当有把握他打。

**访　者：**在西安那阵儿，他没有把握，所以他老游击战术是不是？

**张学良：**游击战术。他那个军队是厉害里的，他剩少数人他也要跟你打。

**访　者：**另外就是，我们还是回来说咱们奉天的事儿。现在我们就说有四个因素，训练、装备、经济，最主要还是领导、训练。那现在回过头来，您能够领导，但是您还是要有财力，财力在第一次奉直战争后，您能够起来，同时把这个奉天的军队整军经武，您能把它做成一个非常有势力的军队，一方面是因为您的思想比较新，想得比较广，又有郭松龄，同时，又有老帅、辅帅呀在旁边，还有一个要紧的就是，整个东三省是您自己的地方，可以这么说吗？

张学良：可是后来我们的军队很坏，你刚才说，后来奉票①毛了，我的军队没钱。

访　者：您说这奉票毛了？

赵一荻：不值钱了。

访　者：是，那么经济就垮了？

赵一荻：打仗把钱都打没了。

张学良：等于人家饷的三分之一这个样子。

赵一荻：奉天的钱不值钱了。②

访　者：可是奉天这个地方……

张学良：接着经济就坏下来了。

访　者：那是哪一年的事情？

张学良：那就说不准了，我这个人向来不记年头的。所以，后来奉天的军队就非常……我自个儿带的兵很不好，后来就不能打仗了。

访　者：那您后来就感到带兵不像以前那么［好带了］。

张学良：没有法子啊，明知道他们在里头弄了点鬼呀什么的，那有什么办法呢？

访　者：所以，经济又是一个［问题］。

张学良：换句话说，军纪就不好。

访　者：军纪不好。

张学良：军纪呀，纪律的纪。

访　者：可是还是可以说，虽然你内部的军纪不好，可是东北军还是一个力量，是不是啊？

张学良：是一个力量。换句话，那等于卖东西的，价钱就下来啦。

---

①　奉票，主要指清末和北洋政府时期奉天乃至东北地区占主导地位的纸币。"奉票"有广义和狭义两种理解，广义"奉票"，是指流通于奉天省内的各种纸币，包括东三省官银号、中国银行、交通银行及奉天公济平市钱号发行的纸币；狭义"奉票"，主要是指三省官银号在奉天发行并广泛流通于东北地区的纸币。"奉票"发行从清末开始持续了整个北洋时期，直到"九一八"事变才彻底消亡。

②　指奉票贬值。在奉票发行的35年里，经历过两次大的危机。一次是第一次世界大战爆发后，多数在华外资银行不再向中国提供大规模贷款，不再向中国出口白银等贵金属，再加上日本人排斥"奉票"，大量发行所谓"金元票"，奉票被大量挤兑，因而动摇了奉票的信用基础，奉票开始贬值。第二次是1924年至1926年间，各种货币同时泛滥，如奉天的小洋票、大洋票，吉林、黑龙江的官贴，吉林的小洋钱，哈尔滨的哈大洋，日本的金票、银券、军用票，帝俄的羌贴等等。数种货币同时流通，造成现货缺乏，周转不灵，日本人遂唆使满铁附属地内的钱钞专引所（即交易所）勾结中国少数钱商集巨资轮流到官银号兑现渔利，导致奉票暴跌，物价飞涨。

**访　　者**：不管怎样，如果说要没有"九一八事变"的话，或者是怎么样，您仍然可以在东北再重新，再来一次整军经武，是不是可以呀？

**张学良**：那个时候，我精力也不好了，我个人有嗜好，身体也不好。我自个儿知道军纪不好。

**访　　者**：我当然知道您有嗜好，影响你的精神，影响您的身体。但是，如果您那会儿没有这些嗜好，如果说奉天这个军力，后来是市价低了，就是因为那什么，如果再想振作的话，您认为应该怎么办呢？

**张学良**：那么后来我又重新改编军队。

**赵一荻**：又整顿。

**访　　者**：对，又回到东北，又整顿。可是您整顿的时候还返到家乡去整顿？

**张学良**：当然，不能在打仗的时候〔整顿〕，没法整顿。

**访　　者**：是，您到家乡去整顿，和您在北京整顿，有什么不一样吗？

**张学良**：那是一样，那倒不在乎。

**访　　者**：那时候，北京也是奉派的地盘，算不算？

**张学良**：我忘了，那时候回奉天了，我父亲已经死掉了。

**访　　者**：所以换句话说，我们还应当加上另外一个因素，一个军，地方实力，它这个确实除去训练，装备第一，训练第二，经济第三，我们说最重要的，虽然是第四，是最重要的，是领导人，还要加上一个，这整个都需要一个地盘，是不是？

**张学良**：是这样，它飘摇的军队〔是不稳固的〕。

**访　　者**：所以就跟冯玉祥似的。

**张学良**：是这样，我回到奉天……蒋先生后来要求我整顿中央军，我说，"这个我不行，我整顿不了。"他说，"那你怎么回奉天？"我给你简单地说，我把奉天的军队裁撤，那么多军队缩编，那我怎么办呢？我个人的财产也拿出来啦，那些缩编下来的那些官长，给他们一块地，给他们几万块钱盖房子。公私都参加一块堆儿。那么多军队，我把他们缩小成那么小，那蒋先生问我说，"你怎么办呢？"那我说，"这个情形不同啊，你让我替你办，我办不了。"我不是办不了，这是情形……公私两方面种种的关系，你明白吗？这下来的军官能够干点文的，我就给他文职，不能干文的，我就给他们一部分钱，就这样。

**访　　者**：我那又有一种不学无术的想法，因为我对政治和经济、军事都不太懂。

**张学良**：这个话不对啊，所谓"不学无术"啊，……

访　者：我呀，我不学无术，我不懂得您说的［那些话］。

张学良：军人哪，他一般地，至于我，我要裁编这些军队，那么他们官长，不能说是兵啊，都相当……还有我们的小军官，这些营长啊，团长啊，都是讲武堂的学生啊。

访　者：我刚才说是，因为我呀，对政治、军事全都不懂，但是我听您这样讲的话，整个东三省就等于是您是东三省的家长。

张学良：那不但是我自己个儿，因为我父亲的关系也很重要，两代下来啊。

访　者：所以我们说奉张，是指老帅和您。

张学良：这两代下来，差不多，我可以说，人家那时候管我们叫东北王，那等于王一样。尤其那个年代，军队是……国家的思想没有是个人的思想高，就是现在，我的部下，王铁汉这些个，你问问他，他脑子里还是这样的思想，我是您的部下。

访　者：我觉得这是非常可爱的事。当然在这个时期……

张学良：不但在东北，我想在哪处都一样，哪省他能统治住，他的军队也都是如此。

# 6. 蒋先生抓住了一党一校

访　者：那也就是说，阎锡山在山西，唐继尧在云南……那么我们不一定说是这是要永久收在口述历史了。蒋先生的地盘在哪？

张学良：那，那蒋先生［的地盘在江浙一带］。

访　者：他应当在奉化，是浙江吧？

张学良：是，当然他是在江浙起来的，他蒋先生厉害就厉害在这里，他拿着国民党。

访　者：所以有一个党，就是说您的领导，这个家长和这个［党才好办］。

张学良：蒋先生这个人成功啊，他主要是这个功劳，他主要是维法，维法成功啊，他的名望就大起来啦，他这几个部下，像何应钦啊，也都是正式的军人，再更厉害的，就是他的黄埔军校[①]。那底下的小干部，

---

[①]　黄埔军校，1924年孙中山在中国共产党和苏联的支持和帮助下创办的军事学校。建校时的正式名称为"中国国民党陆军军官学校"，因校址设在广州东南的黄埔岛，史称黄埔军校。培养了许多的抗日战争和国共内战中闻名的指挥官。第一次国共合作时期举办了第一至六期，为国民革命军训练军官，是国民政府北伐统一中国的主要军力。黄埔军校于1927年改制为中央陆军军官学校，1946年再改制为陆军军官学校，并于国民党迁台时迁至台湾高雄县凤山市。

都是他的学生，这是很大的力量。就是我能够干什么，也是［因为有］讲武堂的学生，也［有］很大关系，你明白？

访　者：嗯，像郭松龄啊。

张学良：郭松龄他不是讲武堂的学生，他不是。

访　者：他不是教官吗？

张学良：他是陆军大学里的学生。

访　者：对，对。

张学良：所以，这个中国的问题呀，都有……现在不同了，都是学校的关系或者这个关系，蒋先生能够成功就是黄埔学校的关系。

访　者：那么，我们退一步讲，或者站在上边来看，他没有地盘，可是呢，他有黄埔学校。您说，他抓到党？

张学良：那地盘也不能说广东不是他的地盘，他有他的后盾。

访　者：不过，广东经常跟他造反啊，陈济棠、两广啊等等。

张学良：那么后来他出来北伐，那都是后来广东的事情啊，那些都是。

访　者：他抓到了一个党，一个黄埔军校。

张学良：那么他吃亏吃在哪里呢？他是个浙江人，他不是广东人，这个他吃亏了。

访　者：那也就是说，时代不一样。所以，就是奉张父子这种对东北人民家长的概念，被党给抓过去了。

张学良：是，是。

访　者：就是取而代之，以党来……因为没有地盘的话，没有这个乡土气息的话，只好由党来控制。

张学良：不但是党来控制，他主要还是黄埔学校。

访　者：那么，他又利用了中国人这个徒弟敬重老师，老师傅和徒弟的关系。

张学良：这个事情你得这么讲，黄埔学校，他要紧的是因为那个时候陈炯明造反，是黄埔的学生去打，把陈炯明打败了。

访　者：黄埔学生？

张学良：一部分黄埔学生，那黄埔学生很聪明，从这儿黄埔学校的威名就起来了。假如那个时候打败了，也就没有这个问题了，他把陈炯明打败了。那个时候，军队苦得很，那个时候苏联供给的三千支枪。

访　者：所以，现在在新时代，一个党，一个军校，还有一个国外的力量，国外的政力和军力。

张学良：是啊，那个党和军校啊，这也不能说是新时代，那旧时代也是这样。

访　者：也是如此。

张学良：学校这个系统更厉害。

访　者：不过他是特别利用了这个。所以我觉得整军经武，您就要做得把东北的这个讲武堂要做起来。

张学良：那蒋先生他这个人，能利用也是利用这个。

访　者：他有这手腕儿。

张学良：他那个时候，共产党、国民党不和了。他底下闹得很厉害，他能够被他们抓住，差不多把他打死了。他有个姓季①的，叛变，那个时候共产党……那他也很危险，那个时候共产党预备把他抓起来，后来他发现了②。

# 7. 离开东北，东北军就像草没根了

访　者：当然，我们现在想的，就是说，后来您到了西安的时候，您无形中，就是说您看您从"九一八"，又［到］热河，然后就出国了。回来以后，您被派到西北，无形中等于说又找到了一块地方。大家可以把东北的那个学生、军队呀、人民啊又能够安置一下，所以您有没有这种心情？怎么样打回老家去？

---

① 应指季山嘉。季山嘉，苏联人。1925年11月1日，代替有病回国的加伦出任苏联军事顾问团团长。由于他和蒋介石在北伐、权力分配等问题上产生矛盾，且迅速激化，最后导致蒋介石发动了"中山舰事件"。事件发生后，即被撤职，回国。

② 张学良这段话讲的是蒋介石发动的"三二〇"事件。华东师范大学教授杨奎松在《国民党联共与反共》一书中对此作了专门论述。摘要如下：蒋发动此事件"本意是在阻止汪精卫和季山嘉的所谓倒蒋阴谋。其形式是在广州部分地区实行戒严，占领中山舰，并逮捕了海军局局长李之龙"。"同时一度收缴了苏联顾问卫队的武器，包围了省港罢工委员会。但不过十几个小时之后……重新又恢复了常态。""就'三二〇'事件本身而言，它更多的只是蒋出于极端猜疑和任性的性格，为了表达内心不满的一次冲动行为。它既非针对苏联和共产国际，亦并非针对共产党，未必有多少深谋远虑。还在事变发生前夕，尽管蒋对苏联军事总顾问季山嘉已恨之入骨，他也还是认为季的擅权与专横与苏联和共产国际无关。""不能确定中山舰异动与倒蒋阴谋有关，不等于蒋不能确定汪精卫和季山嘉有倒蒋的阴谋。对于自己发动事变的主要理由，事变后蒋曾明白告诉过汪精卫，即：（一）'弟由汕回省以来，即提议北伐……不料经顾问季山嘉反对此议，而兄即改变态度，因之北伐之议，无形打消，坐失时机'；（二）'季山嘉提议，派兵由海道运往北方，此为其儿戏欺人之谈，实为其根本打消北伐之毒计，弟即知其无北伐之诚意。'（三）季山嘉劝弟往北方练兵之计，实为'使弟离粤，以失去军中之重心，减少吾党之势力。乃兄不察，竟顺其意，且赞成之，唯恐不遑。及弟与季山嘉露意翻脸，令赴俄休养，而兄恐触其怒，反催弟速行'。（四）'委任李、黄为第八、九军长，而季山嘉特留第七军长一缺，以待来者，此缺非其预备王懋功叛弟后，即以此为报酬乎？凡此诸大端，兄岂未曾察知乎？'"

张学良：那个时候，我就在陕西弄了好多地呀，盖了好多房子什么的。那就不同了，没根儿了，等于在这儿……我跟你说，就像一个草一样。在那个浮萍了。

访　者：您那时候有这样心情吗？因为东北到底是自个儿的地方，好好坏坏都是自个儿的地方，破家值万贯。

张学良：所以，我又在那把东北大学［建起来］。

访　者：安排安排。

张学良：又盖房子。

访　者：对，医院啊，不过总是有一种不是自己根儿的地方。

张学良：不是，想把它安置安置。这个要紧问题是我很困难的。那后来我碰到蒋先生，我把这话说了。那后来戴笠他也说过这些话，我背着这个包袱，这么些个人，等于逃亡一样。

访　者：嗯，对啊，您带着，没有家了。

张学良：不但是安置他们这些人，还得安置他们这件事情。后来戴笠，戴笠也说，我也现在知道你这个负担。他说，我这些个部下怎么办呢？

访　者：怎么？他也有这些困难？

张学良：那后来，就是逃到台湾来了。他这帮人上哪儿吃饭，上哪儿活啊？上哪儿住啊？都得安置，是呀，你都得把他们安排了，不是像简单的事，说像带军队，那些事是国家的事。他太太跟我讲，我现在也知道你当年那些困难。

访　者：不过总而言之，我们就说了，至少就能够安顿一下，至少您有一个地方，就等于大家伙风风雨雨，也有的跑向北京。有的跑到别处。

张学良：还是不定的。

访　者：而且这人心里不定，没有根，就浮了。

张学良：问题就是这样。他们根本就说了这句话，已经说出来了。不能说大家公开说。他说，我们主要是想打回老家去，就是去打日本，我们不愿意跟共产党打仗，我们跟共产党打，那我们牺牲太难过了。结果，这个蒋先生不但是他不想问，而且后来他跟共产党和解了。那共产党喊出一个口号，影响太大了。

访　者：嗯，对啊。后来听说，那个东北［军都不愿打了］。

张学良：共产党喊那个口号，就是说我们不打东北军。

访　者：对，对。东北军后来就觉得非常地感动，他还有好多人好像是说要打仗了，就把枪往天上打。
**张学良：** 是呀，是呀，他不愿意［跟红军打仗］。
**访　者：** 是吧，谁也不愿意自个儿对着自个儿朋友。
**张学良：** 这个问题很大，所以共产党喊口号很厉害的。
**访　者：** 这就是心理战术。
**张学良：** 不但是心理战术。他是两方面来的，他也真是凶。他整个把我两个师全灭了，很凶啊，那［要想把］我们两个师歼灭不容易啊。
**访　者：** 就是啊，而且是何立中，很厉害的。
**张学良：** 那是我们东北军里头的佼佼的，那个师也是佼佼的。
**访　者：** 所以他一阵亡，大概您心里头刺激很大。
**张学良：** 很大。
**访　者：** 因为记得您跟我们说过，一个老兵死了，您都觉得很痛心，何况［师长呢］？
**张学良：** 他（指何立中）这个人很好，那是我部下里头，我最喜欢的一个。
**访　者：** 所以您到了西安的时候［就不愿再打了］。
**张学良：** 我跟你讲过，那王以哲你知道，王以哲是他的部下。
**访　者：** 哦？何立中的部下呀。
**张学良：** 是他的团长。
**访　者：** 哦，那真可惜。
**张学良：** 这个人很厉害的。
**访　者：** 所以，我就在想您那时候的心情，您那天说"双十二事变"，大家乱得一塌糊涂，您觉得烦死了。这个吵，那个吵。在这以前，我就觉得，您那时候才三十几岁，您背的家，不是说自己的太太，而是整个东三省的，东北大学的学生、文教人员，我的天，我真是想象不到，您那时候的包袱有多重啊！所以，那么，即使您在西北安插安插，也真是临时，您说没有根了。在那种没有根的情况之下，大家的力量分散得漂漂浮浮，就没有办法像在东北时候一样。
**张学良：** 那，那不一样，心不定。
**访　者：** 那么，您那时候有这种所谓的做客心理吗？就等于我们一天到晚住到旅馆里。
**张学良：** 等于是住在草棚里，不知道明天怎么样。
**访　者：** 再加上何立中，战争啊，又怎么样，又不能招兵，又不给抚恤，您这家长实在做得太难了。

**张学良**：不但这个何立中，另外，还有一个，牛元峰，那共产党让他投降，他说"我不投"。

**访　者**：所以，这样的人现在也没有了。

**张学良**：他说，"我投降你们也看不起我，我不投。"

**访　者**：第二次您到了南京，您到南京走的时候，您是去开会，您告诉您的部下您在南京的时候，军事上头不要有大的举动。结果您到了那儿，他们就把牛元峰损失了，是不是？

**张学良**：我正在南京开会呢，何立中被打死了。

**访　者**：那时候跟您在一块的是何柱国，就看到您简直是大发雷霆，说告诉你们不许动，那会儿您[确实很生气]。

**张学良**：我没说不许动，我就说你们要小心。

**访　者**：结果，他说他分析本来的意思说不要大肆举兵，那么您在这儿，至少在政治上可以做，您本来到南京去，预备怎么样呢？

**张学良**：我开会。

**访　者**：开会，说服蒋先生。

**张学良**：那也不能说是说服，我没那个意思，是开会去了，必须去。

**访　者**：非得去，您这一不在家，那边就[出问题了]。我们刚才说个，我们现在就是想，您看，本来我们说有四个因素，后来又加上一个地方，还是领袖第一呀，您还是得要[服从]。

**张学良**：人啊，还是。

**访　者**：我们分析出来，那蒋中正之所以……跟那个时代的变迁有关系，也跟地盘有关系。那么，我们现在谈到那个黄埔，黄埔是他训练人才的一个集中的机构。在东北，您就是那个讲武堂，后来您一直办到什么时候？

**张学良**：办到第九期。我是第一期的。

**访　者**：您有没有想到，那个这九期毕业的学生……现在您学生也很多了，而且在军界，也有些个有贡献的，如果继续下去，您认为在哪些地方，可以比得过黄埔？我倒不是说跟他抗衡了，就是说我们来做参考性的。

**张学良**：差不多一样。

**访　者**：差不多一样，是吧，也就是说……他有没有很多外国人帮他啊？

张学良：没有。

访　者：没有？完全是他……如果我们要是说……那个时候在奉天，就是说在自己家乡了，到西北您能说王曲军官学校能取而代之吗？

张学良：不是，王曲军官学校，临时训练的。

访　者：至少有这么一个组织，有这么一个地方，把大家思想啊，军事训练啊。

张学良：主要的目的不是旁的，就是输入抗日的思想。

访　者：您认为成功了呢，还是失败？

张学良：有一部分可以说是受到影响，那后来就是我走开了。

## 8. 别的军队都有地盘

访　者：我们还希望明天或后天，把那个 Sutton（指沙顿）的书再看一看，因为他那一边有一点关于兵工厂啊，怎么改建，还有一些小笑话，给您说一说，我觉得除去那个兵工厂之外，您又有一个要做空军的这个，做飞机的这个，海军有做船的吗？

张学良：那没有，我们没有那么大的单位。

访　者：没有。不过您这个奉天的兵工厂跟什么武汉他们这些比较起来［怎么样］？

张学良：那他们不能比。

访　者：是不是。

访　者：据 Sutton 说，他说从来没见到规模那么大的，那么当初是［很出名的］。

张学良：杨宇霆。

访　者：他管这个，他怎么懂得兵工呢？

张学良：杨宇霆这个人是个人才。

访　者：是个人才。

张学良：兵工厂是他创办的。

访　者：那兵工厂的确能够做很多东西，也卖给别的，卖给别的省吗？

张学良：枪，主要卖的是枪，兵工厂也能做炮，只能做一种炮。

访　者：对，您跟我们说过，那钢很难做，不过您的确做了。那么后来炮都是从日本买的吗？您不记得您跟我们形容，好比您说过"敌人看不见你的炮，你的炮可以［打着他们］"。

张学良：那不是你炮的原因，是人的原因。

访　者：人的原因？

张学良：所以，我们跟直隶打仗，他炮的训练没有这个资格。我们比方把炮放在这儿，我们那个指挥员在那儿呢，这炮是人家看不见的，他是看得见敌人的，那个炮也看不见敌人。

访　者：对啊，敌人也看不见炮，炮也看不见敌人。

张学良：他叫这个炮往左打，往右打，是往哪儿打，他在那里指挥呢。他就可以算出来啊，你明白吗？那敌人也就不知道你这炮是从哪打来的。

访　者：那这个训练是在您那个讲武堂里训练的？

张学良：不是在讲武堂，都是他们日本留学回来的这些人，我们用这些人。

访　者：您还记得一两个比较［熟悉的］。

张学良：邹作华。

访　者：邹作华？

张学良：邹啊，不是周，就是这个邹，是我底下的炮兵大将，那骑兵就是何柱国。

访　者：另外关于这个经济和财务，这也是其中的。刚才我们说训练有您讲武堂，装备有您这兵工厂，还有就是经济上面，除去天然资源丰富，而且海岸线，所以您发展这葫芦岛，我觉得这是最关键的。

张学良：那葫芦岛①是后来的。

访　者：是后来啊。总而言之，您看中了，就是说您必须要有港口。不然的话，像旅顺、大连都在日本人手里。那么除去旅顺、大连之外，那在您奉张系统下能够管的，在葫芦岛以前是个什么？

张学良：葫芦岛以前没什么，就葫芦岛。

访　者：在葫芦岛没开发的时候？

张学良：那时候秦皇岛也有了。

访　者：秦皇岛是［一个港口］。

张学良：就是直隶，在河北省。

张学良：可以利用秦皇岛。

---

① 葫芦岛，地名。位于辽西渤海湾的锦州湾，沿海群山形成一个葫芦状半岛伸向海湾。东三省总督徐世昌和张作霖都曾计划在此筑港，但都未能实施。张学良主政后再次启动筑港工程，1930 年 7 月 2 日，在葫芦岛正式开工。1931 年"九一八"事变爆发，筑港工程被迫停止。

访　　者：而且您的铁路线网是比别的地方密，是不是？东北铁路啊。

张学良：是，东北铁路自己有好几条。

访　　者：所以我认为这些个事情……

张学良：日本人最反对这些个。

访　　者：刚才分析的地方是老帅那会儿，等到您1934年从欧洲回来的时候，也还是差不多一样的格局的形势。

张学良：因为我回来那个时候，东北已经没有了。

访　　者：是啊，东北没有了。就等于说，如果说奉张系统的话，奉张跟其他不同的话，就是地盘被别人占去了。

张学良：没有了。

访　　者：没有了，是吧，可是别的东西还有，您还是做统帅，没有讲武学堂了，没有地盘，但是军费还有，军费啊，钱啊。

张学良：那个时候东北军啊，政府一个月给100万块钱。

访　　者：够吗？

张学良：够，够，那时孔祥熙很帮忙，一个月发一次。

访　　者：那时候饷和中央差不多，还是低一点？

张学良：一样，一样。

访　　者：反正怎么编配由您说了，在那个时候……

访　　者：两广呢？

张学良：陈济棠。

访　　者：宁夏、青海还是二马，还是马家。

张学良：青海。

访　　者：那就是马步芳①。

张学良：青海那个时候很不稳定。

访　　者：宁夏是马鸿逵。

张学良：宁夏是马鸿逵。

访　　者：新疆那会儿就是盛世才了，虽然华北是宋哲元、韩复榘，可以这么说吗？

张学良：可以这么说。

访　　者：那么陕西呢？

---

①　马步芳，西北地区军阀之一。曾任青海省政府主席、西北军政长官公署长官等职。其家族统治青海40年。

张学良：陕西杨虎城。

访　者：您呢，整个照顾着西北，因为您是西北剿匪副司令。

张学良：我们个人没有地盘，都在杨虎城［的地盘里］。

访　者：不过，这是谈在地方实力上边，没有地盘这是个很大的缺欠，您那时候，有没有……您去西安之前，您心里有什么特别打算吗？

张学良：那时候就是甘肃，于学忠。

访　者：那么您认为这块地方……我知道您很喜欢到一个地方研究研究它的地理环境什么的，您对这个西北区域，您的估计，在您心目中是怎么样的？当然是不能跟东北比。

张学良：那当然比不了。

访　者：这个也没有什么出产什么的？

张学良：出产有，那……你知道这有关系，感情的关系很大，东北人、西北人［也都讲感情］。

访　者：东北人、西北人之间有什么隔阂吗？还是比较融洽？

张学良：那没有什么隔阂，比方西北吧，就说杨虎城他比我叫得动，他本地人嘛，中国［办事与］这个地域有关。换一句话说，在东北，你就是今天要我回东北去，我要号召号召，还能召集好多人。

访　者：就是，您不回去，也可以号召啊。

张学良：我就说号召号召，拿起枪也可拿。

访　者：很多人，您的那个私人驾驶，就是飞机驾驶啊。他说，他很看不惯，因为您百般地要做一个大哥哥呀。虽然你年纪很轻，我到这来，我是副司令，我的位置高，我的权力大，但是，我照顾你们这些当地的。有很多的地方您是委曲求全的，杨虎城的兵就跟您的兵一而再，再而三，故意地挑衅，有这回事吗？

张学良：不是故意的，那杨虎城的军队没纪律，就是看见钱抢钱，看见枪抢枪，不能说是故意的，他抢，把我银行都给抢了。

访　者：还有就是说，他们好像就是不让您在城里头，城里您的兵要少于他们，就是在西安城里面，他们要有二十个兵，只能有一个是东北的，是这么回事吗？

张学良：那没有。

访　者：伦纳德就是说，比例上边，西安城里面，杨虎城的兵。

张学良：那没有，杨虎城他也没有那个意思。

访　　者：不过，他那个军队的确是跑到飞机场去了。

张学良：就是纪律不好。我为这个事也很难过，搭上这个伙计可怎么办呢？不能成事。

访　　者：不过，他们纪律本来就不好。可是，出了事的时候，您本来想还可以控制住，结果他也控制不住。

张学良：等于他控制不住。

访　　者：那他这么多年［怎么就控制不住呢］？

张学良：那不是，因为他军队这个很难说。

访　　者：控制不住就是控制不住。然后我希望您帮助我们分析一下，因为您说了一句话，我觉得非常有道理。当然，我又说了，我不是学军事，也不学政治。您当初说您和老帅都有一种民族思想，国家统一的观念，但是，别人倒不一定是如此。所以，当然我们说，我们昨天前天分析的就是某一个人，他老是想着自己的政权稳定，他得先稳定他的政权才能想国家，您是先想国家。那么其他像阎锡山，他是比较保守的一个，他有没有国家思想？

张学良：那也不能说没有，有啊，他反正头一个看中他山西。

访　　者：我们可以把他说成是保守地方政权的，那马鸿逵也是如此喽？

张学良：马鸿逵他数不到，差得远了。

访　　者：他在宁夏的地位并不像［人们说的那样］。

张学良：宁夏的地位，他也……我对马鸿逵……可以说是为自己活着，他没有那么大的野心。

访　　者：那您说，像这个谁呢？像四川的刘湘①、杨森②吧，也是一样。

张学良：那杨森这个人好凶啊，这个人很可惜啊，他当年在民国……前清的时候他就很有名，他这个军人［很有名］。

访　　者：哦，老一辈的了。

张学良：他很有名啊，这个人很可惜啊，换句话说，他没有地盘，没有什么。

访　　者：那四川不算是他的地盘吗？

张学良：他叫人给赶出来了。

---

① 刘湘，字甫澄。四川大邑人。四川军阀，国民党陆军一级上将。曾任四川省政府主席、川康绥靖公署主任兼四川"剿匪"总司令。西安事变时，通电支持张学良。参加了淞沪会战。1938年1月在汉口病逝。

② 杨森，字子惠，四川广安县人。四川军阀、袍哥。早年入四川陆军速成学堂学习，与刘湘同学。参加了辛亥革命。抗战期间率部参加淞沪抗战，几乎全军覆没。

访　　者：哦，那刘湘呢？您认为刘湘他有没有比较大一点的思想？

张学良：他也还不错，但后来也不行了。那四川啊，四川也是乱七八糟的，各据一方，还有邓什么（指邓锡侯①），好几个呢。

访　　者：哦，他们很多呢。

张学良：还有几个小势力。

访　　者：然后，这个广东，两广方面，李宗仁、白崇禧，您认为他们是……

张学良：两广的势力也是那谁的，我那个儿媳妇的②……

访　　者：陈济棠。那他的想法，可以说是保持他政权的呢？还是地方保守，像阎锡山一样呢？还是跟您一样？

张学良：陈济棠也是野心不小，也算不错。

访　　者：对，您说可以和阎锡山比。

张学良：比阎锡山好像还开阔一点，他要发展。

访　　者：他有没有简单明了，像您一样，我们先解决国家统一的问题。

张学良：他想统一两广。

访　　者：哦，他想统一两广，您说他失败的原因是什么？最大的，他又是广东人。

张学良：他可以说是吧，他后来失败了，是他部下后来叛变了。

访　　者：部下叛变。

张学良：他的部下叫什么（指余汉谋③），不能说是叛变，他的部下跟中央〔合作〕。他的部下我也认识，他的部下现在在台湾，投奔中央了，他那时候反对中央啊。

访　　者：对呀。

张学良：那跟他部下后来还很好，他们还在一块堆儿呢④。

访　　者：还在台北呢？

张学良：对，我话到嘴边上呢，说不上来了。

---

① 邓锡侯，字晋康。四川营山人。历任四川靖国军旅长、靖川军师长、四川省省长。抗日战争爆发后，任第二十二集团军总司令，出川抗日。

② 张学良儿子张闾琳的妻子陈淑贞是粤军主帅陈济棠的侄女。

③ 余汉谋，字幄奇。广东高要人。国民党陆军一级上将。曾任粤军陈济棠部团长、师长、军长。1936年叛陈投蒋，成为粤军首领。

④ 陈余共事。1936年余汉谋反陈拥蒋后，陈济棠经香港游欧，全面抗战爆发后，回国任国民政府农林部长。1949年，余汉谋任琼崖防御副总司令，陈济棠则专管民政，两人又共事了一段时间。兵败，共同逃往台湾，陈任"总统府"资政，余任"总统府"战略顾问。

## 9. 蒋先生会用手段

访　者：宋哲元和韩复榘就更谈不上了。

张学良：那可不，宋哲元这个人很厉害。

访　者：宋哲元厉害，他的意思是说……他是北方人吗？

张学良：北方人。

访　者：北方人，您说，他能够怎样？

张学良：我跟他很熟。

访　者：那您说他……哦，您跟他很熟？

张学良：我们俩常常在一块儿。

访　者：那您说他可以说是保存实力呢，还是也有统一国家的思想？

张学良：国家统一思想还说不到，保存实力呢，比较开明一点，他底下的这几个人也好，什么张自忠啊……他这个人很好，我对他很不错，跟韩复榘不同。我就问他，我们在一块常谈，我就问他，"你对冯玉祥这个人［怎么看］？"

访　者：嗯，怎么看？

张学良：他就说，冯玉祥有他的……简单地说，"冯玉祥的事情，我是他的部下，我不好说。"换句话，像我一样，这件事情不能出自我口了，我是他的部下。

访　者：那也就知道是什么意思了。

张学良：这种品德啊，我不好评判。

访　者：但是，在他说这句话的时候，我们也可以了解他对冯玉祥有一些地方并不见得同意，如果要是这样的话，他就直截了当地说了。

张学良：他后来就是，冯玉祥到了，他总是穿着军衣出来规规矩矩的。

访　者：在那个时候，做人有做人的人格。

张学良：他手底下有一个人……

访　者：傅作义是不？

张学良：不对，秦德纯①。

访　者：哦，秦德纯。

---

① 秦德纯，山东沂水人。曾任国民军第二十三军军长。中原大战后，被张学良收编，委以第二十九军总参议。后任冀察政务委员会常委兼北平市长、国民政府国防部次长、山东省主席等职。

张学良：不过他手底下呀，有一个我们东北人，这个人非常的坏，在他手底下，也给他当谋士，一个文人，这个人很坏。

访　者：您不记得他叫什么啦？

张学良：知道，一下子说不出来。

访　者：如果把这几个人分析来，他们大家都是……比如说是为了保护他自己的权力，可是到头来，全都没了。所以，那会儿啊，咱们这都是假设，如果那会儿呀，大家要是都跟您的想法一样，咱们把国家统一起来，你的东西拿进来，我的大家都搁在这儿，也许咱们中国不会遭受那个灾难。

张学良：不能，事实不能，不能。

访　者：做不到。

张学良：这个做不到，不光是大家说，蒋先生这个人……就是我批评蒋先生。

访　者：不够领导啊？

张学良：蒋先生啊，他总有一个意识啊，我不能够说我好，这是我的，这是他的，你明白？这个［是］我自己亲儿子，那个干儿子，他不把人看成平等的。待人啊，你得把他看成平等的，谁也不是傻瓜。

访　者：那这样一说，我们倒不是故意地批评了。不管你姓蒋也罢，姓毛也罢，那这样说起来啊，老帅还能够统治人，因为老帅对人［一视同仁］。

张学良：不同，不同，不同。

访　者：怎么？但是老帅对所有的人都是［一样的］。

张学良：所以我批评他们两个。我说我对他们两个我的长官，我父亲这个人啊，有雄才无大略，这是我批评的，蒋先生有大略没有雄才。

访　者：一语中肯啊，您谈的话是很中肯啊。

张学良：他气量窄，可以说南方人也许有这个关系，他气量窄，蒋先生这个人很会使用手段，所以有人批评他在上海那个时候，［是搞］买办政治。

访　者：对，对，有很多美国的，不是，是外国的记者。

张学良：你说就这种事情……当然我知道，我也不吱声，他就能做这种事情，叫我我做不了。那么，我的部下，带他训练团去做训练，他暗中给他们官做。

访　者：那这个是您的人。

张学良：那就是收买手底下的人。

访　者：还有，他有一种作风，我又错了，我不学无术啊。他老是，一有什么紧急的事情了，他不是和大家伙开诚布公地谈一谈，把您找来跟您嘀咕嘀咕，把那个找来嘀咕嘀咕。他这个说话，个别谈话的时候，他就以他这个［来对待大家］。

张学良：也不是嘀咕，也开会，有时候也开会。

访　者：不过，有很多的事情，像他到了西安，他就个别的把您的将领一个一个地找来，个别谈话，大概您不知道？

张学良：没有。

访　者：有，有，个别谈话。他说，"相信有我在，我一定带你们回东北，"然后，他就个别地问您的这些人，到底怎么回事。大家没有想到，他会这样各个的，分别的，大家说话都差不多。他有一次，后来……这报道对不对我不知道，他就跟您说，您的部下如果思想上有点左倾或者亲共的话，您要严惩，后来您气得，是有这么回事？

张学良：那没有。

访　者：他没跟您说是吧，后来有很多人，他们自己做笔记的，我来给您说一下，大家都觉得每一个人他都召见过，个别召见过。而且后来，他就找杨虎城，他单独找杨虎城。

张学良：那我也不知道。他跟我，找我们两个，杨虎城在一块儿说话。

访　者：在奉化，我是说。等着西北，哦，西北派代表来了。

张学良：那我就不知道了。

访　者：这些人都是一个一个的，所以，我就觉得有点……他这是心理战术。

张学良：我说过他会用手段，我向来不干，比方说于学忠，我从来没找过于学忠部下来说话。

访　者：就是啊，那会儿南京政府要收买于学忠手下另外一个人吧，是不是？那不是您还没那什么的时候，就开始……后来就吴铁城的事吗？

张学良：是吴铁城，那是在很早的。

访　者：就是啊，所以这种作风是习以为常的。

张学良：那个时候在吴铁城手底下一个人……那个时候我几乎就翻脸。

访　者：就是啊。假如跟他翻了的话，您会有很多坏的影响吗？

张学良：这吴铁城不如张群……吴铁城是个糊涂人，想邀功啊。

## 10. 东北军和别人不一样的地方

**访　者：** 我还有两个问题就完了啊，一个就是说，我们这么说，您慢慢想。我就想，当时在全中国的历史演变过程，民初演变过程中，还是在各个地方军权控制之下，奉张系统……因为有民族团结和国家统一的思想，那时候就有了。您认为是不是在整个中国的历史过程中，奉张的这种思想稍微超时代了一些？是不是走在时代前头了。那个时候中国还没有准备好，没有能够接受，可以这么说吗？

**张学良：** 不能那么说，旁人也许有，我们不知道，不能这么讲。假设讲一件事情，我们能知道那边的事情怎么回事，我们才能批评。我们不能说……我们知道我们自个儿的事行，你要想评论那些事情，也要知道他那些事情。你比方说，李宗仁啊，他们桂系呀，那也有统一的思想。我想他一定有，你不能这么说。你像白崇禧，他这个人很厉害。

**访　者：** 那也许我们应该从另外一个角度看，就是说，奉张系统跟这些个人交往上，阎锡山、冯玉祥、蒋中正。这些人的交往过程中，也许您的思想走在前头了，别人还在想着我的政权……可以这么说吗？

**张学良：** 那不能这么说。

**访　者：** 不行。那么，假如您说的是这个奉张系统独特的地方。

**张学良：** 也没什么独特的地方。

**访　者：** 不一定是好的，就是说，奉张系统和别人不一样的地方是什么。

**张学良：** 也可以这样说，我们北方人哪，不用那诡计多端的事，就直截了当。我打你就打你，我跟你好就跟你好。那么，我跟你说，我父亲那时候跟曹锟俩很好，我正在旁边。那时候王占元是三省巡阅使。那时候中国的内战哪，吴佩孚啊，他负责任很大。那时候，我父亲就跟他说，看出来了，吴佩孚想要拿两湖巡阅使。那个时候，王占元是两湖巡阅使。我父亲就说，他二姨夫曹锟稍微露出这么一点话。他说好像……那时候，反皖系了，他说王占元有点耍滑头。怎么耍滑头呢？那个时候，这个段祺瑞的小舅子啊，是叫吴光新，是那长江的什么总司令，在王占元手下。那么，照着这个情况啊，王占元应该把他抓起来。明白？那王占元并没有把他抓起来，所以，这一点呢，王占元是有点那个……换句话说……

**访　　者**：观望，看看这棋怎么走，对他自己有利。

**张学良**：他不愿意得罪人，所以呀，曹锟就说到这个王占元对不起朋友。那么我父亲就说，你不应该啊，换句话说，你原谅他就不应该，那我父亲就知道吴佩孚想拿……我父亲说，我在旁边呢，说"三哥，你不要打王占元主意啊，你要打他主意啊，小心我抠你屁股。"他说，"我不是，我跟你商量。"所以，后来第一次奉直战争就从这儿出来的。他后来动手真把王占元解决了，那我父亲把军队调起来了，第一次奉直战争从这起来的。

**访　　者**：这就是北方人呐，我说到哪儿，做到哪儿，没有这么一番虚假。

**张学良**：真打，把我父亲打败了。

**访　　者**：战败了，倒有个塞翁失马，后来大家在一块整军经武，把东北的军队做得比别的……是吧？啊，现在还有一个其他的问题啊，那么，东北军在西安的情势，您能给我们分析一下吗？有没有什么特别的呀，在军队上边啊。

**张学良**：那倒没有。

**访　　者**：没有什么特别的，那么，在统治权上，还是您能统治您自己的东北军了，当然那西北军也得听着您点了，虽然他是杨虎城先生……也得听您点儿，是不是？

**张学良**：杨虎城听我的，那杨虎城个人相当听我的。

**访　　者**：您曾经说过一句话，因为他希望您去，他不希望别人去，因为他跟您……

**张学良**：是，是，过去我们俩认识，谈得来。

**访　　者**：而且，那会儿，有别的人选吗？我说除您之外？

**张学良**：那不是说别的人，他怕中央派一个中央的这个……你明白？

**访　　者**：哦，对。

**张学良**：后来比如说中央想派蒋鼎文，这他怕，他怕处不来。

**访　　者**：处不来，对。可是到了那个时候，就在整个的组织来说，比如说，于学忠啊，何立中了，王以哲还是您的部下，您可以给调动啊，除去有一个姓黄的（指黄永安），是怎么来着，您让他做什么，结果他没做，就"西安事变"，那姓黄的，您不记得了？"西安事变"，您让他怎么样……结果他把这个事情,他接到您的电报……他跟顾祝同①啊,[这人]是谁?

**张学良:** 哦,哦,我一个炮兵旅长。

**访　者:** 他倒不是叛变,他是他接到您的旨意,不知道怎么办。

**张学良:** 他不知道怎么办,他后来投降了,他投奔中央,他把这个事情说出来了。

**访　者:** 所以您整个系统只有这么一个人,他就没听您的话。

**张学良:** 现在这人还在。

**访　者:** 还在?在这?

**张学良:** 死没死我不知道。

**访　者:** 那还有谁呀?没有人了。您说那个万福麟大概没动,没有……

**张学良:** 万福麟那时候他在哪儿呢,我忘记了。还有一个人就是……这个人现在在共产党里头呢,他叫什么名字,我一下子说不出来了,那他动了。

**访　者:** 哦,他动了,所以,也是说等于……

**张学良:** 黄永安把计划给泄露了②。

**访　者:** 哦,他把计划泄露了。

**张学良:** 他一说这个事,中央知道了。

**访　者:** 但是他是出于无心。出于无心吗,还是故意的?

**张学良:** 故意的。

**访　者:** 故意的。他是东北人吗?

**张学良:** 他是东北的,不但是东北的,还是我的学生。

**访　者:** 跟了您多年吗?

**张学良:** 也跟了,他是这样的,炮兵的是邹作华。那时候邹作华在中央呢,他是炮兵学校的校长,那个邹作华后来对我不怎么样。因为啊,蒋先生想用邹作华,蒋先生问邹作华这个人怎么样。我这个人说话,我对蒋先生的电报,邹作华知道。因为蒋先生那时候……钱

---

① 顾祝同,字墨三,江苏涟水人。曾历任黄埔军校战术教官兼管理部主任、江苏省政府主席、委员长行营主任、贵州省主席、陆军总司令。到台湾后,任"国防部"部长、"总统府"战略顾问、国民党中央评议委员会主席团主席等职。

② 黄永安时任东北军炮兵旅旅长,驻洛阳。西安事变时,张学良命令他占领洛阳飞机场,以阻止国民党驻洛阳空军西进,以保证西安的安全。但他却向驻洛阳的中央军首领祝少周泄露了这一军事机密,使西安方面不仅失去了洛阳这一重要军事要塞,而且泄露了西安事变之机密。

大钧他是邹作华的同学①，把电报就告诉邹作华了。蒋先生问我邹作华这个人怎么样，我就回蒋先生，他啊，办教育最好，最好别让他带兵。

访　者：您的观察，他带兵不行，是吧？

张学良：不是带兵不行，邹作华这个人很不忠贞，办学校没有关系。

访　者：对，带兵要百分之百的忠实。

张学良：他不是忠实，这个人靠不住。他在我手底下做事儿，那我最了解他。

访　者：那结果，钱大钧把电报给邹作华看了，他就搞这个。

张学良：因为他俩是同学。

访　者：那后来，当然心理上很别扭了，后来做中央炮兵学校的校长，训练。然后，我们刚才说，经济来源，那么你那个时候还有很多私人财产也拿出来，在西安，你比如说，建一些给军人眷属的住宅什么的。

张学良：我做了很多那个事。

访　者：就是呀，那您私人的钱也快用完了？

张学良：我私人的钱。

访　者：是啊，那私人的钱，你想您那么大的军队啊，学生啊什么的，私人的钱也不能……您的财产资源在东北呀，那您这不等于坐吃山空吗？

张学良：那我不在乎这些，我个人有点钱，我这人对钱不大有兴趣。

访　者：对，不过，可是给您管钱的谭海啊，他们不说话？

张学良：他们不说，谭海他不说我，都是管家，他管不了，一般地，我要他就给我。

访　者：有没有曾经表示过，说我们没有那么多资源，没有来源了，所以您用钱省着点？

张学良：那，也说过。

访　者：说过，是吧？

张学良：不要乱花了，没有钱了。

访　者：中央的补助又不来，是吧？

张学良：中央补助没断。

访　者：没断，不过您要的抚恤金他没有给，是吧？就是说，士兵作战死亡了，他家庭的［困难总得解决一点］。

---

① 邹作华与钱大钧为日本士官学校炮兵科的同学，1917年一同入学，1919年一同毕业回国。

张学良：那你说错了，有，中央有个规矩，你是哪儿的，他给你一个登记表，你比方说你这个人阵亡了，你到底是安徽人，是哪县，他给你，你到那个县里头，他给你抚恤费用。我们东北，那个家没了。

访　者：对，那就等于没有抚恤金了。

张学良：给你照样给你，可那……

访　者：那只不过形式上的啦。

张学良：人家说是这样，我照规矩给你。

访　者：对，他还站得住理，我给你了。

张学良：是啊，他说我也没有办法，规定是这样的。

访　者：嗯，那么，可是您在西北还有那么多的建设，是吧？您有医院，有学校，有这个人民住宅。

张学良：我预备这作为根据地了。

访　者：是啊，作为一个根据地，东北流亡之外的根据地。

张学良：这个阎锡山很赞成，他也帮助我点。阎锡山问我，"我们也抗日，抗日怎么办？咱们在后方怎么办？"

访　者：对了，后方啊。

张学良：他赞成我这种做法。他说，"将来我山西撑不住了，没有法子啦，也往你这头跑。"

访　者：那么您那个地盘是在，是在平凉①，您为什么选平凉呢？一定有您特别的看法。

张学良：也不是，平凉没有房子，因为平凉那个地方也大，我买了好多地。

访　者：那是从陕西省政府买啊？

张学良：从地面，不能从省政府，平凉地很便宜。

访　者：平凉，是这个北平的平？

张学良：凉快的凉。

访　者：凉快的凉是吧？这块地方您看中了，于是开始建设，什么医院、学校都在那附近吗？

张学良：不是，那块我就建了一个很大的飞机场，我预备飞机在那个地方。

访　者：那个伦纳德他说，有一次开着飞机，和您开着飞机，您就给他说平

---

① 平凉，地名。位于甘肃省东部。陕、甘、宁三省（区）交汇处，横跨陇山（关山），东邻陕西咸阳，西连甘肃定西、白银，南接陕西宝鸡和甘肃天水，北与宁夏固原、甘肃庆阳毗邻，是古"丝绸之路"必经重镇，素有陇上"旱码头"之称。

凉的事。他说，他很钦佩您，因为什么，他说，如果要是说没有这个事变的话，他说平凉在中国会是一个现代化的，也是就是说您有一个所谓的都市计划了什么的。

张学良：平凉是一个很荒凉的，不过是很好的地方，想把平凉开发。

访　者：那您本来要有几年计划。

张学良：那不用说几年，想要那么办。

访　者：对，反正已经开始了，您曾经要在那办……您当然办了报纸，《西京日报》，有一个《文化报》[1]。

张学良：那不是我办的。

访　者：那您有没有想办一个报纸？

张学良：我没有。

访　者：可是，您想做个兵工厂吗？

张学良：兵工厂也没有想过，没法子，兵工厂不能做。我们想在那做点医药的，阎百川也赞成，做点医药，这些后方的东西，什么绷带呀，什么这些。

访　者：您这出产了，那您那学校办到什么程度了？

张学良：东北大学。

访　者：等于说把东北大学搬过去了，那中学呢，没有？什么同泽中学？

张学良：那没有，没有，同泽中学[2]已经没有了。

访　者：那您那个根据地，杨虎城也知道了？您在平凉做一个根据地的话？阎百川知道，阎锡山知道。

张学良：阎锡山知道，他很赞成，他跟我谈，就是今后我们跟日本，抗日了，山西也得保证后方。

# 11. 我用自己的钱帮助过红军

访　者：不过，事实上要如果真是抗日，那真是一个很好的基地。北边也通，

---

[1] 《文化报》是萧军创办的。萧军，原名刘鸿霖。1907年出生于奉天锦县。后考入东北宪兵教练处，旋又考入张学良举办的东北陆军讲武堂候补生队。"九一八"事变后，在吉林省舒兰县密谋组织抗日义勇军，失败后开始文学生涯。曾任《七月》、《文艺月报》编辑、《文化报》社长。

[2] 同泽中学，张学良在家乡海城捐资兴办的中学。皇姑屯事件后，张学良为纪念父亲张作霖，培养家乡子弟，捐出银洋40万元创立同泽中学，并亲自出任董事长。校名取自诗经"岂曰无衣，与子同泽"，旨在同仇敌忾，共报家仇国恨。1929年开始招生，"九一八"事变后被迫停课。1984年恢复校名。

南边西边，新疆什么的。还有一个小问题，就没了，您在那儿的时候，您对中共有很多的援助，他们到冬天也是连衣服都没有，那边天气很冷，是不是？

张学良：很冷。

访　者：很冷，是吧。

张学良：衣服也没有什么，我帮助过他们，我私人的钱。

访　者：哦，您私人的钱。伦纳德送的子弹，那是说就那么一次是不是？

张学良：他说得不对，我没有送子弹。他是要的地图，我送他一份地图。

访　者：不过，他去接那个谁的时候，他飞机上搁了，他跟另外一个，他们很恐怖的，就是那些人（指红军战士）慢慢都挤到他飞机这儿了，他就想起他这飞机上有这1500磅子弹，他说糟糕了，他要保护。于是，他就拿出枪来，表示表示，又给搁到那儿。就让人知道他枪射的很好，所以让那些人都不敢，他怕那些人来抢，您知道，所以他说，您还给他们食品，送给他们过，送食物，很多吃的东西。

张学良：那我不给他们送，送食物是给我自个儿的部下。

访　者：扔馒头是给自己的？你给他们军备过吗？军备，军事的装备？

张学良：那也没有。

访　者：不过，他们有几个红军说，他们冻得没有衣服穿。

张学良：是呀，我们军队都没有，我们被围的军队都没有衣服穿，穿女人衣服，我们被共产党围的军队，不是他的，我们自己的，没有衣服，冷啊，那好几个月啊，那是跟共产党没有合作的时候。后来，结果呢，并不是我们直接打回来的，后来跟共产党有了关系以后，他们……那围了好几个月啊，那把那个围得可怜了，那都没办法，穿女人衣服，女人棉衣都给穿上了。

访　者：那伦纳德就是说，开着飞机就往下扔馒头。

张学良：是，是，扔东西。

访　者：还有的时候，您跟他一块坐飞机呀，您就拿一块石头，还是什么，就把信一块扔下去，然后他们就在雪地上啊……那真是，亏您也想得出这主意来，那这个军队是王以哲的军队吗？

张学良：那，那我不能说谁的。我的军队就是，那也不能说是王以哲的。

访　者：那后来解围了。

张学良：那不能说是解围，共产党退了。

访　者：那就是关于地方实力，我是想把它作为一个背景，然后我们好谈老帅的事。另外呢，我关于这个，还有一个就是说请您分析一下，作战。那个我想我待会儿再说，现在跟您提供一个消息，这是何柱国写的一篇东西①，很有意思。他说他和您一块坐飞机从南京回去，您生气了，您非要回去。结果又是大风，又是大雨，您飞到哪儿找不着了。他说他吓得要死。结果，您说要找黄河，您还记得这事吗？从南京飞，您大概经常这样惊天动地地飞，您都……他说，就是您很生气，您要坐飞机，云雾之中，盲目地飞行，这里有一点……

张学良：何柱国写的啊？

访　者：何柱国，他那时候是骑兵军军长。这里有一件事，我想跟您请教一下，您有一次坐飞机走了很多地方。然后您做了一首诗，我给您念念，您听一听，他只记得您最后的两句呀，因为你看到了很多这个非常壮丽的建设，可是经过多久之后呢，就都变成黄土一堆。您就说了，这首诗最后两句是"极目长城东眺望，河山依旧主人非"您记得这个诗吗？

张学良：啊，这不是我，他怎么写出这个？那时候是看台湾……

访　者：看台湾？

张学良：一个人到台湾，我喜欢这首诗，不是我做的，一个人到台湾来玩。那时候台湾在日本人手呢。"偶来此地竟忘归，风景依稀梦欲飞。"是人家一个学生做的，我很喜欢这首。"回望故乡心已碎，山河无恙主人非。"那个时候，因为台湾是日本人的。

访　者：您会不会是说，因为您喜欢那首诗，现在您看到的是……他说啊，您在飞行时，游览了咸阳、北苑、汉武帝、唐太宗、文王、武王、秦始皇，各个寝陵。然后您慨然叹曰：人贵有所建树，以垂史册，否则，建筑工程，无论如何壮观伟大，若此许多的陵寝，亦不过黄土一堆。于是呢，您就登华山，题了一首诗，他只记最后两句："极目长城东眺望，河山依旧主人非。"可能是您喜欢那首诗，您自个儿又写了……

张学良：忘了，忘了。

访　者：您不大记得了，是啊？他说，就可以看出您当时的心情。您记得在

---

①　此文即何柱国所写的《西安事变前后的张学良（1934—1937年）》，载中国文史出版社1986年出版的《西安事变亲历记》一书。

那个党部，您不是去救那个学生，您搜查了很多东西，他说那里面有好多密件对张将军、杨将军、邵力子都有很多不利的批评，连邵力子？邵力子也是他们的人吗？

**张学良：** 胡说八道。

**访　者：** 您还略微记得他们都说了些什么？

**张学良：** 他说是那个时候啊，陕西的建设厅长啊是哪个厅长，他的太太跟邵力子的太太关系很好，他们说那个厅长的太太跟邵力子有关，他们瞎说八道。党部那些人呐，胡说八道。

**访　者：** 他们做事怎么，没有一个职业道德。

**张学良：** 不是这样讲，他们这个做谍报的人啊，他就想法找这个新闻。你明白？我跟日本人，那个总领事，他就跟我说，他说我们呐，就说日本人，他说你知道我一个总领事里有谍报费10万元，他说你知道多大一笔。他的办谍报的人，他里面的经费就消灭，给消耗了，把你都弄糊涂了。他这个，那个做，他不要钱嘛，卖一份情报，来一份钱呢。

**访　者：** 哦，财路。

**张学良：** 他（指日本领事）说，就是我们两个，这个话说的时候，那日本给了我一个很大的勋章。我问他（指谍报人员），他说是啊，他说你把这个勋章拿回来就给扔到地上了，他（指日本领事）说我看见[材料]，我就认为这是瞎说。他说，我还告诉你，这个节目是从哪来的，是从你那里头来的。他说从你那人里头来的，那说，要钱呢，他说我一见都好笑，他说不会有这种事。这个说谍报啊，你要看谍报就把你……他不要钱吗？所以，你拿到手还得判断这是真的还是假的，怎么来的。所以我对这个谍报，收集的不多……

**访　者：** 何必呢？

**张学良：** ……没这回事啊。

**访　者：** 那何柱国说呢，说后来呢，张将军，因为很多人都说您跟杨将军不和，那么结果这件事情呢，更促成了他们三个人之间互相有所谅解。

**张学良：** 三人之间？

**访　者：** 您、杨将军和邵力子。

**张学良：** 不是，邵力子没关系，邵力子是蒋先生的人。

**访　者：** 后来他怎么投降的？他不是投降了吗？

**张学良：** 投谁？

**访　者：**共产党啊。

**张学良：**是，他是共产党①。

**访　者：**他自己是共产党？

**张学良：**当年他太太是。他的共产党是这样的，是公开的共产党，受上头命令当的共产党，他在俄国留学。

**访　者：**哦，这样啊。

**张学良：**他做共产党是报告明白的，他不是当过共产党。

**访　者：**我说这是我们的脑筋太简单。

**张学良：**他太太（指傅学文）②也是共产党。

**访　者：**可是蒋先生很信任他。

**张学良：**信任不信任我不知道。

**访　者：**不过给了他好多个事情，那些什么秘书长这些都是很要紧的工作，是不是？

**张学良：**他给蒋先生当秘书长的。

**访　者：**就是啊……

**张学良：**也算蒋先生很重要的人。

**访　者：**和谈，跟共产党和谈，他也是其中的一个吗？一个是他，一个是张治中，第三个是刘斐③，是吧？

**张学良：**刘斐。

**访　者：**刘斐。

**张学良：**那我就不知道了，刘斐那时候是参谋次长。他张治中、邵力子那可以说是蒋先生很器重的干部。

**访　者：**对啊，可是，这真是想不到的事。

**张学良：**你不知道，张治中就是思想上跟蒋先生相当不同。邵力子这个人也是这样。

---

① 邵力子曾是共产党员。1920 年，与陈独秀等人在上海发起建立马克思主义研究会，后加入中国共产党。1925 年起，历任黄埔军校秘书长、政治部主任，公开共产党员身份。1926 年退出中国共产党。同年以国民党友好代表身份出席在莫斯科举行的共产国际第七次执委会扩大会议。会后入莫斯科中山大学学习，任国民党常驻中山大学代表、校理事会成员。1927 年回国。1949 年作为国民党和谈代表参加国共和谈。和谈破裂，脱离国民党，留在北平。

② 傅学文，邵力子夫人。江苏宜兴人。1927 年毕业于苏联莫斯科中山大学。回国后，长期从事幼小教育和保健事业，先后创办陕西省助产士学校、南京力学小学、北平培新幼儿园。

③ 刘斐，字为章，湖南醴陵人。国民党陆军中将。抗日战争期间，曾任南京国民政府对日作战大本营作战组组长、军令部次长，主张团结抗日。1949 年作为国民党和谈代表参加国共和谈。和谈破裂后，在香港声明与国民党政府决裂。1983 年逝世于北京。

访　者：您在溪口的时候，他和他的太太跟您住在一起，是吗？

张学良：那是奉命令陪我的。

访　者：我不知道，您详细说一下，为什么他要派邵力子来陪您？

张学良：因为他知道我和邵力子在西北的时候，处得很好。

访　者：哦，那么实际上他可以派宋子文。

张学良：那宋子文他不能来。

访　者：那后来，他跟您住了一阵子，是吧？

张学良：住了一阵子，后来就走了。

访　者：走开了，走开了就去……

张学良：走开了，还闹出来……我说了一句话。我的一句话不是坏意思，我也实在不愿意让他陪着我，怎么说，人家有地位呀，我说，"你在这儿陪着我，我心里很不舒服。你是一个做事情的，你跑这儿为陪我，你把事情都耽误了。"那他做省主席什么的。那么，他把这些话和蒋先生说了，蒋先生非常生气。那么他的意思等于我撵他。

访　者：哦。不过，邵力子懂得您是什么意思。

张学良：懂得我是什么意思。可是蒋先生也很气，好像我这个人是桀骜不驯似的。

访　者：他曲解了您的意思。

张学良：也不是曲解了。我派人陪着你，你还不要。

访　者：那结果，邵力子走很高兴啊，因为至少他还能回去做事。他太太做什么事情吗？

张学良：他太太没做什么事情。

访　者：他太太也陪着他在溪口。

张学良：他那时候做主席的时候，他的文字上，他太太很多都给他批。

访　者：所以，后来他走了之后，没有多久，就是抗日了。他一直就跟着蒋先生，那个以后就没联系？也没有来看过您或是？

张学良：没有，没有。

访　者：也没有通信什么的？不过，后来他回去，他到了……

## 12. 蒋先生知道我跟共产党有联系

访　者：何柱国不见得是，他不是奉天人吧？

张学良：他是广西人，他不但是广西人，他是黄……他叫黄什么来着，他是他的外甥。

访　者：他虽然不是东北人，可是他写出东西来，您就可以看出来，他对您真是百分之百忠诚。

张学良：是，他是东北讲武堂的教官。

访　者：所以有的时候说……所以有时候我就在想为什么奉张这个系列里的人，虽然不是东北人，但是他们的字里行间，就跟在东北土生土长的一样，对您和老帅很有感情。

张学良：我的大将之一，后来在台湾办党就是戢翼翘，那是我二十九军军长。

访　者：他也不是东北人？

张学良：他是湖北的。虽然是湖北人，他也是国民党……他后来自己办的，这个人很厉害。

访　者：对，您跟我说过，那个……

张学良：那我用人是这个样子，才，我不管你是干什么的。后来，我明知他是国民党，他在我手底下。那时候，我们和国民党对敌，他就在我手底下，我一点也不在乎。那个，后来打死一个，那是叫段貌祺吧，不对，段宝兰（音）。

访　者：段宝兰也是您手下的？

张学良：打死了，跟中央作战打死了，他炮兵团长。我这个人做事情，不在乎。

访　者：因为您这个不在乎，而且您不分彼此，只要你有才，我用你。所以很多人都是忠心耿耿的。

张学良：那也许。你比方说蒋斌，也许他们做鬼了，我不在乎。

访　者：对。他这儿，他说了……您记得我们昨天说您去跟阎锡山一块都到洛阳去，蒋先生办生日嘛。然后您到了那儿之后，阎锡山就劝您，"算了，你也不必再建议了，咱们得想别的方法。"我记得您也说过，他怎么说来着？

张学良：不是那么的，因为蒋先生演说骂我，就是骂我，我心里很难过。我就呜呜哭了，他看见我哭，他知道那件事，他明白我为什么，阎锡山劝我……

访　者：后来他就干脆先回去了，他是先走的，他就走开了。后来，您还留下了，他说，那时候蒋先生的侍从室主任是钱大钧。然后蒋先生就讲话，讲话就是说……就是咱们昨天说那个勾结日本的是汉奸，勾结共产党的也是汉奸。结果，然后您就为之色变，您大概很生气，您的脸上带神了，然后钱大钧就跟何柱国说，要是不知道这个蒋先生说话的内容，也许还没有什么关系。如果知道了他这个话里的内幕的话，听到这些话，也的确是太过火了。钱大钧跟何柱国也说，蒋先生这话太过火了。然后呢，他就转过来跟何柱国说，你呀，跟少帅那儿，副司令那儿，多说说，不用计较，蒋的脾气，说过了就完。就是他希望从何柱国这缓一缓，不要让您太过分的为这个事……然后他讲了话，您就走了，就回去了。然后在飞机上，何柱国就把钱大钧说的话跟您说了，那然后您就说，"阎锡山饱经世故，昨天他劝我不能再谈关于停止内战，共同抗日的事，我也决心不再谈了。"然后呢，那个何柱国有意要问您……您说，"我现在想干什么，我太太都不知道。"是这样吧？

**张学良：**我这人向来是这样的。

**访　者：**是这样的，所以您回去又做这个整编东北的事情，您不再谈剿共了。可是啊，后来……他这也提，他说蒋后来又到西安了，他轮流约东北军师长以上个别谈话。他说他们每一个人后来出来，自个儿对呀，蒋先生跟你说什么，所以他们自个儿对呀，他说什么呢，"有我蒋介石在啊，一定可以带你们回东北，你们要听命令，不可以听谣言。"这都是在您背后了，您不会知道啦。然后中央就把万耀煌①的部队调到咸阳，形势也紧张。后来您就借着一个……何柱国说有两个，不知道您说的是什么，一个是您说阿拉善旗的定远发现有日本特务活动，想派第六师长白凤翔和刘桂五去查办，让他们俩去见蒋先生。另外一个是您说啊，刘和白啊，要回热河去打游击，希望让蒋先生给他点……何柱国说他不清楚，不知道您以什么借口，您还记得吗？您是怎么说的？

**张学良：**这是我告诉蒋先生的。

**访　者：**您是说是到那儿去打游击呀，还是要解决这日本的活动？

---

① 万耀煌，湖北黄冈人。国民党陆军二级上将。曾任鄂军第一师参谋长。1927 年参加北伐，任二十七军军长兼六十五师师长。1935 年任第二十五军军长兼第五纵队司令。抗战期间先任第十五军团军团长，后转任陆军大学、中央军官学校教育长。抗战胜利后，任湖北省主席，调中央训练团教育长。1949 年去台湾。

张学良：不是。

访　者：打游击是吧？那然后去让他们去看那个什么，呵，12月9号，就是学生运动一周年纪念。杨虎城请中央来陕各将领听秦腔①，这个秦腔啊，就是说，陕西那个唱戏的，您听过吗？

张学良：听过。

访　者：啊，我先到这为止，我收拾收拾它。

访　者：咱们说哪儿了？1935年，您回去就不谈剿匪啦，您记得吗？

张学良：嗯，那不管他。

访　者：1936年，然后说您写诗，这呢。您写那两句诗啊，然后他就说"那年的初夏，张将军经被俘团长高福源之联络，与中共中央副主席周恩来会于陕北，谋停止内战、共同抗日之道。周答应彻底实行三民主义，停止内战。"他们共产党可以实行三民主义吗？

张学良：他们实行三民主义。

访　者：哦，他们答应您实行三民主义？

张学良：后来，他们取消了土地，他们土地政策②，他都取消了。

访　者：哦，所以那个天主堂那次见面③，您的成绩很成功，很多呀！

张学良：也不能算，他（指周恩来）是诚心诚意，就说取消他们的土地政策，就怎的。

访　者：不过，我现在想，假如那次他们要是没见到您的话，他们也许可能……因为到底您也是表示很诚恳啊。

张学良：他们那个时候也是想……不过，周恩来呀，他也自己……他话是这么讲的，我很幸运遇到你。当然是我说，蒋先生怎么样，那就不一定了，我不敢说，可是我是这样。

访　者：所以他认为很幸运能够见面所以我觉得有很多的地方啊，可以看得出来他们的转变，就是从那天起。

张学良：是啊，确实改变了。

---

① 秦腔，流传于陕甘一带的戏曲剧种。因以枣木梆子为击节乐器，又叫"梆子腔"；因以梆击节时发出"恍恍"声，俗称"恍恍子"。秦腔形成于秦，精进于汉，昌明于唐，完整于元，成熟于明，广播于清。

② 中国共产党的土地政策，1928年中共六大明确规定没收地主阶级的一切土地给农民。1931年，制定了"依靠贫农、雇农，联合中农，限制富农，保护中小工商业者，消灭地主阶级，变封建半封建的土地所有制为农民的土地所有制"的土地路线。抗日战争时期，在敌后抗日根据地实行减租减息的土地政策。

③ 指1936年4月9日，张学良与周恩来在肤施天主教堂举行的秘密会谈。

**访　者**：所以您的那个，就是说您那次见面也很危险了，假如您要是叫党部发现的话，那不更要命了？

**张学良**：那我不在乎，他知道我跟共产党已经有联络。

**访　者**：他不会再给你报告？不过，我觉得那次在整个历史演变过程中……

**张学良**：那个时候，蒋先生方面也跟共产党有联系。

**访　者**：对呀，陈立夫就与共产党联络。

**张学良**：不但陈立夫啊，孔祥熙他们都有联系。

**访　者**：哦，孔祥熙也有，宋子文？

**张学良**：宋子文没有。

**访　者**：宋子文是后来了，是从西安事变以后。

**张学良**：宋子文不做，他很少个人做政治的，他只做他的事情，他不咋参加这个。

**访　者**：不过周恩来跟您年龄上是他小，还是他大呀？

**张学良**：什么？岁数？

**访　者**：周恩来的岁数啊？

**张学良**：比我小。

**访　者**：比您小啊。

**张学良**：他比我小。

**访　者**：那在天主堂见面的时候，他还不到三十几岁啊？比您大吧？

**张学良**：他比我大，我不是那么十分清楚①。

**访　者**：我想他应该比您大点。

**张学良**：那也许，不知道，我那岁数的事……

**访　者**：不过，那个时候，年纪差不多了。我就觉得他说他很幸运能见到您……呵，然后他们就停止了，要实行三民主义，停止内战，一致抗日，但是绝对反对法西斯蒂主义，他干吗要和您说这个呀？他知道您曾经赞成过法西斯蒂主义？

**张学良**：是，是，他们大概也知道，那当然他们都知道得很详细，共产党对我们里头事情很清楚，他知道我们哪个人和哪个人不对付，那很详细。

**访　者**：所以他们可真是，工作做得那么彻底。

---

① 周恩来于1898年3月5日出生；张学良于1901年6月3日出生。周长于张3岁。

张学良：他们怎么做的，那不知道。他们做得很详细，我们内部谁跟谁不对付，谁跟谁……那他们都调查。

访　者：说这个，他们和杨虎城之间就秘密地取得一致的意见，您和杨将军。就让高崇民写一个小册子，我不昨天说，叫《活路》。这个小册子，但是没有出几期，非常要紧这个《活路》。

张学良：这不是我让他写的，是高崇民个人写的。

访　者：哦，是高崇民个人写的。好像他就"散发在东北军中，鼓动打通西北路线，联络新疆的盛世才，乃能抗日复土。同时，在军中教流亡三部曲①，转变东北军的士气。然后您组织了王曲训练团，组织了抗日同志会，鼓吹打回老家去。但是呢，因为陕西省党部擅自逮捕总部秘书，张将军以中央执行委员之地位，搜查该党部，查得该部密件，对张将军、杨虎城将军、邵力子主席均做了不利报告，因而促成三人之间有所谅解。"怎么何柱国都知道这事？

张学良：那他知道。

访　者：张将军与红军联系从此愈来愈密切了，并长驻有代表，所有军事冲突都是假意掩饰。这个军事冲突说的是什么？

张学良：假装打呀。

访　者：哦，就我刚说什么放枪朝天上放啊？

张学良：就是退却了，共产党也退却了什么的，让出很多地方。

访　者：那真是有意思。

张学良：中央一点不知道这个事情。

## 13. 蒋要解决东北军

访　者：是吗？可是呢，蒋介石稍有疑心，他对这件事情有了点疑心，逐次地派中央直属部队移住西北，本来密旨蒋鼎文设前线总指挥部于平凉，以东北军为驻脚，防守碉堡线，以中央军任劲旅扫荡红区，并派陈诚援助山西阎锡山，并且叫张将军为洛阳绥靖主任之说，这是什么时候的事？

张学良：什么绥靖主任？

---

① 流亡三部曲，一是张寒晖创作的《松花江上》；二是刘雪庵创作的《离家》和《上前线》。

访　者：派您做洛阳绥靖主任。

张学良：这我不知道。

访　者：（念何柱国写的《西安事变前后的张学良（1934－1937）》一文）①"时两广'六一事变'②已完全解决，红军西路军③北上，并打通国际路线，在河西地区④被马步芳等军所歼灭。胡宗南军跟踪北上，已到甘肃中部地区。于是，蒋乃亲自来西安。"他在西安不是您亲自去找他，您说东北［军］有点不安，你来跟他们讲话？

张学良：没有，没有。

访　者：您没说这事，他自个儿来的，"亲来西安，宣慰东北军而有所布置……"这有所布置，是布置他自己是不是？不是布置东北军？

张学良：不，那他……他让我爱干啥就干啥，他不管。

访　者：哦，"并准许设立东北整编委员会，由张将军主持。"由何柱国做副手，您做主任，主持东北整编。"东北军因此重立预算编制，要求中央有所补充。10月底，蒋赴洛阳避寿，张将军前往祝寿，并请求批准东北军整编方案。阎锡山亦来祝寿，并共同与蒋谈停止内战，共同抗日问题，蒋仍旧主张武力解决。张将军问蒋，中国前途归宿如何？"这您问蒋先生。

张学良：这我没有，这是他说的。

访　者：我想，大概您是说中国到底怎么办？您这么问他的。

张学良：我没跟他谈这个。

访　者：没跟他谈这个。"蒋说是社会主义，但不是共产党的社会主义。阎劝张不必再有所建议了。第二天早上，阎先生飞返山西，张将军出席听蒋对洛阳军官分校的训话时，蒋大骂，'勾结日本者是汉奸，勾结共产党者亦是汉奸。'张将军为之色变，侍从室主任钱大

---

① 何柱国写的《西安事变前后的张学良（1934—1937）》，载中国文史出版社1986年出版的《西安事变亲历记》。

② "六一"事变，也称两广事变。1936年6月1日，粤桂地方实力派通电全国，表示愿与日寇决一死战，同时攻击蒋介石中央政府对抗日不作为，要求蒋介石立即停止对各地方实力派的进逼。7月13日，国民政府军委会宣布撤销陈济棠的职务，以余汉谋取而代之，陈被迫下台，李宗仁、白崇禧和蒋介石最终妥协。

③ 红军西路军，中国工农红军的一支。1936年秋，红四方面军2万余人向西渡过黄河，过河部队被称为"西路军"。深入河西走廊的西路军浴血奋战5个多月，终因寡不敌众，于1937年3月失败。

④ 河西地区，指黄河以西地区，即甘肃省西北部祁连山和北山之间的黄河以西地区。此地两山夹峙，所以又称河西走廊。河西走廊历代为中国东部通往西域和咽喉要道。

钧对我说，'不知内容者，此话尚无重要关系，知道内幕者，听到此话，实在的太过火了。'他嘱我劝张不要误会，并说蒋的脾气，说过了就完了。他想从中弥补裂缝。蒋训话完毕，张将军随即登机飞返西安。在机中，我将钱大钧的话告诉张将军，张将军说，'阎百川饱经世故，昨天夜里已经劝我不要再谈停止内战，共同抗日的事情了，我已决心不再谈了。'又说，'我现在想干什么，我太太亦无从知道。'"他说呀，您告诉何柱国啊，现在我想干什么，我太太也不知道，这个是与事实相符了。"张返西安后，只谈整编东北的事，不谈剿共之事。蒋复来西安，轮流约东北军师长以上叙餐，个别谈话，誓言，'有我蒋介石在，一定可以带你们回东北，你们要听命令，不可听谣言。'12月初，中央军万耀煌部已经开抵咸阳附近，谣言四起，形势日急。"我这就不大懂，什么样的谣言呢？

张学良：这个我还不知道，大概也就是要解决东北军，大概是这个。

访　者："那么，张乃借词阿拉善①旗之定远②发现日本特务机关活动一事，拟派骑兵第六师长白凤翔，团长刘桂五前往查办。率此二人前往临潼华清池见蒋，请蒋指示方针。"他说另外一说，是说您要送白凤翔、刘桂五回热河打游击，所以去谒蒋请示，哪个是对的？

张学良：这个是对的。

访　者：这个是对的，就是说打游击，您是亲自带他们去看的？

张学良：不是。

访　者：然后，"实乃借此使白、刘熟悉蒋的住所途径。12月9号，乃北平学生运动一周年纪念日，杨虎城请中央来陕各将领听秦腔。听秦腔那天，他就想扣蒋及其以下各将属。可是张将军说准备未周，乃延至11号晚上。那天呢，就由白凤翔、刘桂五率队突入清华池蒋寓所。不料，被蒋宪兵觉察，开枪拒之。蒋乃越墙逃避于骊山。杨虎城则扣押住在西京招待所各将领。直至12日晨8时，尚未搜得蒋的

---

① 阿拉善，地名。地处内蒙古自治区最西端，西与甘肃省酒泉市、张掖市相连，东南隔贺兰山与宁夏回族自治区相望，东北与巴彦淖尔、乌海、鄂尔多斯接壤，北与蒙古国交界。

② 定远，地名。又称定远营，现称巴彦浩特，阿拉善左旗旗府所在地。始建于1730年（清雍正八年），清政府馈赠定远营为阿拉善和硕特旗札萨克多罗郡王阿宝的驻地，故又俗称王爷府。其为西北战略要塞，又为商贸交通要道。

下落。张将军在绥靖公寓对各同僚说，若找到委员长，我能说服他停止内战，共同抗日，我一定拥护他，并且自己请罪，以增加他的威信而维持军纪……"这是您说的？

张学良：嗯，是。

访　者："若找不到他，我便将头割下来，请虎城拿到南京去请罪，了此公案，绝不能够因为要停止内战而引起内战。"还是您最终的中心思想。"旋得报，已将负伤的钱大钧送来绥署。张将军遂前往慰问钱大钧，钱大钧破口骂张为叛逆，并且说再有10年也不能恢复中国的现状。张将此次事变宗旨向他解释，并且说，'你也要负责，假使你答应来西安担任参谋长，上下不至有所隔膜，也不会演成此事变。'"那么说，本来希望他跟您来，是吧？

张学良：他原来就是我的参谋长，后来不是。

访　者：哦，后来他没到西安来。

张学良：后来西安就变了晏道刚来西安。

访　者：所以您就是说，如果你要来的话，事情……那他的作风不一样吗？

张学良：这是何柱国说的，我没有。

访　者：哦，"钱仍愤愤，因伤势甚重，张劝钱住在我家中，善为治疗。"就住在何柱国家了。

张学良：是，是。

访　者：哦，您把他搁在何柱国家，是因为他们两个人……

张学良：他们两个人同学。

访　者：同学，难怪……"旋得报，蒋已有下落，先由邵力子前往谒蒋，陈述此次事变的内幕，再由张将军往谒。"先让邵力子去看看。

张学良：那也不是，那不管他。

访　者："张将军口称委员长受惊，蒋说，'你还叫我委员长，你还是我的部下吗？'您说，'当然了，我唯一的目的是拥护委员长抗日。'"这对吗？

张学良：差不多。

访　者：哦，差不多。"蒋说，'那么你应当即刻送我去洛阳，否则，法币、公债，都要完了，经济崩溃就是想抗日，亦无从说起。'"怎么会与法币、公债有关系呢？

张学良：他就是经济弄崩溃了，这是他说的。蒋介石他没说这个话。

访　　者："后来张答，'总要商定办法，然后送您回去。'蒋 15 日给宋美龄写一封电报，表示为国牺牲绝不屈辱，对经国、纬国要视同己出。勿以我的生死为念等，并绝食……"

张学良：不是打电报，是他写了一封信。

访　　者：一封信。这封信是寄出去的啊？

张学良：不是寄出去的，他给了黄仁霖。

访　　者：黄仁霖，"并绝食抗拒。南京空军连日在西安上空示威。陆军则自潼关①推进渭南②，东北军亦调来渭河南北布防对之。"那就是……

张学良：要打。

# 14. 听亲历者谈西安事变

访　　者：哦，难怪您紧张。（继续念何柱国《西安事变前后的张学良》一文）"张将军调我为参谋团主任，会同东北军参谋长董英斌、西北军参谋长李兴中③、红军参谋长叶剑英策定作战计划，成立抗日联军总司令部。一面备战，一面派机在 14 号往接周恩来。周恩来有事不能即来。17 号再派机接周恩来共商大计。周到后亦主张和平解决。遂放蒋鼎文回南京，说明此间并无害蒋之意。"不是那时候端纳已经来了吗？

张学良：那没关系。

访　　者：没有关系，哦，还要派他回去，他们才相信。"南京方面亦先后派端纳、宋子文、宋美龄等来西安参加谈判。往返洽商，双方终商定了和平解决事变条款。张将军还表示要亲送蒋回南京请罪，以增加蒋之领导威信之意。红军改编条件，则由周恩来与蒋直接商谈。至于一般条件，均已商妥。张将军于 12 月 24 日召集王以哲、

---

① 潼关，地名。地处陕西省关中平原东端，居秦、晋、豫三省交界处。东接河南省灵宝县，西连本省华阴市，南依秦岭与本省洛南县为邻，北濒黄河、渭河。是连接西北、华北、中原的咽喉要道。

② 渭南，地名。地处陕西省东部、陇海铁路沿线。东濒黄河，西临西安，南倚秦岭，北接延安，渭水横贯其中。素有"三秦要道，八省通衢"之称。

③ 李兴中，字实甫，河北宁河人。保定陆军军官学校毕业。曾任国民军驻陕总司令于右任的参谋长、西安绥靖公署参谋长。参与了西安事变。

董英斌和我三个人，密告送蒋的决心，三人均阻之。最后建议至多送至洛阳，张嘱咐，关于联军军事听命于杨虎城，关于东北军军事听命于学忠。翌日下午，张将军约杨虎城同至蒋寓所。前数日，蒋已迁至张寓所附近的高桂滋宅①。随即于25日下午由张将军送蒋登机并陪同飞赴洛阳住宿。26日晨，蒋自洛阳飞南京，张将军也亲送。张在途中即来电给杨虎城，嘱将被扣南京方面各将领一律释放。"

**张学良：** 嗯？这什么？

**访　者：** 您在洛阳发的电报？（继续念何柱国的文章）"后于28日用飞机送返南京。张将军在京有被迫做请罪表示，不料，竟军法会审，由李烈钧、鹿钟麟②、朱培德③等主持之。过庭时要摘下张将军之佩剑，张知事已变卦，乃大骂不守信用的政府。他说'剩我张学良一个人也要革命'，张被判十年徒刑。由政府特赦，交军事委员会严加管束。时蒋在奉化溪口疗养腰伤。张将军亦被移往溪口雪窦寺中。"

"蒋派了顾祝同去西安做西安行营的主任，前往潼关谋和平解决西安之事。但又命陈诚等几路司令作武力解决的准备。其时，西安各将领意见不一致。东北军和西北军中之少壮军人主张武力争取张将军之归来。高崇民、王以哲、何柱国则主张不应该改变团结抗日之初衷，即为争取张将军归来，亦只有和平解决才有希望。其利害得失屡次开会辩论，终无结果。1937年2月2日，少壮派孙铭九等袭杀王以哲、徐方④等。我避入杨虎城的新城大楼，幸免于难。前线之东北军之军长刘多荃、缪澂流等抗不受命，并电杨虎城等，若于

---

① 高桂滋公馆，位于西安城东南，与当时张学良公馆一巷之隔。高桂滋，字培五，陕西定边人，时任国民革命军第三十二军副军长。公馆庭院式建筑，左首是一栋中西合璧的小楼，左右侧有耳房和地下室，后面是三进四合院，主楼内安装了暖气。当时刚刚建好，主人还未入住。公馆安静，房间较多，又在张学良公馆旁，便于警戒、会客。因而将蒋介石移入此馆。

② 鹿钟麟，字瑞伯，直隶定州人。曾任冯玉祥部二十一旅旅长。1924年随冯玉祥发动北京政变，任京畿警务司令、京师警察总监。后任国民联军总参谋长。1928年署理国民政府军政部长。抗战期间，曾任冀察战区总司令兼河北省政府主席、国民政府兵役部长。抗战胜利后，曾任华北宣慰使等职。中华人民共和国成立后，曾任国防委员会委员。

③ 朱培德，国民党一级上将。曾任国民革命军第三军军长，率部参加北伐。后历任江西省主席、军事委员会参谋总长、军事委员会办公厅主任、军事训练总监部总监等职。西安事变爆发后，力主和平解决。1937年2月因败血症而死。

④ 徐方，时任西北"剿总"参谋处长。

学忠、何柱国有意外，则向西安进军。"

"杨要我再与潼关的顾祝同电话商定，执行和平方案，既东北军移驻西南公路陕甘边区，王树常为甘肃绥靖主任，于学忠仍任甘肃省主席。西北军移至渭河、泾水以北地区，中央军进驻陇海线。顾祝同遂于2月8号进驻西安执行行营主任职务。经此内变，东北军将领对于留驻西北维持原来商定的和平方案已有异议，并且有坚决主张出关者，互不信任，意见分歧。顾祝同乃派我飞赴南京，前往溪口，将此情报报告给张将军，并且希望张将军来一手书，指示要领，使东北军将领步调一致，以便办理善后。我到南京后，许多要人均来告我，西安事变张学良为功为罪，要由历史来评论，目前是办善后要紧。即与何应钦商量先到溪口见蒋面陈事实，均主张东北军出关，沿淮河流域布防，并安徽主席由东北人出任。我将各种情形面告张将军，并详述在西北已不能维持'三位一体'。相谈之下，默然神伤。事已至此，只可执行此方案。张乃亲函各将领，服从中央命令，团结力量，做抗日之准备，以遂初衷。并口头嘱我转告各胞泽，我为国家牺牲一切，交了一个朋友，希望各胞泽今后维持此一友谊。"您这朋友说的是谁呀？

张学良：什么？

访　者：您说呀，您让何柱国告诉西安的同仁啊，"我为国家牺牲一切，交了一个朋友，希望各胞泽今后维持此一友谊。"这朋友您，指的是谁呀？您说的。

张学良：是啊，交个朋友，谁呀？

访　者：他没说。

张学良：那我不知道，他说的什么呀，我这不知道。

访　者：他说您说的，也不知道您说的哪一个朋友呀？

张学良：我不知道他这话说谁。

访　者："我返西安后，传达此意，东北军遂开始尊令出关。中间虽有人作祟，欲拆散东北军，后经于学忠和我以不复办理东北军善后之责任相抗议，并联袂赴溪口再向蒋面呈，乃得发表于学忠为江苏绥靖主任，王树常为开通（豫皖）绥靖副主任，刘尚清为安徽省主席，何柱国为西安行营副主任。第五十一军驻淮安①附近，第六十七军由

---

① 淮安，地名。位于江淮平原中东部，江苏省中北部。

吴克仁继王以哲为军长，驻阜阳①附近，刘多荃部改编为四十九军，驻南阳②附近，骑兵军则留驻西北，在开封开整编会议。是6月间完成整编。"

**张学良**：这是他写的，好多事我不知道，这何柱国写的。

**访　者**：他曾经到溪口见过您两次，代表……这个西安呢，当初解决呢，有一个甲案、乙案，您还写信给他们分析过这甲案、乙案。

**张学良**：没有，就是解决的事，我没干预。

**访　者**：他们有人说，蒋先生希望您在溪口……这是阎宝航推测了，是希望您在那的话呢，万一他有些调不动的话……

**张学良**：那就不知道了。

**访　者**：不知道了。我再告诉您其他人都写了什么，您看您要听谁的？

**张学良**：谁写的？

**访　者**：这后边有，我不知道这些人都是谁，焦绩华③、周祖尧④等。

**张学良**：都不知道。

**访　者**：马培清⑤、申伯纯⑥……

**张学良**：也不知道。

**访　者**：高崇民……

**张学良**：高崇民知道，他写的什么？

**访　者**：写《西安事变回忆》，孙铭九《西安事变前张学良的几件事》，卢广绩……

**张学良**：卢广绩知道，他写什么？

**访　者**：《西安事变亲历记》，汪锋⑦、赵寿山⑧……

**张学良**：也不知道，赵寿山写什么？

---

① 阜阳，地名。地处安徽省西北部。西与西南与河南省接壤，北、东北与安徽亳州毗邻，东与淮南相连。

② 南阳，地名。古称宛。位于河南省西南部，与鄂陕两省接壤，因地处伏牛山以南，汉水之北而得名。

③ 焦绩华，1934年起，曾任上海市国民军事训练委员会主任委员，国民党军事委员会参谋本部第二处处长（主管对苏联情报）。写有《张学良与苏使秘密会晤》。

④ 周祖尧，国民党陆军少将。时任东北军第一一〇师营长。写有《一一〇师劳山就歼亲历记》。

⑤ 马培清，时任马鸿宾部骑兵团团长。写有《东北军骑兵师吴起镇被歼目击记》。

⑥ 申伯纯，时任第十七路军绥靖公署交际处处长、政治处处长。著有《西安事变纪实》一书。

⑦ 汪锋，陕西蓝田人。时任中共陕西汉中特委书记兼司令员、政治委员。写有《争取十七路军联合抗日的谈判经过》。

⑧ 赵寿山，时任十七路军十七师五十一旅旅长，西安事变当天又任西安市公安局长。写有《西安事变前后的回忆》。

访　者：也是《西安事变前后的回忆》，王菊人①、孔从洲②……

张学良：不知道。

访　者：我就点一下，卢广绩您知道，是啊，孙铭九、高崇民您知道，申伯纯您知道……

张学良：申伯纯不知道。

访　者：您不知道，OK，哦，申伯纯大概是共产党，因为他说争取张学良联合抗日经过，对吧？这还有您一〇九师的几个人，沈叔明③、王肇治④、邱立亭⑤、唐振海⑥，他这是《东北军一〇九师直罗镇被歼记》。

张学良：被什么？

访　者：歼灭的歼呐。

张学良：歼灭，一〇九师被打灭了。

访　者：还有一个马培清，他写的是《东北军骑兵师吴起镇被歼目击记》，就是他眼睛看到的……那个周祖尧写的是《甘泉被困记》，呵，赵寿山您不知道，是吧？

张学良：赵寿山这个人恐怕是杨虎城的参谋长。

访　者：我可以给您查一下，他们这儿都有，他们是做什么的。呵，对了，您的记性真是不得了，十七路军十七师五十一旅旅长，十七路军不是杨将军那个吗？哦，王菊人您不知道，孔从洲，李维城呢⑦？长城的城。

张学良：李维城？不知道。

访　者：我给您瞧瞧，他是干嘛的。

张学良：不晓得，记不得了。

---

①　王菊人，时任杨虎城随从秘书，第十七路军机要科科长。临潼扣蒋后，兼任抗日联军西北临时军委会政治处副处长、设计委员会委员，并担负第十七路军与中共代表团的联络工作。写有《记西安事变前后的几件事》。

②　孔从洲，原名孔从周。陕西西安人。西安事变时，任国民革命军陕西警备第二旅旅长兼西安城防司令。写有《杨虎城将军在西安事变前后》。

③　沈叔明，时任东北军牛元峰部第一〇九师参谋处处长。与王肇治、邱立亭、唐振海等人合写有《东北军一〇九师直罗镇被歼记》。

④　王肇治，时任东北军一一一师参谋长。

⑤　邱立亭，时任东北军一二〇师六五八团团长。

⑥　唐振海，时任东北军一〇八师六二二团团长。

⑦　李维城，时任陕西省银行行长。参加西安事变，任设计委员会委员。写有《西安事变的片段回忆》。

访　者：哦，陕西省银行经理。

张学良：是，是。

访　者：哈，哈，您想起来啦，是不是给您的银行做事的？

张学良：不是，这是在杨虎城手底下大将。

访　者：哦，谢晋生①，晋朝的晋。OK，第180页，呵，谢晋生和宋文梅当时是杨虎城左右参与机密②。

张学良：是，是呀，那不知道了。

访　者：下面这个您知道，邵力子……

张学良：他写什么？这个谢？

访　者：他写《我在西安事变前后的一些经历》。

张学良：这是杨虎城的，杨虎城的内幕他知道，杨虎城有几个参与他秘密的。

访　者：那事变前，国特绑架西北剿总的职员，这是第一个。事变前，蒋介石对西安形势的错误判断，杨虎城与新桂系的联系，冯钦哉③《叛杨投蒋经过》，这就是他的啦，后面的这个您认识，邵力子。

张学良：邵力子写什么？

访　者：《西安事变追忆》，我给您看这个，他没有［小］标题。"我同张学良的关系"，"我同杨虎城的关系"。

张学良：你看那同我的关系，你看他写得对不对？

访　者：（念邵力子的《西安事变追忆》）"我于1933年夏，任陕西省主席，张学良则于1935年10月始以西北剿匪总部副司令名义到西安。对于西安事变我事先并无察觉，中央两个庞大的情报机构，一个是中统和军统，我都毫无关系。这两个大情报机构在西安各有做工作的人，他们都没察觉张、杨的密谋。我又怎么能负责呢？"

"我与张的相处，有一件事值得写出来。1936年8月，一天晚上，已经夜半，张以电话召我，我去时张突变常态，声色俱厉地问我，'你知道省党部在街上抓走我的学生和部属吗？我决不能容忍，已派队去搜查，请你负责查明，限天明以前，把抓去的人送回我

---

① 谢晋生，时任杨虎城部第十七路军特务营副营长。写有《我在西安事变前后的一些经历》。

② 宋文梅，杨虎城的心腹。先为杨随从参谋，1936年9月，任十七路军特务营营长，西安事变时负责扣押南京大员及看管蒋介石的任务。西安事变后被捕入狱。写有《我所经历的西安事变》。

③ 冯钦哉，山西万泉人。国民党陆军上将。1917年入杨虎城部，历任旅长、师长。西安事变时，拒绝执行杨虎城"进驻潼关，防堵中央军"的司令，并公开通电反对张、杨，致使潼关防线不攻自破。西安事变后，脱离第十七路军投蒋，任第二十七路军总指挥。1949年随傅作义起义。

处!'张大概以为我是省党部的负责人,实际上陕西省党部主任委员一直是杨虎城兼任的,我继杨任省主席后,亦未更动。当然,杨也只是担任省党部的名义,未管省党部的事,就是杨虎城也是名义,但我仍请省党部几位委员到来,转达张意。经他们查明,确有这样的事,原来是南京派来的几个调统室①的人抓的,省党部委员也不清楚,我再去见张时,抓走的人已被张救回。张的态度比较好,说:'很对不起你,深夜惊动,请回去休息吧。'"您记得这件事?

张学良:嗯,没完呢。

访　者:(继续念邵力子的文章)"原来抓走的东北大学学生代表宋黎、青年干部马绍周②、关时润③等都是左派分子。张很着急,当时派出卫队营一个连,冲进省党部,救出被抓去的人,并从调统室搜去不少文件。隔了两天,张又请我去,恢复了常态,对我说,'看过从调统室搜来的文件,才知道您也是他们造谣秘报的对象。他们对您我都任意地诬蔑,荒唐到了极点。我深信您绝不会有像他们密报所说的事。'张同我都不再说什么。南京中央党部还电张责难其不应派兵进入省党部搜查。"这点就外国人说蒋介石也和您一样,不赞成这些人做非法的逮捕人的事情。

张学良:也没有,这事他很气,我越权把他的人整个都抓了。

访　者:那他气又怎么样呢?

张学良:他很不高兴啊,这跟后来翻脸有很大的原因。

访　者:哦,就这件事情,党部的事情,他打电报来责难您……

张学良:他说什么都忘记了,反正他很不高兴。

访　者:不过,这也太那什么点了。责备您不应派兵进入党部搜查。

张学良:是,是。

访　者:然后,您就回了一封电报,(继续念邵力子文章)"说明省党部做事太荒谬。他是以中央委员和副总司令地位行事的。蒋也从广州来电问我,省党部事内容究竟怎样?同张高唱抗日有无关系?我复电说,

---

① 调统室,国民党调查统计室的简称,隶属于中统局。中统局的全称为"中国国民党中央执行委员会调查统计局",中国国民党的主要情报机构之一。中统系统在各省省党部设调查统计室。

② 马绍周,当时为东北大学流亡西安的进步学生代表,"艳晚事件"中被陕西省党部特务抓捕。

③ 关时润,又名关沛苍,东北大学流亡西安的进步学生,任职于张学良司令部,"艳晚事件"中被陕西省党部特务抓捕。

省党部事张已复电中央，并且已经完全结束，东北军人不忘抗日，情有可原，张对抗日事仍必服从命令。蒋正忙于处理两广军事，不再究问。"这件事还属实吧？

张学良：差不多。

访　者：这是邵力子的，然后是跟杨虎城的关系。就到这儿了。

访　者：那他也做参谋长，钱大钧也做过您的参谋长，这两个人哪个比较……

张学良：那当然钱大钧厉害得多。

访　者：哦，钱大钧厉害，没有像晏道刚这么老实。

张学良：晏道刚规规矩矩的，蒋先生让他好像无形中监视啊，其实晏道刚一点没做这个事情。

访　者：那后来又怎么样？

张学良：后来没事。

访　者：哦，没事儿，没有怪罪他吗？那个事可真是……这是晏道刚，先说您到西安，然后他说，（念晏道刚的《我在西安事变中的经历》）"驻西安的特务们直接给蒋的情报很多。蒋为了表示对张推诚相与，把这些报告原文抄送给张学良，叫他答复。"① 有这事吗？

张学良：没这事儿。

访　者：（继续念晏道刚的文章）"这个时候，张学良感到惶恐不安，对我往往诉说东北军官兵责难他的苦境，但仍隐讳他个人的真正意图。兹抄录1936年7月20日张学良给我的亲笔函一件，'弟自入关以后，对蒋委员长极端忠诚，弟曾替他解决很多困难，万怨不辞。今日，弟处此痛苦环境，这些特务人员对我严密监视，挑拨离间，令人气愤。譬如王曲军官训练团的学员对提起'蒋委员长'四字没有立正，岂是我教给他们的吗？前线官兵与共产党私有来往，这是秘密，我何能知道？我又哪能管这许多？他们甚至说我与共产党曾有联系，真是无中生有。兄自动去电替我解释，爱我之情，不尽感激。'同时蒋的特务组织……"他那有另外一个特务组织，就是［西北总部］办公厅第二科，这您知道吗？

张学良：第三科，他写错了。

---

① 晏道刚写的《我在西安事变中的经历》，载中国文史出版社1986年出版的《西安事变亲历记》。

访　者：第三科，他写错了。"对杨虎城报告也很多，说杨虎城部的职员内有共产党员潜伏，力谋反蒋，杨虎城的夫人也是共产党员云云。特务们的这些诡秘行动迫使人人自危。至于军队方面，此时更是一筹莫展。西北总部所指挥的兵力是陕甘宁青四省的部队。计共兵力：张学良部约二十万人，杨虎城部四万人，宁夏马鸿逵部：二万人，青海马步芳部约一万余人，还有其他零星部队约一万余人，总共约二十八万余人。另外胡宗南驻甘肃约三万人，归蒋介石直接指挥，总部不能调用。""总部能指挥的二十八万余人中，张学良部和杨虎城部不但不愿与红军作战，而且也不能与红军作战。宁、青两省的部队也不愿与红军作战，更不能对红军作战。"
"自从我 1936 年 3 月到西北，直到同年 11 月间，前线军队彼此各守原防，好像国共双方互不侵犯似的，甚至前线官兵彼此还有联系。张之联共抗日主张是到西安事变的当时才明白提出的。他开始向蒋请求，还只是希望东北军开赴抗日前线，而未提出联共主张。"
"1936 年 8 月，蒋介石接到阎锡山的报告说：共产党军大部分已过黄河到山西地区，陕北的红军只有少数，希望陕北军队趁机进攻，可以消灭红军。蒋即电张，速令陕北和陇东①的军队向陕北红军进攻。但西北总部所得的情报则是红军只有一部分过河，主力仍在陕北，便据以向蒋复电，但蒋仍相信阎锡山的报告，疑惑张汉卿是畏缩不前。张乃与我商议，要我到南京去面向蒋报告。"所以在阎锡山和您之间，蒋好像相信阎锡山的报告。

张学良：那这我不知道。

访　者：他到了南京就"径去见蒋。踏进蒋的客厅，适蒋廷黻②在座。蒋介石到客厅后，我即提出陕北军情报告。蒋阻止说，'今天是请蒋廷黻先生讲白皮书的意义，你且缓讲。'"蒋介石把蒋廷黻请来，是让蒋廷黻给他讲一讲白皮书，什么是白皮书的意思？

张学良：白皮书，代表哪个白皮书，我不知道。

访　者：不知道是哪个？

张学良：白皮书是政府发表的东西……

访　者：对呀，是苏联的，还是美国的，还是……"然后他（指蒋介石）说

---

① 陇东，即甘肃东部。甘肃省境位于陇山以西，旧时别称陇西或陇右，简称陇。
② 蒋廷黻，湖南邵阳人。民国时期外交家。时任中华民国驻苏联大使。

你先别讲了。那么蒋廷黻讲完了，蒋接着与胡宗南谈话，谈了很久，随即送客。我只得站在客厅门前和他面谈，当然不能毕其所欲言。蒋仍坚持阎锡山的报告，主张从速向陕北进攻。我再次见蒋，均不能消除他的成见，即不得要领而回陕。1936年10月，蒋介石电令西北总部，限期向陕北红军进攻。"这限期是什么意思？

张学良：这限期是照着时间你就要做。明天不做，后天就做。

访　者：哦，他就是给您的这么一个命令，（继续念晏道刚的文章）"他（指蒋介石）并直接电令胡宗南出动一个军约三万人编成一个纵队，由陇东向东北方向推进，包围红军的左翼；东北军王以哲部编成一个纵队，在胡宗南部队的右翼与之齐头并进，其他部队则在原阵地一齐向北推进，西北总部只好据以转令前线各部。这时张学良抑郁不安。"前线各部阳奉阴违，按兵不动。"王以哲部队无线电叫呼不应，命令无法下达。唯胡宗南军按蒋的命令向东北方向推进。他既不向西北总部报告，又不与邻军联系，孤军深入，约在11月中旬，这一纵队前卫两个团进至陕北山城堡地方，被红军消灭。"

张学良：都叫人歼灭了。

访　者：啊，可不是，都叫红军消灭了，他为什么不跟您联系呢？

张学良：那从来他们……那胡宗南完全不理我们，中央军向来不理我们。

访　者：那这下好了，让红军给消灭了，怎么办？"蒋闻讯大为震怒，严电斥张，追究责任，限期电复，意在惩办王以哲。张学良上下为难，惶恐不安，数日不至总部，我即往商。张言，'我遭受国难家仇，对不起国家，对不起百姓，对不起部下。处此环境，有何面目？'"您那也是心里面很难过。

张学良：这我都忘了。

访　者："10月29日，蒋以避寿为名到达洛阳。张飞往洛阳。蒋见张后，大为震怒，使张不能尽其所言，更无法进行解释。蒋对胡宗南的军队爱惜备至，今见其损失两个团，乃归咎于王以哲不听命令，对王以哲痛恨至极，并且怪张学良无能。张学良一提抗日，即遭痛骂。"
"张学良在洛阳军校住了一个星期。有一天，蒋在军校纪念周会上讲话，张站在台下军官中听讲。蒋在台上大骂主张抗日之人，说什么'共产党不要祖国，不要祖宗，然则你们也不要祖国，不要祖宗吗？共产党是要亡中国的，这种敌人不打，还要什么抗日。当面敌人不打,偏要打远处的敌人。这种军队有什么用处?'张站在前面,在场的人都向张偷望,张神色自若。张右边站的是陇海铁路局长钱宗泽,他恐怕张学良不好受,会后即邀张去洛阳街上去买古董。到会的人说,'蒋这番话,实在使张过于难受。'我在西安听这种情形,向蒋去一电报,即有谓'有亥'电。电文大意是这样的:'东北军自去冬陕北直罗镇之后,一〇九、一一〇师遭受重大损失,中央不予补充,还要取消一一〇师的番号,因而对中央颇有怨望。他们对剿共心怀畏怯,认为剿共不是他们的前途。东北地方被日寇侵占后,一些军官家属逃到关内,流离失所,生活极感困苦,对日寇敌忾同仇,是东北军的普遍心理。前线官兵已有许多与共产党联系,张副司令心中痛苦,指挥确有困难,万望对张副司令不要督责过严,使他难于忍受。张副司令曾经请求开赴绥远前线抗日,此时可否考虑将东北军开赴绥远、察哈尔一带,担任抗日前线作战?'"这么说,晏道刚还很了解您的心情,也很愿意替您说……

**张学良:** 他看见那情势也许他……我也不知道这个。

**访　者:** 当然,这是他私自给蒋先生的信啦。

**张学良:** 是,那也许,后来蒋先生不用他。

**访　者:** 大概也就是因为他这个……(继续念晏道刚的文章)"这一电文发出,据钱大钧告诉我,蒋介石接到电报,曾有较长时间考虑,然终未转变他的顽固态度。11月29日张汉卿由洛阳打一长途电话来,让我召集东北军旅长以上军官于12月2日前到西安听蒋委员长训话。[蒋于]12月4日,由洛阳专车到临潼。杨虎城、邵力子和我三人由西安出发到临潼迎接。4号下午4点多,蒋的专车到达临潼,杨、邵与我三人在月台见张学良于列车刚停时,便从蒋的车厢走下,面红耳赤,一边走,一边对我和杨说,'我正被蒋委员长骂得不得了,你们快上车,我在钱慕尹(即钱大钧)车厢等你们。'杨、邵和我等上车,与蒋略谈几句便下车,我即到钱的车厢去约张同行。张问钱,'委员长到西安邀集一些将领来,他是一个什么做法?'钱说,'大概是对各将领打打气,并且作进剿布置。'"

"到了临潼之后,蒋分别召见东北军的高级将领。所问的都是你父亲母亲在吗?兄弟和儿女几个人?你现在看些什么书,有什么心得?家中的生活怎么样?并且鼓励剿共之类的话。他何曾知道东北将领对于这样的话毫不感兴趣。张学良和杨虎城召集东北军和十七路军的军官在西安请蒋介石训话，张、杨已先商定，所召集的人中不能有过于激动的人，或者社会关系复杂的人，要求届时发言的人不能对委员长有不恭敬之处。因此会场上说话人并不多，想说话的人也不敢说。"

"蒋在他的训话中说，'我们眼前的敌人是共产党，日本人离我们很远，我们打仗要先近后远。如果是远近不分，或者是前远后近，便是我们先后倒置，一定失败，更不是革命。无论如何，我们此时必须讨伐共产党。如果反对这个命令，中央不能不给予处置。东北军和十七路军现在只有两条路可走，一条是到陕北剿匪，中央军做你们的援军。一条是调往闽、皖地区，听中央调遣，你们不要自误。'"

**张学良：** 对。

**访　者：** "蒋的训话，言下之意就是：你们要再联共抗日，不听命令，中央便要处置你们了。也就是斩钉截铁地拒绝了张学良、杨虎城的要求。而张、杨二人无可奈何中仍一再地向蒋进行哭谏，痛哭流涕地哀求其停止剿共，一致抗日。蒋介石毫无所动，反而大声呵斥道，'你们拿手枪把我打死，我也不能改变我的剿共政策。'"

**张学良：** 这个，这个也没有。

**访　者：** "张学良哭道：蒋委员长真的不能听我们的忠告吗？蒋介石毫不理会，拔脚便走。"

"12月9日，西安的学生集体游行请愿，要求抗日。学生们先到西北总部。门卫告知我，我即以电话商之张副司令。张说，'你不必管，我来对他们说。'游行队伍乃由总部沿西安向临潼道路前进。张学良单人匹马赶到十里铺，挡住队伍，向学生们说：'你们不要去找委员长，我是副司令，可以代表委员长考虑你们的要求。你们有什么都可向我说，我决替你们转达。'学生们听了他这一番话，也就回来了。张这样的做法总算对得起蒋介石了。蒋介石却偏不是这样想，他疑心这是张、杨二人为贯彻他们的主张而搞的一段穿插。张学良向蒋报告学生游行请愿情况的时候，他反而骂了张学良，说'你毫不懂得拥护领袖的方法！领袖是你们的父母，有人侮辱你们的父母，应该奋起和他们拼命，你何以站在第三者的立场说话？'他这番训斥，［使］张哭笑不得。张学良依然叫黎天才等去向蒋恳切要求停止剿共，联合抗日。结果又遭到了蒋的一顿痛骂，并且怀疑黎等是接近共产党的人。"

"12月11日，张学良对蒋的谏诤可说是计穷力竭了，而蒋介石召集了中央各高级将领，积极布置剿共的一切措施，调兵遣将，疾如星火。张见这种形势已万无扭转之可能，极为痛苦，乃于11日决心用兵谏的方法，孤注一掷。于是即做兵谏的部署。12日清早2时许，西安城内忽有枪声，时疏时密。我住在西安城内……"

张学良：他住在哪儿？

访　者："我住在西安城内通济南坊，以电话询问办公厅第二科科长江雄风，江说不知道。约半小时，江来电话告诉我，'杨虎城的队伍有一部兵变，正在抢银行。'这时候枪声愈加严密，我即以电话找张学良，张学良公馆答张学良不在家。我怀疑杨部兵变，张或者躲避了。电话问临潼，接线员说线路不通，我随以电话找杨虎城，听到的却是张学良的声音。张对我说，'我是汉卿，外面发生枪声，我不明原因，我也不自由，委员长在此地，你不要动，也不要管。'再问，则电话挂了，张这番话乃是故布迷阵，好像是杨部兵变，他和蒋介石均被杨所俘，他也不自由似的。但我仔细思虑，张既不自由，何以能代杨虎城接电话呢？断定是张、杨同谋反蒋，大难将作。"

"我宅驻有东北军一排担任警卫，这排卫兵尚不知情，正在布置警戒，保护住宅周围。我的参谋和秘书人员再三劝我暂避他处，以免危险。但我急欲面见张学良，以谋善后之解决。早7点许，张派一副官，［并］带一卫兵乘车到我门前，传达张学良意旨，接我到他公馆。及至张公馆，见到缪澂流师长，缪出示油印纸一张，上面写着兵谏八项主张。缪对我说，'中央对东北军不太公平，你看胡宗南军队是双人双饷，我们则是粮饷不够，兵也不补，到处流离，还要我们打内战，蒋委员长见着副司令便骂。今天是兵谏，要委员长联共抗日。'缪澂流即派车送我到西京招待所。"他说胡宗南的军队是双饷，即一个人拿两份军饷。

张学良：那就不知道。

访　者：我们的粮饷不够，兵也不补。（继续念晏道刚的文章）"西京招待所就是招待这次中央来的大员们的旅馆，事变的时候即作为他们的集中点。我进门时，见这些大员坐在餐厅长桌周围，独不见陈诚。约半小时，见两名士兵押着陈诚来了。陈诚浑身沾满泥土，来后也坐在餐桌旁边，沉闷不言。原来他听到枪声，就潜伏于招待所一个储存啤酒瓶的大木柜内，直到早晨7点钟才被士兵查出来。当时西京招待所住的人是蒋鼎文、朱绍良、陈诚、卫立煌、陈继承夫妇①、陈调元②、蒋百里③、蒋作宾④、万耀煌夫妇、李基鸿⑤、邵元冲⑥等。当12日早上4时许，杨虎城派兵包围西京招待所，士兵入内挨房搜查。陈诚在搜查前闻听枪声即行逃出。邵元冲住在楼下房间窗户边房内。当搜房士兵喝令不许动的时候，邵元冲翻越窗户，士兵开枪，弹中下部，送入医院后即毙命。搜至陈继承房间，士兵问他叫什么名字，答曰：'我是陈继承。'这士兵说，'你是陈诚啦？'便举枪欲击，陈继承的老婆大声说，'他不是陈诚，是陈继承，打不得。'这时士兵才把枪放下。因为陈诚向来轻视杂牌部队，宗派成见很深，地方部队对之多怀怨恨。假使当时不是他先行逃出，则陈诚之命运孰难预料。"

"12日早上9点多钟，孙铭九等人已将蒋介石等人送进新城大楼。张学良带着拟就通电全国的文稿，直到西京招待所，召集中央各大员宣布。他说，'各位，这是我给全国的一个通电，我来宣读，希望各位听完之后，如果同意，便在上边签个名，我再拿通电去见蒋委员长。'"

访　者：然后您就把那个通电念了。念完了之后呢，您说这个通电上已有兄弟和杨虎城，各位同意，请在上头签名。于是马占山先签，陈诚、朱绍良什么什么都签名了。

（继续念晏道刚的文章）"15号，张又将西京招待所的这些中央人员迁移到张公馆附近的玄风桥、金家巷房屋居住。一切都很优待，分送每人一本《社会发展史》、《辩证唯物论》，以及扑克等消遣的东

---

① 陈继承，字武民。江苏靖江人。时任湘鄂赣边区"剿匪"总指挥兼武汉警备司令。
② 陈调元，字雪喧。河北安新人。时任南京国民政府军事参议院院长。
③ 蒋百里，名方震。字百里。浙江海宁人。时任军事委员会高等顾问。
④ 蒋作宾，字雨岩。湖北应城人。时任南京国民政府内政部长。
⑤ 李基鸿，字子宽，湖北应城人。早年留学日本，并加入同盟会。1911年武昌首义后，任鄂都督府参议。1930年曾同时担任鄂、豫两省财政特派员，湖北省榷运局长，缉私局长及河南省盐务局长五职。抗战爆发后，任广东禁烟特派员、国防最高委员会党政工作考核委员会考务副主任。后笃信佛教，入寺为僧，从事佛学研究。
⑥ 邵元冲，字翼如。浙江绍兴人。时任国民政府立法院代理院长，事变中遭枪击身亡。

西。张学良每天到蒋住所谈谈外,还经常到这里说说情况,交换意见。"

"16日,张学良向南京的诸人言,'何敬之①派人向华县、渭南进攻,前线接触,虎城部队已有伤亡。我这几天要到前线指挥,少陪各位。如果他进攻不已,只好请蒋先生和各位转移其他地方。'陈诚说,'你这话可向委员长说,请委员长写信给何敬之。与其他的人说是没有用的。'蒋百里向张学良建议,'你可以与蒋委员长商议,派蒋铭三②去南京和何敬之商议办法。'张即表示首肯,转向蒋介石商议,蒋亦应允。当即由蒋百里、蒋鼎文分别去见蒋介石,商议派蒋鼎文去南京。"

"25日蒋介石离开西安后,南京飞来西安的诸人住所即行撤除警卫,大部分人员于27日用飞机送回南京。我于是日晚回西安通济南坊原住所,总部高级人员及东北军、西北军中的一些旧友多来访问,了解一些情况。我在28日上午,乘第二批飞机返回南京。到京后听到很多消息,如蒋介石因'西安事变'将向国民党中央请辞,并自请处分。又说张学良将军将向蒋介石谢罪,并自请处分,中央将开军事法庭审判,并预先判张学良10年徒刑,由蒋介石请予赦免等语。蒋介石素来憎恨心重,他在西安吃了那么多苦头,恨不得将张杨一棍子打死,怎么会轻易放松呢?张学良既到了南京,死罪虽免,恐怕活罪难逃。"

"12月29号,我到宋公馆去访问张学良。张对这次由西安回南京的人表示歉意,嘱我转达。我问候他的起居,他像是气愤填膺,颇有难言之隐。我恐怕说话不便,即辞行而出。30号那天,我住在南京的中央饭店,军事委员会一个副官会我,出示军委会办公厅抄录蒋委员长的一个手条儿。里边说'晏道刚、曾扩情不尽职责,不知廉耻,着即撤职查办。'我问这个副官,'你这个手条儿给我是什么意思。'他说,'这是办公厅主任朱培德叫我拿来给你看的,他说请你到军法处去。'我说,'我是什么罪名?何以将我跟曾扩情并列?'副官说,'这是委员长亲笔写的,朱主任曾亲自问过委员长,委员长说晏道刚是不尽职责,曾扩情是不知廉耻。大概为的是"西安事

---

① 何敬之,即何应钦,字敬之。
② 蒋铭三,即蒋鼎文,字铭三。

变"吧！办公厅也不好确定罪名，只好抄录原条给你看，请你即刻到军法处去，汽车也准备好了。'我从此又受了一段时间的牢狱之灾。"

"此时南京有些人不同意蒋介石这一决定，有人曾打电话给军法处处长王震南①说，'晏甸樵②是个无罪的人，让他在军法处不过是委员长在西安事变受伤，回来发泄他的脾气而已，你处要优待他。'军法处指定我住在邓演达③先生蒙难前曾住过的那间房屋里头。在狱中看书、写字，[尚觉安静]。我在军法处住了两个多月，因病迁往南京广东医院，军法处派了两个随员监视，一直没有定案审判。两个多月后，日军侵占上海，南京告警，蒋介石才有手条恢复我的自由。"下面我都给您念完，您再挑。底下是曾扩情[写的《西安事变回忆》]……

## 15. 曾扩情是蒋先生大门徒

**张学良：** 曾扩情写的？看他写的什么，这很要紧。

**访　者：** 好，还有刘多荃、孙铭九。

**张学良：** 那不管了。

**访　者：** 曾扩情是更要紧，这个名字好生哦。

**张学良：** 曾扩情是蒋先生大门徒。

**访　者：** 大徒弟呀，那做什么的这时候？

**张学良：** 政治部主任，这个人很好。

**访　者：** 我给您念念。（念曾扩情的文章）"1935年秋，蒋介石不顾日本帝国主义的侵略，违反全国人民抗日意志，继续坚持其先安内而后攘外的反动政策……"④

**张学良：** 他这么说的？

---

① 王震南，字子沛，浙江奉化人，蒋介石的表弟。国民党陆军中将。曾任军政部陆军署军法司司长、陆军总令部军法处长等职。

② 晏甸樵，即晏道刚。

③ 邓演达，字择生，广东归善人。曾任黄埔军校教育长、国民革命军总司令部政治部主任兼武汉行营主任、国民党中央军事委员会总政治部主任等。1930年8月，在上海组建中国国民党临时行动委员会（中国农工民主党前身），任中央干事会总干事，进行反蒋活动。1931年8月在上海被捕。后被押解到南京，关在羊皮巷军法司"优待室"。因拒绝与蒋合作，11月29日被秘密处决。

④ 曾扩情写的《西安事变回忆》，载中国文史出版社1986年出版的《西安事变亲历记》。

访　　者：我一个字一个字给您念，我可不能做假。

张学良：他头一句怎么敢这么说？

赵一荻：他这个书是大陆出版的嘛，他当然要这么说啊。

张学良：曾扩情写的。

赵一荻：是啊，不管谁写的，他哪儿出版啊？

访　　者：想必他虽然是他大弟子，现在他也是像张治中、邵力子都反对……

赵一荻：他要是说的不对不会让他印在书里头。

张学良：不过曾扩情后来大概也……

赵一荻：当然是跟他们有关系了。

访　　者：(继续念曾扩情的文章)"……积极准备对陕北红军进行围剿。10月特设西北剿匪总司令部于西安，任张学良为副司令，代行总司令职权。并令其驻在中原地区连同留在华北地区的大部分东北军西调到陕西、甘肃等省，专负西北地区的剿共任务。蒋介石的意图是：剿共能取得胜利，固最好没有；若相持不下，而双方兵力的消耗，也可以为自己将来出马而减少困难，不至于像江西等省的剿共那样首当其冲。这就把张学良推到专与西北红军为敌的蒋介石的代理人的岗位上去了。虽然如此，而蒋不让他自由地行使职权，特派其侍从室主任晏道刚任西北剿总参谋长，为筹谋策划的主持人，以制约和监视张的行动。同时又以北平军分会政训处的全部班底，组成了西北的剿总政训处，仍任我为处长，担任剿共军队的政治训练工作，以绝对拥护蒋介石和坚决反共为思想灌输的主要内容；并负责监视和调查东北军和西北军官兵的思想行动，还向民众宣传：'共产党军队不仅要富人的钱，而且要穷人的命。只有以人力、物力支持剿共的军队，才能剿灭共匪，才能得到安居乐业。'但是这些造谣惑众的滥调，不但不能取信于剿共地区的军民，反而遭到他们深恶痛绝。因为在红军地区，不仅对广大劳动人民亲如一家，秋毫无犯，而且对剿共的士兵，只要不存敌对的行动，即互通往来，并且把他们的粮米等送给缺乏给养的剿共前线部队。这就促使剿共的军队明白了剿共并不是为了求自己的生存，而是充当了蒋介石独裁统治的牺牲品。因此，东北军入陕与红军作战，不到半年时间就被消灭了近三个半师，师、旅、团长被俘或阵亡更所难免。而蒋介石对东北军的损失，不但不给补充，甚至连番号也给取消了，这不能不使张学良对东北军能否保存下去有所考虑，军队不能保存，还有自己权位吗？因此张学良对于继续进行于国无益、对己有损的剿共战争也就不得不产生动摇了。"您听懂他说什么了吧？

**张学良：** 听见了。

**访　者：** （继续念曾扩情的文章）"1936年9月初，我察觉张学良和东北军的上述情况后，特以书面详报蒋介石，从而建议：'增派中央劲旅为剿共主力军；并在西安设一剿共干部训练班，轮流抽调东北军和十七路军团、营长以上军官，施以有关的思想和技术训练；再把在鄂、豫、皖地区广泛实行的保甲制度推进到西北地区，以加强民众组训而严整剿共的壁垒，等。我还亲自把报告送到广州，蒋当时因处理两广事件住广州黄埔岛上，交他核阅。不料，他阅后，竟在报告封面上批：'胡说，交张副司令阅'，不由我感到啼笑皆非，以为他真不相信我的报告内容的真实性。其实他对上述种种情形，早已从特务江雄风尽知其详，心中有数了。此不过是装模作样，以哄骗张学良对他不防备，便于采取断然措施而已。果不出一个月后，他就由广州飞回南京，积极布置，逼迫张学良继续剿共。［蒋以为］这时候的张学良军队已受红军重创，不怕他不服从命令了。同时，他又派刘峙，率十余万之众进逼潼关。他自己于10月下旬亲临西安，驻临潼华清池，主持策划剿共事宜，一面命令邵力子按照左宗棠平定西北回乱的做法，草拟《告西北民众书》。邵转命其秘书吴念存代为草拟。吴曾向我借去《左宗棠全集》做参考，其内容如何不详。一面令政训处广为散发他剿共的文告。原文我记不清了，无非是诬蔑漫骂共产党是苏联的工具，祸国殃民胜于洪水猛兽，不剿共不足以保家卫民等陈词滥调。"

"12月初，蒋介石便带了大批谋臣策士，如邵元冲、朱家骅[①]、陈诚、朱绍良、万耀煌、蒋百里、陈调元等等，以及专门镇压人民的宪兵团和其他特务分子不计其数，气势汹汹，大有一举而制服张、杨，再举而消灭共产党的咄咄逼人、不可一世之势。这不能不威胁到张学良的最后生存，也使杨虎城内心惶恐不安。张、杨被迫不得

---

① 朱家骅，字骝先，浙江省吴兴县（今湖州）人。曾任民国行政院和考试院副院长，教育部部长，交通部部长，中央研究院总干事、代理院长等职。时任浙江省政府主席、军事委员会参事室主任。

不采取先发制人的非常行动。"

"蒋介石到西安时，张学良表现泰然自得的样子，随时到华清池向蒋请示问好，情如亲人。临事变前一天晚上，政训处领导下的大道剧社，借某戏院演戏，欢迎蒋介石的随行人员。张学良、杨虎城以主人身份陪同到场，主持招待。剧未终场，杨向我说明先走一步，让我好好招待客人。凡此种种，我都不曾料到会有什么事发生。"

"12日黎明前，我还在睡梦中，忽然枪声四起，把我惊醒，以为是张、杨两军发生冲突。直到天明时才见到由张学良、杨虎城领衔，陈诚、朱绍良等人的联名通电，大意是对蒋介石实行兵谏，要求停止内战，一致抗日，以挽救国家民族之危亡。这时，我才恍然大悟，发生了张、杨扣押蒋介石的事变。"

"13日白天，南京方面不断派来大批飞机，在西安上空做威胁性飞行。我于13日午后离开住所，借住于西安金城银行经理刘纯中家中，随即被张学良察觉，特派陕西省银行经理李维城乘汽车来接我去同张、杨见面。张对我说，'对蒋委员长毫无别意，只要他接受我们的主张，仍当服从他的指挥；如南京方面若敢于对我们用兵，我们不惜一战。'随即关照李维城，招待我在省银行内住下，以待事变的解决。接着又由卢广绩购赠《后汉书》①一部给我阅读，和银币500元以备不时之需。"您为什么买《后汉书》啊？有什么特别意思吗？

**张学良：** 那我都忘了。

**访　者：**（继续念曾扩情的文章）"我对张学良的上述讲话，虽然是认为合乎情理，无如中共中央派周恩来先生，难道不是乘机报复吗？我正处于思想混乱之中，周先生在卢广绩陪同下，特来省银行开导我。谈话之后，使我明白他不仅没有丝毫报复之心，而且是专为保全蒋介石的性命，［并争取他同全国人民一起］，为抗日救亡而奋斗。周先生的讲话给我很大的启示，从而否定了我以'小人之心度君子之腹'的卑劣见解。因此，我愿为事变的和平解决尽我一点应尽之责。第一，向全国民众广播，大意是：蒋委员长在张副司令和杨主任关怀下，很为平安。西安所发生的事件是一个政治事件，只要南

---

① 《后汉书》书名。南朝宋范晔撰。纪传体东汉史。本书汇集一代史事，是研究东汉历史的重要资料。

京方面派有关人员来西安，同张、杨两将军开诚协商，问题就会能得到解决。第二，函南京方面和驻西北各地的黄埔同学，贺衷寒、胡宗南等，大意是：要想领袖平安回京，只可以文说，不可以武争，中有'奔车之上无仲尼'一句引语，意思是说像孔丘那样的人做在奔跑的车子上也难免会跌倒。第三，上书蒋介石，由张学良转交，大意是：我未尽到事先察觉和防范之责，致有事变的发生，以为内咎；张副司令、杨主任两人并无别意，完全是为了国家民族存亡问题，而采取一时权宜之计，只要接受其要求，不惟无损于尊严，而且更能博得他们的拥戴，……"

**张学良**：这知道，这后头这段怎么的？

**访　　者**：（继续念曾扩情的文章）"在宋美龄未到西安前两天，张学良派黎天才来对我说，'如南京方面有疑虑，不敢派人来当面交谈，当派飞机送你回南京以消除其疑虑，并约有关人员前来协商解决办法。'正准备派飞机接我的时候，张学良突乘汽车来对我说，'你现在可不必去南京，蒋夫人同宋子文、戴笠等就要飞到了，你可同我去机场去接他们。'我同他刚到机场，宋美龄的座机已经降落到机场。除上述三人外，同来还有蒋鼎文和端纳。张把宋美龄、宋子文、端纳三人送到蒋介石处，留戴笠、蒋鼎文和我三人在其家晚餐。戴、蒋两人住在他家，我仍回到省银行。宋美龄来西安两天后，张学良就亲送蒋介石、宋美龄回南京。"

"我在'西安事变'中，虽然为周恩来的伟大启示所鼓舞，而进行了一些活动，实际上仍然是从个人的利害出发。我认为：只有按着上述活动，才可能保住蒋介石的生命，从而也带来我的安全。不料，蒋介石为发泄他被扣的怨气，下手谕，指明'晏道刚不履职责，曾扩情不知廉耻，着撤职查办，交戴笠执行。'于是，我就被关在羊皮巷的看守所内。同时，蒋又根据戴笠的情报，不满贺衷寒①在事变中的行动，撤去他的军委会［政训处长职，以示惩戒］，……"

（录音到此结束）

---

① 贺衷寒，湖南人，毕业于黄埔军校第一期，是蒋介石的心腹。曾长期主掌情治系统，被称为复兴社四大台柱之一。"西安事变"后，他在南京与亲日派何应钦秘密勾结，发动170余名青年将领通电"讨逆"，坚决主张以武力解决西安事变。蒋介石获释后，戴笠向蒋告密何应钦、贺衷寒等人的言行。贺一度失去蒋介石的信任，被免去国民政府军事委员会政训处长的职务。

# 第二十七次访谈
# 张蒋分歧　国共区别　蒋宋矛盾

访谈者：张之丙（简称"访者"）
被访者：张学良
同座者：赵一荻
访问日期：1992 年 7 月 4 日

**访　者：** 今天是少帅和赵夫人的结婚纪念，我们特此录音向少帅和夫人致敬。不过我们感到很抱歉，因为预先没有想到，积极想跟少帅来访问，所以把这个事情忘了。我们现在向他们祝贺：身体健康，多福多寿。

## 1. 共产党是剿不完的

**访　者：** 现在我们访问开始。今天的东西比较多，可是您要五点半走的话，我是不是先跟您读这本书，就是最近他们送给您的这本书，这本书里有很多资料，我们想跟您研究，他对于西安的事情说得非常的详细。首先，下个礼拜您还能给我们些时间吗？他们觉得我的时间太长了，希望我能够缩短。但是这些个我又想都给您说一说，他们问我为什么要延长，主要是礼貌上知会他们一声，所以今天跟您商量，得到您的许可，我们多待几天。另外，我们希望下个礼拜是不是还能够跟您多见几次啊？

**张学良：** 可以多见几次，我没有什么事。她（指赵一荻）走了，她到美国去。

**访　者：** 下下礼拜，等赵夫人去的时候，我们做老帅的事，我们已经都决定好了。现在我们还是做这个。他这本书啊，是在我所收集的书籍里边，综合得非常有具体性的，也就是他的确查到所有的各处的史料。我这本书呢，就是各个人写的，我上次给您念的，像何柱国写的……但是这本书呢是他经过参考这些资料之后，以这个正史写的。因为这本书有很多历史上非常宝贵的资料，我们口述历史也希望留下这些东西，而且希望您经过考虑之后说出来的。当然可能因为时间太久了，您会记不住，所以我要一点一点给您说，说了之后呢，您要是认为合适，您再说一遍，就给他们录下来。我先给您讲，一段儿一段儿地。第一段就是天主堂见面的情况，我现在先不录……他说，从东北易帜以后，您的奉张军地方实力一直是蒋先生把他看成杂牌军，只是一个实力派，跟中央呢是有不同的地方，您认为他说得怎样？

**张学良**：是。

**访　者**：他这上说，东北的地方实力虽然也是旧社会遗留下来的，可是跟别的有不一样的地方。基本的立场是民族资产阶级的，有民族主义的资产阶级，您说，他这句话……

**张学良**：这是共产党的话，民族资产阶级。

**访　者**：因为有这样的基础，所以决定了他能够具有爱国的、抗日的特性，甚而具有某种程度的革命愿望，这是东北军转变的内在依据。您认为他分析得对不对？

**张学良**：对，对，他分析得很对。

**访　者**：爱国的、抗日的特性，而且有某种革命的愿望。

**张学良**：是，因为这样，大家……不是一个人两个人，为什么这些人跟旁人不同？

**访　者**：然后他说您是东北军的最高统帅，您思想上的慢慢地演变也就带领了东北军。当然，您是统帅，没有张学良的转变，东北军的转变是不可能的，而张学良政治思想的转变则是其转变的关键所在。

**张学良**：他说的是一般理论，政治的思想当然跟领导有关。

**访　者**：后来他分析张学良政治思想转变的原因……您能够说一下，您政治思想转变的因素都是什么？

**张学良**：这跟时局的转变，更要紧的是群众的思想也大变，这影响很大。

**访　者**：群众当然包括东北军，全国……

**张学良**：全国的学生运动。

**访　者**：抗日的思潮，东北军一心想抗日打回老家去。同时您认为，当时跟中共红军作战失败，对您这有没有影响？

**张学良**：这个原因影响就是……所以我跟蒋先生说：我们对共军是剿不完的。我感觉到中央有一点利用这个来消灭我们的军队，为什么呢？我们失败了，你应该补充。我们真正去打，打完了，白打。失败是我们自己失败，整个你不给我们补充。

**访　　者**：失败的不只是人，失败的是将领……

**张学良**：种种的，照着规矩你应该……没一点。这不就等于利用……那时候不光东北军，就是杂牌军。东北军是个大势力，大家也都见过面，都随便谈话。中央完全想利用地方的这种剿共、剿匪这些事来消灭我们。要不是这样子，为什么不给补充？简单的事，弹药就这点弹药，弹药打没了，要弹药都不给。

**访　　者**：弹药都不给怎么打仗呀？

**张学良**：是啊，你没有就没有，就是把你的这点资本消耗光。那么换句话，这你还不懂得，那时候我们还是大势力，那小的势力，就那么点家当，用完了就完了。所以中央的政策很失败，谁也不使劲干。简单说我吧，于学忠是我的部下，他打仗完了，我不但给他补充，还特别给他好好地补充，这他干得才有劲。

**访　　者**：每次我都想到当初您收编于学忠的那个故事，我觉得那经验是个很好的参考。像在那个情况下，您收编他了，不但补充他了，而且完全发新的东西，让他能够运作，他就从此忠心耿耿给您做事。

**张学良**：人就是，你对我怎样，我就［对你怎样］。

**访　　者**：那时有人说，您看这种说法对不对，就是说派您这些地方实力去剿匪，成功了就解决他一个困难；不成功，把您［消耗掉］，也解决一个困难。万一要是说又不成功，又不失败，就是说您损伤很多，那也无形中消耗了，给他奠定了一个路，在任何情况下，都对他自己有利，就是对中央［有利］。

**张学良**：大家都看出来了，这种硬仗，中央有要紧的军队，你怎么不去打？

**访　　者**：还有一点，您一直都是……在您整个思想和政治地位的背景，都是希望怎么把中国［搞得更好］。

**张学良**：我是当年开始时，我现在可以说，我忠心耿耿啊。中央说的话，我是完全服从，照样做。后来我发现这不对呀！中央对……不是这么回事。人家那时说我傻瓜一样，我忠心耿耿那样去做。可是结果你不是这样子。所以中国有句话"君视臣如草芥，臣视君如寇仇"。短时间可以，长时间谁也不从你。所以这种待人的法子不会成功，只会失败。要紧的是，待人以诚，待人以诚。我们做事情一定要诚，不要用手腕。

访　者：实际上东北军在鄂豫皖的时候，就已经遭受了很多的挫折，然后到了西北，又遭受了挫折。这些事情都刺激过您想一想，这个红军，他到底成功的地方，为什么我们有这么好的装备，东北军是如此强劲，倒反而不能够[打败他们]。

张学良：主要是共产党，红军啦，他们确实有他们的[长处]。共产党信仰他的主义。那么还有，他们万里长征，他们剩下的这些人呐，当然也不能说……我常常跟我的部下讨论这个事，我们能不能[做到像红军一样]？这是第一样；二一样，可以说，他们剩下的都是精华，明白吗？就是甚至于一个兵，对他的共产主义，对他的思想，完全是一个思想。我们这种军队的兵，就连中央的[军队]也好，就是雇佣兵，少数的人是团结的，多数人是雇佣兵。今天我可以在你这儿当兵，明天我也可以到那儿去当兵。不同之点在这。所以我跟蒋先生讲，我们打不过他。固然他少，我们多，他团结，我们是个散沙，明白？

访　者：不单是散沙，再加上中央如此不支持。

张学良：种种问题，这个问题是你剿不完，把他减少是可能的。你能说把他整个的没有了，做不到。蒋先生也相当地听明白了。我就很劝他说，这个做不到。

访　者：在这方面您就忽然想到您应当为东北军，为整个当时中国抗日的民情，以及为整个中国的将来到底怎么办，您是不是开始想到这些？

张学良：那时我没有路可走了，只有跟日本打，拼命就是了，没法子。否则就当亡国奴，就两条路。一个是自己个儿决死斗争，一个就是自己个儿当亡国奴，你不肯当亡国奴那你就[打日本]。

访　者：那时在西北，我们前边分析了一下，您认为东北军……因为已经从"九一八"开始漂泊到了西安。第二，也是为了"九一八事变"之后，中国人民对抗日的心理，看到国家被日本节节逼近，整个等于中国快丢了。第三，您也是从欧洲回来之后，您看到国内那些，中国的前途到底怎么走。这三个方面因素下，您是不是也开始想要研究出一个方式，能够给中国找一条出路，这样才想去研究共产党是怎么回事呀？

张学良：是，是。我就看中国不统一，没法子，非要统一不可，自己还在内战怎能攘外？我和蒋先生两个人，可以说，思想是一致的，但是，一个反，一个正。那蒋先生就是安内攘外，我就跟蒋先生说：我们现在在安内呀，没能安完，攘外就……这内不能安，只有攘外才能安内。

访　　者：说实话，如果我们要是知道这样的背景的话和您主要的目的是希望给中国找一条出路，能够解决大家被日本压迫这种……那么去研究研究共产党有什么不可以？跟共产党联系有什么不可以呢？

张学良：这个问题啊……你没录啊？你没录。

## 2. 我是说中国非得有一个领导人

访　　者：很多的记录上，尤其是我们大家对所谓的洛川会谈，最主要的一个关键就是在您谈话的时候。当然有很多的事情都包括在里面，其中一个，就是在您第一次和李克农见面的时候。你坐飞机去的时候，您穿的长袍马褂，拿着拐棍儿，变成一商人。您向来就是很风趣，您跟李克农说，"我今天可是要趸整批的货，不是零售的。"当时李克农就说，"啊呀，您已经弃军从商了。"然后，大家就谈起来，大家都谈得很如意。只是呢，您有一个问题，就是您和李克农洛川开会的时候，您看"他穿着便衣，手拄文明棍，貌似商人，他用自己的话说，'我是来做大买卖的，搞的是整销，不是零售。'李克农握着张少帅的手说，'张将军你解甲从商了。'这时一阵笑声，显然这次是主客之间都不拘形式，比较随便。"那么这里边呐，首先您问的他，您问了四个问题，这四个问题我给您念念。您看看。第一个，您问的是：为什么中共抗日民族统一战线不包括在蒋介石在内？第二个您就问，中共对抗日战争的看法是什么样的？第三，红军东征的问题。第四，同苏联联系有关援助中国抗日的问题。这四个问题，我认为任何一个国家的领袖都会考虑到的。他说这四个问题，只有第一个问题是您认为国家所有的力量都握在蒋介石手里，而且蒋介石也有抗日的可能，因此要抗日必须联蒋，抗日民族战线不包括蒋介石在内，这与事实情况相矛盾，是行不通的。这是您的主要观点，对不对？就等于您刚才所说的，不管是谁做，只要能够中国统一。但是您在跟共产党交涉时，以您的地位交涉，第一点就是要拥护蒋介石做，您一直是维持这个思想，一直没改，几乎到双十二。所以这也就奠定了您的中心思想，还是要有一个领袖。

张学良：不是领袖，我是说中国非得有一个领导人。

访　　者：而且那时候您在分析他，这个做领导地位的。您跟李克农，您还大概记得跟共产党或跟任何人，您的分析是为什么要拥蒋。

张学良：周恩来也赞成。

访　　者：哦，只是当时是跟李克农见面。张不同意李的说法，因此在第一个问题上发生了争论，他就是说为什么共产党不赞成蒋介石。然后呢，在第二个问题、第三个问题、第四个问题，都谈得非常的顺利。第四个问题是张、李商谈一些去苏联的路线的问题，那时候为什么要谈到去苏联的事？

张学良：第三国际，要听第三国际的。我问他，他们受第三国际指挥，那是公开的。

访　　者：这上边好像是说关于去苏联的路线，您的意思是问问他们是不是需要您的帮忙，是不是？

张学良：不是，我说，你们到底怎么回事，你们到底受不受第三国际领导，具体谈话我忘记了。

访　　者：那我看看他这个记录，您一直谈话谈到凌晨四点才散。这里边，尤其是您有一个代表。第三项，红军和东北军派代表出国路线问题，由张学良负责与新疆盛世才联系，就到苏联去。您也要派个代表去，是不是？您后来派了谁？

张学良：李杜吧，我都忘了。

访　　者：您也派了一个人，到那去跟他们联系。第四呢，您就决定这次的会议是重要的秘密会议，不登报，不外传，只在双方部队秘密实施。这是您和李克农说的。然后就连到延安会谈了。在您跟李克农会面回来之后，李杜将军在上海的时候，他帮您找了一个朋友，就是把刘鼎介绍给您。您派赵毅到上海去接他。

张学良：这我记不住了。

访　　者：我想大概不错，因为赵毅是您的亲信么。到了上海找了李杜，把刘鼎接过来。那时候，您说得对，李杜是共产党员。第二天就跟您见面了。因为您不知道李杜的底细是怎么回事，您见面之后不便深谈，可是马上提几个问题。我觉得您的问题问得非常的大，非常的深。第一个您就问，为什么共产党骂我是投降卖国不抵抗？第二个您问，为什么苏联为中东的事件把东北打得那么厉害，还要骂我勾结日本帝国主义？第三，为什么红军对东北军打得那么厉害？对这些问题您就让他们回答。刘呢就给您分析得很详细。完了之后，您认为他分析得很值得一谈，后来听了刘鼎一席话，张学良心里感到又佩服，又高兴，从此成了好朋友。您就把他留在您的家里了。还有呢，因为便于和刘鼎谈话，后来您就带着刘鼎去到洛川。对外面说是奉命到洛川去督师剿共。在洛川附近的一个孔庙大院里头，您和刘鼎住在军部的西院，经常在一块儿吃饭，一块儿起居。每天有十几个小时在一块儿，在那一段时间，您什么事都不干，专门找刘鼎谈话，您所涉及的内容非常广泛。他是到欧洲去勤工俭学，在德国的一个支部。您说他很有学问，您和他谈话之间……

张学良：对，很有学问。他是专门研究通讯、无线电这些玩意儿。

访　　者：您把他带在您身边，过了一阵子，您跟他谈了一些［政治问题］。

张学良：随便谈谈就是了，在德国留学，关于他的学问，我都忘了。

访　　者：与刘鼎谈话是个很好的机会，能够找到一个人彻底地这么好好地跟您谈一谈。

张学良：他是有任务的。

访　　者：他是李杜给您介绍的。

张学良：是。

访　　者：李杜是您自己手下，他一定很用心地选这个人。

张学良：也不是那个意思，李杜那时候已经和共产党有联系。他不跟共产党联系，他不能做这个。那时毛泽东的两个儿子都交给他了，交给李杜把他带走。

访　　者：这上说，您跟刘鼎有这么几天彻底的谈心，您对东北军以第三者的立场来分析，这实力上有了新的了解，这句话对吗？

张学良：我忘了，实在我不知道，我不晓得这个人写的。

访　　者：换句话说，您一直在希望东北军为什么这么有实力的军队，在剿共方面遇到了这么多挫折，您到底想分析一下……
张学良：我心里已经明白了，他说的不对。
访　者：您认为东北军应该怎样？
张学良：换句话，我们军队没有训练，种种的，还有他们（指东北军将士）也不愿意干这事。
赵一荻：总而言之，心理上的问题，他根本不愿意打了。他们愿意回东北去，你把他弄到这儿来。
访　者：心理上的问题。
张学良：军队必须要训练，把他一放松了，像小孩似的，你不管他。慢慢地……纪律什么的都不好了。那时是东北军最不好的时候，种种原因，将领也都灰心得很。
访　者：您说了一句话，将领有了势力，成功了，有了名了，于是兵就懈怠了，所以说实力就都垮了，有这么四个字的成语，您还记得吗？
张学良：我就忘了。
访　者：这次跟李克农会面之后，您对他们稍微有了一点认识，同时，李克农对这次和您的见面，回去向毛泽东他们的报告也认为能够跟您谈，是出于很诚恳的，您有这种感觉吗？
张学良：李克农这个人好厉害。他是共产党里厉害的人，很会谈话。
访　者：他是管联络的。
张学良：他的来，可以说对我们东北军的影响很大。他来，我本来不知道。他是跟王以哲两个人联络，他先跟他联系，所以王以哲受他影响很大。可以说他来是王以哲介绍的。
访　者：您说他厉害是在哪一点？
张学良：会说呀，共产党的嘴巴子都会说，厉害，能说服人。
赵一荻：能说服人，能把他的军队说服了。你前途有限跟他们打什么，我们都看得出来了。他不厉害，你也明白了。[把你]打散了拉倒。
张学良：能够说到人心坎上。他要来，我很欢迎他。

## 3. 不抗日谁都没有出路

访　者：那时候，您考虑到危险性吗？
张学良：那也没什么危险，都在我范围里。

访　　者：反正都是保密的。

张学良：是，不但保密，那时候假如真有危险，我就会叛变的，那没有关系，我就不在乎。我这人做事，毫不反悔，我决心做，谁也不能拦阻。

访　　者：后来，从他们那边就有一个电报，希望他们什么时候来，派谁来。

张学良：那我不记得，这些细小的事情一点不知道了。

访　　者：至少他们这个电报是有的，您知道他们跟您联系了。

张学良：都记不得了，小的事都记不得了。反正有哪件事记得，细小的都不记得了。

访　　者：您怎么选的天主堂呢？

张学良：那时候怎么选呢？真是的，有个地方就是了。

访　　者：您都带谁去了呢？

张学良：不记得，我都忘了。

赵一荻：那也没有多大关系了，反正他跟他见面就是了。

访　　者：您跟周恩来谈话时，首先他曾问过您，关于"广田三原则"① 的事。

张学良：我们大概没谈过这事情。

访　　者：他的意思是蒋先生会不会答应日本的这个要求呀，这是一个最主要的，因为这是开场白第一章，他们就想知道，如果蒋先生要答应这个"广田三原则"的话，也许这个事情不会演变的……

张学良：我好像没有谈过这件事，现在都记不得了。

访　　者：您当然一直都坚持您的中心思想，就是拥护蒋先生做领导，而且您确实跟他谈过，蒋先生也有可能抗日，您对蒋先生的这种分析一直……

张学良：他抗日我早知道，他一定要抗日，蒋先生他不抗日，他自己的地位就没有了。

访　　者：当然，您也谈了很多具体的条件，应该怎样合作，跟第一次跟李克农的谈话一样，就是您跟他一块儿分析怎样抗日，是中国唯一的一条路，但总之要有一个人做领导。

张学良：这都没有，我们谈得很少，这些都没有。这上头怎么会出来这么些

---

① 广田三原则，1935年10月7日，日本外相广田弘毅会晤中国驻日大使蒋作宾，正式提出《外陆海三相关于对华政策的谅解》案中的三项原则（后通称广田三原则）。扼要内容为：第一，中国应彻底取缔排日，抛弃依赖欧美国家的政策，实施亲日政策；第二，中国承认"满洲国"，加强华北与"满洲国"的经济和文化方面的融通与提携；第三，在中国与外蒙接壤地带，实施中日"共同防共"。后来蒋介石在《苏俄与中国》一书中谈道："我们拒绝他的原则，就是战争；我们接受他的要求，就是灭亡。"

玩意儿。他要紧的是要给我一个东西。

访　　者：……非常地感激，因为他们这样的感激就觉得您对他们是一个绝大的帮助，这是他们那边的想法。在谈话的时候周恩来提出，这是在您那《自述》里说的，"如果存有怀疑，彼等言不忠实，愿受指挥，愿受监视，任何时间都可以谴责。当时，良然诚允，并表示良有家仇国难，抗日为感后人。"这是从您那《自述》上说的，也就是说周恩来也是愿意让您知道他到这儿来谈话是相当的诚恳的，您在天主堂谈话差不多谈了两三个钟头。您在那次谈话的时候，当然很强调蒋先生在抗日的地位。您记得他们当时对蒋介石和阎锡山的看法，认为是跟他们敌对的最大的敌人，可是经过您的这次会议之后，他们把蒋先生和阎先生的看法改了。后来您有没有这种感觉？没注意？可是周恩来在临走之前跟您说这句话。周主席说，您总结的这个意见，就是一定要联合蒋或者拥护蒋来做抗日的领导，周恩来的意思是说，这种事情是跟他们那个时候的政策不大一致的，他必须回去向他们中共的中央汇报，然后经过讨论之后再给您一个回答，是这么回事吧？

张学良：唔！意思不是……他就说，这个事情他也赞成，我当然回去要报告。

访　　者：同时，他们也希望您对他们的那个中共抗日救国十大纲领①，说您对这个有什么想法？那您说，我也要回去研究研究才能告诉你呀！

张学良：这都忘了，这都小事。

访　　者：这段是刘鼎按照他的记录记下来了。除去这些之外，您还谈到经济通商的问题，双方有了约定，经济通商，普通的购物啊，买东西……

张学良：那个时候是把他封锁了。

访　　者：您把他封锁了。

张学良：那时是封锁了中共的地区。他里边什么都没有，盐都没有，因为封锁，盐不许进。

---

① 中共"抗日救国十大纲领"，指 1935 年 12 月 25 日，中共中央在关于目前政治形势与党的任务的决议中提出的抗日救国的十大纲领。内容是：(1) 没收日本帝国主义在华的一切财产作抗日经费。(2) 没收一切卖国贼及汉奸的土地财产分给工农及灾民难民。(3) 救灾治水，安定民生。(4) 废除一切苛捐杂税，发展工商业。(5) 加薪加饷，改良工人、士兵及教职员的生活。(6) 发展教育，救济失学的学生。(7) 实现民主权利，释放一切政治犯。(8) 发展生产技术，救济失业的知识分子。(9) 联合朝鲜、台湾、日本国内的工农，及一切反日力量，结成巩固的联盟。(10) 对于中国的民族运动表示同情赞助或守善意中立的民族或国家，建立亲密的友谊关系。

访　者：这经济封锁算是很有效。

张学良：那当然，虽然说封锁，不能说封锁得那么严密。那当然里头很紧的，那是红区呀！

访　者：那是红区，所以那样一来，他们也有相当的压力和困难，不得不想办法。

张学良：那当然啰，当然，无论如何都有压力。

访　者：所以这也就说这件事也是天作之合，两方面都希望能找到一起。不过，他们找您是他们工作上应该做的。可是您能够接受他们，这是相当……就是刚才所分析的，在您的思想上，为了国家的前途上，有很多考虑之后接受的，可以这样说吗？

张学良：可以。

访　者：在您跟他们在天主堂见面的时候，杨虎城先生他们接受了。

张学良：他不知道。

访　者：喔，他不知道。同时共产党派来的还有一个汪锋，还有一个姓王的到他那儿去，已经开始了。

张学良：他已经早就跟共产党了。

访　者：他那个事情是同时进行的，好像比您早得多。

张学良：不，他那里是王炳南……

访　者：王炳南跟他（指杨虎城）是世家，我查出来了，王炳南的父亲是辛亥革命时候的……从那时候他们就有关系。

张学良：他受王炳南影响很大。

访　者：还有一点从政治观点说我觉得比较重要的。在天主堂会谈的时候，您从心里确实承认共产党是要抗日的。

张学良：是要抗日，不抗日也没有出路。

访　者：对，不抗日也没有出路。同时您也跟他们表示，您认为剿共和抗日不能并存，是不是？

张学良：当然是。

## 4. 共产党他知道你心里想什么

访　者：所以这对他们来说是一个很要紧的因素。下面有几个说法，我给您提一提，您看看说得对不对。第一，关于蒋先生，本来您的想法是以为法西斯的方法可以治理中国人。可是在中国的国民党要人里面，您佩服蒋介石，您认为他还有民族情绪，有领导能力，所以愿意帮助蒋介石。但您也知蒋的左右有很多亲日的派别，所以蒋不能当机立断下决心去抗日，而且有很多矛盾就是他们的因素。但您的立场是，如果蒋有一天要降日本的话，您就会立刻离开他，但是只要在那以前您会来拥他为领袖。同时，第二点，您向周表示派人去新疆联络盛世才，打通了西北通新疆跟苏联取得联络，把西北做成一个自成的局面。第三点，他请您分析阎锡山，您认为阎锡山是比较保守的，所以对阎锡山不要逼之过急。您认为隔些时候您会飞到太原去，先跟阎锡山把联合红军抗日的事跟他讲讲。还有您认为是不是共产党可以不走过山西，应该取道宁夏，这是关于他们作战的情况。另外，他们希望知道蓝衣社的事情，陈立夫的事情，您是这样说的，蓝衣社是蒋介石的门徒，陈立夫是主张联俄，冯［玉祥］、于［右任］①是主张联俄联共，唐［生智］是主张抗日，翁［照垣］、蒋［光鼐］②主张抗日联共，陈诚、胡宗南主张抗日不再剿共，政学系③、安福系④、何应钦、张群等是亲日派，宋子文与蒋关系还没有恢复，那么您主张由中共写信给陈［诚］、胡［宗南］和亲苏派。这里宋子文和蒋的关系没有恢复是怎么回事？

**张学良**：这些事我不知道，我没说过这话，怎么分析出这些？

---

① 于右任，陕西三原人。早年参加同盟会，中华民国成立后，任临时政府交通部次长。1931年后长期任国民政府监察院院长。1949年去台湾。

② 蒋光鼐，广东东莞人。曾任国民革命军师长，第十一军副军长，第十九路军总指挥兼淞沪警备司令。1932年1月28日，率十九路军抗击日军侵略。后任福建省政府主席兼驻闽绥靖公署主任。1933年11月，与李济深、陈铭枢、蔡廷锴等人发动福建事变，失败后去香港。抗日战争胜利后，任第七战区副司令长官。1946年，参与发起组织中国国民党民主促进会。中华人民共和国成立后，任纺织工业部部长、全国政协常委等职务。

③ 政学系，民国时期的政治派系。1914年，孙中山组织中华革命党，一部分国民党党员拒绝参加，反对孙中山，主张与北方和谈，另组"欧事研究会"，后改名政学会，形成政学系。该派1923年随着旧国会的解散而消逝。20世纪30年代，政学系的一些成员又活跃起来，成为国民党的一个派别，称新政学系，1933—1936年是该派活动的鼎盛时期。其主要成员有：杨永泰、熊式辉、黄郛、张群、吴铁城等。他们在政治上拥蒋亲日，主张攘外必先安内。随着中日矛盾激化，主张抗日的CC系和黄埔系得势，而新政学系不合历史潮流，瓦解了。

④ 安福系，北洋军阀时期的官僚政客集团。因其成立及活动地点在北京宣武门内的安福胡同，故名。袁世凯死后，皖系首领段祺瑞出任国务总理，指使其亲信徐树铮组织自己的政客集团。1918年3月，徐树铮、王揖唐、王印川、光云锦等皖系政客在安福胡同成立安福俱乐部，操纵国会。直皖战争后，皖系战败，安福俱乐部解散，但安福系势力仍然存在，直到1926年4月段祺瑞彻底垮台时，安福系始告解体。

赵一荻：书上写的好多都没有，根本也没说过，他们自己想，有的你自己也想不起来，有的根本你就没有说过。好多书上他们就是随便一说。

张学良：我也想不起来。

访　者：有好多人名，比如，冯、于主张联共，这个于是谁啊？

张学良：于右任。

访　者：翁呢？你还记得翁是谁？

赵一荻：别计较他是谁，没关系的。

张学良：那都不要紧的，翁，翁，翁，谁记载这些东西，没关系的，谁主张不主张的。

访　者：这段话是什么意思呢？就是说他们很器重能够跟您见面，因为您是在对方的，中央方面的，蒋介石旁边的唯一的一个……

张学良：这个记载也是乱七八糟的。

访　者：这是刘鼎。

赵一荻：哪个人都一样，他们都看不到重点在哪儿呢。共产党为什么要找他（指张学良），他们就没看出来。

访　者：共产党为什么要找您？

赵一荻：共产党比他们都聪明啊！为什么共产党要跟他（指张学良）联络？东北军都不愿意再打内战了，他没有地盘了，他无家可归了。他（指中共）尽找他（指张学良）的弱点来和他合作，您想想。

访　者：请张先生说啊，别我说啊。我觉得夫人说得对。

赵一荻：共产党最厉害，他先找你的弱点。他要去勾何应钦勾得来吗？勾何应钦有用吗？

访　者：没用。

赵一荻：人家讲辩证法呀，人家可是厉害得要命啊！

访　者：您说得人家是共产党？

赵一荻：共产党啰。专门找你的弱点。现在对这个事情没办法了，真没办法了。

访　者：您说没办法是什么？

赵一荻：剿共剿不剿，不剿也不行。

访　者：不剿，这是因为是中央派下来的。

赵一荻：不剿也不行。

访　者：剿呢？

赵一荻：剿又怎样，你能打得胜，你能剿完吗？消耗完了拉倒，把你的军队给消耗完了，所以才来找他呀，他也没有有爱于张先生，共产党会爱他啊？他是利用他呀。

访　者：那时张先生在西北是有一大堆包袱，东北流亡的军队。

赵一荻：不是包袱嘛，要解决的事。我那么些人，我怎么办呢？我多少人，我带进来的军队，我从东北带出来的，我怎么办呢？所以说共产党是够厉害的，我找着他的弱点，才来跟他接触啊。所以旁人什么派，什么派没有关系，您明白这点就好了。

张学良：那你不知道，就是刘鼎写的这个东西，他也不知道，他根本不知道当时那个中央是怎么个情形。

赵一荻：他们上头的决策，刘鼎也不知道啊，他写书嘛。

访　者：这不是他的书。

赵一荻：他的资料哇。

访　者：我觉得夫人说得对，他们抓住您的弱点。

张学良：就是共产党他知道你的心里想什么。

赵一荻：你的军队不要打，你怎么能打得过？你的军队不想打，你怎么去打？

张学良：所以做事情也要知道这个事情的前后。共产党的厉害之处就是把这个事情的前后［都弄清楚］。

赵一荻：从前打内战，打完了，打胜了，我就升官发财了；这个仗打完了，我就死了拉倒了。

访　者：而且也不能回家，打了半天，不知打的是什么。这跟您那会儿在河南劝老帅一样，今天打，明天和，后天又打。

赵一荻：那还不同，那时有家可归，现在无家可归，打光了打死了，拉倒啊。

访　者：这正好跟我们前天跟少帅的分析一样，东北后来就是说……

赵一荻：他也不忍心看他的东北军被人家消灭完了啊。我有一个礼拜我就走了，我想您应该把他都问完了。这种资料我走了你们再谈吧，这样一天一天地，就是给你资料了，这资料也未必正确，你就问他么，让他述说从雪窦寺①一直到现在就完了。

---

① 雪窦寺，全称雪窦资圣禅寺。位于浙江省奉化市溪口镇西北雪窦山上。肇创于晋代，兴起于大唐，鼎盛于两宋，雪窦寺素由禅宗执帜，代有创获殊荣，南宋被敕为"五山十刹"之一，明代列入"天下禅宗十刹五院"之一。1937 年 1 月张学良从南京被押解到溪口，幽禁于雪窦寺西边的上海中国旅行社雪窦山招待所旧址。张在于凤至和赵一荻的轮流陪同下，经常到雪窦寺走动，并在大雄宝殿后面的空地上亲手种植四棵楠木树苗。1937 年 11 月 7 日，招待所失火，张学良搬到雪窦寺暂住，11 月 9 日被押送到第二个幽禁处黄山。

访　者：好，我们现在这个就先不提了。我们就谈雪窦寺。

赵一荻：一天天的都是看这本书干什么呢？

访　者：（笑）这可是张先生拿来的。您还没有其他什么要看的了吧？

赵一荻：我不管是谁拿来的，我就是说有价值的你就给他翻翻，给他讲讲，有的就不必耽误这么些。

访　者：好，好。

赵一荻：我一个礼拜就走了，你七月底要走了，应该把他的先给结束一下。然后我走了，你们讲老帅也好嘛，有两个礼拜的时间。你们都来了这么久了。

访　者：我这还有一套东西，好多都没开始，还有好多的东西，我的顾问有好多的问题，都是"西安事变"，我都一直没问，因为什么，我就觉得，大家伙一问就是西安。所以我们愿意知道西安以前的，西安以后的。

赵一荻：不过你问也比念这好，他这完全是他的说法，你要问呢是你要知道的事。

访　者：跟这一样，他们愿意知道天主堂到底是……

赵一荻：天主堂有一个床、一张桌子、一张椅子，这有什么关系吗？口述历史不是因为人家要知道是事实。

访　者：我的想法是，口述历史主要的是让他们外国人参考历史，所以他们希望这些小的……

赵一荻：你们希望小的，我不要，没有时间来讲这小的。

## 5. 蒋先生不信任宋子文

访　者：咱们先从宋子文这个开始。宋子文在北极阁[①]，您不是一开始到南京就到他那里去住了吗？那时，他的确是在西安，这就与西安有关系了，我们先不提西安。在西安的时候，有很多很多的记录，我们没有跟您请教，不愿意使您敏感了。在那个时候宋子文和宋美龄曾

---

① 北极阁，位于南京市区鼓楼广场东面鸡笼山（山势浑圆似鸡笼，故名），北临玄武湖。南朝时为皇家后苑华林园所在，南朝宋时，在山顶上建立日观台"灵台候楼"。明代朱元璋在此建"观象台"，又名"钦天台"。至清康熙十七年，仪器北移，是台遂废，乃在山巅建北极阁。1933 年，宋子文建公馆于北极阁 1 号。

拍着胸脯说担保很多很多的事情。

**张学良**：没说担保。

**访　者**：周恩来也不肯让蒋介石走，除非有某些事情某些条件蒋介石答应了。蒋介石不肯答应。蒋介石说，我让宋氏姐妹跟张少帅跟你们谈。第一，我什么都以领袖人格担保；第二，你们谈，谈完了以后，我到南京再去办。他这个完全是拖的意思。但是您说，当时情况很乱，大家都是有这样那样的处置。

**张学良**：不对，这个也不对，没有说是跟他谈。

**访　者**：从20号到23号，一直去做他们的……

**张学良**：没有说谈。

**访　者**：共产党的代表，杨的代表，您的代表坐在一起谈。

**张学良**：没有什么代表。

**访　者**：那些共事的人……

**张学良**：杨也没有代表，我也没有代表，谈话都是我们自己谈话。

**访　者**：那可能是你们自己，他们说张、杨、周，这里也包括了宋子文。您那八项计划大家都希望那六项有所决定。最后的决定他们都同意的，比如说政府改组，您推荐宋子文做副院长，孔祥熙做正院长，您推荐邵力子做内政部。

**张学良**：通通都没有，没有这么回事。

**访　者**：但是很多事情，宋子文都说，这个我们可以担保。

**张学良**：根本就没有这么回事，宋子文他怎么能担保，他才不敢担保呢？根本就不是那么回事，外头说话一点儿连影儿都没有。

**访　者**：连影儿都没有，这也就是说西安事变中您放蒋，是毫无条件的放蒋。

**张学良**：那不是那么说。现在很多人都问我，要知道西安事变怎么解决的，现在我决不说。

**访　者**：那您这口述历史也不说。

**张学良**：这件事我不讲，现在都知道了怎么回事，何必还要我说呢？

**访　者**：事情是这样，口述历史跟外面人写东西不一样，如果您是说，您要说了怕伤害人的话，这是有道理的。

**赵一荻**：都知道了，也无所谓伤害。现在事情都在那儿摆着呢！都知道了，也没什么，很简单，八个字，安内攘外，还是攘外安内。

**张学良**：这里的情形都知道了，外面的情形都知道了，何必逼着非要出自我之口呢！

赵一荻：非要让他编出一套，没什么好说的了，事实大家都知道了。

访　者：我们强调这不是编，您不愿说不说，不愿说的我们都取消了。

张学良：那日本访问我的时候，他不是说了一件事情。我说这件事情我知道，我不能说我不知道。怎么回事，我也知道，但是我不能说，我不说，就是这件事我不要出自我的口。你明白这个意思？出自我的口就是伤人，我这个人做事情，我不愿意伤害任何人。我伤害任何人，就是损失我自己的人格。那伤害人就是夸我是英雄，老王卖瓜、自卖自夸，臭表功，我从来不做这事。

访　者：刚才那个事情是您不说的，您不说就等于没有吧！现在问南京以后的事。您就到了宋子文的北极公馆①。周恩来在12月25日的时候，给中共中央发了一个电报，这是他们党史上的记录啊。您是不知道，您不可能知道。我就给您念念。宋子文表示让周恩来把这个电报发给中共中央，宋子文要中共做宋子文抗日和反亲日的后盾，并且希望派专人驻沪，跟他秘密接洽。周恩来的评语说，"我认为宋坚请我们信任他，他愿意负全责去推行上述各项所决定的事情。蒋在西安的这几天的表现，确有转机，而且委托宋子文确具诚意。子文确有抗日决心，与改院布置。"②他想把行政院改组。我们后边有好多的问题，我想大概您可能都是不愿意说的。

张学良：我要知道。

访　者：我的意思就是说……后来呢，您知道有一个人叫王中立③，是您派

---

① 北极公馆，指宋子文公馆。位于南京鸡笼山北极阁1号。始建于1933年宋子文任国民政府财政部部长期间。1936年12月25日，张学良护送蒋介石回南京，一下飞机即被软禁于此。12月31日，国民政府组织高等军事法庭判处张学良有期徒刑10年。随即张被转移到东郊孔祥熙别墅看押。1937年1月4日，国民政府下达"特赦令"，但将张交军事委员会严加管束。在宋美龄、宋子文的游说下，张学良被转到宋子文公馆。张学良当年所住的小楼，如今称为"囚张楼"。

② 周恩来关于宋子文、宋美龄谈判结果致电中共中央（1936年12月25日）：（甲）与宋子文、宋美龄谈判结果。子、孔、宋组行政院，宋负绝对责任保证组织满人意政府，肃清亲日派。丑、撤兵及调胡宗南等中央军离西北，两宋负绝对责任……卯、……两宋担保蒋确停止剿共，并可经张手接济（宋担保我与张商定多少即给多少）……辰、宋表示不开国民代表大会，先开国民党会，开放政权，然后再召集各党各派救国会议，蒋表示三个月后改组国民党。巳、宋答应一切政治犯分批释放，与孙夫人商办法……酉、宋表示要我们为他抗日反亲日派后盾，并派专人驻沪与他秘密接洽。（乙）蒋已病，我见蒋，他表示：子、停止剿共，联红抗日，统一中国，受他指挥。丑、由宋、宋、张全权代表他与我解决一切（所谈如前）。……（丙）宋坚请我们信任他，他愿负全责去进行上述各项……

③ 王中立，时任西北剿匪总司令部办公厅第二科（机要科）科长。西安事变后，1936年12月26日奉命乘释放陈诚等人的飞机赴南京担任张学良的秘书，直至张被审判囚禁时。写有《张学良将军在南京被扣的几天》。

他陪着这些个囚在新城的大官回去的。在宋公馆的时候,宋子文给了他一封信,是蒋介石亲自写的信,这封信说,再过几天少帅就回西安了。这个人也问,有多大的担保,宋子文说,"我姓宋的向来不说瞎话,我担保。"那当然没说担保什么。然后您就到了溪口。到了溪口之后,在双十二谈判之中有政府改组的条件。回去之后蒋只把亲日派的外长张群给换成王宠惠,其他的都没变。在西安的时候,对蒋的要求是支持宋子文做行政院长。后来,有一个叫李志刚①的,是杨虎城派去跟蒋来往的,去溪口三次跟蒋见面,本来李志刚说,"我不要一人去,我要宋子文陪着去",但是到了溪口之后,蒋下了话,"我不见宋子文"。宋子文又跑回去了。后来李见了蒋之后回到上海,也不是南京,见到宋子文。宋子文蓄意地问这姓李的,"你跟蒋先生谈了那么多次,他有没有提到关于院长的事情?"因为西安的时候是要他来主持这个过渡时期的政府。李说,"蒋从来没有表示过。"

**张学良:** 这是谁记的?

**访　者:** 这是《文史资料》第6集第38页。李志刚是杨虎城的人。

**张学良:** 我知道。

**访　者:** 我们的想法是,这证明宋子文对您的改革建议,支持您兵谏的初衷,绝对不是口是心非,也不是做戏,有的人说就是为了做戏,紧着赶着把蒋介石放了。但是也证明了他在中央政府的地位。他对中共所说的话,也表示他自己的立场,也不能能代表蒋,跟周恩来对策的估计可能有一些差距。我们的想法是,周恩来当初把这个电报打给毛泽东,是因为的确相信宋子文跟蒋介石之间关系很好。

**张学良:** 关系很好。

**访　者:** 所以打这个电报,但是宋子文回来之后,第一件事,他认为最失败,而且最对不起您的,就是他们做了军审会;第二,他对您说这只不过是个手续,就是把这封信,就是说,几天就请您回去,的确是派人送到西安去了,然后那个事也黄了。政府改组呢?只改组了一个张群,也就是说,他自己的确感到非常的歉疚。我们的想法是,是

---

① 李志刚,1929年1月加入杨虎城部,曾任十七路军驻南京代表。西安事变后奉命参与与中央政府的和谈。1937年1月17日和23日,曾奉派到溪口见蒋介石。1月23日也看望了被幽禁在溪口雪窦寺的张学良。

不是，您看周恩来也没看出来，蒋介石当时在西安答应的这些事情完全就是蒋先生的一贯作风，就是今天答应您，明天就变主意，而且对宋子文的估计也……我不能说完全错误的，有了差错。

张学良：没错误，怎么错误。蒋先生和宋子文不和，他不信任他。

访　者：可是他在西安的时候，他可是非常器重宋子文。

张学良：那是利用他，蒋先生这个人就是这样，我用你的时候我就［千方百恭维你］。［对］我［也是这］样，蒋先生用我的时候，他就拼命地［说好话］。他不要你，就不要［你］，蒋先生这人向来如此。

访　者："双十二"以后在政府改组上，没有一个全盘的、彻底的、关键上的实际改革，只限于外长一人，与宋氏兄妹在西安兵谏期间所得的了解完全不一样。

张学良：那个时候所谓政府改组的事，根本没谈到那么深的事儿。

访　者：那也就是说，宋子文信以为真了。在停战、联共上也是只得到了一时的暂安，并没像他所说的。外国人和外交上的人员可是对宋子文的一言一行都很器重，所以当他回到南京之后，他自己的压力，不只是他的内心，道义上对您的压力，对西安的，对共产党的，同时他对外国的交往上也有很多的压力。所以说宋子文所代表的这一派，或是称他为思想解放派，或者叫宋派，或者叫欧美派，或者叫他兄妹实力，都是属于失败的，这是外国人的评论。欧美派、亲日派，是吧？

张学良：也不能那么讲，根本蒋先生就没有那个思想。

访　者：没诚意，是吧！主战派，尤其是由西安释放回来的人，和亲日派无形中变成了反宋、反孔、反张的力量。这种评估您认为怎样？有道理吗？

张学良：也不能这样说，我后来就不知道了。

访　者：您看，宋子文在西安的身份，是代表什么的？

张学良：他还算是蒋的方面的人。

访　者：可是他不是代表政府是吧！

张学良：政府还是蒋。

访　者：他是以私人身份去的，做的工作是……

张学良：我说的有些过火。他还是帮蒋夫人的，也希望把事情尽快解决。

访　者：他在中央政府的地位、实力、影响是怎样的？他有职权吗？

张学良：他有，没多大。

## 6. 宋要公开什么，让蒋介石这么害怕？

访　者：基于周恩来所发的电报，您认为宋子文这样跟周恩来表示，说我们愿意请你来做我们反日派的后盾。您说，他这样说是出于诚意呢，还是缓兵之计，好让共产党知道……

张学良：那我不知道，宋子文这个人讲话不是很巧妙的。

访　者：不是很巧妙的，那还是也诚意的。他说这些话事先有没有跟您商量过？

张学良：那没有，我们那时都忙得要死。

访　者：在那时，您谈判时和他谈判时指分道扬镳的啦，您、杨先生、周先生和宋先生，分头的，是不是？他（指宋子文）要求中共派人驻上海跟他秘密接洽，难道他不知道宋庆龄的身份吗？他为什么不经过宋庆龄，反而还要找周恩来？

张学良：这你问我，我不知道，我不能替他讲。

访　者：您跟宋的关系，您对他比较熟悉，也有一番视察，您认为他联共抗日这种思想这种意念，是早有此意呢，还是受了您的影响？

张学良：我不能说受我的影响，那时凡是左倾的思想或者是进步的都有这种想法。

访　者：不是到了西安发现兵谏……

赵一荻：中国人那时都是这个思想，联共抗日，停止内战。上海的七君子，都是这个，他们也不是共产党，都是一种思想，主要就是抗日。

访　者：大家伙儿都照着这个报道来看，从剿共抗日变成联共抗日，这一转变可以说相当复杂，也可以说是很重的一个转变。那么您在南京参加五中全会的时候，宋子文也在那儿，您互相之间有没有大概齐稍微地一块呛呛①，因为您跟他谈得来，到底我们要怎么个办法？

张学良：没有谈，那个时候我忙得很，天天开会。

访　者：对兵谏所提的那些条件，宋子文可以有这个信心跟周恩来说，回去之后为这个努力，为什么那个努力，可能他知道这个有些条件，虽

---

① 呛呛，北方方言，争论的意思。

说没有签字，可是已有心照不宣了是不是？

张学良：他的话说得也很对，他努力就是，"我努力促成"，他没有说"我保证"，那心照不宣，"我尽力帮忙，尽力努力促成"，你想想是不是应该这样说的。

访　者：那也可能说是为了应景，为了当时要把这事情解决，是不是？回到南京之后蒋先生就派陈布雷写他那个《西安半月记》。宋美龄知道他那里边要写的东西，于是马上自己就写了一份，完全是用英文写的。蒋先生要让她改，她不肯改，结果把陈布雷搁在中间了，因为这东西是陈布雷写的，所以陈布雷有一个《苦笑集》①，就说，蒋也写，蒋写了宋美龄一看，马上宋美龄就写，宋美龄写了之后，蒋就让宋美龄改，结果而宋美龄就不肯改。这里面还有一番……这两篇东西您都看了吗？

张学良：那当然都看了，公开的。

访　者：宋美龄那篇有中文的吗？

赵一荻：有中文的。

访　者：那里边有很多的出入，宋美龄认为是道义上的关系她才写的，这样刺激她写的，这是陈布雷说的。蒋到溪口去想把这个斩尽杀绝，把西安的事情，以武力解决。我们就知道那宋不干了。［这个"宋"］不知是宋子文还是宋美龄，不干了，说，"你已经背义了，你已经把你的诺言都没有实现，你现在还要这样斩尽杀绝。如果你要这样，我就把你的所有的事情都公开，然后就走了。"当然我们不能确定是宋子文还是宋美龄啦！您跟他们这两家的关系，他要公开什么，让蒋介石这么害怕，于是就不斩尽杀绝了。

赵一荻：我们怎么知道，那不知道，人家自己家里的事，我们怎么知道。

---

① 《苦笑集》，应为陈公博1939年在香港出版《苦笑录》。《苦笑录》中有这样一段文字："西安事变闭了幕，蒋先生和蒋夫人还出了一本《西安半月记》和《西安事变回忆录》的合刊。一天中央政治会议正开会，宣传部长邵力子……拿出一本草稿在看。我问他看什么，他随手把那本草稿递给我……我花了半个钟头一气读完，会议还没有散。……'我草草一看，便发现半月记和回忆录很矛盾。你看蒋先生在半月记处处骂张汉卿，而蒋夫人在回忆录倒处处替张汉卿辩护。而且蒋先生在半月记里从不说他见过共产党，见过周恩来，蒋夫人的回忆录则叙述张汉卿介绍一个参加西安组织中之有力分子来见，既说他是参加西安组织中之有力分子，又说彼等并未参加西安事变，这都是罅漏，容易露出不实不尽的马脚。我以为既有半月记，就不出回忆录也罢。如果回忆录一定要发刊，非大加改削不可。'我对力子说着，因他是一个宣传部长，宣传不妥，他也有责任的。'你说得对。'力子很坦怀。这样，这本半月记合刊，印刷好又停止发行，忽发忽停，反复了三次，结果还是出世了。……许久我又碰见力子，我问他为什么还是让它这样矛盾，他说：'蒋夫人一定要这样，不肯改，我有什么办法呢！'"

**访　者**：这与西安没关系？

**赵一荻**：那也不能说有关系，也不能说没关系。

**张学良**：哪知道人家说什么，不知道。

**访　者**：您可以说不知道。我们可以问，您不知道就说不知道。

**张学良**：不要拿这个想象说人家的事。

## 7. 我岂是任何人所能指使的吗？

**访　者**：对，对，比如说您对某一个人比较熟悉，您可以分析，帮助别人分析，您不知道没有关系。这个资料您又不知道了，因为这个是1937年1月的事情，潘汉年①，您见过这个人？

**张学良**：啊，知道。

**访　者**：潘汉年一月的时候到西北去，到西安去，让孙铭九给抓住了。从他身上搜到一封东西，就是蒋自己的命令，要跟共产党搭桥的事情，这其实您都知道，但是孙铭九他们不知道，把潘汉年抓了之后，把这人气得不得了，这就为"二二事件"奠定一个基础。

**张学良**：没有这回事，我说没有这回事。孙铭九做什么事我就不知道了，他不跟我汇报。他也不会把潘汉年抓去，潘汉年恐怕也没有到西北去。

**访　者**：那是1937年1月。

**张学良**：那就不知道了。

**赵一荻**：那他就不知道了，他不在西安了。

**访　者**：您有一个副官，这个副官姓熊，熊仲青。

**张学良**：不是副官，怎么的？

**访　者**：他说刚一到南京的时候，只是他跟您在宋子文家里。

**张学良**：也不是他，怎的了？

**访　者**：大家分析宋子文对您的心情，他说，您跟他在院子里，在北极阁公馆庭院中走路，张学良问宋子文，"子文，委员长不会枪毙我吧！"子文说，"不会的，不会的。"

**张学良**：瞎说，胡说八道。熊仲青也没跟过我。人都自己夸自己，根本那时

---

① 潘汉年，江苏宜兴人。1925年加入中国共产党。曾任工农红军总政治部宣传部部长兼地方工作部部长等。1936年西安事变前后，曾以中国共产党联络员和谈判代表的身份于陕北与南京、上海之间奔走沟通联络，为西安事变和平解决作出贡献。

候也没有他，没这么回事。

访　者：我们的问题是，那以前他的心情，压力很大。

张学良：谁？

访　者：宋子文，他有没有给您分析一下，关于军审会的什么事情。

张学良：那他根本就不知道，蒋先生对他［不信任］，外头人都误会，蒋先生对宋子文一点都不信任。

访　者：那就是了。然后我们就提南京以后的事。您在军审处，跟李烈钧，李烈钧把他的对话也写下来了，他自己也有一篇东西①。

张学良：我没看他这个东西。

访　者：很多东西我都等夫人走了之后，我给您念。李烈钧写的，在"双十二"，他给您打的电报，您给他回过电报。他也写到。他说在开始时他的想法是应该怎么样的，在没开始之前他去找蒋先生。同时他还提了几件事情，我给你说一下。蒋问我："审判长，你对这件事怎么处理？"他就说，"当然啰，大家都说这是叛变行为，有谋害主帅的打算"，什么什么的。"但是我认为我国历史上有两个人，一个是齐桓公，他不追究管仲对他曾有射钩之仇②，却拜管仲为相。另外，晋文公，寺人披几次要谋杀他，都未得逞，后来又有人谋害晋文公。寺人披闻之，赶快去向晋文公告发，晋文公先不见他，经寺人披说明来意后，宽恕他并接见他。晋文公终于免受一次暗害。这两桩历史上的事件是不是可做本案的参考呢？"我觉得他的想法还是认为应该这么做，可以参考，请委员长核实。蒋未置可否。在我临走时蒋说，"请慎重审理之。"他就了解什么意思了。他说，"学良态度从容，答话直率，毫无顾虑，我心想，学良真是张作霖的儿子啊。我问他，'我准备了一份问你的问题，要你逐条的回答，你愿意先看看吗？''我所做的事，我自当知，我岂是任何人所能指使的吗？'然后，您就侃侃而谈。同时他问我"'我有一句话，请问审判长，可以吗？'我说，当然可以。学良说：'民国二年，审判长在

---

① 李烈钧写有《南京高等军法会审审判张学良的经过》，载中国文史出版社 1986 年出版的《西安事变亲历记》。

② 射钩之仇，此典源自《左传》。春秋战国时期，齐襄公的儿子小白和公子纠分别长住莒、鲁二国，襄公死，按当时习惯，先回国者即位。辅佐公子纠的管仲为阻止小白，在途中设伏，箭射小白，但箭头正好射在衣带钩上，小白捡条性命，抢先回国，当上了国君，即齐桓公。齐桓公既往不咎，拜管仲为相，后来成为春秋霸主。

江西起义讨伐袁世凯①，有这回事吗？'我说是的，学良说：'审判长江西起义讨伐袁世凯，为的是反对袁世凯的专制称帝，对吗？'我说：'是的。'学良理直气壮地说：'我在西安的行动，为的是限制中央的独断独行。'没等他说完，他就说：'胡说，袁世凯怎能和蒋委员长比。'到最后他说，抗战期间李烈钧到过昆明，住在李希泌②家养病，他精神较好时跟我谈西安事变充当最高军法……"

**张学良**：跟谁谈？

**访　者**：跟他一个朋友，他在一朋友家养病，他叫李希泌。"那简直是演戏，我不过奉命扮演这幕戏的主角而已，张汉卿态度光明磊落，对话直率，无所畏惧。张汉卿发动西安事变，反对蒋介石的独裁，谋求全国团结一致抗战，他问心无愧，有什么畏惧的！当审讯张汉卿时，张问我，湖口起义，反对袁世凯复辟称帝，如果这是正义行为，那么西安事变用兵谏方式限制蒋介石的独断专行，何罪之有?！他几乎把我给问倒了。我无可奈何，只能不让他继续讲下去，当时国民党中有很多人，像冯焕章都是同情张汉卿的。"

**张学良**：谁？

**访　者**：冯焕章。

**张学良**：喔，冯焕章，就是冯玉祥。

**访　者**：都是同情张汉卿的。主张赦免对他的处分，要释放他。蒋在由西安回南京前可能表示过保证张送他回南京后的安全。

**张学良**：这没有的事。

**访　者**：蒋夫人不是说您要是送他一个很好的，圣诞礼物，一切事情都可以办到。

**张学良**：他没说。

**访　者**：他没说。军法会什么审判十年，什么什么五年，是准备把好人让蒋介石来做，不料蒋以德报怨表面上特赦张，实际上把张终身禁锢。所以本来编的是判刑，然后蒋特赦，就完了，结果他们都没想到，主角人都没想到蒋以德报怨，特赦后来个严加管制。给您说这些，

---

① 江西起义，也称湖口起义。1913 年 3 月，袁世凯派人暗杀南京临时政府农林总长宋教仁，省议会推举李烈钧为江西讨袁总司令，通电反袁，宣布江西独立。接着，湘、鄂、皖、苏、闽等省市，相继宣布独立。8 月，袁世凯派重兵前往江西镇压，李烈钧在湖口据险阻击，因兵力悬殊，被袁军击败。李烈钧流亡日本，湖口反袁起义宣告失败。

② 李希泌，云南腾冲人。1942 年毕业于西南联大历史系。曾任国民党立法院委员。

是让您知道，支持您的人，对您抱以重望的人还是多得很。完了之后，把您的卫队的枪都给缴械了。

张学良：唔？

访　者：您本想是去开会，到那儿才发现是军事审判，然后出来之后，他们把你的，您不是带去几个尉官吗？

张学良：没，没，没，就带一个秘书。我自己身上带枪也没交。

访　者：然后把您送到孔公馆①。

张学良：是，是。

# 8. 日本投降了，我心里很安定

访　者：您到那儿就蒙头大睡，听说您每天睡觉的时候有个背心，睡觉时压在身子底下，后来他们就派人偷查您的背心里是什么，您记得吗？

张学良：不记得了。

访　者：闹得您很不愉快。在那时候是张学思要来看您，都没有准许。您能这样说一说吗？自从幽禁之后，您正式解除严加管束的日期，就是说，您全都自由了，您也可以投票了，您可以有言论了，大概是什么时候，是在经国先生死了之后是不是？

张学良：我忘了，这得查一查年代。

访　者：您的大女儿和她的丈夫陶鹏飞回来的时候要来看您，还要经过很多申请。

张学良：那我不知道。他来看我是蒋经国带来的。那我不知道，当年要经过。

访　者：你那司机说，您带着他们一块去到一个百货公司，结果小孩吵啊，弄得很不愉快。您坐在车上一下儿就给了他一拳。

张学良：是。

访　者：结果说，我也莫名其妙，为什么少帅杵了我一拳。结果回来他把车停下之后，您马上就过去了说真对不起。

访　者：我现在再给他，写一封信，我让他跟少帅请示一下。我就说，因为你要出去了，没有多久了，他本来说是让我有二十次访问嘛，结果现在没有二十次。

---

① 孔公馆，孔祥熙在南京的官邸。1936年12月31日，军法审判结束后，押送张学良的车子并未开回宋子文公馆，而是开到了太平门外孔祥熙公馆。

赵一荻：有了。

访　者：没有，真的没有，我都记下来了，没有。

赵一荻：现在有多少次了？

访　者：大概顶多有十次的样子，因为前面那三次不能算，我来都是给少帅念的英文的翻译，所以我回去要算一算，我就要跟他说。

赵一荻：你现在从下个礼拜一还能录几次？

访　者：就是看少帅的时间了。我照着上次我给的那个表，一共是二十五次。你甭看了，有一次，你让我们做的预算，时间的预算，那要做全了的话，是二十五次，不见得做全了。

赵一荻：今天四号？

访　者：今天四号，是你们的大日子嘛？

赵一荻：还有二十六天。

访　者：对，二十六天。假如你要玩牌，或者星期天，我们不应该来。

赵一荻：礼拜天不一定，我们的事情不能这么说，下个礼拜一是可以的。

访　者：我们下个礼拜要是有事情的话。

赵一荻：礼拜一是哪天？

访　者：我姐姐就是急着做大帅的事。说的是现在你要准备行装，你不在这儿住的话，我们就可以开始大帅。昨天少帅这本新书，我拿回去看了，我把所有电话停掉了，从早上五点钟一直看到十一点。这里面有很多很多东西我认为……

赵一荻：哎呀，你们真是爱看书。

访　者：不是，不是，我跟你讲……第一个事情是在溪口。

赵一荻：蒋先生让你（指张学良）在溪口念书。

张学良：研究明史。

访　者：然后从溪口研究明史。

赵一荻：就一直研究下去了，对不对？以后日本人来了，我们就跑到关内几个地方，后来他有病了，就跑到几个地方，然后就到台湾来了。

访　者：台湾就在井上温泉。

赵一荻：台湾又搬了几个家，结果董大使①来了。

访　者：夫人来了。

---

① 即董显光，曾任台湾当局"驻日本大使"、"驻美国大使"。

赵一荻：这是转折点。以后就研究基督教，头一个是研究明史，二一个是研究基督教。从六十岁蒋经国给你做寿，那就比较放松一点，我们才能盖这个房子。这是第三个阶段。第四个阶段就是这个九十岁生日嘛。

张学良：完全是张群安排的。

访　者：九十岁以后最后就是到美国了。这不是很简单，几个段落分开嘛，分开以后一个段落一个段落再讲讲，叫他自己讲嘛。你们的资料太多了，是旁人说的，不去管他了。一共就五件事情，你问他都是怎样的经过。

访　者：这个经过是一个，但是我们希望将来这个口述历史，不是就是说你一月一号干吗了。你一月三号干吗了，这个事情就是说他们有个年表去了。我们要的是……为什么说时期呢，在溪口这个时期……

赵一荻：西安事变是以后的政治问题。

访　者：不是政治问题，我们一开始就没想到政治问题。你记不记得，我们一开始来的时候，那个西安事变整个一个题目我们都没搁进去，我们要知道您究竟在整个幽禁期间啊，不是一天一天都在干什么，我们要知道的是，你在生活思想上的改变，不是政治上的。比如说您研究明史，如果你就说研究明史，研究，那就没话说了，思想上的改变，生活上的改变。因为您那个时候叱咤风云，翻手为云，覆手为雨。现在您没有了，您现在只有夫人在您旁边，和这些人。这些人又是监管，又是监护，又是照顾，不知道是什么，在这种情况下，您怎么能从偌大的［地方考虑问题］？

赵一荻：拿得起，放得下。

张学良：我这个人是满不在乎。

访　者：您这"满不在乎"四个字一定要录上去，因为不是任何普通人能够做得到的。

张学良：拿得起，放得下。

访　者：对，这个我们希望录上去，因为不然的话，大家都想象不到。

张学良：不是这个问题，我这个人呐，可以说，我这个做人不为我自己想，很少为我自己想，我是为人家想。那比如说，监视我的人也好，干什么的也好，那是人家应尽的任务。也不是他要尽的，他也是受命令所做的，我得原谅他。他也是很为难，很为难。一方面，他要不要得罪我，一方面他还要达到任务。我这个人，我所以跟人家任何人讲话，我也做过人家部下，我也做过人家长官。我也知道部下的处境，我也知道长官的处境，我才知道人家的处境。

**赵一荻：** 而且他心里没有什么难过。他要的是什么？抗日，统一，停止内战，都做到了嘛，他所要的都做到了。

**张学良：** 日本失败，日本投降了，那我心里很安定，我没有什么。我自己总想《圣经》上讲的两句话，"申冤在我，报复在我。你不必为失去抱不平，"那么我就想，日本所得到的什么，两个原子弹，这不是申冤在我，报复在我？谁能让两个原子弹，变成原子弹实验场，死了那么些个人，谁招的呢？自己招的。谁主张，那是上帝主张，谁能做得到呢？怎么两颗原子弹都投到日本，日本死几十万人。所以申冤在我，报复在我。何必呢？我们人做不到的事情，那么神，他的能力比我们大很多，谁给他做参谋，没有。谁能指挥他呢？我们人哪，做人呐，就是本着我们良心，问心无愧。我这个人做事情，上不愧于天，下不愧于人，完了。我到现在，在我手底下杀人不知杀了多少，枪毙了，我没损害一个人。我没有说跟他有私仇私怨，或者他得罪我了，我都是为了公家的事，我都是为我良心上。换句话，我杀了他，枪毙了他，我对他无愧。但是如果他还活着，我还可以问他，我对不对。那么有的人，使我心里非常的难过，也非常的舒服。有的人说，谢谢副司令，我下辈子再报，也还是这样。换句话，做人呐，一个人做人要磊落光明。我都九十多岁了，我没有对人不能说的事。我要做这件事，我不能对人讲，那我不做。假如说，你指着问哪一件事，那是怎么回事，我都能说。无论对什么事情我都可以说，无论是我的私事，男女的问题，什么问题我都可以说。我自己考量这件事，我不能对人说，我不做，我这个人是这样的，无事不可对人言。她跟我差不多在一起六十年，我从不对人说假话，我顶多不说，我说的话，我自己负责。

**赵一荻：** 好了好了，三十五分了。礼拜一了。

**访 者：** 且听下回分解。

# 第二十八次访谈
# 军法会审　两岸前途

访谈者：张之丙（简称"访者"）
被访者：张学良
同座者：赵一荻
访问日期：1992 年 7 月 7 日

访　者：今天是 7 月 7 号，下午三点钟我们在张府上继续做访问工作。

## 1. 这些人写的东西我要看看

访　者：现在开始。我给你念念书，你喜欢听戏吗？
张学良：听戏啊？好的听，不好的我不听。
访　者：喔……你听过好多好角了。（张学良：嗯？）就是好的角色你都听过了？
张学良：台湾的。
访　者：台湾这里有一个新的，是那个李万春①的儿子，叫李宝春②。他要唱四天，有《八大锤》《断臂说书》，有《将相和》《三岔口》。还有一个《雁荡山》。我没有听过这出。（张学良：我也没听过）听说是大陆编的。七月十四、十五、十六、十七、十八，五天。
张学良：在哪儿唱啊？

---

① 李万春，河北雄县人。满族正黄旗。著名京剧表演艺术家。不足五岁就开始随父练功学戏。1923 年进京搭斌庆社演出，被誉为"童伶奇才"。他念白吞吐有力，身段立式利落，以长靠、短打、箭衣戏、猴戏、关羽戏见长。擅演《武松打虎》《火并王伦》《九江口》《闹天宫》等剧目。

② 李宝春，京剧老生演员，祖籍河北霸县。生于 1950 年。是著名京剧表演艺术家李少春（而非李万春）之子。

访　者：在总统府后面，那个叫作什么，国军……

张学良：国军英雄馆①。

访　者：国军英雄馆旁边。你去听过，是吧？

张学良：我知道，我没去过。

访　者：他是陆光、海光，还有复兴剧校三个陪他唱。昨天您说想听关于李烈钧的那个。这本书②我看了看，还有其他别的人，我先给您说李烈钧。何柱国我们说过了。这儿有一个申伯纯，您说您不大知道他。有个高崇民、卢广绩。

张学良：这都知道。

张学良：头一个是谁，我忘记了。

访　者：申伯纯。"申"就是上海那个"申"，"伯"，伯夷叔齐的"伯"，"纯"就是纯洁的"纯"，他写的东西，大家都引用他的。54页。他是，申伯纯，哼，没说，没说他是谁。奇怪了。

张学良：他说什么？

访　者：他是说争取张学良联合抗日的经过，那表示他是中共的吗？

张学良：不知道，他是在哪方面。

访　者：他提到您，到35年的时候。他没有说他，提到杜重远，在上海，提到洛川，高福源，刘鼎，延安。

张学良：都是那个人写的？

访　者：都是他写的。

张学良：那他是共产党那边的。

访　者：共产党的是吗？题目很妙嘛，争取嘛，是吗？先把李烈钧的……高崇民、孙铭九、卢广绩、赵寿山、王菊人、李维城。

张学良：李维城知道。

访　者：孔从洲、姓孔的。

张学良：是，有这么一个人，我知道。

访　者：大概是杨虎城将军有关系的人。谢晋生、邵力子、晏道刚、曾扩情、刘多荃、孙铭九，又是一个孙铭九，孙铭九写了两篇③，王玉瓒。

---

① 国军英雄馆，位于台北市西门町闹市区、台湾"总统府"附近的一家招待所。

② 此书是《西安事变亲历记》，中国文史出版社1986年出版。以下访谈主要围绕此书的内容。

③ 孙铭九，曾任张学良卫队第二营营长。《西安事变亲历记》一书中有他写的两篇回忆文章：《西安事变前张学良做的几件事》和《临潼捉蒋》。

张学良：王玉瓒①啊！怎么他还写东西，我的卫队营营长。

访　者：常国宾②，他大概是白凤祥的人。汪瑢③，是刘桂五的人。商同昌④。

张学良：谁？

访　者：商，就是商震的商。

张学良：这不太清楚。

访　者：汪日章⑤。

张学良：汪日章，这我知道。汪日章是蒋介石的秘书。这个人写的东西我要看看。他写什么？这个人他很要紧，他是蒋介石的机要秘书。

访　者：哦，机要秘书？就是听您跟他吵架的那个事吧？

张学良：就是他，恐怕他就写的那事。

访　者："蒋介石被扣经过"、"蒋介石在洛阳的活动"、"修理火车头"、"西安半月记的由来"，待会儿给你念他那个。郑培元⑥。

张学良：郑培元啊？

访　者：郑培元啊，培是……

张学良：我知道，哪个郑培元？

访　者：他是……他是陕西警二旅五团团长。

张学良：那我不知道。

访　者：宋文梅。

张学良：这恐怕都是杨虎城的人，所以我不知道。

访　者：噢，可能是。

张学良：宋文梅写的什么？

访　者：写的《我所经历的西安事变》。"我是……"对了，您说得一点儿不错，杨虎城将军的特务营营长。您的记忆力实在是真是没话讲。

---

① 王玉瓒，字宝珩。辽宁黑山人。1929 年东北讲堂毕业后，被张学良调至身边，任卫队营上校营长。1936 年蒋介石到西安，奉命担负华清池蒋行辕之警卫任务。因捉蒋有功，晋升团长。写有《捉蒋回忆》。

② 常国宾，曾任东北军骑六师师长白凤翔的副官。西安事变时，随同白凤翔参加了临潼捉蒋行动。写有《白凤翔临潼捉蒋》。

③ 汪瑢，字佩珩。辽宁开原人。曾任西北临时抗日联军骑六师（师长刘桂五）参谋长。写有《刘桂五扣蒋纪实》。

④ 商同昌，曾任东北军卫队第二营（营长孙铭九）代理营长，参加临潼捉蒋行动。写有《扣蒋回忆》。

⑤ 汪日章，号荻良，浙江奉化人。西安事变时任侍从室第四组少将组长兼侍从秘书。写有《蒋介石被扣经过》。

⑥ 郑培元，字浩然。陕西礼泉人。西安事变时任陕西警备第二旅第五团团长，负责解除城内蒋系武装。写有《西安事变时城内的军事行动》。

……周达夫①。

张学良：他是我的秘书处处长，他写什么？

访　者：他写的是《西安事变时兰州的情况》。他们大概是在那时候，你们一定是在什么岗位上，让他们这样写。周光烈。

张学良：周光烈写什么？

访　者：《双十二事变我的回忆》。

张学良：他是什么？

访　者：他和一个牟师长到兰州去，他没有……啊……（念周光烈的文章）"我和李［振唐］、牟［中珩］两师长到金家巷②。我晋见张副司令时，他引我到另外一间屋子里，中央摆着一个长桌，上面铺有陕甘军用地图。他用红蓝铅笔指给我看，红军、东北军、陕军所在的位置。后来又指给我中央军在哪儿，然后他对我说，这不是剿共，这简直是剿我。他，就是指蒋先生，一贯借用剿共消灭杂牌。我这次绝不下野，你们好好掌握队伍，即或到万不得已时，必有手令给于军长，你们都要听于军长的指挥，于学忠，服从他的命令。你们现在即刻去见委员长，但是不要乱说话。委员长向你们所说的话，要回来向我报告。当时张副司令所讲这番话，使我莫名其妙，简直摸不着头脑，也不知何所指，如在雾中。我当时为表示亲近，特向张找话说，'外边的风声很不好，好像要发生什么事故似的。这样下去不妥当。咬人的狗不露齿。'张说，'咬人的狗连昂唧都不昂唧'。"

张学良：就是咬人的狗不叫唤。

访　者："张紧跟着对我说，'你不用替我担心，到时我自有办法。你们去见委员长吧！'到这，我就告辞了，约了李师长和牟师长一块儿乘张公馆准备好的汽车到临潼去了。"

张学良：我都记不得这些事了。

访　者：所以到现在我都不知道他是个什么职位，大概后边会有，又说兰州的事。

---

① 周达夫，西安事变时任甘肃省政府（主席为于学忠）委员兼秘书长。写有《西安事变时兰州的情况》。

② 金家巷，也称张公馆。位于西安市建国路69号。建于1932年，为东西排列的3座3层砖木结构西式楼房。张学良在西安时，东楼是机要楼，西楼为张学良的居室。西安事变发生后，"三方会谈"多在中楼举行。

张学良：他是个团长吧？

访　者：他是个团长，对。师长吧！

张学良：他叫什么？

访　者：他叫作周光烈①。

张学良：周光烈？

访　者：光明的光。烈士的烈。

张学良：这是谁，我记不太清楚了，这恐怕是杨虎城那边的。

访　者：你派他还有一个李师长……OK，喔，这写着，他说是五十一军所辖的部队，一共有三个师，一个师是一一三师，是李振唐，驻兰州附近。

张学良：第二个呢？

访　者：第二个是一一四师，叫牟中珩。

张学良：牟中珩。

访　者：牟中珩，一一八师是周光烈。所以他是三个师中间的一个。

张学良：周光烈？

访　者：周是周恩来的周。

张学良：周光烈啊。

访　者：就三个人，然后你就把他们三个人都找回来了，然后他们去看谁……这就是周光烈，然后就是康泽，您说你想想听听康泽②说的是吧？

张学良：康泽是蒋先生手下最大的大将，是十三太保之一。地位跟谁一样？跟戴笠一样。

访　者：跟戴笠一样！

张学良：特务大队。

访　者：特务大队。你要听听他的吗？

张学良：他说什么？

访　者："西安事变后南京的情况"（张插：他在南京呢）什么戴季陶一派，什么宋美龄一派，这是康泽。然后高兴亚。

张学良：高兴亚？这个不知道。高，哪个高啊？

---

①　周光烈，山东蓬莱人。西安事变发生时，任第五十一军第一一八师师长及甘肃警备司令，参与发动"兰州事变"，以作策应。写有《双十二事变我的回忆》。

②　康泽，字兆民。四川安岳人。早年入黄埔军校第三期。毕业后长期在国民党内从事特工和青年工作，曾任中华复兴社中央干事兼宣传处处长，三民主义青年团临时干事会干事、组织处代处长。写有《西安事变后南京情况》。

**访　者**：高矮的高，兴旺的兴，亚洲的亚，是冯玉祥的吧①！

**张学良**：我不知道。

**访　者**：周一志②，他是写的南京的时候，在事变时候的冯玉祥，周一志，他是写戴季陶为什么坚决主张讨伐张、杨。然后底下有个文强③，沈醉，黄家驹。

**张学良**：沈醉我知道，沈醉是戴笠的副官。

**访　者**：他们写复兴社在西安事变中［的情况］。

**张学良**：他们都是复兴社的。

**访　者**：下面是萧作霖④。作霖是跟老帅的［名字］一样。

**张学良**：这个人是谁我不知道。

**访　者**：他是西安事变时复兴社河南分社［的人］。

**张学良**：这是他们的人。

**访　者**：赵毓麟⑤，他写的是CC派。苗渤然⑥。

**张学良**：苗渤然，他说什么？

**访　者**：他是写西安事变中，我到晋绥见阎、傅的回忆。您派他去见阎锡山和傅作义。

**张学良**：我都忘了，苗渤然。

**访　者**：秦诚至⑦。

**张学良**：谁？

**访　者**：秦诚至，秦始皇的秦。

**张学良**：诚实的诚。

---

①　高兴亚，曾任国民军总司令冯玉祥的秘书。写有《西安事变时在南京的冯玉祥》和《冯玉祥将军》传记。

②　周一志，早年追随铁道部长孙科。中原大战前，参加反蒋大联盟，奉命到东北游说张学良加盟。写有《戴季陶坚决主张讨伐张、杨》。

③　文强，号念观。湖南长沙人。国民党陆军中将。毛泽东母亲文七妹的侄儿。黄埔军校第四期毕业。担任过中共四川省委常委兼军委书记，红一师师长兼政委。1930年被叛徒出卖，被捕，后加入军统。曾与西安事变时复兴社上海直属小组组长的沈醉、复兴社南京支社小组长黄家驹写有《复兴社在西安事变中分成和战两派》。

④　萧作霖，西安事变时任复兴社河南分社书记。写有《西安事变时复兴社河南分社的活动》。

⑤　赵毓麟，西安事变时正在南京中央政治学校大学部外文系读书。写有《西安事变时CC派在中政校的活动》。

⑥　苗渤然，辽宁新民人。秘密加入抗日同志会，并任组织部副部长。西安事变时奉张学良之命，赴太原、绥远做争取阎锡山、傅作义工作。写有《西安事变我到晋绥见阎、傅的回忆》。

⑦　秦诚至，辽宁辽阳人。国民党陆军少将。西安事变时任东北军第五十三军第一一六师副团长，与高福源关系密切。写有《高福源赴开封见刘峙》。

访　　者：诚实的诚，至是至善至美的至。

张学良：这是谁我不知道。

访　　者：高福源。

张学良：这高福源，我知道。

访　　者：赴开封见刘峙①，这是他写的。下边是李英夫②，刘鸣九，胡颐令，颐是颐和园的颐，命令的令。

张学良：不知道。

访　　者：写《傅作义对西安事变的态度》。王式九③写的是《宋哲元对西安事变的态度》。黄绍竑④写《西安事变片断的回忆》。程思远⑤，这不是李宗仁的人吗？他写的是《李、白主张西安事变应政治解决》。周春晖⑥写的是《［西安事变后］盛世才［的急转］》。陈明⑦，是写《居正［策划"鄂人治鄂"］》。

张学良：居正⑧那不了解。

访　　者：张钫⑨。

---

① 刘峙，江西吉安人。曾任黄埔军校教官，国民革命军第一师师长、第一军军长参加北伐。1929 年后历任第一集团军总指挥，河南省政府委员兼主席、赣粤闽湘鄂"剿匪"军北路军总司令等职。1935 年晋任陆军二级上将。1937 年后，任第一战区第二集团军总司令，重庆卫戍总司令，第五战区司令长官。1946 年 1 月任郑州绥靖公署主任。1948 年 6 月任徐州"剿匪"总司令，所部被人民解放军歼灭。1949 年 7 月后移居香港和印尼。1953 年去台湾，任"总统府"国策顾问。

② 李英夫，西安事变时任绥远省政府（主席傅作义）警保处少将处长兼特事室主任。后历任第三十五军（军长傅作义）参谋处处长，河北省保安司令部少将参谋长等职。1949 年 1 月在北平随部接受人民解放军和平改编。写有《傅作义对西安事变的态度》。

③ 王式九，西安事变时任冀察政务委员会秘书长（宋哲元为国民革命军第二十九军军长兼冀察政务委员会委员长）。写有《宋哲元对西安事变的态度》。

④ 黄绍竑，字季宽，广西容县人。曾为新桂系三巨头之一。历任第七军党代表，广西省主席，第十五军军长，湖北省主席，浙江省主席，内政部长等职。西安事变时任湖北省主席。写有《西安事变片段回忆》。

⑤ 程思远，字近之。广西宾阳人。曾为桂系核心人物之一。1930—1934 年，任第四集团军总司令李宗仁秘书。1938—1942 年任国民党军事委员会副参谋总长白崇禧秘书。

⑥ 周春晖，西安事变时在新疆工作。曾任《新疆日报》社长，阿山专区教育局长兼任行署外交科长等职。写有《西安事变后盛世才的急转》。

⑦ 陈明，湖北籍人，西安事变时在国民政府司法部工作。写有《居正策划"鄂人治鄂"》。

⑧ 居正，原名之骏，字觉生，号梅川，别号梅川居士，湖北省广济县（今穴市）人。早年赴日学习加入中国同盟会，参与组织共进会，是辛亥革命武昌起义指挥者之一，辛亥革命元勋。曾任南京临时国民政府内政部次长，后长期担任南京国民政府司法院院长。1949 年 11 月去台湾。

⑨ 张钫，河南新安人，字伯英。早年加入中国同盟会。1911 年武昌起义后，任秦陇复汉军东路征讨大都督。后任陕西陆军第二师师长，陕南镇守使等职。20 世纪 30 年代，出任国民党第二十路军总指挥兼任河南省代主席。抗日战争爆发，任第一战区预备总指挥。1938 年任军事参议院副院长。1945 年 9 月授陆军上将。1947 年后任国民政府顾问，豫陕鄂边区绥靖主任。1949 年 12 月在川北通电起义。中华人民共和国成立后，任全国政协委员、中央文史馆副馆长等职。西安事变后，曾赴奉化与蒋介石等见面。写有《我与蒋介石、何应钦接谈经过》。

张学良：张钫写什么？

访　者：《我与蒋介石、何应钦接谈的经过》。然后就是阎宝航。

张学良：张钫是河南的。

访　者：河南的，那么他怎么去见蒋介石？

张学良：他是河南的一个有地位的人。

访　者：阎宝航，他写的是《张学良送蒋介石回南京以后》。李志刚。

张学良：李志刚写什么？

访　者：《奉命奔走和谈经过》。谢珂，《我与顾祝同接谈的经过》。陈端，《参加调解西安事变的经过》。李烈钧，《南京高等军法会审，审判张学良的经过》。

张学良：对，昨天都看过了。

## 2. 军法审判是闹剧

访　者：你要问我的是什么？[《西安事变亲历记》第]362[页]，关于这段，还有鹿钟麟①写的。

张学良：看看鹿钟麟怎样写，这鹿钟麟要紧，他是副审判长，他在座，没吱声，我不晓得他写什么。

访　者：[《西安事变亲历记》第]369[页]。我去拿一个铅笔，对不起。

张学良：他是代表冯玉祥的。

访　者：喔，代表冯玉祥的。

张学良：他是冯玉祥的大将，冯玉祥的第二把交椅。蒋先生那时派他都很有意思的。看他写的。

访　者：OK，我跟你说。（念鹿钟麟的《张学良南京受审纪实》）"1936年12月12日，张学良发动西安事变，扣留了蒋介石，提出'停止内战，一致抗日'的要求。蒋介石终于接受联共抗日、释放政治犯、担保内战不再发生等条件。同月25日张学良陪送蒋介石飞返南京。蒋介石和张学良到南京后都对记者发表了谈话。蒋发表的谈话说，"这是节录的，"……现在一切问题应候中央政府解决，余既为军队之最高统帅，对西安事变，理应负责。此系由于平时未能维持军队

---

① 鹿钟麟写的《张学良南京受审记》，载中国文史出版社1986年出版的《西安事变亲历记》。

之纪律由以致之；私心至为耿耿……"。后边是您说的话，"张发表的谈话说，'今日仅愿与诸君见面，无可奉告。此来待罪，一切唯中央及委座之命是从。'当时可见西安事变虽取得和平解决，但是从张、蒋所发表的谈话来看，其中还大有文章，耐人寻味。蒋介石对张学良究竟怎样处置，一时便为全国人民甚至全世界人民所注视。"

"当时国民党内部对张学良处置问题，显然存在两种意见：一派主张是属蒋嫡系的人们，认为张劫持领袖，罪大恶极，主张严加惩治；另一派主要是非蒋嫡系的人们，认为张既肯来京待罪，非无可宥，不妨从宽发落。这两部分人们的意见，从表现的方式看，也有所不同：前者公开到处叫嚣，大有非此不可之势；后者多属私下议论，对外却都讳莫如深。此外还有一部分人则模棱两可，严加惩治也罢，从宽发落也罢，好像都无可无不可。"

"当然这些人们的意见，无足轻重，不足为凭，只有蒋介石的态度才是起决定性作用的。蒋介石对张学良是幕前一套幕后一套，的确令人眼花缭乱。"他说啊，蒋介石对张学良幕前是一套，在大幕前面是一套，幕后又是一套，所以弄得人眼花缭乱。（继续念鹿钟麟的文章）"虽然幕前看到的都是大仁大义，宽大为怀，可是幕后所干的却完全是另一回事。这固然直接与其为人有关——就是说和蒋先生为人有关。主要还有另外的原因，蒋介石对张学良的处置实有其难言之隐。一方面，他离开西安之前，宋子文和端纳曾得到他的首肯，保证张学良今后的安全，这项诺言，几为人所共知，情势所迫，难以出尔反尔，不能不装出大仁大义，宽大为怀的模样。一方面，西安事变使他感到个人威信扫地，且受尽惊惶，吃尽苦头，对张学良怀恨很深，戒心很大，极思趁机给予报复。西安事变以来，对张学良的处置，一直就是被蒋介石的这种态度所决定。关于组织高等军法会审的一幕，看来好像尊重法律，煞有介事。揭穿来讲，无非是蒋介石所玩弄的一套把戏，而且这套把戏不久便大白于世了。"

"蒋介石和张学良到达南京的当天，张即给蒋上了一封亲笔信。原信写道'介公委座钧鉴，学良生性鲁莽粗野，而造成此次违犯纪律不敬事件之大罪。兹腼颜随节来京，是以至诚，愿领受钧座之责罚，处以应得之罪，振纪纲，警将来，凡有利于吾国者，学良万死不辞，乞钧座不必念及私情有所顾虑也。学良不文，不能尽意，区区愚忱，俯乞鉴察！专［肃敬叩钧安］张学良谨肃，十二月二十六日。'蒋旋即根据这封信，抄同原件分呈国民党中央以及国民政府。原呈写道：'谨呈者，此次西安事变，皆由中正率导无方，督察不周之过，业经呈请钧会（府）予免去本兼各职，并严加处分，以明责任，乞蒙钧察。查西北剿匪副司令张学良，代理总司令职务，而在所管辖区内，发生如此剧变，国法军纪，自难逭免。现该员已亲来都门，束身请罪，以中正为所直属上官，到京后即亲笔具书，自认违纪不敬之咎，愿领受应得之罪罚，中正伏以该员统军无状，尚知自认罪愆，足证我中央法纪之严明，故该员有尊重国法悔悟自投之表示，理合将该员来书录呈钧会鉴核，应如何斟酌情事，依法办理，并特予宽大，以励自新之处，伏侯钧裁。'"

张学良：以励什么？

访　　者：以励自新，鼓励别人去自新。这就是他写的那篇。（继续念鹿钟麟的文章）"12月29日，国民党中央为处理西安事变有关事项，首先举行常务委员会第三十一次会议，由居正主席，即席表示欢迎蒋介石平安旋节的意思。蒋遂将西安事变的经过，作了简略的报告。然后就西安事变解决后应行结束事项，做出一系列的决定。最后提出蒋介石的'为西安事变引咎自请处分，并请免去本监各职案'。结果通过这样一篇充满阿谀逢迎的决议，说什么"蒋同志驰驱国事，督教三军，昕夕勤劬，不遑宁息，最近两度入陕，即以总理大仁大勇之精神，教化部属，统一军心。此次西安事变，事出非常，更能于蒙难期间，持浩然之正气，昭示伟大之人格，……"，什么什么什么什么的……就不用念了我看（笑）。

（继续念鹿钟麟的文章）"接着举行政治委员会第三十二次会议，仍由居正主席，讨论的主题就是'中央军事委员会移送军事委员会委员长蒋中正，呈为张学良亲来都门，束手待罪，应如何办理请裁夺案'，并未做任何讨论，即作出决议。"没有讨论就决议完了。"交军事委员会依法办理。当时，席间有不少人争相发言。异口同声地说：'国家以法令纪纲为重，主犯既同来，应开军法审判，以治其罪。'于是，在决议之外，还做了一项内部决定：推李烈钧为审判长，组织高等军法会审，饬军事委员会遵办。使人很自然看出，这一系列的布置，显然是早就安排好了的；同时也极易看出，这完全是奉蒋介石的'意旨'行事。"意旨他特别括出来。

张学良：这是鹿［钟麟写的］？

访　者：这是鹿钟麟写的。那么（继续念鹿钟麟的文章）"国民党中央散会后，军事委员会即呈请国民政府特任李烈钧为军事委员会高等军法会审的审判长，主持张学良案的审理，并令克日进行工作。接着军事委员会举行会议，由冯玉祥主席，宣布开会理由时说：'西安事变，全国震惊，中央即命组织高等军法会审进行审理，审判长已经任命李烈钧委员担任，审判官二人的人选尚未决定。究应如何办理，请各位发表意见。'何应钦首先发言：'关于审判官人选，应该尊重审判长的意见。'与会人员一致表示同意。李烈钧在敦促［之］下，就与会人员中提名朱培德、鹿钟麟二人担任，并且说道：'朱系云南讲武堂高才生，鹿乃驱逐溥仪为张恒久共患难者，此二人烈钧知之有素，足堪胜任。且二人功在党国，又皆属陆军上将，尤为适当。'冯玉祥即席对李烈钧提名的审判官人选发表意见，对提名朱培德首先表示赞同，对提名鹿钟麟则表示主张另推。而李烈钧坚持原议，并说道'此案重大，应使天下人共见之。必须得北方之贤达参与审判，乃有价值'。经与会人员的一致支持，最后始得通过。冯玉祥所以做此表示，故因为鹿是其旧属，出于谦逊，但这与当时他在西安事变过程中的处境也有关系。"

什么关系呢？"在西安事变发生后，南京方面蒋的嫡系一直认为冯玉祥与张学良之间必有关系。冯处境非常恶劣，当何应钦调兵遣将要大举围攻和轰炸西安的时候，冯玉祥曾向宋美龄痛陈利害，促宋出来反对何的主张，致使何的阴谋无由实现，由此，何对冯的怨恨尤深。"这是作者做的注脚。这是冯的处境。（继续念鹿钟麟的文章）"且高级军法会审无非是蒋所玩的一套把戏，别人徒供利用。那么散会后，军事委员会又由该会军法处调出军法官陈恩普、邱毓桢及书记官袁祖宪、郭作民，参加高等军法会审工作。"

"李烈钧受命后，即开始进行筹备，首约朱培德和鹿钟麟商讨了一个应行决定的事项；次召集陈恩普、邱毓桢，书记官袁祖宪、郭作民指示应行注意之点及所负的责任。此外，即邀请前任最高法院院长徐元浩①及法律专家学者20余人，征询意见。其中，徐元浩争先发言，说什么'委员长有伟大的功勋于党国，全国人民莫不景仰推戴，而张学良等在西安非[特]不能护[卫]，竟敢威迫统帅，勿论其为正犯，抑为从犯，其为要犯无疑，斯事异常重大，应请审判长严予处置。'经过这样一来别人都不便再持异议，纷纷随声附和，遂告结束。"

"李烈钧受命主持这次高级军法会议不会不明白蒋介石要什么把戏。因此，他对朱培德保持一种非常慎重的态度，处处表示自己对这个任务的认真负责。他对鹿钟麟则不然，案中一再露出没有信心，并偷偷地问过鹿瑞伯（鹿钟麟的号），'瑞伯，这件事你看我们究竟怎么办才好？'鹿钟麟曾经答道，"问而不审是上策，审而不判是中策，问、审、判全承担下来是下策。我们应该力守上策，不得以适当的兼取中策，下策万不可为。'李一边点头一边称是。"

"在高等军法会审开庭的前一天，就是12月31号，李烈钧为此事特往谒蒋介石请示。据李叙述当时的情况，蒋见李至，先开口问李，'审判长对这个案子如何办理？'李坦率提出他个人的意见，说道'张学良在西安似叛逆行为，有谋害主帅之意，但能悔改，亲送委员长返京，愿委员长宽大为怀，赦而释之。'至此，李又逼进一步说道，'我国昔有两士，一为齐桓公，置射钩而使管仲相，二为寺人披请见，此二者是否可以做本案的参考？尚祈核示。'而蒋听后的态度很冷淡，未作任何表示。李见话不投机，不得要领，忙把话头转过来说：'国民政府既任烈钧出任审判长，一切当依军法办理。'蒋这时才说，'君慎重办理可也。'谈到这里，李便趁机辞出。"

"自从李烈钧出任审判长主持高等军法会审的消息传出后，一时李家门庭若市，不少所谓党国要人前来访问对张学良案处理的意见。当时据李说，其中特别是宋子文、傅汝霖二人最为关心，一再流露出请求为张缓颊的意思。"这就是说宋子文事前知道这件事，是吧，

---

① 徐元浩，字寒松，江西吉安人。早年赴日本中央大学攻读法律，并加入中国同盟会。辛亥革命后，任江西省司法司长。1916年后任上海道尹、河东道尹。1917年，投奔广东，孙中山委以大元帅府秘书长。1921年，孙中山护法失败后，避居上海。1926年，北伐军攻克南昌，任江西省高等法院院长。北伐胜利后，任中央最高法院院长。后在上海开律师事务所。

这个傅汝霖是谁啊？

张学良：傅汝霖是冯玉祥的人，也是东北人。

访　者：也是东北人。好。"31号，高等军法会审判军事委员会军法处大法庭开审。上午9时以前，李烈钧暨朱培德、鹿钟麟就陆续到达，军法官陈恩普、邱毓桢，书记官袁祖宪、郭作民早在此等候。李见参加会审的人到齐，乃至休息室召开预备会。就军事委员会军法处预为拟妥的审问要点逐项交换意见，大体没有什么异议，只其中照例要问的几项，如姓名、年龄、籍贯、职业、住址等，鹿认为就该案说来显得过于形式，为照顾事实，且免得张难堪，提出可否省出不问，径代填上，李颇以为然，当即采纳。至10时整，李携全体会审人员走进法庭，分别入席。坐定后，李命鹿先至候审室巡视。当时张学良由宋子文陪同已在该室听传，鹿和张相见，先与之握手，即说'汉卿，今天开庭，有话尽管说！法庭内不准携带武器，如果身边还有武器可以放在外边。'"这是规矩吗？

张学良：当然，法庭带着武器还行？

访　者：（继续念鹿钟麟的文章）"张答'是的，身边并无武器。'鹿钟麟说，'好，请稍待。'鹿即返庭复命，回入原席。李旋宣布开庭。张学良被带进法庭，含笑直驱案前，李以张为陆军上将，所犯又属未遂，特赐以座位，而张则始终鹄立。"您怎么不坐呀。

张学良：那我很懂得这个，我不坐。

访　者："没有就座。开始只就西安事变经过事实进行问答。一共有八项。之后，李问：'你何以竟敢出此举动？'张答：'完全出自团结御辱抗日救国的要求。'李问：'你知道你这种举动是为国法所不容吗？'张答：'我不知道犯了什么条款。'李给张看了看陆海空军刑法，并且给他提出所犯的'胁迫统帅'有关条款。然后李问：'你胁迫统帅是受人指使呢？亦自己所为？'张说：'完全出于我个人所为，自作自当，我绝非任何人所能指使的人。'进行至此，张忽谓：'现在我想问审判长一句话，可以吗？'李答称：'可以。'张谓：'民国二年，审判长曾在江西举行申讨袁世凯，有无其事？'李称：'有'。张谓：'申讨袁世凯是否为了打倒专横独断呢？'李称：'正是。'张自负谓：'我在西安的所为，正是对中央专横独裁，冀求有所谏正耳。'李叱责说：'胡说，委员长人格高尚，事业伟大，岂袁世凯所能望其项背？你不自省冒昧，演成西安事变，自寻末路，夫复谁尤？'朱培德及鹿钟麟见双方渐趋僵持，又以李素患高血压症，遂请李宣布暂时退庭，陪李至休息室稍憩。顷刻之后，继续开庭，李正颜厉色地告诉张：'你在西安所为的根本目的究竟何在？是否有颠覆政府的意图？应该据实招供，否则将会对你不利。'至此，鹿打断了李的话，插了一句话'汉卿，审判长待人宽厚，你非不知，切勿失去这个良好的机会。'张称：'是，是。'李接着告诉张：'委员长勋业彪炳，待人宽厚，你何以会出此大不韪的举动？快快说来。'张直言不讳，称：'我在西安发动事变，确有颠覆政府的意图。'"这有一个注脚，说当时李问张答均为"颠覆政府"，而外间见到的记载却都为"改组政府"。他的这个记录在里头都说是颠覆政府，那哪个对啊？

**张学良**：改组政府，改组对的。

**访　者**：嗯。"而根本目的无非要求委员长团结御辱抗日救国"，这是您说的啊。然后"李就追问'既然如此，又为何亲送委员长返京？'张接着说'我在事变中看到委员长的日记，从日记中看出委员长被国民党内的顽固派及恐日病等分子包围。其本人还不是没有团结御辱抗日救国的想法，且委员长又答应了我所提的停止内战，一致抗日的要求，团结御辱抗日救国的目的既达，个人得失在所不计，特随节来京待罪，请给予应得的处分吧。'进行至此，遂宣告结束。书记官将记录呈李，李阅后对张说：'今天你所招供的话都记录了上来，现在给你看一下，其中如有错误之处，可提出更改，如无错误就请签字缴回。'李把记录递给张，张看完后对李说：'没有错误的地方，无须更正了。'"——您当时就看，当时就要决定啊？

**张学良**：是，是。

**访　者**："张签字后交回，李将记录签署并交由全体会审人员传阅。分别签署后，便送请蒋介石核示。计算时间，恐尚未寓目，蒋即把军事委员会军法处根据授意预为拟好的判决书发下。"——您听懂这点了吗？这鹿是说啊。

**张学良**：早就预备好了的。

**访　者**：对，早就预备好的。命令宣布判决。"宣布判决后即由军事委员会军法处将判决书连同早就预备好了的呈文"——连呈文都是预备好的。"以军事委员会委员长蒋中正名义请国民政府核示。翌日,就是元旦了,国民政府以第一号指令照准。高等军法会审退庭后,李烈钧以张学良在法庭上,神色自若,直言不讳,侃侃而谈,私下曾向人称:'不愧为张作霖之子'。当高等军法会审就张学良案按蒋介石交下的判决书照本宣科宣布判决后,紧接着蒋介石又迫不及待的罗列了一大篇理由,呈请国民政府,为张学良请求特赦,原呈这样写着"——这个您要听吗?

**张学良:** 不听,不听。不听这个。

**访 者:** 这一大串,一大串……哦到这为止。"蒋介石为张学良请求特赦呈文与高等军法会审宣布判决仅两小时,即当天下午二时,即送国民政府。翌日,(就是一号了)上午,国民政府主席林森①便发交司法院核议,司法院顾不上新年休假,马上做了一番虚应故事(即做做样子的意思。)的核议,当然不会有什么异议,当日即以'尚属可行'呈复国民政府。新年休假期满,4日上午,林森召开国民政府委员会,出席的有王伯群②、邓家彦③、马超俊④、李文范⑤",这您都认识吧。"经亨颐⑥、陈立夫、叶楚伧⑦、宋子文、李烈钧、张继、冯玉祥及王正廷等。列席的有居正、戴传贤、魏怀⑧、吕超⑨及陈其采等⑩,由林森……

**访 者:** 李烈钧说的,他告诉他朋友,他朋友给他记下来的,因为他有毛病了。他就说,"蒋在西安回南京之前,应该是说过保证张送他回南京后的安全。那么军法会审,判处张有期徒刑十年,褫夺公权五年,是准备把好人让蒋介石来做,然后呢来个特赦。不料蒋以怨报德,表面上特赦了张,实际上把张终身禁锢。"这就是说本来是预定的

---

① 林森,字子超,号长仁。福建闽侯人。1905年加入中国同盟会。武昌起义后,任九江军政府民政长。1912年被举为南京临时参议院议长。1913年被选为参议院全院委员长。1917年南下参加护法运动,先后任大元帅府外交部长、非常国会参议院议长。1922年任福建省长。南京国民政府成立后,曾任立法院副院长、中央监察委员。1932年起接替蒋介石担任国民政府主席。1943年8月因车祸在重庆逝世。
② 王伯群,原名文选,又名荫泰,以字行。贵州兴义人。时任上海大夏大学校长。
③ 邓家彦,字孟硕。广西桂林人。时任南京国民政府委员。
④ 马超俊,字星樵。广东省台山人。国民党元老。
⑤ 李文范,字君佩。广东南海人。时任国民党党政工作考核委员会主任委员兼党务处主任。
⑥ 经亨颐,字子渊。浙江上虞人。曾任国民政府常委、中山大学副校长。
⑦ 叶楚伧,原名单叶,以字行。江苏吴县人。时任国民政府立法院副院长。
⑧ 魏怀,时任国民政府文官长。
⑨ 吕超,字汉群。四川宜宾人。时任南京国民政府参军长、国民政府军事参议院参议、国民政府监察院监察委员。
⑩ 陈其采,字霭士。浙江吴兴人。陈其美之胞弟,陈立夫、陈果夫之叔父。

说，开一个特赦就完了，让他做一个好人，结果他还是没有能完全放开，到最后没有按照原来的计划，这是李烈钧说的。李烈钧说的这个和鹿钟麟这个差不了多少。这就是这都和那个鹿钟麟说得差不多。不一样的就是，他不是这说话说火了吗，然后他不就是去休息片刻吗，李烈钧说，他劝告您说，"有的事啊你就照实说出来，不然对你不利，"鹿钟麟也对您说，"汉卿啊千万不要错失这个良机"，然后他就跟你说，"您是不是受了外党的拨弄，不然怎么糊涂到这样呢。希望你就抓紧了时机，从速释放，不然就是求一条生路也不可能。然后就说机不可失，君窃勿悔，里头没有提颠覆，也没有提改组。鹿钟麟在他这记着说，外边所有的报道都是改组政府。

张学良：改组政府。
访　者：这两个字关系很大。
张学良：很有分量。

## 3. 保证五天内少帅回到西安

访　者：这里边记的和外边记的不一样。所以这上面是鹿钟麟。您还要听谁的来着？这是王中立①。
张学良：是那个司法官？
访　者：不是，是西安方面派他陪着陈诚回南京的。他到南京之后，宋子文就给他一封信，就是这个王中立，你知道这是谁吗？
张学良：王中立，王中立，他是我的秘书啊。
访　者：可能，因为宋子文可能对他……王中立。
张学良：后来，他到哪儿去都不知道了。
访　者：对，他给你担任秘书工作，伴随着张将军度过了他失去自由以前的最后几天。就是说三十一号以前，他一直陪着您。你刚才说你要听听康泽。
张学良：王中立他自个儿写的②？你给我说说。

---

① 王中立，字嵩翘，河北葫芦岛人。西安事变时，任西北"剿总"办公厅第二科上校科长。张学良送蒋介石回南京时，是张学良随行秘书。
② 王中立写的是《张学良将军在南京被扣的几天》，载中国文史出版社1986年出版的《西安事变亲历记》。

访　者：我给您说说。王中立他是说啊，前面这段就是说他怎么陪您了。先他写的是放蒋的那一天，我先把大标题给您［念一念］……第二说的是北极阁六天，他在北极阁住的六天；然后他又在财政部的宿舍，然后，就到那儿。我从那个"释蒋那一天"念起好不好？他说呀，（念王中立写的《张学良将军在南京被扣的几天》）"西安事变进行到 12 月 20 日以后的那几天，人们已经多少有些感觉了，要变，但是不知道怎么变。更没有料到蒋走而张将军还要亲自随送。25 号上午，我在新城联合办公室隔窗望见张学良将军和总部办公厅副主任洪钫，在杨虎城将军住的洋房外空地上立谈，许久才散。过后，我才知道谈的是关于释蒋的问题。听说洪钫当时向张将军陈述了意见，张将军曾说：'是功是过，将来自有定评。'洪答：'从古至今，信史是不多见的。'也谈到不要送。张将军说：'我这次不去，南京以后总还是要去的，索性这次去吧。'"您的意思是不是说您以后还要和南京打交道？是不是这么回事？

张学良：那我不知道这个。

访　者：（继续念王中立的文章）"25 号下午，我们正在新城西厢办公处室内办公，秘书郭维城①从外边回来，没等坐下就说：'走啦！'随后又说"蒋老总走啦，副司令也走啦！'我听了心里感到无可奈何似的。原来 25 号下午释蒋，张将军随送，分乘两架飞机。［当晚］在洛阳住一夜。翌晨，由洛阳飞南京，乘的始终是两架飞机。张将军和宋子文乘一架飞机，和蒋乘一架飞机的是黄仁霖。张将军的内差于锦文——。"您还记得这个于锦文吗？

张学良：有有，这个当差的。

访　者：啊，"也在蒋的飞机内。这是因为蒋在西安的时候由新城移往高桂滋的住宅后，都是于锦文伺候的，现在蒋虽放了，可能认为于的任务还没有终了。所以仍上了蒋的飞机。当飞机要在南京着陆之前黄仁霖对于说：'飞机到南京以后我们就回家了，你下飞机可以在机场等候张副司令。'所以于下了飞机后，待张的飞机到达，经随张去北极阁宋子文家。"是这么回事是吧。

张学良：嗯，嗯。

---

① 郭维城，奉天义州人。满族。中国人民解放军少将，曾任解放军铁道兵副司令、铁道部部长。时任张学良机要秘书。

访　者：到了北极阁，（继续念王中立的文章）"26号上午10点，送陈诚等人的那架飞机由西安起飞。我，"——就是这个王中立，王中立"和总部副官处上校副处长周文章都上那架飞机。但是周呢是单独行动的，并不是奉谁的派遣，所以他到了南京以后没有和张将军常见面。那架飞机共搭释放的人一共十余人，除了陈诚之外，还有蒋作宾，朱绍良，陈调元，蒋方震①，陈继承，万耀煌，钱大钧，晏道刚等人。钱大钧因为负伤，在飞机内仰身半卧。中午稍过到达郑州略停，陇海铁路局局长钱宗泽曾到机场周旋一番。继续起飞后，于下午三四时到达南京机场，场内欢迎的人不少，而且正燃放炮竹。我和周文章最后下机，在场内见到阎玉衡，"还是阎宝航？哦！是阎宝航，"他说，副司令上午已经到了，正在北极阁宋宅。因即同他一起去北极阁。"这就是阎宝航和王中立去了，"向张将军报道。张将军也把我介绍给宋和宋左右的人。从这时起我们在北极阁住的，张将军以下有王庆三，刘海山等八名副官。加上于锦文和我一共11个人，后来就没有再增添。"

"宋子文那时候在南京住在北极阁，局面不大。北极阁在南京城内，"什么山哪。"鸡鸣山之巅，因地势较高，在房内四望也可以看见'钟山如屏，大江如带，后湖如镜'，风景极佳；[至夜]，更可俯瞰市中心的灿烂灯火。但我们那次在南京，就无心及此。尤其是[事变]如此结束，来到南京只听命于人，还有什么可谈的呢！"

"那几天来看张将军的人不多，即使来也不过寒暄安慰而已。宋子文当然是经常陪着张将军的，有时候也一同出去，不断地来的还有戴笠。孔祥熙也来过了，来和张将军闲谈，张将军玩笑地跟他说，'我这次是听候处分的人的。'"您也跟孔祥熙这么说，您就是以前也在他家住过的是吧。

张学良：那我们很熟，我们俩常常开玩笑。

访　者：哦，开玩笑。"孔也开玩笑地回答：'有处分我陪绑去。'"

张学良：嗯？

访　者：说要有处分他陪绑去。可能在那个时候他还不知道。"东北籍的来

---

① 蒋方震，即蒋百里。

看张将军的有金毓黻①、魏镜如。还有西北总部驻京中校参谋秦靖宇也常来。后来听说,在西安事变中受伤至死的'中委'邵元冲的太太来到北极阁,声称要和张将军算账。当然这个山是不会让她上来的。那几天需要秘书办的事不多。一次,张将军对我说,有一册书名字叫作《革命与叛乱之技术》,是拔提书店出版的,让我去买,我随即下山去买,已经卖完了。回来,张将军对我说,'雨农'",就是戴笠啦,"'已经替我找到了,不要买了。'后来12月30号的晚上,楼上非常的安静,张将军正在窗前伏案写什么,忽然转过身来叫我,当即交给我一个短稿,要我在电报纸上译成电码,以便拍发,是发给西安金家巷的。电文大意,是要收电人代查一项消息见复。但是这时候宋子文来了。张将军和他小语后,转而和我说,那个电报不发了,要我烧掉。"这事您还记得吧?

**张学良**:有这,有这。

**访　者**:(继续念王中立的文章)"31号的早晨,就知道张将军已由宋子文陪同去受审了。约九点钟,我正在楼上用饭,秦靖宇正坐在旁边和我闲谈,忽然上来两个人,便装,其中一个人端着枪,叫我举手。检查后就离去。我才知道在楼下住的八名副官已经被缴械了,而且也移走了。"不在北极阁了。"秦靖宇惊慌失措,请我快送他下山。约十一时,宋子文回来了。他手里拿了一封信,交给我看,是蒋写给他的,"蒋介石写给宋子文的。"至少有三页八行,字也很大。总的意思是说五天后一定使张将军返回西安。宋也和我说:'审判是个手续,五天保证回西安,我姓宋的不骗人。'那天傍晚,宋又和我谈,仍然重复'不骗人'的这句话,并且说,'我今天晚上要回上海去过年,北极阁这里没有人了,你可以和我一同去上海,但是五天呢,转眼就到了,在南京等候也许比较方便。'"你懂他的意思?

**张学良**:我懂,我懂。

**访　者**:"你两人,"就是王中立和于锦文两人,"可以到财政部去住,我已经接洽好了。'我同意留在南京。当晚,在万家灯火之际,我和于景文就移到了市中心财政部宿舍,各得门证一枚,可以自由出入。

---

① 金毓黻,又名毓绂,号静庵。奉天辽阳人。北京大学毕业。历任奉天省议会秘书,东北政务委员会秘书,辽宁省政府秘书长,辽宁省教育厅厅长。1936年任南京中央大学史学系教授,兼任行政院参议。后任中央大学文学院院长,东北大学史学系教授,北京大学教授。

我们从 12 月 26 号到 31 号在北极阁住了六天。张将军在那里几天是相当的镇静的，较之蒋介石在西安事变中的情况，恰是鲜明的对比。"

"在财政部宿舍，我和于锦文住在财政部宿舍，等待'五天后回西安'这句话的兑现。等五天届满第六天，心情上盼时间过得快些，一方面又觉得时间过得特别慢，体会出'度日如年'。想起宋子文说的话，'我姓宋的不骗人'这七个字余音犹在耳，不会有错。但如果万一有失，我们将无可奈何。那五天招待得很好，也没有多大监视的意味。只是当如果有人来访问我们的时候，停得稍久，传达室就有时来电话问，'客人是不是走了？'官方照看我们和常到我们宿舍聊天的人，有陈大斋、边科长、邵专员等，而以邵每日必到。那几天我办了几件事情，第一，有几位在南京的东北人，每天晚上要到中央饭店交换一些消息，议论一番，我也每晚必去；这些人有王化一①、关吉玉②、吴翰涛③、吴焕章④，以及秦靖宇。号称东北元老的刘哲、莫德惠，最后两天也来了，就住在中央饭店。那几天大家所谈到的包罗万象，比如第一，副司令送蒋到南京来，南京方面的人'炸'了，认为副司令实在看不起他们。"他们把您的意思误解。

**张学良：**什么意思？
**访　者：**南京啊，说您还亲自把蒋委员长送回来。说简直是看不起南京这些

---

①　王化一，字德华。1928 年担任辽宁省教育会副会长。1931 年参加阎宝航主持的国民外交协会。"九一八"事变赴北平，先后主持"东北同乡反日救国会"、"东北民主抗日救国会"等，并兼任东北中学校长。1933 年出任古北口警备司令，率部阻击日军。西安事变后组织"东北救亡总会"并任主席团成员。

②　关吉玉，字佩恒。奉天辽宁人。曾留学德国柏林大学。1932 年回国，历任财政部天津统税查验所所长。1934 年任庐山军官训练团教官。1935 年随军入川，参与"围剿"红军。1940 年任江苏省财政厅厅长。抗日战争胜利后，曾任松江省政府主席、东北行辕经济委员会主任委员、粮食部政务次长。1949 年调任蒙藏委员会委员长，同年去台湾。曾任台湾"考试院"秘书长、高雄硫酸亚公司董事长等职。

③　吴翰涛，字涤愆，吉林九台人。曾留学日本、美国。1930 年后历任东北大学、北京大学教授，华北绥靖公署参事兼东北外交委员会常务委员。"九一八"事变后任国联调查团专门委员。1933 年任监察院监察委员、中央大学教授，期间曾任王曲军官训练团政治教官。西安事变后，1937 年 1 月，与王化一奉派赴西安，劝说东北军将领服从国民党中央。1938 年任监察秘书长，抗战期间任第一战区巡阅团主任委员，抗战胜利后任东北合江省政府主席兼中将保安司令。后赴台湾。

④　吴焕章，吉林大安人。北京法政大学毕业。1928 年任国民革命军第二集团军政治部宣传大队长，1930 年任《中央日报》总编辑，1931 年任国民党黑龙江省党务指导委员。"九一八"事变后曾协助马占山抗日。抗战胜利后担任兴安省主席兼保安司令，1947 年任国民政府主席东北行辕政务委员会委员，1948 年 4 月当选"国民大会"主席，1949 年去台湾，担任"行政院"设计委员等职。

人，您知道吧？

张学良：这什么意思？

访　者：那意思就是说，你惹了祸你就应该在西安就别过来了，你竟然还陪着蒋回来。那意思就是说，你看不起，想着你做了这事回来之后，我们还得买你的账。

张学良：我没有［那样想］。

访　者：反正是觉得您瞧不起他们，所以还大摇大摆，大大方方地跑来送蒋介石回来。"第二呢，委员长已经被包围了，像戴季陶等人都唾泣以道，一定不要副司令回台湾［西安］。第三，无所谓包围，主要是看蒋委员长自己怎么决定。第四，陈诚已经说过了，委员长饶，他也不饶。副司令的对头真是不少，他们大家伙的谈论。第五，宋子文可能保证力争，恐怕他也是孤掌难鸣了。第六，副司令为啥要亲自送来，为什么要离开西安？第七，'摆队送天霸'，送下山就可以了，还送到老营来！第八，副司令如果要再回西安，到西安后会是怎么样一个情况呢？诸如此类的话直到1月5号，我到中央饭店，大概是王化一，第一句话就是说'回不去了！'这简直是给我当头一击，五天来望眼欲穿，终归幻灭了。"

"张将军经高等军法会审，判处徒刑十年，1937年1月4日国府明令特赦，但结尾处却是'交军委会严加管束'。这是特赦推翻了徒刑十年，而严加管束却推翻了特赦，结果等于判处了无期徒刑。经过就是这样的，使人啼笑皆非！"

"第二，那八名副官被押在南京宪兵第八团，我和于锦文前往探望过一次，其后，大概是五天以后，我和阎玉衡先生为了营救他们，又跑到上海去了一次，去见宋子文，经过了一番周折之后才开释。"

"第三，一天晚上，戴笠的公馆［办公处］来了通知，说是让我们去收译西安来的一件电报。我去了，电报还是为张将军受审事，询问情况，但是电报谁发的就记不清了。"

"第四，张将军被管制以后由南京移奉化。留在西安的首脑们，曾由米春霖、鲍文樾以及秘书李荫春① 去奉化面见蒋介石，拟对张将军之事有所陈情。米、鲍过南京的时候曾经稍留，及抵奉化，蒋介石对他们说：'汉卿小事聪明，大事糊涂，我是留他在这里多读几

---

① 李荫春，后改名李宗颖。1927年入张学良创建的同泽新民储才馆，1929年毕业后曾任辽宁瞻榆县县长，后在张学良身边工作多年，西安事变时任张学良机要秘书。抗战期间随东北军旧部抗日，后任军事委员会参议。1949年后曾任北京市东城区政协委员。

年书，你们回去吧！'米、鲍等略受招待，逛一逛四明山水就扫兴北返。"二二"事变的时候我还在南京上海等地滞留，以为当时在西安的首脑们对蒋介石还存有幻想，认为张将军有可能回西安，令我继续等候，以便同回，直至4月初，我始奉西安指示，回到西安。"完了。

**张学良**：这是谁写的？

**访　者**：王中立。

**张学良**：我的秘书。

## 4. 蒋夫人对孔二小姐很宠爱

**访　者**：这是张明镐①。哦，张明镐你不知道，他的邻居……（念张明镐写的《张学良被软禁在奉化溪口》）"张学良最近在四明山南麓雪窦寺右首一所洋房内。那里离我家只有四公里。那么张学良的侍值员张宝顺。"有个给您服务的人员叫作张宝顺，"与我相识。而监视张的工作人员中，有很多都是我相识的奉化同乡，是他们告诉我这些事。"

**张学良**：那是别人告诉他，他记载的。

**访　者**：那也就是说戴笠这个组织里头，张严佛您说是他的大将。

**张学良**：也不能说是大将。他们内部也有派系。第三科原来不是戴笠的，是另外一个人的。张严佛是那个人的人，不是戴笠的底柱。

**访　者**：毛人凤②又跟戴笠有亲戚关系啊？

**张学良**：有亲戚关系。什么亲戚我不知道。毛人凤这人很坏，戴笠死后，他就跷起来，因为他和孔二小姐③好。

**访　者**：孔二小姐，这个我们就不认识了。当然你认识他们几大家族的人，

---

① 张明镐，浙江奉化人。曾留学日本东京高等师范。回国后，蒋介石叫他筹建武岭学校，并任武岭学校首任校长。1931年1月，辞校长职务去任浙江省立第九中学校长。写有《蒋介石在溪口》。此处是张明镐写的《张学良被软禁在奉化溪口》，载中国文史出版社1986年出版的《西安事变亲历记》。

② 毛人凤，字齐五。浙江江山人。与戴笠是江西文溪高等小学的同学，而且一起考入杭州浙江省立第一中学。戴笠的第一任妻子毛秀丛，与毛人凤是同族远亲。毛戴是同乡同学加亲戚的关系。先为戴笠助手，后成为军统骨干人物。人称"笑面虎"、"毛军师"、"毛大秘书"。抗战胜利后，升任军统局副局长、国防部保密局局长台湾"国防部情报局"局长。

③ 即孔祥熙的二女儿，原名孔令俊，后改名孔令伟。

外面对孔二小姐的批评相当坏。

张学良：这人跋扈得了不得。夫人对她都很宠爱的，都怕她，都叫她圆山饭店①孔总经理，她什么事都管。她不能到香港去。

访　者：为什么？

张学良：她在香港打了警察。

访　者：哇！

张学良：香港把她驱逐出境。

访　者：原来是这么回事，这个女孩子怎么会这样脾气。

张学良：对啊，到现在还那么跋扈。她脾气大得很。

访　者：现在年龄有多大？七十？

张学良：六十多。她又不嫁人。这个人我也很奇怪，是蒋夫人把她宠坏了。蒋夫人从小就喜欢她，这人可跋扈了。差点儿跟我做亲家，我怕死了。

访　者：跟你做亲家？

张学良：我的儿子。

访　者：喔，喔，就这孔二小姐。现在她在哪儿？

张学良：现在她在……

访　者：在美国吗？

张学良：还是在蒋夫人那儿。

访　者：喔，在 Long Island（即长岛），你上次去，她来看你了吗？

张学良：那她……差不多蒋夫人底下的事都在她那儿，我想，蒋夫人手底下的很多东西，要是蒋夫人不在了，都是她的，我想，蒋夫人宠爱她了不得。

访　者：那我就觉得，蒋夫人是个很虔诚的基督徒。

张学良：那基督徒，她就是喜欢她。

访　者：过去我们谈过，她对蒋先生这个做一国元首起了很大的帮助。那么怎么一个有智慧的人，她怎么……

张学良：这个不是说一环套一环，她喜欢她，像对待孩子一样。

访　者：那孔二小姐在外面就这么为非作歹的？

张学良：她也没做什么坏事，就是跋扈，很凶就是，随便骂人。蒋夫人有几

---

① 圆山饭店，位于台北市基隆河畔、剑潭山际。建于1952年5月，由台湾省敦睦联谊会主持，宋美龄曾任会长。

个卫士就是因为她都走开了。她只管骂人，毫不客气。

访　者：那么，她对您，应该说是父执辈的。

张学良：我和她爸孔祥熙是好朋友，她对我倒还行。她的跋扈完全是蒋夫人把她宠的，一小就开宠。她一向爱穿男人衣服。

访　者：对！听说。

张学良：她有一天换上女人衣服了，我到她家去。因为她妈妈知道我好说笑话，她说，"汉卿，你别逗她。"穿了一个女人衣服。蒋夫人非常喜欢她。蒋夫人想，我给你随便说个故事了，蒋夫人想找蒋先生手下的大将。

访　者：军事上的？

张学良：军事上的，他的大学生，第一军军长，胡宗南。

访　者：喔，胡宗南。

张学良：那时胡宗南没结婚，蒋夫人想什么呢……对胡宗南简直是……因为蒋夫人的意思，胡宗南不敢［不从］，胡宗南怕她，他也不愿意。胡宗南带她（指孔令伟）出去玩去。她穿着高跟鞋跑山路，把她气死了。这是胡宗南告诉我的。胡宗南跟我很好。胡宗南说，"我才不喜欢她啊，可是我也不敢拒绝，我就带着她跑，累死她，气死她。"

访　者：那最后这个事没成功喽？

张学良：没。

访　者：那胡宗南……也许蒋夫人自己没有小孩，所以很宠她。

张学良：从小就喜欢她。

访　者：孔二小姐，那这还有一个孔大小姐①呢？

张学良：孔大小姐很老实。她嫁给姓冯的，现在还在。

访　者：还在。孔二小姐现在美国呢？

张学良：孔家是两弟兄两姊妹。

访　者：那他们那个其他的。那大姐不像她。她那个哥哥弟弟呢？

张学良：那她的弟弟……那很有名的，

访　者：是在哪里？

张学良：现在也在美国。

---

①　孔祥熙的大女儿，孔令仪。

访  者：也在美国。

张学良：她的弟弟也很奇怪。她的兄弟很好。

访  者：孔二小姐？

张学良：不是，是孔令侃。

访  者：孔令侃。

张学良：这个人很奇怪的脾气。

访  者：嗯。

张学良：他到现在也不结婚。

访  者：没结婚。也有六十多吗？

张学良：他的女朋友我也知道。他这人也很奇怪，他这人脾气非常怪，他不大见其他人。

访  者：他的女朋友是谁？

张学良：女朋友，我想他会跟这个女朋友结婚，他也没跟她结婚，他这个人行踪很秘密，很奇怪。读书读得很好。

访  者：那他这个是哥哥还是弟弟，孔令侃？

张学良：哥哥。

访  者：那弟弟是谁？

张学良：孔令杰，他也很有名，现在也在美国，娶了美国电影明星。

访  者：喔，电影明星啊？

张学良：……兄弟俩。

访  者：宋霭龄①如何故去的？

张学良：不知道。

访  者：在美国吗？

张学良：那我就不清楚了。

访  者：孔祥熙呢？

张学良：没有，都在……

访  者：都在美国。也就是说这个毛人凤借孔二小姐的关系，把张严佛的事抢下来了。

张学良：对。

---

① 宋霭龄，宋氏三姐妹之一。原籍广东文昌，生于上海。1905 年赴美国留学。1910 年毕业后回国。1912 年任孙中山英文秘书。1914 年 9 月与孔祥熙结婚。1973 年病逝于纽约。

## 5. 郑介民这个人很好的

**访　者**：这是第一点，第二点，张严佛也不是戴笠自己的嫡系。

**张学良**：不是嫡系。

**访　者**：不过张严佛做事做得……以他自己的岗位来说，张严佛这个人做事还做得还不错。

**张学良**：也不能那样说，张严佛，后来张严佛我不知道哪儿去了。原来他的名字不叫张严佛。他是原来蒋先生手底下做特务的叫第三科。开始第三科科长叫什么……现在这个人在台湾。他是他的人。后来，这人第三科下来了，后来就是戴笠。就在戴笠的手底下，不是戴笠的嫡系。

**访　者**：郑介民①跟他是……

**张学良**：郑介民，这个人实际上在黄埔很有地位，老前辈。所以郑介民这个人很正派的。郑介民的死我很难过。

**访　者**：他死在台湾吗？

**张学良**：他……郑介民的死完全是〔因为〕他太太的关系。

**访　者**：怎么啦？

**张学良**：他……郑介民这个人有心脏病，他……所以大家都很埋怨他太太。他必得有人照料，他一犯了病那药就得吃下去。他那天晚上，他太太不在家，他犯了心脏病。他去拿药拿不着。所以大家都恨他太太。就是他太太出去玩，打牌，他必得有人陪着他，可是他太太又不想给他请个护士，但她自己又不看着。

**访　者**：所以这也是〔人为的因素〕。

**张学良**：郑介民这个人很好的。

**访　者**：听说他儿子很有学问，很年轻就死了。

**张学良**：死掉了。他儿子是宋楚瑜②的副秘书长，很有名的。

---

① 郑介民，国民党陆军二级上将。海南文昌人。1924 年入黄埔军校第二期。曾任蒋介石侍从副官。1932 年后，历任复兴社中央常务干事会干事、特务处副处长，参谋本部第二厅第五处处长、第三处处长，军统局主任秘书，军令部第二厅厅长，军统局局长等。抗战胜利后，任国防部二厅厅长兼保密局局长，国防部次长、参谋次长等。1949 年去台湾，任"国防部"次长、"国家安全局"局长等。

② 宋楚瑜，祖籍湖南湘潭。1949 年随父赴台。曾任蒋经国英文翻译、"总统府"秘书、国民党中央党部秘书长。1994 年，当选为台湾省第一任"民选省长"。1999 年与国民党决裂，次年，成立亲民党，并任党主席。

访　者：好像是去年死的。

张学良：去年死的，他得了Cancer（癌症）。

访　者：喔，Cancer，他那么年轻。

张学良：那也没办法，Cancer。他自己也知道自己要死。

访　者：从他写的东西里看，好像他还念过一点书，这个张严佛，是不是？他和刘乙光不是一路人。他比较是做事的，看得宽。

张学良：不是一路的。他是北京师范大学学生。

访　者：喔，所以啦……

张学良：那刘乙光他是中校出身，学问上没那么高。

访　者：所以我觉得他写东西。

张学良：他好像，写东西，张严佛……他学问好。

访　者：（以下说的是张严佛写的《张学良被军统局监禁的经过》一文）后来他（张严佛）就说，那正好，他这个空头的职位①，跟毛人凤[怄气]，我给你……他说他在那时候正闷得慌呢，正想找这机会到台湾来看看您也好，郑介民呢就叫总务处长成希超准备美国货加利克香烟，加利克，您那会抽烟吗？

张学良：我不抽烟，我太太抽我不抽。

访　者：加利克是什么？

张学良：就等于（录音不清）那种叫加利克。

访　者：哦，没看见过。还有白兰地酒一瓶，啊一打，以及其他食物作为郑介民和他给您的礼物。（念张严佛的文章）"由上海坐飞机到台北和刘乙光见了面，第二天就坐火车到新竹，然后坐汽车到山区，到井上温泉，到张学良被监禁的地方，那里是高山族聚居之地，树木参天，峰峦起伏，风景优美，温泉是硫黄质的。最适宜疗养，井上温泉就由此得名。"那个风景是那么美啊？

张学良：现在不好了，水都不多了。

## 6. 日本人都投降了，还把我关下去

访　者：（继续念张严佛的文章）"张学良连同刘乙光的一百多人所住的房

---

① 此处是说张严佛1947年10月到台湾井上温泉接替刘乙光看管张学良的情况。此时，张严佛在南京保密局担任设计委员会主任，他认为这一职位是空头的。

间。"您有那么多人呐？一百多人呐？"所住的房子都是原先招待旅客疗养的住所，有网球场，温泉浴室，在那里两山之间还有一座铁索桥，面对高山，下横流水，足有四五十丈高，十分壮观。"这就是您昨天说的天桥吗？

张学良：嗯。

访　者：您可以走来走去吗？

张学良：我都害怕。

访　者：那是很危险啊。"我到第二天，刘乙光就赴台北去休假了。关于张学良看守警卫日常工作，我叫刘乙光交给他的一个助手负责，以便我腾出工夫来和张学良攀谈，进行考察。刘乙光暂时离开了，换上一个伪善者，"他把他自己叫作"伪善者"啊。

张学良：谁？

访　者：张严佛啊。"张学良思想上稍微松懈了一口气，比较高兴一些。刘乙光走的那天晚上，我在张学良的房间里，当着［赵］四小姐，把他满肚子的幽怨都向我倾泻了。他谈到十年期满仍然关押不放，也谈到十几年囚禁生活，受尽了刘乙光夫妇的百般凌辱和精神虐待，含冤抱屈，无处申诉，无理可说，几乎一字一泪，痛哭不止。赵四小姐也坐在一旁擦眼泪，当晚，我们谈到深夜，足有四五个钟头。第二天早饭后，我又到张学良房子里去，他用毛笔在信纸上写下了夜里他自己作的一首诗交给我。"您记得那首诗吗？

张学良：记得，嗯。

访　者："他说：'你这次来总算是难得，这首诗就留做纪念吧！'诗是这样写的：山居幽处静，旧雨引心寒，辗转眠不得，枕上泪难干。上款写着'严佛兄存念'，下面写着'张学良敬赠'。我在井上温泉住了一个月，张学良同我所谈的话已经记得不完全了，我现在把印象深的写出来。［张学良说］，第一，西安事变是为了制止内战，为了抗日，我没有错。我不该扣留委员长，判刑十年无话可说，但是十年期限已满，如今抗战胜利，日本人都投降了，还把我关下去，这是什么法律？"

张学良：这我没有说过。（低语听不清）

访　者："'这样对待我，无论如何是非法的，我心中不平，希望你回到南京去，把这些话告诉郑介民，就说我要求你转达的。'他说，'老戴'。

您指戴笠啊,"老宋"(即宋子文),那时候您就称他们老什么,老什么的?

张学良:那我们叫人向来是这样,老什么老什么。

访　者:"老戴,老宋当初对我说,委员长希望你休息几年,闭门修养,研究学问,派刘乙光是保护你的,为了你的安全,不得不如此。你既可以在屋子里看书,也可以到外面散步、打球、游泳、钓鱼,刘乙光不得限制你。我相信老戴他们的话不应该是骗我的,但十多年来,刘乙光就把我张学良看成了江洋大盗,唯恐我越狱逃跑,又怕我自杀,处处限制我,给我难堪。不管我受得了受不了,他要怎么干就怎么干,实在做得太过分了。我们一到台北,陈仪①主席陪我们到这里来,他当着刘乙光的面对我说,这个地方是委员长来电叫他找好的。"——也就是说蒋先生让陈仪找的。

张学良:对对,陈仪找的。

访　者:"我现在的几间房,光线和建筑都比较好,外面有宽阔的走廊。因为我不好随便到外边去的,有了走廊,早晚可以散步,也可以看报,免得刘乙光他们时时为我操心,岂不很好?而现在刘乙光一家住的那几间房,背着太阳,比较阴暗,陈仪交代了刘乙光说,光线好的房间给我住"——就是给您住。"刘乙光满口答应了,但是陈仪走了以后一转眼,刘乙光就变了卦,他夫妻儿女就占住了我现在住的这几间"——就是那谁,张严佛去的时候您已经住在光线好的那几间是吗。那房子是南北向吗?

张学良:那我不记得了。那没关系,这小事。

访　者:"硬叫我和四小姐住在那边。还有什么话好说?我只好忍受了。幸而不几天陈仪又来看我,他觉得他(指刘乙光)做得不对,就让他把这几间房让给我。初来的时候,有两名下女,陈仪雇来照顾我和四小姐。不几天就让刘乙光给打发走了。十几年来夫人"——就是指宋美龄,"和亲友送给我的东西,经常被刘乙光夫妇克扣,有时候被截留一半,有时候竟全部没收了。与来信写得对不上数。"

---

① 陈仪,字公侠,号退素。浙江绍兴人。国民党陆军二级上将。1945 年 8 月后,曾任台湾省行政长官兼台湾省警备总司令部的总司令,其任内发生了台湾"二二八"事件。1948 年 8 月 6 日,任浙江省主席。后暗中与共产党联系和谈事宜,事泄被逮捕,押解台湾。1950 年 6 月 18 日,台湾军事特别法庭以叛乱罪将其枪决。

张学良：嗯？

访　者：就是人家来信写……实际上对不上数。"刘乙光公开大胆地这么干，被我们发觉了，他仿佛没有这么回事，毫不在乎。我怕为了这些事和他们夫妻闹翻了更受罪，只好不作声。我们每次吃饭，刘乙光一家六七口，大的十几岁，小的一两岁，都同我们在一桌。他们吵吵嚷嚷地抢着吃，这些事不值得一谈，可是搞得太脏了，我同四小姐几乎每顿都吃不下饭去。刘乙光的老婆有时还指桑骂槐地骂小孩，暗地里呢是骂四小姐。可好，你来了，刘乙光一家暂时离开了，我们也可以吃几顿清爽饭，你看，这样好的菜饭，难道是专为刘乙光一家人准备的吗？"

张学良：这话我没说这个。（低语听不清）

访　者："这些十几年了，我都向谁去说？张学良又说，今年二月，台湾人闹事，就是1947年2月，刘乙光也紧张起来了。那几天，他恶狠狠地盯住了我，好像要把我吃下去，话都不跟我说了。他指挥宪兵特务不分昼夜，加倍警戒，如临大敌，宪兵特务来回不停地在我屋子周围巡逻，并向室内窥视动静。夜深了，我还听刘乙光同他的部下时而嘈杂喧嚷，紧急集合；时而又蹑手蹑脚地窃窃传话。总而言之，是一种应付非常事件的可怕现象。"您这非常事件是什么非常事件？

张学良：就是出来事。

访　者：哦，这是"二二八"① 是吧。"就在这个时候，刘乙光的部下和宪兵方面有人偷偷告诉我，刘乙光已经做好了准备，如果台湾事变闹得不可收拾的时候，为了防止我越狱逃跑和台湾人民把我劫走，他就采取紧急处置，把我和四小姐开枪打死，对上面报告称台湾乱民前来劫狱所为。"也就是说刘乙光说台湾来的乱民与他没关系。"我实在不甘心，你不要以为我对你说鬼话，刘乙光的部下和宪兵有大部分人我都掌握得了，他们都会听我的话。那几天我老盘算，如果刘乙光真要对我下毒手，我是引颈就戮呢，还是我先下手把刘乙光杀了，或者同归于尽。这都是我所极不愿意的。我张学良就这样的下场吗？准备混乱中把我打死吗？幸而台湾事变几天就平息了，否则真难说我今天还能够同你在这里见面.'张学良说完这句话，感情

---

① "二二八"，即1947年2月28日发生在台湾的民众反对国民党统治的武装起义。史称"二二八事件"。

十分激动。我看他对刘乙光恨极了，也看不起刘乙光。我反问张学良，'你凭什么可以掌握刘乙光的部下？他们能同您通声气？刘乙光能坐在鼓里？'张学良觉得话说走了嘴，有些后悔，于是他说，'像刘乙光这样的蠢材，他平日对待部下那么苛刻，一味死扣，加上他那个又蠢又恶的老婆，对他也有很大的影响。两个人都那么狠，还能够得到部下心服吗？我张学良真要同刘乙光拼，我还拼不过他？这里面的情形我不应该再向你说下去了，我想你能够相信我的，我张学良绝不是因为有了刘乙光看管，我才不敢越狱逃跑，才不寻什么短见。碰上了刘乙光，不过是受点闲气，本来就不算得什么，我不把你当部下，你还有你的身份，算我们还是朋友吧。过去的事不过向你说说，消消气算了。'以上是我到后，张学良头一次向我倾吐的话，往后张学良同我谈到了当前的时局，他说，'现在就是明朝末年那个样子，大势已去，人心全失。政府官吏和带兵官都是木气沉沉的，积习太厉害了，我看已经无可挽救。老百姓实在太苦了。'那时候正当陈诚到了东北，提到陈诚，张学良就非常厌恶。他说，'陈诚到东北去等于火上加油，更糟，东北的颓势绝不是陈诚可以挽救的了的。'"——这个我不大懂，陈诚那个时候不是已经胜利了吗？那么先蒋介石好像派了另外一个人去，后来派陈诚，也就是东北的局势比较非常危急了，才派陈诚去，是不是。

## 7. 大陆航空母舰不是针对台湾的

张学良：那是陈诚要想去。他想拿东北地方，陈诚的野心很大，他后来想当总统。

访　者：后来他在这当了什么？行政院是吧？

张学良：副总统是什么，他……

赵一荻：这是你也有，我也有，大家都有，这较劲啊，并不见得真的要用，一用的话，就等于世界末日了。

访　者：世界末日了。

赵一荻：是不是？

张学良：那就跟使用毒气一样，谁都有。

赵一荻：谁都有，但我就告诉你，我这有多少，我的比你的好。

张学良：那不能这样说，好坏那就是有问题的。

赵一荻：甭管好坏吧，反正掷一个下来，一下子就几十万人啊。

张学良：换句话，我可以这么讲，真是大陆使用原子弹的话，台湾整个没有了，整个毁了。

访　者：假如要那样的话，那就又世界大战了。

赵一荻：没有世界大战了，人家还是人家，欧洲还是欧洲。原子弹到不了欧洲去。

访　者：对，不是世界大战，至少是亚洲大战。

赵一荻：人家也不跟你掺和，你们自己家里的。

张学良：问题是这样的，谁都有，美国有，日本有，它使唤或不使唤就看这形势了，比方说，大陆要使用原子弹，如使用原子弹到台湾来，把台湾整个毁灭，对你大陆是好还是坏。他要考虑，所以，是坏呀！没好处。

赵一荻：离福建那么近，福建也完了。

访　者：离福建那么近啊？

张学良：不是那么说的，不是那么讲的，你讲的不是，台湾的经济与大陆有关系。你把台湾毁灭，你是好啊，还是坏？

赵一荻：人家那么大，不在乎你这点。

张学良：我是军人，我作战要攻击这个地方，我不能把它攻击完了。我不把它攻击完了，为什么呢？因为对我有好处，我不把它毁灭。

赵一荻：可是大陆它复兴了，台湾这么一点算什么，他要不要没关系。

张学良：那是，嗯？

赵一荻：我说台湾有这么大个地主啊，你台湾要不要没关系。

张学良：那不是，你说得不对，台湾与大陆的关系太大了。台湾现在的经济力量有大陆的一半。

访　者：就是台湾一省。

张学良：经济。因为台湾现在的经济力量太大了。现在台湾的经济不但在大陆，在世界上也有一席之地。台币啊，在世界上都有地位。

访　者：那倒是。

张学良：台湾重要的问题不是政治的关系，台湾还是经济的关系。中国自己的问题，大陆不能做，在世界问题，大陆也不敢这么做，他要这么动，就是世界的问题了。政治上世界的外交，他不能牵动的，你不能牵动。

访　　者：所以这个……金门①现在还是在那继续建设，但是谈到核子、原子的话，那就没事了。总之是一个军事上的不安。

张学良：谈到核子、原子的问题，如果原子、核子真是使用，也是可以躲的，不是核子、原子来就完蛋了。为什么现在都跑到地下去，他也是防备这个。

访　　者：这次您的环岛旅行，跟您的去看金门什么的，您把台湾本省的建设都看到了一些，还是环岛旅行是看交通什么的？

赵一荻：看看风景。

张学良：看风景是主要目的。

赵一荻：别讲了。

张学良：不过也看看。空军的基地看一下。

访　　者：咱们的空军的训练怎么样？

赵一荻：那就不知道，军人怎么样？

张学良：不能说怎么样，我们现在的空军那是没办法比的，你要问我这句话，我的回答是那是没法跟大陆比的。

访　　者：没有办法跟它比。

张学良：都是老旧的玩意儿。

访　　者：您这个……当时的东北的空军是首屈一指的……以您新建空军的立场来看。您认为咱们太老旧，是吧？

张学良：那没有钱啊，现在买一架飞机需多少钱！

访　　者：那咱们不是说台湾的经济很富裕吗？

张学良：哎呀，天呀，你知道现在买一架飞机多少钱？

访　　者：不知道（笑）。

张学良：我现在也不知道，还是前几年，听说买一架飞机都要三千多万美金。

访　　者：那么大陆会有钱？

张学良：自己造的。

访　　者：他们技术这么好啊！

张学良：大陆现在有六千架。

---

① 金门，即金门岛。位于福建省东南，台湾海峡西侧，东距基隆 198 海里，东南距潮湖 82 海里，距高雄 160 海里，西距厦门约 18 海里，与大陆最近处仅 2310 米。金门自古有"海上仙洲"之美称。1915 年独立设县，包括金门岛、小金门岛、大担岛等岛屿，面积 150 多平方公里。

**访　者**：哎呀。他们军事设备上边是相当进步了。

**张学良**：潜水艇也好多个。

**访　者**：潜水艇也有啦？

**张学良**：潜水艇有好多个，不是一个。那大陆……我在美国时，我的学生①去看我时，我说，你们吓唬谁。他说，那不是吓唬谁，我们也预备不是对台湾的，我们是对日本的，是对外的。我说，你吓人。他说，吓唬人什么？我们要拿台湾不费吹灰之力。我打台湾干吗，我没有打台湾的必要。除非台湾要跟我打，那是另外一回事。他也不想打台湾，台湾也不想打他。

**访　者**：喔，这样。他现在不是要买航空母舰吗，不是？

**张学良**：嗯？

**访　者**：他之前不是要从乌克兰买航空母舰吗？

**张学良**：那不是对台湾的，那他是世界问题。

**访　者**：那是防日本？

**张学良**：也不是防日本，他要强大，[要拿]他的力量说话，[要有]他的地位，明白？他要做成强国，他的武力不够，他就没有说话的地位。现在日本他就说话的地位低，他没有那么大的武力，现在日本为什么要建军，有说话的力量。

**访　者**：军事还是……

**张学良**：那当然，我的拳头硬，我就能。现在慢慢地看，除去美国之外，俄国已经不大行了。他在亚洲就有说话的地位，在亚洲他要做领导地位。现在日本许不许建军还是个问题，那日本的军队还是好的。我前几天看的电视，那日本军队还是好。

**访　者**：他现在不是说可以建军了嘛？

**张学良**：可以建军，可是不能使用重武器，他军队有啊，可是不能使用重武

---

① 这里所说的学生，即指吕正操将军。1991年6月，张学良九十一岁华诞，邓颖超受邓小平之托给张将军撰一亲笔贺函，由特使吕正操赴美当面呈送张学良，并邀请张回大陆看看。其中谈到祖国的统一问题。张说："我看，大陆与台湾的统一是必然的。两岸总不能这样长期下去，中国总有一天会统一，这只是个时间问题。"张说"愿为祖国的和平统一尽一点力量，……我虽然九十多岁了，但是天假之年，还有用得着我的地方，我很愿意尽力。"吕说："但有一条，我们现在不能放弃武力收回台湾这一手段。对台湾人民来说，我们不想用武力，不过台湾要有外敌入侵，或是搞台湾独立，共产党决不能坐视不管。"张说："这我能理解。……"张用手比画着说："台湾这么小，大陆那么大，大陆的军队真的打过来，台湾肯定顶不住，可是一场苦战，双方互有伤亡，都是中国人，真是冤枉。"

器，这些还没有，现在军队，我跟你讲，什么叫军队，陆海空军都有［才叫军队］。

访　　者：就是三军都有。

张学良：你没有不行。

访　　者：现在日本只有陆军，是吧？

张学良：只有陆军，海军没有，空军有是有，但是也不多。

访　　者：他现在武器也有了。

张学良：有，自己能造嘛。

访　　者：对，他们的科技可以。

张学良：那他科技……他啊，假如说他日本一有机会建军，他的航空母舰立刻就造出来了。他那个造船厂很大。

访　　者：我只知道在太空方面的科技，我们中国是佼佼者。当时，在两年以前吧，日本还没有放一颗卫星的时候，中国、苏联、美国和欧洲。这是四个最大的太空工程的……大陆一直没有出过什么事，就出过一次事，这个也可以说，军事上的……我们在美国谁都知道大陆一天到晚就是推销军火。

张学良：嗯？

# 8. 台湾和大陆之间没有战争危险

访　　者：我们在美国啊，经常听到的都是，大陆在各个地方去参加……这个商展的都是贩卖军火啊，所以他的军事力量是相当强的。那您看，假如说现在台湾的经济力量是相当的可观，大陆也不得不买账，因为现在你即便有军事，但是没有经济力量的话，你们国家也不能说是……

张学良：不是这样，对我说这些话，我不是经济专家。台湾的经济，在中国说，换句话，就是国家的资本，固然是在台湾，但是是中国人国家的资本，所以大陆他也不愿摧毁它。他们这个怎么讲呢，民族的……他们这个经济话，我不会讲，反正意思对。就是这个经济不说是光是台湾的，也是中国人民的，你不能破坏它，你破坏它就是把中国的整个人民的问题破坏了。

访　　者：但是在台湾和大陆之间现在促进两岸的交流啊。

张学良：没有战争的危险，看不出有战争的意思。不过是不能统一。我是中华民国，他是中华人民共和国，这个问题，我们要挂青天白日旗，他要挂他的旗，是这个问题，在经济上［交流还是可以的］。

访　者：所以现在我们到了一个什么程度，这个国家，两方面都各自都有。

张学良：我的看法，就是默契，你干你的，我干我的，也不谈这些，保持不敌对就是了。

访　者：那么要这样的话，这样下去总还有个统一的机会。

张学良：那看机会，哪一天，怎么叫统一。

访　者：对啊，怎么统一，是政治上统一，还是民心上统一。

张学良：统一就是大陆把台湾合并。你台湾能够统一大陆吗？

访　者：那您看，再过……

张学良：那不条件都开出来了嘛。给台湾特殊的地位，你们自己有军队，到那时再说。

访　者：您说还有十年，还有五年？

张学良：那难说，谁知道，不知道。

访　者：总而言之，就是现在这种维持现状的话。

张学良：不知维持多少年。那不敢说。

访　者：不过现在已经有好多你来我往的。

张学良：谁也不妨碍谁，不过大陆这个事情很难说。台湾这个事情不会有太多。大陆这个变动太厉害。说变就变。共产党政府，他上个什么人的不知道……

访　者：前两天报纸就登，邓小平现在又在支持朱镕基①、田纪云②。这是在改革上比较积极的。

张学良：那不知道，他们这些我也不知道。

访　者：也就是说，他们还是那样的一个政权，跟台湾不一样。

张学良：那他共产党向来是这样。

访　者：还是……

赵一荻：吃饭了。

---

① 朱镕基，湖南长沙人。曾任中共上海市市长、市委书记，中华人民共和国国务院副总理、总理，中共中央政治局常委。

② 田纪云，山东肥城人。曾任中华人民共和国国务院副总理兼国务院秘书长、全国人大常委会副委员长。

访　者：OK，好好

## 9. 陈诚肚量小

张学良：那时蒋先生始终用钱大钧，钱大钧原来是我的参谋长。钱大钧把他们的秘密事告诉我了。

访　者：就说他怎么对陈诚。

张学良：那时中央对我的计划，中央要抗日什么的，一个何应钦，一个陈诚，反对我反得厉害。

访　者：嫉妒您，怕您。

张学良：嫉妒。问题是他们都是蒋先生的嫡系、部下，我是外来的，高居其上。

访　者：摊开来讲的话，您在最关键的时刻还是支持蒋先生的，从来没想到取而代之，可是陈诚、何应钦都有这个念头。

张学良：有，那时他在中央，他可以取而代之，尤其是何应钦。

访　者：他们两人之间和不和呢？两人野心都那么大？

张学良：也不和，明面上和，底下不和，何应钦是跟李宗仁勾结的。

访　者：后来又转跟汪精卫。陈诚到了东北，您认为是火上浇油，您的意思是……

张学良：共产党能够把东北拿下来，那是陈诚的责任。那个时候如果是张治中去，我想还是好一点。

访　者：那您说最主要的原因，您怎么判断是陈诚抵不过共产党。

张学良：这里头的事开始我不太知道，后来别人告诉我的，陈诚这个人有可佩服的地方，也有短处。他刻苦耐劳，自个儿很俭朴，他很刻苦，但他这个人肚量很窄。他到东北接收时，他把有些人给逼走。

访　者：哪些人呢？

张学良：就是那时东北当地的军队啊，我的部下，还有旁人的部下。他就给解散。这些人都跑到共产党那边去了。他等于把这些人逼到共产党那里，共产党就把这些人拿去。所以陈诚的眼光不大。他就没想到，这些人在地方相当厉害。我的四弟张学思就是一个，他那时如果能把张学思拿住，那就是很大的关系，他就把他推出去了。不过张学思肯不肯那就是问题了。

访　者：至少他应该收拢人心，这些人在当地的势力要比你外来的大得多。

张学良：他在中央啊，他是十八军。他对十八军的人特别关爱，他对别的军队都另眼看待。换句话说，肚量很窄小。这个人错处就在这儿。不能成事就在这上边。

访　者：结果到了东北之后，不是双手奉上，全都给人了。

张学良：他向来很会装，就说他有病，跑到台湾来养病。等于把东北放弃了。

访　者：就等于说他养病了。

张学良：他说他有病，其实他没什么病。到台湾来养病。

访　者：听说他只有四分之一的胃，胃病。

张学良：是，是，有病，后来他死也死在这个病上。

访　者：后来他就直接跑到台湾来了。

张学良：不是跑到台湾，他就请求养病。

访　者：等于说整个东北丢了，就走了，一走了之。

张学良：他收拾不了，一走了之。

访　者：那时候，他损失得连自己的军队、带军器、带设备全都扔在那儿，就等于给共产党了。

张学良：在东北也不是他自己的军队，不能那样讲。

访　者：他没带自己的军队去？

张学良：那时我就不知道了。

访　者：所以，我就懂得了您说的这个意思了。东北的颓势绝不是陈诚可以挽救了的，那时在东北第一要安抚当地人，要收服他们，然后，苏联怎么办呢？苏联是乘虚而入啊！

张学良：苏联是支持共产党的，那时是斯大林。详细情形我不太知道，那时候蒋先生也许把时局看错了。蒋先生这个人相当骄傲，没人能跟我斗。他认为已经成功了，把时局估计错了。

## 10. 林彪是共产党的叛徒

张学良：原稿蒋经国让我把前面的给蒋先生的信那几句改掉，等于是我的自白书，其实是我给蒋先生的一封信。

访　者：我记得我抄下来了，没带来，有几句话，我还得上外边去继续找一找。看看能不能找到全的，因为那里边您写的。

张学良：等她回来我把原稿拿出来校对一下。

访　　者：我是认为您写出来了，有很多人都参考了，都写了。本着那个您给我们用口述历史解释解释不就正好吗？刚才我们说到写东西要有正气，这也是一点，所以有很多时候这里边的东西，我认为他们到了现在，就是以前林彪①活着的时候，您这本书上的，您可知道有九十个人就是因为以前在西安跟周恩来一块解决西安事变，九十个人下狱。

张学良：九十个人什么？

访　　者：下狱啊。

张学良：为什么？

访　　者：就是因为他们参加了西安事变。

张学良：共产党，为什么？

访　　者：林彪啊，把他们整个打下去了。九十个人。您不知道？我给您找，有九十个人。林彪要打击周恩来。

张学良：哦，打击周恩来。

访　　者：您说这个人，于毅夫②，您知道吗？

张学良：啊？

访　　者：于——毅——夫，"于"就是（录音不清）的"于"，"毅"就是"毅力"的"毅"，"夫"就是"夫人"的"夫"。

张学良：于毅夫，我大概知道这个人，这个人是东北人。

访　　者：他这是谈到"周恩来同志和东北救亡总会"，我就给你说这最后一段，你看啊。林彪"四人帮"及其死党毛远新③一伙，在1969年1月下旬无中生有地制造了一个九十人的所谓军阀张学良东北地区残余分子名单。他们把各单位群众组织，当时搞的专案对象，凡是属于东北籍，在张学良部下做过事的，甚至当年在东北中学，东北大

---

① 林彪，湖北黄冈人。中华人民共和国元帅。1925年入黄埔军校第四期，同年加入中国共产党。曾任中国工农红军第一军团军团长、抗日军政大学校长、八路军第一一五师师长、解放军第四野战军司令员等职。中华人民共和国成立后，曾任中央军委副主席、国务院副总理兼国防部长等职。中共八届五中全会后任中共中央副主席。"文革"期间，伙同陈伯达、黄永胜、吴法宪等组成反党集团，图谋夺取党和国家最高权力。1971年9月，乘飞机外逃，因飞机失事摔死于蒙古温都尔汗。

② 于毅夫，原名于成泽。吉林双城（今属黑龙江肇东）人。燕京大学毕业。1930年秋曾任天津市长张学铭秘书。1936年加入中国共产党。1949年后，历任黑龙江省人民政府主席、中共中央统战部副部长、中共吉林省委书记处书记、吉林省政协副主席等职。

③ 毛远新，祖籍湖南。毛泽民之子，毛泽东侄儿。毕业于哈尔滨军事工程学院。1968年任辽宁省革命委员会副主任，后又任沈阳军区政治部副主任、军区政委。1975年，毛泽东病重期间，任毛泽东的联络员。1976年10月，被拘留审查。80年代，在审判江青反党集团一案时，被判处有期徒刑17年。

学学习过的学生都捏和在一起,硬说是反动军阀张学良的一股反动势力,是东北帮,是叛党投敌反革命集团势力。这件事您不知道?

**张学良**:不知道。这件事不至于[牵涉到那么多人吧]。

**访　者**:您看啊。

**张学良**:打击周恩来?

**访　者**:"其实啊他们的罪恶矛头是指向周总理。因为周总理当年根据党中央毛主席的指示和平解决西安事变,又曾受中央之命令领导了东总——东总就是东北救亡总会①了,与东北籍干部有过工作历史关系。我在狱中——这个于毅夫就让圈起来了啊。我在狱中被专案组审讯时,也把和张学良的关系当作重点,但不知道牵涉面竟达九十人之多。"他虽然是在狱里的,他不知道有这么多人,也不知道有些老朋友竟已经含冤死去。"现在才确实知道因为所谓东北帮叛党投敌反革命一案,遭受迫害被定为特务分子的有车向臣、陈先舟、刘蓬、卢广绩、孙恩元、杨战韬、赵月华、陈凤生、吴景勋、郑殿起、郑府亭;被定名为叛徒和叛党投敌集团的有赵成斌、郭峰、王光文、李世连、彭景文、栗又文、于毅夫、关静寰、杜者蘅、魏振武、于文清、严府、王铁全、王树璋;被定位历史反革命分子的有宁武、张庆泰、刘多荃、刘鸣九、吴家象——就是您的秘书,魏之,吴一凡、王理寰、张正枋、徐受宣、刘玉福、孙静涵、苏东峰、胡盛一、郭吉鹏、张会川、夏石、姚东藩、刘丰德、惠德安、祖震环、荆有岩、夏普全、李传玺、赵龙韬、金雅通、赵秉衡、赵西庆、林常胜、洪钫、高景华、陈在力、王一兵、那为张、李为、朱焕阶、周达夫、刘少岩、吴家兴、于德一、于为迅、孙纯德、董明润、经德文;被定为重大叛徒嫌疑分子的周环、曲静、龚天明、宋黎、柳文、吴毅、李涛、金应、魏其、韩永赞、段克、王争、张文海、王耀石、王西辰、郑长家、张克威、郑洪宣等共计九十人,真是骇人听闻。万万没有想到在党领导下从事抗日救亡活动,纪念西安事变,呼吁释放张杨两位爱国将领,和国民党反动派斗争过的党内外东北

---

① 东北救亡总会,简称"东总",是中国共产党领导下的抗日民族统一战线性质的民众救亡组织。1937年6月20日在北京成立。后迁往武汉、重庆等地。组织的主要领导成员是东北流亡同胞。中共"东总"党组书记是刘澜波。根据周恩来的指示,"东总"的主要任务是:促蒋实现诺言,实现抗日,扩大民族统一战线;营救张学良将军;声援东北抗日联军。1942年秋,国民党政府明令取缔东北救亡总会。总会转入地下,一直坚持到抗战胜利。

　　　　 籍干部，竟都成了特务、叛徒、历史反革命，叛党投敌反革命集团。真是荒谬绝伦。"

张学良：这是谁写的？

访　者：这是1979年于毅夫写的。我把它搁在这儿，还没念完，这您从来都没听过？

张学良：从来都没听过，这我不知道，这是林彪干的事。

访　者：啊，林彪。

张学良：林彪他怎么干这个事，太奇怪了，打击周恩来。

访　者：为了打击周恩来，他把这些人和西安和平解决作为一个课题来打击周恩来。

张学良：这我还是第一次知道。

访　者：所以您看，天有不测风云，不知道什么时候［就会出什么事］。

张学良：我不晓得，林彪干的，那证明林彪确实是［坏］，后来林彪不是摔死了吗？

访　者：对呀！他摔死了。

张学良：林彪确实是有旁的野心。他要把毛泽东干掉。

访　者：对，他是这个意思。

张学良：那证明林彪确实有这个意思。我原来以为林彪是冤枉的，不是冤枉的。

访　者：您以为林彪冤枉是吧？您知道我到杭州去，我们美国的学生跟我一起去。住在杭州，他们就招待我们住在一个地方，那地方叫作杭州宾馆，它都是一幢一幢的，其中有一幢他们就让我们去住去了。他们说你们知道这是谁的吗？我们说不知道。他说，这是林彪的，我说你怎么知道这是林彪的，他说，你去看，这地上是房子，地底下，他们说是铜墙铁壁。它底下有他的指挥室，有他的，都是他作战的那些，还有一个游泳池，还有一个地方绝对是很多枪弹打不进去的。结果他们都开放了，楼上当旅馆，楼下就开放。就在杭州……很怕人啊。

张学良：历史这事你看出来就知道。

访　者：林彪那会在西安时还很年轻吧？

张学良：嗯？

访　者：你在西北的时候他还很年轻吧？

张学良：那我没见过。

访　者：你没有见过？据说，我不知道你听过没有，周恩来命令所有的空军都不能飞，那天，只有他那一架飞机飞了。

张学良：不要飞机飞，他一定飞，所以他逃跑。

访　者：说是要跑到苏联。

张学良：反正是要往那边跑……（录音不清）好像还有他儿子不是？

访　者：对，一块，同机殉难了。

张学良：是共产党的叛徒，他是要把毛泽东干掉。

访　者：其实，那个时候他已经是内定为毛泽东的继承人了。

张学良：那也是毛泽东的一种手段。

访　者：谢谢您给我这本书。我把你给我的那本小本的《圣经》带来了。我姐姐把那本大本的《圣经》带来了。

赵一荻：你都没工夫看，整理文件呢。不过，你们看得快。

访　者：对……我喜欢你给我的那本书，就是今年几月几号？

赵一荻：这个上也是几月几号。

访　者：也是有的啊？

赵一荻：这个跟那个不一样，那个上面叫 daily（录音不清），那个它不卖的，这个……

访　者：你说的它不卖。

赵一荻：你要中文还是要英文的。

访　者：都行……我这个，最好是把这个……

赵一荻：你中英文都能看吧？

访　者：对啊。

赵一荻：现在有好多人都不能看中文了。

访　者：哎，我们不是吃这碗饭吗？

赵一荻：现在外国长大的都不会……